Arne Koch

Ehren- und Persönlichkeitsschutz
im spanischen Privatrecht

Arne Koch

Ehren- und Persönlichkeitsschutz im spanischen Privatrecht

Zugleich eine Untersuchung zu Fragen der Normierbarkeit des Ehren-und Persönlichkeitsschutzes

edition für internationale wirtschaft
Frankfurt am Main   2002

Hochschulschriften zum spanischen Wirtschaftsrecht

Herausgegeben von Rechtsanwalt und Notar Dr. Burckhardt Löber, Frankfurt am Main

Wissenschaftlicher Beirat:
Prof. Dr. Erhard Huzel, Fachhochschule des Bundes
Prof. Dr. Antonio Pérez Martín, Universität Murcia, Spanien
Prof. Dr. Peter Säuberlich, Fachhochschule Frankfurt am Main

Die Deutsche Bibliothek – CIP Einheitsaufnahme

Koch, Arne:
Ehren- und Persönlichkeitsschutz im spanischen Privatrecht:
Zugleich eine Untersuchung zu Fragen der Normierbarkeit des
Ehren- und Persönlichkeitsschutzes / Arne Koch.
Frankfurt am Main: Ed. für Internat. Wirtschaft, 2002
(Hochschulschriften zum spanischen Wirtschaftsrecht: 7)
Zugl.: Berlin, Freie Univ., Diss. 2001
ISBN 3-921326-46-X

Das Werk ist urheberrechtlich geschützt. Die dadurch begründeten Rechte, insbesondere die der Übersetzung, des Nachdrucks, der Entnahme von Abbildungen, der Funksendung, der Wiedergabe auf photomechanischem oder ähnlichem Wege und der Speicherung in Datenverarbeitungsunterlagen, bleiben vorbehalten.

→ Alle Angaben und Ausführungen in diesem Ratgeber wurden vom Autor und dem Verlag sorgfältig erwogen und geprüft – dennoch kann eine Garantie nicht übernommen werden. Eine Haftung des Autors bzw. des Verlags und seiner Beauftragten für Personen, Sach- und Vermögensschäden ist ausgeschlossen.

Alle Rechte vorbehalten.
Ohne ausdrückliche Genehmigung des Verlages ist es auch nicht gestattet, das Buch oder Teile daraus in irgendeiner Form (durch Fotokopie, Mikrofilm oder ein anderes Verfahren) zu vervielfältigen.

© 2002 by Verlag edition für Internationale Wirtschaft, Frankfurt am Main
Verlagsauslieferung: Postfach 1425
D-61284 Bad Homburg
Tel.: (06172) 94 17 05
Fax: (06172) 94 17 06
www.edition-spanien.de
info@edition-spanien.de

Ehren- und Persönlichkeitsschutz im spanischen Privatrecht

Zugleich eine Untersuchung zu Fragen der Normierbarkeit des Ehren- und Persönlichkeitsschutzes

Vorwort

Mein erster Dank geht an Frau Professor Titular Juana Marco Molina, die mir in einem sehr netten Gespräch in Barcelona die Anregung zu dem Thema der vorliegenden Arbeit gab. Diese wurde 1999 dem Fachbereich Rechtswissenschaft der Freien Universität Berlin als Dissertation vorgelegt. Sie wurde von Prof. Dr. Klaus Adomeit betreut und begutachtet. Meinem Doktorvater möchte ich an dieser Stelle insbesondere herzlich für die Ermutigung zum Schreiben dieser Arbeit und der Wahl des Dissertationsthemas danken. Herrn Prof. Dr. Friedrich Ebel danke ich für die Erstellung des Zweitgutachtens.

Herrn Dr. Burckhardt Löber danke ich für die Aufnahme der Arbeit in diese Schriftenreihe.

Immer wieder erhielt ich von vielen Seiten wertvolle Ratschläge und Unterstützung. Besonders danke ich Herrn Catedrático Gonzalo Quintero Olivares, der mir wichtige Hinweise gab, der Universitat de les Illes Balears, sowie dem Il·lustre Col·legi d'Advocats de Balears, wo man mir in großzügiger Weise die Nutzung der Bibliothek gestattete. Ulf Schrader danke ich für die Mühsal des Korrekturlesens und seine schonungslosen Verbesserungsvorschläge.

Mein allergrößter Dank gilt jedoch Frau Abogada M^a. Montserrat Llinas Mestre aus Palma de Mallorca, die mir während der gesamten Zeit mit Rat und Tat zur Seite stand, mir viele Türen öffnete und deren berufliches Selbstverständnis als Rechtsanwältin eine sehr anschauliche Vorstellung des spanischen Begriffs des „prestigio profesional" vermittelte. Ohne sie wäre die Arbeit in dieser Form nicht zustande gekommen.

Bremen, im Februar 2002   Arne Koch

Meinen Eltern

INHALTSVERZEICHNIS

INHALTSVERZEICHNIS I
ABKÜRZUNGSVERZEICHNIS IX
LITERATURVERZEICHNIS XII

TEIL 1: EINLEITUNG 1
A. PROBLEMSTELLUNG UND ZIELSETZUNG DER ARBEIT 1
B. GANG DER UNTERSUCHUNG 3

TEIL 2: EHREN- UND PERSÖNLICHKEITSSCHUTZ IN SPANIEN 5
A. HISTORISCHE ENTWICKLUNG 5
   I. *Recht auf Ehre* 5
   II. *Recht auf intimidad* 7
B. KODIFIZIERUNGEN VON EHRE UND INTIMIDAD 7
   I. *Verfassung* 7
   II. *Zivilrecht* 8
     1. Organgesetze (leyes Orgánicas) 8
       a) Formeller und materieller Aspekt 9
       b) Verhältnis von Organgesetzen und einfachen Gesetzen 10
       c) Besonderheiten 11
     2. Ley Orgánica 1/1982 de 5 de Mayo, sobre protección civil del derecho al honor, a la intimidad personal y familiar y a la propia imagen 12
       a) Entstehung 12
       b) Übersicht über den Aufbau der LO 1/1982 12
       c) Bewertung 14
     3. Ley Orgánica 2/1984, de 26 de Marzo, sobre derecho de rectificación 15
     4. Ley Orgánica 5/1992, de 29 de Octubre, de regulación del tratamiento automatizado de los datos de carácter personal (Datenschutzgesetz) 18
     5. Weitere Ableitungen 19
       a) Ley 14/1986, de 5 de Abril, General de Sanidad 19
       b) Ley 12/1989 de 9 de Mayo, de la Función Estadística Pública 20
       c) Ley 30/1992 de 26 de Noviembre, de Régimen Jurídico de las Administraciones Públicas y del Procedimiento Administrativo Común 20
       d) Estatuto de los Trabajadores 20
C. STRUKTUR DES SCHUTZES DER EHRE UND DER INTIMIDAD PERSONAL 20
   I. *Verfassungsrechtliche Grundlagen* 20
     1. Ehre und intimidad als Grundrechte 21
     2. Wirkungen der Normierung in der Verfassung 22
       a) Wirkung gegenüber allen öffentlichen Gewalten 22
       b) Positivierung im Privatrechtsbereich 23
       c) Höherer normativer Rang 23
       d) Beachtung der Auslegungskriterien des Tribunal Constitucional 23

I

e) Umfangreicherer Schutz ... 24
f) Öffentlicher Charakter ... 24
g) Weitestmögliche Auslegung ... 24
h) Größerer Formalismus bei Fortentwicklung und Modifizierung ... 24
3. Stellung der Ehre in der Verfassung ... 25
4. Stellung der intimidad in der Verfassung ... 26
5. Geltung der Grundrechte zwischen Privaten (Drittwirkung) ... 29
   a) Materielle Wirkung ... 29
      (1) Unmittelbare Drittwirkung ... 30
      (2) Mittelbare Drittwirkung ... 31
   b) Gerichtlicher Schutz bei der Verletzung von Grundrechten zwischen Privaten ... 32
      (1) Schutz vor dem Tribunal Constitucional ... 32
      (2) Schutz vor den ordentlichen Gerichten ... 33
         (a) Allgemeine Indizien für eine formelle Drittwirkung der Verfassung ... 33
         (b) Ley 62/1978, de 26 de Diciembre, LPJDF ... 34
   c) Grundrechtswirkung im Konflikt der Ehre und intimidad mit dem Recht auf Meinungsfreiheit und Information ... 35

II. Struktur der Ehre und der intimidad ... 37

1. Ehre ... 37
   a) Konzeption der Ehre ... 37
      (1) Rechtsprechung und Literatur ... 37
      (2) Gesetzgebung ... 41
   b) Umfang des Ehrenschutzes ... 44
2. intimidad ... 46
   a) Sphärengedanke ... 47
   b) Individualität ... 48
   c) Positiver und negativer Aspekt der intimidad ... 50
   d) Verletzungsarten ... 52
3. Recht auf Identität (derecho a la identidad) ... 53
4. Rechtscharakter der Rechte auf Ehre und intimidad ... 53
   a) Wesenheit (esencialidad, esenciabilidad) ... 54
   b) Absolutheit ... 54
   c) Inhärenz (inherencia) ... 54
      (1) Individualität ... 54
      (2) Privatheit ... 55
   d) Nichtvermögenswert (extrapatrimonialidad) ... 55
   e) Grundrechtscharaktermerkmale ... 55
      (1) Unverjährbarkeit ... 55
      (2) Unverzichtbar- und Unübertragbarkeit (irrenunciabilidad y intransmisibilidad) ... 56
5. Rechtsnatur der beiden Rechte ... 56
   a) Stellung als Persönlichkeitsrechte ... 56

b) Rechtsnatur der Persönlichkeitsrechte 57
    (1)   Persönlichkeitsrechte als subjektive Rechte 57
    (2)   Besondere Persönlichkeitsrechte 59
    (a)   Monistische Theorie 59
    (b)   Pluralistische Theorie 60
c) Klassifikation der Persönlichkeitsrechte 60
6. Verhältnis zwischen Ehre und intimidad 61
   a) Abgrenzung der Rechte untereinander 61
   b) Ehre und intimidad als Elemente oder Ableitungen eines gemeinsamen Rechts 62
    (1)   Zurückführung auf intimidad 63
    (2)   Rechte zum Schutz des Privatlebens 64
    (3)   Art.10 CE 65
    (4)   Integridad moral 65
    (5)   Privacidad 66
    (6)   Zusammenfassung 67

D. **LEY ORGÁNICA 1/1982, DE 5 DE MAYO, DE PROTECCIÓN CIVIL DEL DERECHO AL HONOR, A LA INTIMIDAD PERSONAL Y FAMILIAR Y A LA PROPIA IMAGEN** 67

I. *Abgrenzung zu anderen Rechtsgebieten* *67*
   1. Außervertragliche Haftung des Código Civil 67
      a) Voraussetzungen 67
    (1)   Schaden (daño) 68
    (2)   Unrechtmäßiges oder rechtswidriges Handeln oder Unterlassen (acción u omisión ilícita o antijurídica)68
    (3)   Verschulden (culpa) 68
    (4)   Kausalität (causalidad) 69
      b) Unterschiede zwischen Art. 1902 CC und der LO 1/1982 69
      c) Konkurrenzen 70
   2. Strafrecht 72
      a) Paralleler straf- und zivilrechtlicher Schutz 72
      b) Einzelne strafrechtliche Regelungen 74
    (1)   Schutz der intimidad 74
    (2)   Schutz der Ehre 74
    (a)   Calumnia 74
    (b)   Injuria 75
         (i)   Grundtatbestand 75
        (ii)   Rechtfertigung durch exceptio veritatis 76
   3. Verwaltungsrecht 77

II. *Schutzbereich, Art. 2.1 LO 1/1982* *77*
   1. Bestimmung des Schutzbereichs durch Gesetze 78
   2. Bestimmung durch die „sozialen Gebräuche" und „eigenes Verhalten" 78
      a) Soziale Gebräuche 80
      b) Eigenes Verhalten 81
   3. Bewertung 83

III. *Schutzobjekte* *84*

1. Natürliche Personen ... 84
   a) Privatpersonen (personas privadas) ... 85
   b) Öffentliche Personen (personas públicas) ... 85
   c) Unterschiedlicher Schutz ... 86
   d) Minderjährige ... 87
2. Juristische Personen ... 89
   a) Problematik der Anwendung der Ehre auf juristische Personen ... 90
   b) Rechtsprechung ... 92
    (1) Entwicklung ... 92
     (a) STC 107/1988 de 8 de Junio ... 93
     (b) STS de 9 de Diciembre 1993 und STC 139/1995 de 26 de Septiembre ... 93
    (2) Heutiger Stand der Doktrin ... 96
     (a) Rechtsfähige Personenvereinigungen des Privatrechts ... 96
     (b) Juristische Personen des öffentlichen Rechts ... 97
     (c) Nicht rechtsfähige Personenvereinigungen ... 97
    (3) Weitere Entwicklung ... 98
3. Postmortaler Persönlichkeitsschutz ... 98
   a) Verletzung nach Versterben des Rechtsinhabers ... 98
   b) Verletzung zu Lebzeiten des Rechtsinhabers ... 100
   c) Rechtsfolgen ... 100
    (1) Bei Verletzung nach Versterben des Rechtsinhabers ... 100
    (2) Bei Verletzung zu Lebzeiten des Rechtsinhabers ... 101

IV. **Person des Schädigers** ... *101*
1. Verletzung durch Gerichte und Verwaltungsorgane ... 101
   a) Gerichte ... 101
   b) Verwaltungsorgane ... 103
2. Abgeordnete und Senatoren ... 104
3. Personenmehrheit von Schädigern ... 105

V. **Unerlaubtes Eindringen gem. Art. 7 (intromisión ilegítima)** ... *105*
1. Allgemeine Konzeption ... 105
2. Numerus clausus von Tatbeständen? ... 106
3. Tatbestände ... 107
   a) Schutz der intimidad, Art. 7, Nr. 1-4 LO 1/1982 ... 107
    (1) Art. 7.1 und 7.2 ... 107
    (2) Art. 7.3 ... 108
     (a) Vermischung der Konzepte intimidad und Ehre – kein Recht auf informationelle Selbstbestimmung 108
     (b) Lösungsversuch ... 109
    (3) Art. 7.4 ... 113
   b) Schutz der Ehre, Art. 7.7 LO 1/1982 ... 113
    (1) Alte und neue Regelung ... 113
    (2) Tatbestandsmerkmale ... 114
     (a) Behauptung von Tatsachen oder Kundgabe von Werturteilen ... 114

	(b)	Handlungen oder Äußerungen	115
	(c)	Verletzung der Würde durch Beeinträchtigung des Rufs oder Angriff auf die eigene Wertauffassung	115
		(i) Beeinträchtigung des Rufs	116
		(ii) Angriff auf die eigene Wertauffassung	116
	(d)	Gesamtbetrachtung	117
	(3)	Exceptio veritatis	118
	(4)	Erfordernis einer Verletzungsabsicht	119

4. Stellungnahme zur Regelung des Art. 7 121

VI. Rechtswidrigkeit (antijuricidad) 122

1. Gesetzliche Rechtfertigungsgründe 123

   a) Art. 8 LO 1/1982 123

(1)	Ermächtigung oder Anweisung durch eine zuständige Behörde, Art. 8.1, 1. HS	123
(a)	Abgrenzung zu Art. 2.1	123
(b)	Anwendungsbereich	123
(2)	Historisches, wissenschaftliches oder kulturelles Interesse, Art. 8.1, 2. HS	125
(3)	Art. 8.2	126
(4)	Kritik an der Regelung des Art. 8	126

   b) Einverständnis des Rechtsinhabers 127

(1)	Dispositionsbefugnis über die Rechtsgüter Ehre und intimidad	127
(2)	Problem der Vereinbarkeit der Konzeption als Nichtvermögenswerte mit der faktischen Dispositionsbefugnis	128
(3)	Lösungsmöglichkeit	129
(4)	Erteilung des Einverständnisses und Folgen	130
(5)	Einverständnis Minderjähriger und Geschäftsunfähiger	130
(6)	Vertragliche Vereinbarung der Nichtwahrnehmung von Persönlichkeitsrechten	131

2. Ungeschriebene Rechtfertigungsgründe 131

VII. Konflikt zwischen Art. 18.1 und Art. 20.1 CE 131

1. Problem der Datenkontrolle in der Informationsgesellschaft 131

2. Verfassungsrechtliche Konzeption der Rechte auf Meinungs- und Informationsfreiheit 132

   a) Art. 20.1 a) CE, Recht auf freie Meinungsäußerung 132

   b) Art. 20.1 d) CE, Recht auf Informationsfreiheit 133

   c) Unterscheidung zwischen dem Recht auf freie Meinungsäußerung und dem Recht auf Information 133

3. Art. 20.4 CE, Grenzen der Meinungs- und Informationsfreiheit 135

   a) Verletzung der Ehre und intimidad als Grundrechtskonflikt 135

   b) Prinzipielles Überwiegen der Meinungs- und Informationsfreiheit als Kollektivwerte 136

   c) Einzelfallabwägungsgebot der Rechte des Art. 18.1 CE mit denen des Art. 20.1 CE 136

   d) Abwägungsgesichtspunkte 138

(1)	Hinter der verletzenden Handlung stehendes Grundrecht	138
(2)	Innere Grenzen des Rechte des Art. 20.1 a) und d)	138
(a)	Öffentliche Bedeutung	139
	(i) Recht auf Meinungsfreiheit	141
	(ii) Recht auf Informationsfreiheit	141
(b)	Wahrheit [Wahrhaftigkeit] (veracidad)	142

  (i) Recht auf Information 142
  (ii) Recht auf Meinungsfreiheit 146
  (iii) Reportaje neutral 146
 (3) Äußere Grenzen - Güter- und Interessenabwägung 148
  (a) Abwägungskriterien 149
  (b) Einzelne Kriterien 150
4. Kritik und Bewertung 151
 a) Unzulänglichkeit der gesetzlichen Rechtfertigungsregeln 151
 b) Probleme der Zivilrechtsprechung 154
 c) Vermischung von Abwägungsgesichtspunkten 155

VIII. *Verschulden* 155
IX. *Schaden* 158
1. Schadensbegriff 158
2. Art. 9.3 LO 1/1982 158
 a) Schadensvermutung 158
 b) Bestimmung der Schadensersatzhöhe 162
  (1) Umstände des Falles 162
  (2) Schwere der Verletzung 163
  (3) Verbreitungsgrad 163
  (4) Aus der Verletzung gezogener Nutzen 163
  (5) Weitere Kriterien 164
 c) Kritik 165
  (1) Merkmal des Schädigernutzens 165
  (2) Subjektivismus in der Bestimmung der Schadenshöhe 168

E. PROZESSUALE GELTENDMACHUNG 172
I. *Verweisung in der LO 1/1982* 172
II. *Verfassungsrechtlicher Schutz* 172
III. *Verwaltungsrechtlicher Schutz* 173
IV. *Strafrechtlicher Schutz* 174
V. *Zivilrechtlicher Schutz* 175
1. Verfahrensart 175
2. Zuständigkeit 175
 a) örtliche Zuständigkeit 175
 b) sachliche Zuständigkeit 177
3. Legitimation 177
 a) Aktivlegitimation 177
  (1) Versterben des Rechtsinhabers 177
  (2) Versterben oder Ablehnung des Bevollmächtigten 177
 b) Legitimation bei Minderjährigen 178
 c) Ministerio Fiscal 178
 d) Passivlegitimation 179
4. Urteil - Mittel der Wiedergutmachung und der Prävention 179

a) Schadensersatz (indemnización de perjuicios) ... 180
   (1)   Bestimmung der Schadensersatzhöhe ... 180
   (2)   Überprüfbarkeit der Bestimmung durch höhere Gerichte ... 180
b) Veröffentlichung des Urteils ... 181
c) Anerkennung des Erwiderungsrechts ... 181
d) Weitere Mittel ... 182
e) Vorbeugende Maßnahmen ... 183
5. Verjährungsfristen ... 183

F. THESENARTIGE ZUSAMMENFASSUNG DES SPANISCHEN TEILS ... 184

TEIL 3: EHREN- UND PERSÖNLICHKEITSSCHUTZ IM DEUTSCHEN RECHT ... 187

A. HISTORISCHE ENTWICKLUNG ... 187

I. Anerkennung durch die Rechtsprechung ... 187

II. Gesetzesinitiativen ... 188

1. Referentenentwurf eines Gesetzes zur Neuordnung des zivilrechtlichen Persönlichkeits- und Ehrenschutzes von 1959 ... 189

2. Referentenentwurf eines Gesetzes zur Änderung und Ergänzung schadensersatzrechtlicher Vorschriften von 1967 ... 190

3. Schuldrechtsreform ... 190

4. Gutachten und Referate zum 58. Deutschen Juristentag ... 191

III. Argumente in der Diskussion um eine gesetzliche Normierung des Persönlichkeitsschutzes ... 193

1. Argumente für eine gesetzliche Normierung und Systematisierung ... 193

2. Argumente gegen eine Systematisierung und Kodifizierung ... 194

B. GRUNDLAGEN DES PERSÖNLICHKEITSRECHTS ... 195

I. Verfassungsrechtliche Grundlagen des zivilrechtlichen Persönlichkeitsschutzes . 195

1. Bestätigung der Rechtsprechung des BGH durch das BVerfG ... 195

2. Allgemeines Persönlichkeitsgrundrecht ... 195

3. Voraussetzungen mit Folgen für das zivilrechtliche allgemeine Persönlichkeitsrecht ... 196

4. Vergleich mit den spanischen Verfassungsvoraussetzungen ... 197

II. Stellung des Allgemeinen Persönlichkeitsrechts im BGB ... 198

III. Struktur und Inhalt des allgemeinen Persönlichkeitsrechts ... 199

1. Methoden der Unrechtsbestimmung ... 199

   a) Erfolgsunrecht ... 199

   b) Verhaltensunrecht ... 200

   c) Güter- und Interessenabwägung ... 201

2. Dogmatische Struktur und Einteilungsmöglichkeiten ... 201

   a) Allgemeine und besondere Persönlichkeitsrechte ... 202

	b) Sphärentheorie	204
	c) Statischer und dynamischer Persönlichkeitsschutz	204
	d) Schutzbereiche	205
	(1) Aufgliederung	205
	(a) Ansehen	205
	(b) Privatsphäre	205
	(c) Selbstbestimmung über Persönlichkeitsdetails	205
	(d) Selbstentfaltung	206
	(e) Bewertung	206
	(2) Fallgruppen- bzw. Schutzbereichssystematik	206
	(a) Schutz vor Verfälschung des Persönlichkeitsbildes	207
	(b) Schutz vor Herabsetzungen	207
	(c) Schutz vor wirtschaftlicher Nutzung	207
	(d) Schutz der Geheimnisse der Privatsphäre	208
	(i) Schutz vor dem Eindringen in den persönlichen Bereich	208
	(ii) Schutz vor der Verbreitung von Persönlichkeitsäußerungen und wahren Tatsachen	209
	(e) Weitere Fallgruppen	209

C. BEWERTUNG **209**
    I.   Grundsätzlicher Systematisierungsbedarf *209*
    II. Vergleich mit dem spanischen System *210*
      1. Vorgaben der spanischen Verfassung 210
      2. Kodifizierung in Form von Verhaltensunrecht 211
      3. Probleme der Kodifizierung von Verhaltensunrecht - Rückgriff auf die Güterabwägung 212
    III. Lösungsmöglichkeiten *212*

D. RECHTSFOLGE DES SCHADENSERSATZANSPRUCHS **216**
    I.   Einschränkung des Schadensersatzanspruchs für immaterielle Schäden *217*
      1. Notwendigkeit der Einschränkung 217
      2. Symbolische Schadensersatzzahlungen 219
    II. Bemessung der Höhe des Schadensersatzes *220*

E. THESEN **224**

ANHANG 226
    Ley Orgánica 1/1982, de 5 de Mayo, sobre protección civil del derecho al Honor, a la intimidad personal y familiar y a la propia imagen *226*
    Organgesetz 1/1982, vom 5. Mai, über den zivilrechtlichen Schutz des Rechts auf Ehre, persönliche und familiäre Intimität und am eigenen Bild *232*
    Fundstellen der zitierten Urteile *238*
      Sentencias del Tribunal Constitucional 238
      Sentencias del Tribunal Supremo 240
    Index *242*

ABKÜRZUNGSVERZEICHNIS

a.A.	anderer Ansicht
aaO	am angegebenen Ort
ADC	Anuario de Derecho Civil
ADH	Anuario de Derechos Humanos
ADP	Anuario de Derecho Penal y Ciencias Penales
a.E.	am Ende
a.F.	alte Fassung
AfP	Archiv für Presserecht
Anm.	Anmerkung
AP	Audiencia Provincial
Art.	Artikel
ATC	Auto de Tribunal Constitucional
ATS	Auto de Tribunal Supremo
Aufl.	Auflage
Bd.	Band
BGB	Bürgerliches Gesetzbuch
BGH	Bundesgerichtshof
BGHZ	Entscheidungen des Bundesgerichtshofes in Zivilsachen
BJC	Boletín de Jurisprudencia Constitucional
BOC	Boletín Oficial del Congreso
BOE	Boletín Oficial del Estado
bspw.	beispielsweise
BVerfG	Bundesverfassungsgericht
BVerfGE	Bundesverfassungsgerichtsentscheidung
bzgl.	bezüglich
bzw.	beziehungsweise
CC	Código Civil
CCJC	Cuadernos Civitas de Jurisprudencia Civil
CE	Constitución Española
CP	Código Penal
ders.	derselbe
Disp. trans.	Disposición transitoria
DJT	Deutscher Juristentag
DRiZ	Deutsche Richterzeitung
Ebda.	Ebenda
EDV	Elektronische Datenverarbeitung
f., ff.	folgende Seite(n)
FJ	Fundamento Jurídico

Fn.	Fußnote
FS	Festschrift
gem.	gemäß
ggf.	gegebenenfalls
hrsg.	herausgegeben
HS	Halbsatz
idR	in der Regel
iHv	in Höhe von
insbes.	insbesondere
iSd	im Sinne des
iVm	in Verbindung mit
Jh.	Jahrhundert
JuS	Juristische Schulung
JZ	Juristen-Zeitung
LEC	Ley de Enjuiciamiento Civil
LECrim.	Ley de Enjuiciamiento Criminal
LO	Ley Orgánica (Organgesetz)
LORTAD	Ley Orgánica 5/1992, de 29 de Octubre, de regulación del tratamiento automatizado de los datos de carácter personal (BOE 31.10.1992, núm. 262).
LOPJ	LO 6/1985 de 1 de Julio, del Poder Judicial (BOE de 2.7.1985, núm 157)
LOTC	LO 2/1979, de 3 de Octubre, del Tribunal Constitucional (BOE de 5.10.1979, núm. 239)
LRJCA	Ley reguladora de la Jurisdicción Contencioso-Administrativa
LPJDF	Ley 62/1978, de 26 de Diciembre, de Protección Jurisdiccional de lo Derechos Fundamentales de la Persona (BOE de 3.1.1979, núm 3)
LRF	Ley del Régimen Fiscal
Motive	Motive zum BGB
MüKo	Münchner Kommentar zum BGB
mwN	mit weiteren Nachweisen
n. F.	neue Fassung
NJW	Neue Juristische Wochenschrift
Nr.	Nummer
núm., n°	número

OJD	Oficina de Justificación de la Difusión
OLG	Oberlandesgericht
p.	pagina
PJ	Poder Judicial
Prot.	Protokolle der Kommission für die II. Lesung des Entwurfs des BGB
Ptas.	Pesetas
RAC	Revista Actualidad Civil
RD	Real Decreto
RDC	Revista Española de Derecho Constitucional
RDN	Revista de Derecho Notarial
REP	Revista de Estudios Políticos
Rf.	Referenznummer
RGD	Revista General de Derecho
RGLJ	Revista General de Legislación y Jurisprudencia
Rn.	Randnummer
RPJ	Revista de Poder Judicial
RTC	Repertorio Aranzadi del Tribunal Constitucional
Rz.	Randzeichen
s.	siguiente
SA	Sociedad Anónima
SAP	Sentencia de la Audiencia Provincial
Sec.	Sección
SL	Sociedad Limitada
(S)STC	Sentencia(s) del Tribunal Constitucional
(S)STS	Sentencia(s) del Tribunal Supremo
t.	tomo
u.a.	(1) und andere, (2) unter anderem
u.ä.	und ähnliches
u.U.	unter Umständen
Ufita	Archiv für Urheber-, Film-, Funk- und Theaterrecht
usw.	und so weiter
vgl.	vergleiche
Vol.	Volumen
ZRP	Zeitschrift für Rechtspolitik
z.T.	zum Teil
Zshg.	Zusammenhang

LITERATURVERZEICHNIS

Adomeit, Klaus / **Frühbeck**, Guillermo	Einführung in das spanische Recht: Das Verfassungs-, Zivil-, Wirtschafts- und Arbeitsrecht des Königreichs Spanien. München 1993.
Adomeit, Klaus	Wahrnehmung berechtigter Interessen und Notwehrrecht. Zur Dogmatik zivilrechtlicher Rechtfertigungsgründe insbesondere bei Eingriffen in Persönlichkeitsrechte und in Unternehmerrechte (Äußerungsdelikte). In: JZ 1970, S. 495 ff.
Alamillo Domingo, Fernando M.	Criterios de resolución del conflicto entre la protección del honor y las libertades de expresión y información. In: La Ley 1994-3, S. 958 ff.
Albácar López, José Luís	La tutela jurisprudencial de los derechos fundamentales. In: La Ley 1984-4, S. 1198 ff.
Albaladejo, Manuel	Derecho civil. Band I. Introducción y derecho de la persona. 11. Aufl., Barcelona 1989.
Alcón Yustas, Mª. Fuencisla	Lecciones de derecho constitucional y de derecho civil. Madrid 1997.
Alonso Alamo, Mercedes	Protección penal del honor. Sentido actual y limites constitucionales. In: ADP, I, 1983, S. 127 ff.
Álvarez Vigaray, Rafael	La responsabilidad por daño moral. In: ADC 1966, S. 81 ff.
Alzaga Villaamil, Óscar	Comentarios a la Constitución Española de 1978. Band I, Artikel 1 bis 9. Madrid 1996. Zit.: Bearbeiter in Alzaga Villaamil, Constitución, Band I
Alzaga Villaamil, Óscar	Comentarios a la Constitución Española de 1978. Band II, Artikel 10 bis 23. Madrid 1996. Zit.: Bearbeiter in Alzaga Villaamil, Constitución, Band II
Alzaga Villaamil, Óscar	Comentarios a las Leyes Políticas. Constitución Española de 1978. Band I. Madrid 1983. Zit.: Alzaga Villaamil, Leyes
Alzaga Villaamil, Óscar / **Guitiérrez Guitiérrez**, Ignacio / **Rodríguez Zapata**, Jorge	Derecho Político Español según la Constitución de 1978. Band I, Constitución y fuentes del derecho. Madrid 1997. Zit.: Alzaga Villaamil, Derecho Político
Angel Yagüez, Ricardo de	Tratado de responsabilidad civil. Madrid 1993.
Avilés García, Javier	Algunas consideraciones jurisprudenciales acerca de los derechos a la intimidad y a la propia imagen. In: La Ley 1989-3, S. 845 ff.

Bar, Christian von	Deliktsrecht. Empfiehlt es sich, die Voraussetzungen der Haftung für unerlaubte Handlungen mit Rücksicht auf die gewandelte Rechtswirklichkeit und die Entwicklung in Rechtsprechung und Lehre neu zu ordnen? In: Gutachten und Vorschläge zur Überarbeitung des Schuldrechts, Band II. Hrsg. vom Bundesministerium der Justiz. Bonn 1981. S. 1681 ff.
Becher, Herbert J.	Wörterbuch der Rechts- und Wirtschaftssprache. Teil 1, Spanisch – Deutsch. 4. Aufl., München 1994.
Bellón Molina, Francisco-Antonio	La condena a indemnizar los perjuicios causados, en la Ley Orgánica 1/1982. Especial referencia al daño moral. In: RAC 1998-2, XVIII, Rz. 391 ff.
Berdugo Gómez de la Torre, Ignacio	Honor y libertad de expresión. Las causas de justificación en los delitos contra el honor. Madrid 1987.
Bernal del Castillo, Jesús	El delito de injurias. In: La Ley 1996-2, D-109, S. 1436 ff.
Bigeriego González-Camino, Ignacio	Consideraciones sobre los parlamentarios como posibles autores de intromisiones ilegítimas en el derecho al honor en la LO 1/1982. In: RAC 1991-2, XXVI, Rz. 337 ff.
Brocá, Guillermo Mª. De / **Majada Planelles,** Arturo u.a.	Práctica Procesal Civil. 11 Bände. 22. Aufl., Barcelona 1996. Zit.: Brocá/Majada, Band, Artikel, Seite
Brossette, Josef	Der Wert der Wahrheit im Schatten des Rechts auf informationelle Selbstbestimmung. Berlin 1991.
Brox, Hans	Besonderes Schuldrecht. 16. Aufl., München 1990. Zit.: Brox, Schuldrecht BT
Bussmann, Kurt	Reichen die gesetzlichen Bestimmungen insbesondere im Hinblick auf die modernen Nachrichtenmittel aus, um das Privatleben gegen Indiskretionen zu schützen? In: Verhandlungen des 42. Deutschen Juristentages. Band I, Gutachten. Tübingen 1957.
Bustos Pueche, José Enrique	¿Prevalece la libertad de expresión sobre el derecho al honor? Colección Jurisprudencia Práctica Nr. 39. Madrid 1992
Cámara, Manuel de la / **Díez-Picazo,** Luis	Dos estudios sobre el enriquecimiento sin causa. Madrid 1988.
Campos Pavón, David	La titularidad del derecho al honor en las personas jurídicas. In: La Ley 1996-4, D-242, S. 1257 ff.
Canaris, Claus-Wilhelm	Grundrechte und Privatrecht. In: AcP 184 (1984), S. 201 ff.
Carrasco Perera, Ángel	Derecho Civil. Introducción, derecho de la persona, derecho subjetivo, derecho de propiedad. Madrid 1996.
Carreras Serra, Lluis de	Régimen jurídico de la información. Barcelona 1996.

Casas Vallés, Ramón	„Honor, intimidad y imagen". Su tutela en la LO 1/1982. In: RGLJ 1989, S. 285 ff.
Castán Tobeñas, José	Derecho civil español. Band IV. Madrid 1961
Castán Tobeñas, José	Los derechos de la personalidad. In: RGLJ 1952, S. 49 ff.
Castán Vázquez, José Mª	La protección del honor en el Derecho español. In: RGLJ 1957, S. 688 ff.
Castro y Bravo, Federico de	Los llamados derechos de la personalidad. In: ADC 1959, XII, S. 1237 ff.
Castro y Bravo, Federico de	Temas de derecho civil. Los bienes de la personalidad. Madrid 1972. Zit.: Castro y Bravo, Derecho Civil
Ciment Durán, Carlos	Tribunal Constitucional. Doctrina en materia civil y penal. Band I. Valencia 1994.
Clavería Gosálbez, Luis-Humberto	Reflexiones sobre los derechos de la personalidad a la luz de la Ley Orgánica 1/1982, de 5 de mayo. In: ADC 1983-2, XXXVI, S. 1243 ff
Coing, Helmut	Zur Entwicklung des zivilrechtlichen Persönlichkeitsschutzes. In: JZ 1958, S. 558 ff.
Concepción Rodríguez, José Luis	Honor, intimidad e imagen, un análisis jurisprudencial de la L.O. 1/1982. Barcelona 1996.
Cortés Domínguez, Valentín / **Gimeno Sendra**, Vicente / u.a.	Derecho Procesal. Band I, Vol. II, Proceso Civil (2). 6. Aufl., Valencia 1992. Zit.: Bearbeiter in Cortés Domínguez u.a., Derecho Procesal
Cortés Domínguez, Valentín / **Gimeno Sendra**, Vicente / u.a.	Procesos Civiles Especiales. Valencia 1995. Zit.: Bearbeiter in Cortés Domínguez u.a., Procesos Civiles Especiales
Crevillén Sánchez, Clemente	Derechos de la personalidad. Honor, intimidad personal y familiar y propia imagen en la Jurisprudencia. Madrid 1995.
Daranas Peláez, Mariano	Las Constituciones Europeas. Band II. Madrid 1979.
Pisón Cavero, José Martínez de	El derecho a la intimidad en la Jurisprudencia Constitucional. Madrid 1993.
Deutsch, Erwin	Entwicklung und Entwicklungsfunktion der Deliktstatbestände. Ein Beitrag zur Abgrenzung der rechtssetzenden von der rechtsprechenden Gewalt im Zivilrecht. In: JZ 1963, S. 385 ff.
Díez-Picazo, Luis	Estudios sobre la Jurisprudencia civil. Band I. Madrid 1979. Zit: Díez-Picazo, Estudios

Díez-Picazo, Luis / Gullón Ballesteros, Antonio	Sistema de Derecho Civil. Vol. I. Introducción, derecho de la persona, autonomía privada, persona jurídica. 11. Aufl., Madrid 1998. Zit.: Díez-Picazo/Gullón Ballesteros, Derecho Civil I
Díez-Picazo, Luis / Gullón Ballesteros, Antonio	Sistema de Derecho Civil. Vol. II. Responsabilidad extracontractual u.a. 7. Aufl., Madrid 1995. Zit.: Díez-Picazo/Gullón Ballesteros, Derecho Civil II
Ehmann, Horst	Anhang zu § 12. Das Allgemeine Persönlichkeitsrecht. In: Erman. Handkommentar zum BGB. 1. Band. 9. Aufl., Münster 1993. Zit.: Ehmann in Erman, Anh. § 12
Enneccerus, Ludwig / Kipp, Theodor / Wolff, Martin	Lehrbuch des Bürgerlichen Rechts. Erster Band. Allgemeiner Teil des Bürgerlichen Rechts. Ein Lehrbuch von Ludwig Enneccerus, bearbeitet von Hans Carl Nipperdey. 1. Halbband. 15. Aufl., Tübingen 1959.
Enneccerus, Ludwig / Kipp, Theodor	Tratado de derecho civil. Übersetzung der 39. Aufl. von Blas Pérez González y José Alguer. Barcelona 1953.
Erman, Walter	Handkommentar zum BGB. 1. Band. 9. Aufl., Münster 1993. Zit.: Bearbeiter in Erman
Escudero Rodal, Concepción	El Derecho a la intimidad de las personas con proyección pública. In: La Ley 1996-2, D-108, S. 1433
Esteban Alonso, Jorge de / López Guerra, Luis	El régimen constitucional Español. Band 2. Barcelona 1985.
Estrada Alonso, Eduardo	El derecho al honor en la Ley Orgánica 1/1982, de 5 de Mayo. Madrid 1988.
Estrada Alonso, Eduardo	El derecho a la imagen en la LO 1/82 de 5 Mayo. In: RAC 1990-2, XXV, Rz. 347 ff.
Fariñas Matoni, Luis María	El derecho a la intimidad. Madrid 1983.
Feliu Rey, Manuel Ignacio	¿Tienen honor las personas jurídicas? Madrid 1990.
Fernández López, Miguel Angel u.a.	Derecho Procesal practico. 7 Bände. Madrid 1992. Zit.: Fernández López, Derecho Procesal practico, Band, §, Seite
Fernández Palma, Mª Rosa	La tutela penal del honor. El nuevo delito de injuria. Barcelona 1998.
Fernández Segado, Francisco	El Sistema Constitucional Español. Madrid 1992.
Forkel, Hans	Zur systematischen Erfassung und Abgrenzung des Persönlichkeitsrechts auf Individualität. In: Festschrift für Heinrich Hubmann zum 70. Geburtstag. S. 93 ff.

Fraile Ovejero, Fidelio	El honor y la fama. In: Los Derechos Fundamentales y Libertades Publicas. Band 1, Textos de las Conferencias y Comunicaciones presentadas a las XII Jornadas de Estudio sobre la Constitución Española, celebradas en Madrid los días 4 a 8 de Junio 1990. Hrsg. von Dirección General del Servicio Jurídico del Estado. Madrid 1992.
García de Enterría, Eduardo	Der normative Wert der spanischen Verfassung (Original: El valor normativo de la Constitución. In: E. García de Enterría, La Constitución como norma y el Tribunal Constitucional. Madrid 1981, S. 63-94). In: López, Spanisches Verfassungsrecht. Heidelberg 1993.
García Morillo, Joaquín	La protección judicial de los Derechos Fundamentales. Valencia 1994.
García Serrano, Francisco de Asis	El daño moral extracontractual en la Jurisprudencia Civil. In: ADC 1972, S. 799 ff.
García Torres, Jesús / Jiménez Blanco, Antonio	Derechos Fundamentales y relaciones entre particulares. Madrid 1986.
Garrido Falla, Fernando u.a.	Comentarios a la Constitución. 2. Aufl., Madrid 1985. Zit.: Bearbeiter in Garrido Falla
Geis, Max-Emanuel	Der Kernbereich des Persönlichkeitsrechts – Ein Plädoyer für die „Sphärentheorie". In: JZ 1991, S. 112 ff.
Gernhuber, Joachim	Bürgerliches Recht. 2. Aufl., München 1983.
Gómez Pavón, Pilar	„La intimidad como objeto de protección penal". Madrid 1989.
González Álvaro, Juan	Diccionario de la Lengua Española. Madrid 1997.
González Pérez, Jesús	La dignidad de la persona. Madrid 1986.
González Poveda, Pedro	Derechos al honor, a la intimidad personal y familiar y a la propia imagen: Cuestiones Procedimentales. In: RAC 1995-1, VI, Rz. 114 ff.
Götting, Horst-Peter	Persönlichkeitsrechte als Vermögensrechte. Tübingen 1993.
Gottwald, Stefan	Das allgemeine Persönlichkeitsrecht. Ein zeitgeschichtliches Erklärungsmodell. Berlin/Baden-Baden 1996.
Gounalakis, Georgios / Rösler, Hannes	Ehre, Meinung und Chancengleichheit im Kommunikationsprozeß. Baden-Baden 1998.
Gullón Ballesteros, Antonio	Sobre la ley 1/1996, de protección jurídica del menor. In: La Ley 1996-1, D-40, S. 1690 ff.
Helle, Jürgen	Besondere Persönlichkeitsrechte im Privatrecht. Tübingen 1991.
Herrero Higueras, Manuel	La Ley Orgánica 5/1992, de regulación del tratamiento automatizado de los datos de carácter personal. Madrid 1996.

Herrero-Tejedor, Fernando	Honor, intimidad y propia imagen. 2. Aufl., Madrid 1994.
Herrmann, Günter	Empfiehlt es sich, die Rechte und Pflichten der Medien präziser zu regeln und dabei den Rechtsschutz des Einzelnen zu verbessern (Referat). In: Verhandlungen des 58. Deutschen Juristentages. Band II, Sitzungsprotokolle. Teil K: Sitzungsbericht über die Verhandlungen der Abteilung Medienrecht. S. K 8 ff.
Hubmann, Heinrich	Inhalt und Abgrenzung des zivilrechtlichen allgemeinen Persönlichkeitsrechts. In: Festschrift für Schwab, 1990. S. 3 ff. Zit.: Hubmann, Inhalt
Hubmann, Heinrich	Das Persönlichkeitsrecht. 2. Aufl., Köln/Graz 1967. Zit.: Hubmann, Persönlichkeitsrecht
Hubmann, Heinrich	Buchbesprechung: Die Beseitigungsklage in Sachen Individuum contra Massenmedium von Franziskus Pärn. In: NJW 1975, S. 917 ff.
Igartua Arregui, Fernando	„La protección del honor y la intimidad". Comentario a la sentencia de la Sala Primera del Tribunal Supremo de 4 de Noviembre de 1986. In: PJ n° 5, März 1987, S. 89 ff.
Iglesias Cubría, Manuel	Derecho a la intimidad. Universidad de Oviedo 1970.
Jarass, Hans D.	Das allgemeine Persönlichkeitsrecht im Grundgesetz. In: NJW 1989, S. 857 ff.
Jarass, Hans D. / Pieroth, Bodo	Grundgesetz für die Bundesrepublik Deutschland. Kommentar. 4. Aufl., München 1997.
Jiménez Asenjo, Enrique	Nueva Enciclopedia Jurídica. 6. Aufl., Barcelona 1975.
Jiménez-Blanco, Antonio / Jiménez Blanco Gonzalo / Mayor Menéndez, Pablo / Osorio Iturmendi, Lucas	Comentarios a la Constitución. La Jurisprudencia Constitucional. Madrid 1993. Zit.: Bearbeiter in Jiménez-Blanco, Comentarios
Kirchhof, Paul / Isensee, Josef	Handbuch des Staatsrechts der Bundesrepublik Deutschland. Band VI, Freiheitsrechte. Heidelberg 1989. Zit.: Bearbeiter, Staatsrecht
Klaas, Dieter Philipp	Reformansätze im zivilrechtlichen Persönlichkeitsschutz unter besonderer Berücksichtigung der persönlichkeitsrechtlichen Feststellungsklage. Frankfurt/Main 1998.
Kreuzer, Karl	Persönlichkeitsschutz und Entgegnungsanspruch. In: Festschrift zum 65. Geb. von Willi Geiger. Tübingen 1985
Kübler, Friedrich	Der Referentenentwurf für ein neues Schadensersatzrecht und die zivilrechtliche Haftung der Presse. In: JZ 1968, S. 542 ff.

Kübler, Friedrich	Ehrenschutz, Selbstbestimmung und Demokratie. In: NJW 1999, S. 1281 ff.
Lacruz Berdejo, José Luís	Elementos de derecho civil I. Parte general de Derecho Civil. Volumen segunda, Personas. Barcelona 1990.
Lacruz Berdejo, José Luís / **Rebullida**, José Luis u.a.	Derecho de la familia. Barcelona 1983.
Larenz, Karl	Anmerkung zum BGH-Urteil vom 14.2.1958 - I ZR 151/56 („Herrenreiterfall"). In: NJW 1958, S. 827 ff.
Larenz, Karl	Das „allgemeine Persönlichkeitsrecht" im Recht der unerlaubten Handlungen. In: NJW 1955, S. 521 ff.
Larenz, Karl	Derecho Civil, Parte General. Übersetzung und Anmerkungen von Izquierdo y Macías Picavea. Madrid 1978.
Larenz, Karl / **Canaris**, Claus-Wilhelm	Lehrbuch des Schuldrechts. Band II, Besonderer Teil, 2. Halbband. München 1994.
Lasagabaster, Iñaki	Derechos Fundamentales y personas jurídicas de derecho público. In: Estudios sobre la Constitución Española. Band II. De los derechos y deberes fundamentales. Coordinación y Presentación Sebastián Martín-Retortillo. Madrid 1991. S. 651 ff.
Lasarte Álvarez, Carlos	Principios de derecho civil. Band 2. Derecho de obligaciones, 3. Aufl., Madrid 1995.
Lete Achirica, Javier	Colisión entre los derechos fundamentales a la libertad de información y a la intimida. Comentario a la sentencia del Tribunal Supremo (sala 1.ª) de 31 de Diciembre 1996. In: RDP 1998, Abril 1998, S. 331 ff.
López Díaz, Elvira	El Derecho al Honor y el Derecho a la Intimidad. Madrid 1996.
López Guerra, Luis u.a.	Derecho Constitucional. Vol. I. El ordenamiento constitucional, derechos y deberes de los ciudadanos. Valencia 1991. Zit.: Bearbeiter in López Guerra, Derecho Constitucional
López Jacoiste, José Javier	Una aproximación tópica a los derechos de la personalidad. In: ADC 1986, XXXIX, Fasciculo IV, S. 1059 ff.
López Ortega, José Luis	La intimidad como bien jurídico protegido. In: Estudios sobre el Código Penal de 1995, S. 283 ff.
López Pina, Antonio	Spanisches Verfassungsrecht. Heidelberg 1993. Zit.: Bearbeiter in López Pina
Martín i Casals, Miguel	Notas sobre la indemnización del daño moral en las acciones por difamación de la LO 1/1982. In: Centenario del Código Civil. Band II. Madrid 1990. S. 1231 ff.
Martínez Sospedra, Manuel	Libertades Públicas. Band I. Valencia 1993.

Martín-Retortillo Baguer, Lorenzo	Eficacia y garantía de los derechos fundamentales. In: Estudios sobre la Constitución Española. Band II. De los derechos y deberes fundamentales. Coordinación y Presentación Sebastián Martín-Retortillo. Madrid 1991. S. 585 ff.
Maunz, Theodor / **Dürig,** Günter, u.a.	Kommentar zum Grundgesetz. Band I. Art. 1-12. Stand November 1997. München Zit.: Bearbeiter in Maunz/Dürig
Medicus, Dieter	Bürgerliches Recht. 16. Aufl., München 1993. Zit.: Medicus, BR
Medicus, Dieter	Tratados de las relaciones obligacioneales. 2 Bände. Übersetzung von Angel Martínez Sarrión. Barcelona 1995.
Menéndez Alzamora, Manuel	El derecho al honor del artículo 18 de la Constitución española de 1978. Historia, estructura, límites. In: RGD, XLIII, 1987, S. 4859 ff.
Montoya Melgar, Alfredo	Enciclopedía jurídica básica. 4 Bände. Madrid 1995.
Morales Prats, Fermín	Delitos contra la intimidad, el derecho a la propia imagen y la inviolabilidad del domicilio. In: Comentarios a la Parte Especial del Derecho Penal, S. 293 ff.
Munar Bernat, Pedro A.	Intimidad (Derecho a la). In: Enciclopedía jurídica básica. Band III. Madrid 1995. S. 3725 ff. Zit.: Munar Bernat, intimidad
Munar Bernat, Pedro A.	Derechos a la Personalidad. In: Enciclopedía jurídica básica. Band III. Madrid 1995. S. 2389 ff. Zit.: Munar Bernat, derechos
Muñoz Conde, Francisco	Derecho Penal. Parte Especial. Sevilla 1995.
Muñoz Lorente, José	Libertad de información y derecho al honor en el Código Penal de 1995. Valencia 1999.
Muñoz Machado, Santiago	Mitos, insuficiencias y excesos en la construcción jurídica de las acciones por difamación. In: PJ n° 1, März 1986, S. 11 ff.
Neumann-Duesberg, Horst	Zum APR und zu den besonderen Persönlichkeitsrechten im Privatrecht. In: VersR 1991, S. 957 ff.
Nipperdey, Hans Carl	Tatbestandsaufbau und Systematik der deliktischen Grundtatbestände. In: NJW 1967, S. 1985 ff.
O'Callaghan Muñoz, Xavier	Compendio de derecho civil. Band I. Parte general. Madrid 1986. Zit.: O'Callaghan Muñoz, Derecho Civil

O'Callaghan Muñoz, Xavier	Libertad de expresión y sus límites: honor, intimidad e imagen". Madrid 1991. Zit.: O'Callaghan Muñoz, Libertad
O'Callaghan Muñoz, Xavier	Derecho al Honor. In: RAC 1990-1, I, Rz. 1 ff.
O'Callaghan Muñoz, Xavier	Derecho al Honor, a la intimidad y a la propia imagen. In: Los Derechos Fundamentales y Libertades Publicas (I). Zit.: O'Callaghan Muñoz, Honor
O'Callaghan Muñoz, Xavier	Personalidad y derechos de la personalidad (honor, intimidad e imagen) del menor, según la Ley de Protección del menor. In: La Ley 1996-4, D-239, S. 1247
O'Callaghan Muñoz, Xavier	Sinopsis de los derechos de la personalidad. In: RAC 1986-2, X, 601/86, S. 1885 ff.
Oliva Santos, Andrés de la / Fernández, Miguel Angel	Derecho Procesal Civil. Band IV. Los Procesos Especiales. 4. Aufl., Madrid 1996. Zit.: Oliva/Fernández
Otera Parga, Milagros	Consideraciones en torno al derecho a la intimidad. In: Los Derechos Fundamentales y Libertades Publicas. Band 1, Textos de las Conferencias y Comunicaciones presentadas a las XII Jornadas de Estudio sobre la Constitución Española, celebradas en Madrid los días 4 a 8 de Junio 1990. Hrsg. von Dirección General del Servicio Jurídico del Estado. Madrid 1992.
Palandt, Otto	Bürgerliches Gesetzbuch. 57. Aufl., München1998. Zit.: Palandt-Bearbeiter
Pallarés González, José Luis	„La intimidad como valor antropológico y social". Ponencia Presentada en el VI. Coloquio internacional de filosofía personalista in-sistencial Madrid 21 al 24 de Octubre de 1991. Madrid 1994.
Pantaleón Prieto, Fernando	Comentario al art. 1902 CC. In: Comentario del Código Civil, Band II. Hrsg. von Ministerio de Justicia. Madrid 1991. Zit.: Pantaleón Prieto, Comentario
Pantaleón Prieto, Fernando	Daño. In: Enciclopedía jurídica básica. Band II. Madrid 1995. S. 1896 ff. Zit.: Pantaleón Prieto, daño
Pantaleón Prieto, Fernando	La Constitución, el honor y unos abrigos. In: La Ley 1996-2, D-162, S. 1689 ff.
Pärn, Franziskus	Die Beseitigungsklage in Sachen Individuum contra Massenmedien. Essen 1974. Zit.: Pärn, Beseitigungsklage
Pärn, Franziskus	Tatsachenmitteilung und Tatsachenbehauptung. In: NJW 1979, S. 2544

Pawlowski, Hans-Martin	Berechtigtes Vertrauen auf Untreue als Folge der Güterabwägung. In: JuS 1988, S. 441 ff.
Pemán Gavín, Juan	Las Leyes Orgánicas: Concepto y posición en el sistema de fuentes de derecho. In: Estudios sobre la Constitución Española. Band I. El ordenamiento jurídico. Coordinación y presentación: S. Martín-Retortillo. Madrid 1991. S. 135 ff.
Pérez Luño, Antonio Enrique	Derechos humanos. Estado de derecho y Constitución. Madrid 1984. Zit.: Pérez Luño, Derechos
Pérez Luño, Antonio Enrique	La protección de la intimidad frente a la información en la Constitución Española. In: REP Mayo – Junio 1979, S. 63 ff.
Peuster, Witold	Das spanische Zivilgesetzbuch. Schriftenreihe: Ausländisches Wirtschafts- und Steuerrecht. Band 55. Hrsg. von der Bundesstelle für Außenhandelsinformationen. Köln 1979.
Plaza Penadés, Javier	El derecho al honor y la libertad de expresión. Valencia 1996.
Prinz, Matthias	Der Schutz der Persönlichkeitsrechte vor Verletzung durch die Medien. In: NJW 1995, S. 817 ff.
Prinz, Matthias	Geldentschädigung bei Persönlichkeitsrechtsverletzungen durch Medien. In: NJW 1996, S. 953 ff.
Puente Muñoz, Teresa	El derecho a la intimidad en la Constitución. In: ADC 1980, XXXIII, S. 915 ff.
Puig Brutau, José	Fundamentos de Derecho Civil. Tomo II, Vol. III. Enriquecimiento injusto, responsabilidad extracontractual, derecho a la intimidad. Barcelona 1983.
Quadra-Salcedo, Tomas de la / **Castillo**, Fernandez del	El recurso de amparo y los derechos fundamentales en las relaciones entre particulares. Madrid 1981.
Quintero Olivares, Gonzalo	Libertad de expresión y honor en el Código Penal de 1995. In: Estudios sobre el Código Penal de 1995. Zit.: Quintero Olivares, Libertad
Quintero Olivares, Gonzalo / **Morales Prats** Fermín	Delitos contra el honor. In: Comentarios a la Parte Especial del Derecho Penal. Hrsg. von Quintero Olivares, Gonzalo / Valle Muñiz; Manuel. Pamplona 1996. S. 351 ff. Zit.: Quintero/Morales
Rebmann, Kurt / **Säcker**, Franz Jürgen	Münchner Kommentar zum Bürgerlichen Gesetzbuch. Band 1. Allgemeiner Teil. 3. Aufl., München 1993. Zit.: Bearbeiter in MüKo

Reinhardt, Rudolf	Der Streit um den Persönlichkeitsschutz nach dem Referentenentwurf des Bundesjustizministeriums. In: JZ 1959, S. 41 ff.
Reinhardt, Rudolf	Das Problem des allgemeinen Persönlichkeitsrechts. In: AcP 153 (1954), S. 548
Reinicke, Michael	APR und Meinungsfreiheit - Eine Grundrechtskollision im Privatrecht. In: JA 1981, S. 328 ff.
Remé, Thomas M.	Die Aufgabe des Schmerzensgeldes im Persönlichkeitsschutz, Frankfurt. Berlin 1962.
Ribó Durán, Luis	Diccionario de Derecho. 2. Aufl., Barcelona 1995.
Roca i Trias, E.	Derecho de obligaciones y contratos. Mª. R. Valpueste Fernández (coordinadora). 2. Aufl., Valencia 1995.
Rodríguez Guitián, Alma María	El derecho al honor de las personas jurídicas. Madrid 1996.
Rodríguez Guitián, Alma María	Honor (Derecho al). In: Enciclopedía jurídica básica. Band II. Madrid 1995. S. 3336 ff. Zit.: Rodríguez Guitián, Honor
Rodríguez Mourollo, Gonzalo	„Libertad de expresión y derecho al honor: criterios jurisprudenciales para la resolución de los conflictos". In: Estudios sobre la Constitución Española, homenaje al profesor García de Enterría. Madrid 1991.
Rodríguez Mourollo, Gonzalo / **Barreiro**, Agustín Jorge	Comentarios al Código Penal. Madrid 1997.
Rogel Vide, Carlos	Bienes de la personalidad. Derechos fundamentales y libertades públicas. Bolonia 1985.
Rojo Ajuria, Luis	La tutela civil del derecho a la intimidad. In: ADC 1986, S. 133 ff.
Romero Coloma, Aurélia María	El derecho a la intimidad privada y su problemática. In: RAC 1989-2, 653/89, S. 2241 ff.
Romero Coloma, Aurélia María	Los bienes y derechos de la personalidad. Madrid 1985. Zit: Romero Coloma, Bienes
Rothe, Martin	Rechtswörterbuch Deutsch – Spanisch, Spanisch – Deutsch.. Berlin 1996
Royo Jara, José	La protección del derecho a la propia imagen. Barcelona 1987.
Ruiz Miguel, Carlos	La Configuración Constitucional del Derecho a la intimidad. Madrid 1995.
Salvador Coderch, Pablo	¿Que es difamar? Libelo contra la Ley del Libelo. Madrid 1987.

Salvador Coderch, Pablo	El derecho de la Libertad. Madrid 1993. Zit.: Salvador Coderch, Libertad
Salvador Coderch, Pablo	El Mercado de las ideas. Madrid 1991. Zit.: Bearbeiter in El Mercado de los ideas
Sánchez Agesta, Luis	Sistema Político de la Constitución Española. Madrid 1981.
Santoz Briz, Jaime	La responsabilidad civil. 7. Aufl., Madrid 1993.
Sarazá Jimena, Rafael	Doctrina Constitucional aplicable en materia civil y procesal civil. Madrid 1994. Zit.: Sarazá Jimena, Doctrina Constitucional
Sarazá Jimena, Rafael	El honor de las personas jurídicas. In: RAC 1996-2, XXIV, Rz. 495 ff.
Sarazá Jimena, Rafael	Libertad de expresión e información frente a honor, intimidad y propia imagen. Pamplona 1995. Zit.: Sarazá Jimena, Libertad
Schäfer, Karl	§ 823. Unerlaubte Handlungen. In: Staudinger. Kommentar zum Bürgerlichen Gesetzbuch mit Einführungsgesetz und Nebengesetzen. Buch 2. Recht der Schuldverhältnisse. 12. Aufl., Berlin 1986. Zit.: Schäfer in Staudinger
Schiemann, Gottfried	§ 823. Unerlaubte Handlungen. In: Handkommentar zum BGB. 1. Band. 9. Aufl., Münster 1993. Zit.: Schiemann in Erman, § 823
Schlechtriem, Peter	Inhalt und systematischer Standort des APR. In: DRiZ 1975, S. 65 ff.
Schmidt-Dahlenburg, Hans	Zivilrechtlicher Ehrenschutz in England. München 1962.
Schmitt-Glaeser, Walter	Schutz der Privatsphäre. In: Handbuch des Staatsrechts der Bundesrepublik Deutschland. Band VI. Freiheitsrechte. Hrsg. von Josef Isensee / Paul Kirchhof. Heidelberg 1989. S. 41 ff.
Schwerdtner, Peter	Der zivilrechtliche Persönlichkeitsschutz. In: JuS 1978, S. 289 ff.
Schwerdtner, Peter	Persönlichkeitsschutz im Zivilrecht. In: Schutz der Persönlichkeit, Karlsruher Forum 1996. Hrsgb. von Verl. Versicherungswirtschaft (Schriftenreihe der Zeitschrift Versicherungsrecht).
Schwerdtner, Peter	§ 12, Namensrecht. In: Münchner Kommentar zum Bürgerlichen Gesetzbuch. Band 1, Allgemeiner Teil. 3. Aufl., München 1993. Zit.: Schwerdtner in MüKo
Seitz, Walter	Prinz und die Prinzessin – Wandlungen des Deliktsrechts durch Zwangskommerzialisierung der Persönlichkeit. In: NJW 1996, S. 2848 ff.

Seyfarth, Georg	Der Einfluß des Verfassungsrechts auf zivilrechtliche Ehrschutzklagen. In: NJW 1999, S. 1287 ff.
Slabý, Rudolf J. / **Grossmann**, Rudolf,	Wörterbuch der spanischen und deutschen Sprache. Band 1. Spanisch- Deutsch. 8. Aufl., Wiesbaden 1962.
Soergel, Hans Theodor / **Siebert**, Wolfgang u.a.	Bürgerliches Gesetzbuch mit Einführungsgesetz und Nebengesetzen. Neu hrsg. von Wolfgang Siebert. Band 5/2. Schuldrecht IV/2. 11. Aufl., Stuttgart 1985. Zit.: Bearbeiter in Soergel
Solozabal Echavarria, Juan José	Aspectos constitucionales de la libertad de expresión y el derecho a la información. In: RDC n° 23, Mayo-Agosto 1988, S. 139 ff
Stadler, Astrid	Persönlichkeitsrecht contra Medienfreiheit – zivilrechtliche Aspekte der Kontroverse in den USA. In: JZ 1989, S. 1084 ff.
Stark, Ralf	Ehrenschutz in Deutschland. Berlin 1996.
Staudinger, Julius von	Kommentar zum Bürgerlichen Gesetzbuch mit Einführungsgesetz und Nebengesetzen. Buch 2. Recht der Schuldverhältnisse. 12. Aufl., Berlin 1986. Zit.: Bearbeiter in Staudinger
Steffen, Erich	Persönlichkeitsschutz und Pressefreiheit sind keine Gegensätze. In: ZRP 1994, S. 196 ff.
Steffen, Erich	„Das Schmerzensgeld soll den Verleger ruhig schmerzen". In: ZRP 1996, S. 366 f.
Steffen, Erich	Schmerzensgeld bei Persönlichkeitsverletzung durch Medien. In: NJW 1997, S. 10 ff.
Steindorff, Ernst	Persönlichkeitsschutz im Zivilrecht. Schriftenreihe der juristischen Studiengesellschaft Karlsruhe. Heft 158. Heidelberg 1983.
Stürner, Rolf	Empfiehlt es sich, die Rechte und Pflichten der Medien präziser zu regeln und dabei den Rechtsschutz des Einzelnen zu verbessern? In: Verhandlungen des 58. Deutschen Juristentages. Band I. Gutachten. München 1990. S. A 1 ff.
Ulrich, Stefan	Recht auf Identität im zivilrechtlichen Persönlichkeitsschutz. München 1996.
Valgoma, María de la	„Comentario a la Ley Orgánica de protección civil del derecho al honor, a la intimidad personal y familiar y a la propia imagen, In: Anuario de Derechos Humanos, 1983, n° 2, S. 647 ff.
Vicente Díaz, Matilde	La protección civil de los derechos fundamentales. In: RAC 1988-2, 539/88, S. 1741 ff.

Vidal Martínez, Jaime	Manifestaciones del derecho a la intimidad personal y familiar. In: RGD 1980, S. 1042 ff. und 1162 ff.
Vidal Martínez, Jaime	El derecho a la intimidad en la LO de 5 de Mayo de 1982. Madrid 1984. Zit.: Vidal Martínez, intimidad
Vives Antón, Tomás / **Manzanares Samaniego**, José Luis	Estudios sobre el Código Penal de 1995 (Parte especial). Band II. Madrid 1996.
Wasserburg, Klaus	Der Schutz der Persönlichkeit im Recht der Medien. Ein Handbuch über die Ansprüche auf Schadensersatz, Unterlassung, Widerruf und Gegendarstellung. Heidelberg 1988.
Weitnauer, Hermann	Persönlichkeitsschutz und Pressefreiheit. In: Der Betrieb 1976, S. 1365 ff., 1413 ff.
Weitnauer, Hermann	Anhang zu § 12. Das Allgemeine Persönlichkeitsrecht. In: Erman. Handkommentar zum BGB. 1. Band. 8. Aufl., Münster 1989. Zit.: Weitnauer in Erman, Anh. § 12
Wenzel, Karl Egbert	Empfiehlt es sich, die Rechte und Pflichten der Medien präziser zu regeln und dabei den Rechtsschutz des Einzelnen zu verbessern (Referat). In: Verhandlungen des 58. Deutschen Juristentages. Band II, Sitzungsprotokolle. Teil K: Sitzungsbericht über die Verhandlungen der Abteilung Medienrecht. S. K 57 ff.
Wenzel, Karl Egbert	Das Recht der Wort und Bildberichterstattung. 4. Aufl., Köln 1994. Zit.: Wenzel, Recht
Wiese, Günther	Der Ersatz des immateriellen Schadens. In: Recht und Staat. Band 294/295. Tübingen 1964.
Wronka, Georg	Das Verhältnis zwischen den allgemeinen Persönlichkeitsrechten und den sogenannten besonderen Persönlichkeitsrechten. In: Ufita 69 (1973), S. 71 ff.
Zeuner, Albrecht	§§ 823 – 825 Unerlaubte Handlungen. In: Soergel. Bürgerliches Gesetzbuch mit Einführungsgesetz und Nebengesetzen. Neu hrsg. von Wolfgang Siebert. Band 5/2. Schuldrecht IV/2. 11. Aufl., Stuttgart 1985. Zit.: Zeuner in Soergel, § 823

Teil 1: EINLEITUNG

A. PROBLEMSTELLUNG UND ZIELSETZUNG DER ARBEIT

Der Schutz der Ehre und der Persönlichkeit ist am Ausgang des 20. Jahrhunderts aktueller denn je, wobei nicht selten besorgte Töne zu hören sind[1]. Der rasante technische Fortschritt, der besonders drastisch die Bereiche der Kommunikation und Informationsbeschaffung und -verarbeitung verändert hat, gefährdet den Persönlichkeitsschutz des Einzelnen. Zum einen entstehen immer neue Möglichkeiten der Informationsbeschaffung, mit deren Hilfe in die Privatsphäre des Menschen eingedrungen werden kann; zum anderen können diese Informationen im medialen Zeitalter sehr leicht und sehr schnell einer großen Adressatengruppe zugänglich gemacht werden. Der technische Fortschritt hat sogar in manchen Bereichen Gefahrenpotentiale der orwellschen Utopie zu realen Bedrohungen des Ehren- und Persönlichkeitsrechts werden lassen. Die immer höhere Komplexität der gesellschaftlichen Abläufe und ein verstärkter, immer komplizierter werdender Umgang mit Daten, bei dem das Individuum nicht selten zu einem versachlichten Objekt degradiert wird, sind soziale Entwicklungen der letzten Jahre, die sich in zunehmendem Maße verstärken und denen sich niemand entziehen kann[2]. Diese Entwicklungen konnten am Ende des letzten Jahrhunderts bei der Schaffung der Zivilgesetzbücher in Deutschland und Spanien nicht vorhergesehen werden.

Der Schutz des Einzelnen in den Massen- und Mediengesellschaften, in denen individualistische Ansätze in zunehmendem Maße untergehen, wird in einer parallelen Entwicklung durch den Ausbau der Idee des Persönlichkeitsrechts gewährleistet. Dieses Recht soll der Garant dafür sein, daß sich das Individuum in der Gesellschaft behaupten kann. Die Zahl der Veröffentlichungen zu dem Thema ist riesig und beständig kommen neue hinzu. Auch die Rechtsprechung muß sich in immer größerem Ausmaß hiermit auseinandersetzen[3].

In den letzten Jahrzehnten hat es in Deutschland immer wieder Versuche gegeben, den Persönlichkeitsschutz in Gesetzesform niederzulegen. Doch mehrere Reformvorhaben scheiterten, und auch verschiedene Vorschläge für Normierungen blieben bisher unberücksichtigt. Es scheint, als hätte sich der Gesetzgeber damit abgefunden, daß die Lücke, die aufgrund der Nichtaufnahme des Persönlichkeitsschutzes im BGB besteht, nur durch die Rechtsprechung geschlossen wird, und strebe eine Normierung nicht mehr an. Die inhaltliche Auseinandersetzung mit dem System des Persönlichkeitsschutzes bezieht sich in Deutschland daher auch nur auf die Rechtsprechung, die in ihrer Doktrin und der sich hierzu entwickelten Literatur mitsamt Interpretationen und eigenen Lösungsansätzen der Lehre einen kaum noch überschauba-

---

[1] Vgl. Prinz, NJW 1995, S. 817 mwN; „Eine Rechtsprechung speziell für Reiche und Schöne?", FAZ, 19.11.1997, S. 10; „Warum es für den Präsidenten keine Privatsphäre gibt", FAZ, 13.10.1998, S. 12; „Prämie für schlechten Journalismus", FAZ, 11.1.1999; „Meine Ehre, deine Ehre", FAZ, 30.1.1999, S. 1; „Verelendung journalistischer Sitten", Hamburger Abendblatt, 16.3.1999, S. 9.
[2] Neustes Beispiel ist die fotografische Erfassung von Häusern zur Anlage von elektronischen Häuserdateien, die auf den Widerstand der Hauseigentümer stößt, nach deren Ansicht die Häuser Teil ihres persönlichen Lebensumfeldes darstellen (FAZ vom 12.5.1999, S. 18).
[3] Vgl. Prinz, NJW 1995, S. 817, Fn. 12, mit Daten über die Zunahme von presserechtlichen Streitigkeiten bei dem LG Hamburg und dem LG Köln.

ren Komplex von Entscheidungen und Meinungen bildet, der oft selbst vom versierten Juristen nur noch schwer zu durchschauen ist.

Als besondere Probleme bei der Frage der rechtlichen Regelung des Persönlichkeitsschutzes haben sich im wesentlichen folgende ergeben: Soll der zivilrechtliche Persönlichkeitsschutz über Einzelrechte, Schutzgüter, Schutzbereiche oder Verhaltensvorschriften erfolgen? Wie ist das Verhältnis von Tatbestand und Rechtswidrigkeit gestaltet? Welche verfassungsrechtlichen Vorgaben sind zu beachten? Wie können Persönlichkeitsschutz und Meinungsfreiheit am besten zum Ausgleich gebracht werden?

Obwohl der zivilrechtliche Persönlichkeitsschutz nun seit mehreren Jahrzehnten prinzipiell anerkannt ist, bestehen hinsichtlich dieser und anderer Einzelfragen immer noch Unklarheiten, und auch die Rechtsprechung verändert sich: Neuere Urteile des BGH zu Persönlichkeitsrechtsverletzungen mit neuen Dimensionen des Schmerzensgeldes, sowie einzelne Urteile zum Verhältnis zwischen der Persönlichkeit des Einzelnen und dem Grundrecht auf Meinungs- und Informationsfreiheit geben zu den Fragen Anlaß, ob Ehre und Intimsphäre in einer heute alles immer stärker durchdringenden Presselandschaft noch ausreichend geschützt sind, und in welche Richtung die Rechtsprechung sich bei der Zuerkennung von Schmerzensgeld wendet. Aufgrund des Verzichts des deutschen Gesetzgebers, tätig zu werden, steht er außerhalb der Diskussion, die sich über diese Fragen ergeben hat.

Von Interesse ist daher die Frage, wie sich ein Eingreifen des Gesetzgebers in der Praxis auswirken kann, und welche Möglichkeiten und Probleme es hier gibt. Für die Antwort sollte die Rechtsvergleichung mit einem Land, das den Persönlichkeitsschutz normiert hat, aufschlußreich sein. In der vorliegenden Untersuchung wird daher ein Blick auf Spanien geworfen, wo eine Normierung gewagt wurde. Es handelt sich dabei außerdem um ein Land, in dem traditionell großen Wert darauf gelegt wird, über die Grenzen der eigenen Rechtslandschaft hinauszublicken. Daß dieser Blick nicht selten auf Deutschland fällt, zeigt sich in fast jeder spanischen juristischen Bibliothek, wo neben Abhandlungen über das deutsche Recht auch viele zum Teil äußerst sorgfältig vorgenommene Übersetzungen[4] und zahlreiche originalsprachliche deutsche Ausgaben enthalten sind. Als zusätzlicher Reiz bietet sich dem deutschen Rechtsvergleicher daher auch die Möglichkeit, zu sehen, inwieweit deutsche Theorien und Ideen im spanischen Rechtsdenken Aufnahme gefunden haben.

Ähnlich wie in Deutschland, war auch in Spanien eine Normierung des Persönlichkeitsschutzes im Zivilrecht ursprünglich immer abgelehnt worden. Doch nach dem Inkrafttreten der spanischen Verfassung von 1978, bei der auch die Persönlichkeitsrechte der Person als Grundrechte Eingang fanden, dauerte es nicht einmal vier Jahre, bis der Persönlichkeitsschutz seine Umsetzung auf zivilrechtlicher Ebene fand. Darin äußert sich eine Entschlußfreude, die

---

[4] Nur als Beispiele seien hier angeführt: Enneccerus / Kipp, Tratado de derecho civil, Übersetzung der 39. Aufl. von Blas Pérez González y José Alguer (13 Bände)); Medicus, Tratados de las relaciones obligacioneales, 2 Bände, Übersetzung von Angel Martínez Sarrión.

im Hinblick auf das deutsche Zögern sehr zu würdigen ist. Seit 1982 besteht mit der Ley Orgánica 1/1982 ein Instrument, mit dem Persönlichkeitsrechtsverletzungen zivilrechtlich sanktioniert werden können. Und die immer weiter wachsende Zahl von Prozessen, die auf Grundlage dieses Gesetzes durchgeführt werden, bestätigt seine Bedeutung. Als neueste Änderung hat der spanische Gesetzgeber mit der Reform des Código Penal 1995, die zu dessen totaler Neufassung führte, den Schwerpunkt von Ehrverletzungen noch mehr zugunsten des Zivilrechts verlagert (Einzelne Bestrebungen innerhalb der Reformkommission gingen sogar so weit, eine völlige Abschaffung des strafrechtlichen Tatbestandes der Beleidigung zu fordern).

Ziel der Untersuchung soll es sein, einen Überblick über das spanische System des Persönlichkeitsschutzes zu geben, und die dortigen Erfahrungen und Schlüsse für die deutsche Diskussion über die grundsätzlichen Probleme einer Normierung und deren Systematik nutzbar zu machen.

B. GANG DER UNTERSUCHUNG

Zunächst soll eine umfassende autonome Darstellung des spanischen Rechts in Bezug auf den zivilrechtlichen Schutz von Persönlichkeitsrechten vorgenommen werden, um einen genauen Einblick in die Entwicklung, Systematik und insbesondere die Problematiken zu vermitteln, die sich in Spanien trotz oder aufgrund der gesetzlichen Niederlegung des zivilrechtlichen Persönlichkeitsschutzes ergeben. Hierbei ist auf eine möglichst umfassende Darstellung Wert gelegt worden, um einen kompletten Eindruck des Systems des zivilrechtlichen Persönlichkeitsschutzes zu vermitteln.

Die Untersuchung das spanische Rechts beschränkt sich auf die beiden Rechte Ehre und intimidad[5], denn sie stellen im spanischen System die zentralen Punkte dar, auf die der Persönlichkeitsschutz abzielt. Zunächst wird dabei auf die Konzeption der beiden Rechte, ihren Charakter und ihre Natur als Persönlichkeitsrechte eingegangen und dann auf den gesetzlichen Niederschlag, den sie gefunden haben. Diesbezüglich ist auch der Bezug zu verfassungsrechtlichen Problemen, sowie ihr Verhältnis zum Strafrecht und anderen zivilrechtlichen Arten des Persönlichkeitsschutzes vertieft dargestellt.

Schwerpunkt des spanischen Teils ist die Untersuchung der Ley Orgánica 1/1982, vom 5. Mai, über den zivilrechtlichen Schutz des Rechts auf Ehre, persönliche und familiäre intimidad und am eigenen Bild, die im Anhang im spanischen Original sowie in einer Übersetzung durch den Verfasser abgedruckt ist. Die Systematik dieses Gesetzes und die hierzu entstandene Rechtsprechung der letzten 17 Jahre, in der zum Teil eigenständige Lösungswege beschritten werden, werden einer Prüfung unterzogen. In einem prozessualen Teil wird auf die Rechtsfolgen und die Möglichkeit der Geltendmachung von Persönlichkeitsrechtsverletzungen eingegangen. Der spanische Teil schließt mit einer thesenartigen Zusammenfassung ab,

---

[5] Zur Übersetzung des Begriffs siehe unten Fn. 11.

die einen Überblick über die wichtigsten Erkenntnisse und Schlußfolgerungen der Betrachtungen der spanischen Gesetzes- und Rechtslage vermitteln soll.

Aufgrund der zahlreichen Publikationen, die sich mit dem deutschen System des Persönlichkeitsschutzes befaßt haben, beschränkt sich die Darstellung der deutschen Rechtslage auf knappe Ausführungen zur Systematik und den Grundlagen des deutschen Systems. Auf eine detaillierte Darstellung von inhaltlichen Einzelproblemen wird in der Regel verzichtet, um nicht den Rahmen dieser Arbeit zu sprengen. Auch wenn dies teilweise Probleme aufwerfen mag, dient es einer klareren Übersicht, die in der deutschen Debatte zum allgemeinen Persönlichkeitsrecht zunehmend verlorengeht. Neben den wichtigsten Grundlagen des von der Rechtsprechung entwickelten allgemeinen Persönlichkeitsrechts wird vor allem auf den Versuch seiner Systematisierung eingegangen. Bei diesen Betrachtungen werden die Erfahrungen aus der spanischen Untersuchung herangezogen.

Teil 2: EHREN- UND PERSÖNLICHKEITSSCHUTZ IN SPANIEN

A. HISTORISCHE ENTWICKLUNG

I. Recht auf Ehre

Nicht nur die Vertreter anderer Nationen sondern auch die Spanier selbst sehen sich als die Nation, in der schon immer vor allen anderen europäischen Ländern am meisten Wert auf das Ehrgefühl gelegt wurde[1]. Der Gedanke der Ehre und ihr Schutz war in Spanien durch die Jahrhunderte ein Schwerpunkt der gesellschaftlichen Entwicklung und mancher sieht in ihr sogar die Haupttriebkraft für viele Handlungen und Unternehmungen in der Geschichte dieses Landes[2].

Die Ursprünge für die dem Ehrengedanken zugrunde liegende Konzeption des freien Menschen, der frei nicht nur über bestimmte externe Rechte, sondern auch über solche, die direkt „in ihm" sind (wie u.a. Ehre und der Ruf), bestimmen kann, hat seine Ursprünge in christlichem Gedankengut[3]. Systematisiert wurden diese Ideen jedoch erst durch die scholastischen Philosophen der „Escuela Española de Derecho Natural" im Mittelalter[4]. Nachdem die grundsätzliche Notwendigkeit eines Ehrenschutzes herausgearbeitet worden war, setzte sich in späterer Zeit bis zum 19. Jahrhundert immer mehr die Überzeugung durch, daß dieser Ehrenschutz dem öffentlichen Recht zugeordnet werden müsse[5]. Bei der Schaffung des Código Civil wurde insoweit auch auf einen expliziten Schutz der Ehre verzichtet und auf das Strafrecht verwiesen[6], wo zumindest der Ehrenschutz schon Niederschlag gefunden hatte.

Eine Anerkennung zivilrechtlichen Ehrenschutzes nach Normen des Código Civil erfolgte jedoch durch die Rechtsprechung, und zwar in Anwendung einer Norm, die entgegen ihrer ursprünglichen Konzeption erst durch eine extensive Auslegung als Anspruchsgrundlage für den Ausgleich immaterieller Schäden herangezogen werden konnte. Die wegweisende Entscheidung hierbei war das Urteil des Tribunal Supremo STS de 6 de Diciembre 1912[7], das Grundlage für die nachfolgende Doktrin des Ehrenschutzes und vor allem des Schadensersatzes für immaterielle Schäden (daños morales) geworden ist[8]. Es ging um einen Bericht der Zeitung „El Liberal", nach dem ein Mönch angeblich mit einer Geliebten aus einem Kloster geflüchtet war und sich bei Entdeckung umgebracht hatte. Wie sich später herausstellte, war der Bericht falsch und auf die Klage des Vaters des minderjährigen – in der Meldung nament-

---

[1] Castán Vázquez, RGLJ 1957, S. 692; vgl. Estrada Alonso, S. 22 f.; Fraile Ovejero, S. 644.
[2] Concepción Rodríguez, S. 15.
[3] Castro y Bravo, ADC 1959, S. 1237 (1241).
[4] Concepción Rodríguez, S. 16.
[5] Castro y Bravo, ADC 1959, S. 1237 (1245).
[6] Art. 1092 CC:
"Las obligaciones que nazcan de los delitos o faltas se regirán por los disposiciones del Código Penal"
„Bürgerlichrechtliche Verbindlichkeiten, die sich aus Straftaten oder Übertretungen ergeben, richten sich nach den Vorschriften des Código Penal"
[7] Anm.: Die spanischen Urteile werden in dieser Arbeit weitestgehend in der in Spanien üblichen Form, d.h. nur unter Angabe des Urteilsdatums und bei Verweis auf entscheidende Stellen unter Angabe der Nummer des Entscheidungsgrundes (Fundamento Jurídico, abgekürzt: FJ) zitiert. Um das Auffinden zu erleichtern, sind im Anhang für sämtliche zitierten Entscheidungen Fundstellen angegeben.
[8] Concepción Rodríguez, S. 17; González Poveda, RAC 1995-1, VI, Rz. 115 (129 f.).

lich erwähnten – Mädchens hin wurde die Zeitung zur Zahlung eines Schadensersatzes von 150.000,- Ptas. verurteilt. In der Begründung verwies der Tribunal Supremo auf Art. 1902 CC:

Art. 1902 CC.:
El que por acción u omisión cause daño a otro, interviniendo culpa o negligencia, está obligado a reparar el daño causado.

Derjenige, der durch Handeln oder Unterlassen schuldhaft oder fahrlässig einem anderen Schaden zufügt, ist verpflichtet, den verursachten Schadens wiedergutzumachen.

Bei der Auslegung dieser Norm griff der Tribunal Supremo auf Rechtsgrundsätze zurück, die „mehr oder weniger klar und deutlich ausgedrückt, aber bereits länger bestehend sind, und die den Schaden in seinen verschiedenen Erscheinungsformen erfassen". Als Schaden stellte der Tribunal Supremo einen moralischen bzw. seelischen, d.h. immateriellen Schaden (daño moral) fest. Auch über dessen Bewertung machte er sich Gedanken: Er sprach dem Opfer eine Geldentschädigung zu, die zwar seiner Ansicht nach keinen wirklichen Ausgleich schaffen konnte, einem solchen jedoch am nächsten kam.

Durch dieses Urteil wurde zwar der Schutz der Ehre im Zivilrecht und die Ausgleichungspflicht bei ihrer Verletzung anerkannt, es wurde jedoch damit nicht die Doktrin eines Ehrenrechts begründet. Die wegweisende Neuheit war lediglich darin zu sehen, daß die Rechtsprechung die Ausgleichspflicht nicht nur für materielle sondern darüber hinausgehend auch für immaterielle Schäden, die aus dem in Art. 1902 CC postulierten Grundsatz *neminem laedere* herrührte, festgelegt hatte. In einer Reihe von weiteren Urteilen baute der Tribunal Supremo diese Rechtsprechung dann aus[9].

Dies hatte u.a. zur Folge, daß in Art 4.5 der Ley 62/1978 LJPDF[10] durch den Gesetzgeber der Ausgleich für immaterielle Schäden indirekt anerkannt wurde, indem bestimmt wurde: „Der Schadensersatz für materielle und immaterielle (aus den Straftaten der Beleidigung und Verleumdung resultierende) Schäden wird im Urteil ausdrücklich festgelegt". Das System des zivilrechtlichen Ehrenschutzes wurde schließlich mit der LO 1/1982 de 5 de Mayo durch Gesetz geregelt, wobei in diesem Zusammenhang die Rechtsprechung zu immateriellen Schäden für die Regelung der Rechtsfolgen ausschlaggebend war.

---

[9] Bezügl. des derecho a la vida (SSTS 10.7.1928, 19.5.1934, 2.2.1940, 24.5.1942, 9.12.1949, 23.12.1952, 27.4.1953, 21.1.1957), derecho a la integridad física (SSTS 24.12.1941, 2.12.1946, 6.2.1958, 7.2.1973) derecho al honor (STS 6.12.1912 und 12.3.1928, über die Ehre der Person im allgemeinen; 14.12.1917 über honor profesional; 31.3.1930 und 25.6.1945 über honor mercantil) und im allgemeinen über den immateriellen Schaden (STS 28.2.1959) (Nachweise bei O'Callaghan Muñoz, RAC 1986-2, X, S. 1885 (1889 f.).

[10] Ley 62/1978, de 26 de Diciembre, de Protección Jurisdiccional de los Derechos Fundamentales de la Persona (Gesetz über den gerichtlichen Rechtsschutz der Grundrechte der Person), BOE de 3.1.1979, núm 3.

II. Recht auf intimidad[11]

Die Entwicklung des Gedankens der intimidad wird in der spanischen Literatur als ein sich langsam entwickelnder Prozeß während des Übergangs von der Agrar- in die Industriegesellschaft dargestellt[12]. Nachdem sich bereits im Mittelalter christliche Denker damit befaßt hatten, gerät die intimidad jedoch erst mit dem Aufkommen des Bürgertums in den Mittelpunkt der Betrachtung[13]. Die neue Schicht nahm zunehmend mehr Rechte für sich in Anspruch und war zu diesem Zeitpunkt zunächst einmal darauf bedacht war, Eingriffe des Staates in die neu gewonnenen Sphären der Unabhängigkeit abzuwehren. Verbunden damit ist das Aufkommen des Städtewesens, in dem der Einzelne zunehmend Schwierigkeiten hatte, Freiräume für sich zu finden. Das „Recht zum Alleinsein" stellte zu diesem Zeitpunkt ein Privileg der adligen Oberschicht dar[14]. In der Retrospektive ist damit die Entwicklung des Rechts auf intimidad der Reflex des Übergangs von der Agrar- in die Industriegesellschaft, in der das Bürgertum in einer enger werdenden Welt Rechte zugestanden haben will, die zuvor nur der Adel innegehabt hatte[15]. Zumindest auf spanischer Ebene ist dabei bezüglich des letzten Schritts lange keine Fortentwicklung zu verzeichnen, was nicht erstaunt, wenn man sich vergegenwärtigt, daß der Übergang zur Industriegesellschaft spät in diesem Jahrhundert einsetzte.

B. KODIFIZIERUNGEN VON EHRE UND INTIMIDAD

I. Verfassung

Die erste Erwähnung, die die Ehre in einer Kodifikation Spaniens fand, war im „Fuero de los Españoles" vom 17. Juli 1945[16], in dessen Art. 4 ein Passus enthalten war, der allen Spaniern ein Recht auf Respekt der eigenen und familiären Ehre zugestand. Die intimidad war bis 1978 überhaupt nicht kodifiziert.

---

[11] Anm.: Auf eine Übersetzung des Begriffs „intimidad" wurde in der vorliegenden Darstellung weitestgehend verzichtet. In anderen Texten findet man hierfür wohl am häufigsten die Bezeichnung „Intimsphäre". Im Verlauf der vorliegenden Untersuchung wird sich jedoch zeigen, daß dieser Bezug auf eine Sphäre der heutigen Konzeption der intimidad nicht mehr entspricht, da sie sich über einen Sphärenschutz hinaus auch in Richtung eines dynamischen Kontrollrechts über eigene Daten entwickelt hat. Der deutsche Begriff der „Intimsphäre" ist damit von der Idee und Konzeption her zu „vorbelastet", so daß die Gefahr besteht, daß das Verständnis der spanischen Konzeption durch die vom deutschen Recht geprägten Vorstellung der Sphärentheorie beeinflußt wird. Daß darüber hinaus aber auch Verwirrungen bezüglich der Sphären bestehen, zeigt sich auch, daß in der spanischen Literatur auch „Privatsphäre" als adäquater deutscher Begriff für die Konzeption der intimidad herangezogen wird (O'Callaghan Muñoz, Libertad, S. 93). In anderen Arbeiten finden sich als Übersetzungen noch: „Intimität", „Vertraulichkeit" (Rothe, S. 181), „Innerlichkeit" (Slabý/Grossmann S. 561) und für die LO 1/1982 „Organgesetz über den zivilrechtlichen Schutz des Rechts der Ehre, des individuellen und familiären Persönlichkeitsrechts am eigenen Bild" (Rothe, S. 773). Meines Erachtens ist der Begriff „Intimität" am zutreffendsten. In der deutschen Fassung von Gesetzestexten wurde daher dieser Begriff herangezogen, um eine vollständige Übersetzung zu präsentieren. Im übrigen Text der Darstellung wurde der spanische Begriff „intimidad" allerdings beibehalten, um ein unvoreingenommenes Herangehen an die Konzeption dieses Rechts zu gewährleisten.

[12] Zusammenfassende Darstellungen mit weiteren Nachweisen finden sich u.a. bei López Díaz, S. 169 ff, die stark auf die Beeinflussung durch den angelsächsischen „privacy"-Gedanken eingeht, und Concepción Rodríguez, S. 19 ff.

[13] Pérez Luño, REP 1979, S. 64; López Díaz, S. 173; López Ortega, S. 289.

[14] Pallarés González, S. 13 f., spricht weitergehend sogar von einer „Kultur" der intimidad, die ursprünglich von der Geistlichkeit mit dem Ziel der Besinnung durch den freiwilligen Rückzug in die Klöster eingeführt und später säkularisiert wurde.

[15] Serrano Alberca in Garrido Falla, S. 352; Romero Coloma, RAC 1989-2, S. 2241 (2244 f.).

[16] Zusammenfassung spanischer Grundrechte, in Kraft 1945-1978.

Nach dem Tode Francos sollte eine neue Verfassung erlassen werden. Hierzu wurden eine Kommission und ein Ausschuß eingesetzt, die einen Entwurf ausarbeiteten[17], der, nachdem ihm die Mehrheit der Spanier zuvor in einem Referendum zugestimmt hatte[18], als Verfassung mit ihrer Verkündung am 29.12.1978 in Kraft trat[19]. In dieser Verfassung sind sowohl Ehre, wie auch die intimidad in Art. 18 ausdrücklich geschützt:

Art. 18. CE:
1. Se garantiza el derecho al honor, a la intimidad personal y familiar y a la propia imagen.

2. El domicilio es inviolable. Ninguna entrada o registro podrá hacerse en él, sin consentimiento del titular o resolución judicial, salvo caso de flagrante delito.

3. Se garantiza el secreto de las comunicaciones y en especial de las postales, telegráficas y telefónicas salvo resolución judicial.

4. La Ley limitará el uso de la informática para garantizar el honor y la intimidad personal y familiar de los ciudadanos y el pleno ejercicio de sus derechos.

1. Das Recht auf Ehre, persönliche und familiäre Intimität und am eigenen Bild werden gewährleistet.

2. Die Wohnung ist unverletzlich. Ohne Einwilligung des Berechtigten oder einen richterlichen Erlaß darf in sie nicht eingedrungen oder sie durchsucht werden, es sei denn ein Straftäter wird auf frischer Tat betroffen und verfolgt.

3. Das Kommunikations- und insbesondere das Post-, Fernmelde- und Telefongeheimnis werden gewährleistet, soweit keine gegenteilige richterliche Entscheidung vorliegt.

4. Das Gesetz beschränkt die Verwendung von gespeicherten Daten, um die Ehre und die persönliche und familiäre Intimität der Bürger sowie die volle Ausübung ihrer Rechte zu gewährleisten.

Beim Entwurf der spanischen Verfassung, orientierte sich die Kommission an Kodifikationen anderer Länder, auf deren Regelungen teilweise mit entsprechenden Änderungen Rückgriff genommen wurde. Der Passus in Art. 18.1 CE hat seinen Ursprung in Art. 33 der portugiesischen Verfassung[20]. Dort ist neben dem guten Namen, dem Ansehen und derecho a la reserva de la intimidad auch ein Recht der persönlichen Identität geschützt[21].

II. Zivilrecht

1. Organgesetze (leyes Orgánicas)

Die spanische Verfassung entfaltet gem. Art 53.1 CE direkte und unmittelbare Gesetzeskraft und verpflichtet alle öffentlichen Gewalten zur Einhaltung der in ihr festgesetzten Pflichten und Beachtung der für die Bürger geltenden Werte:

Art. 53.1 CE:
Los derechos y libertades reconocidos en el Capítulo segundo del presente vinculan a todos los poderes públicos.

Die im zweiten Kapitel des vorliegenden Titels anerkannten Rechte und Freiheiten binden alle öffentlichen Gewalten.

---

[17] Nachweis hierüber im einzelnen bei Villaamil, Leyes, S. 3 ff.
[18] Ein Drittel der Wahlberechtigten beteiligte sich an diesem Referendum nicht. Im Endergebnis bestand jedoch bei 16 Mio. Ja- gegen 1,4 Mio. Nein-Stimmen eine absolute Mehrheit (59 %) aller wahlberechtigten Spanier (Quelle: Adomeit/Frühbeck, S. 14).
[19] Der gesamte Verfassungstext ist abgedruckt in Adomeit/Frühbeck, S. 144 ff., eine Übersetzung von Teilen findet sich bei López Pina, Spanisches Verfassungsrecht, S. 555 ff.
[20] López Díaz, S. 25.
[21] Siehe Daranas, S. 1538.

Im übrigen gibt es in Spanien Organgesetze, die gem. Art. 81.1 CE der Ausgestaltung der verfassungsrechtlichen Regelungen dienen. Da die Verfassung vom Wortlaut des Art. 53.2 nur die öffentlichen Gewalten bindet und eine Drittwirkung im Sinne einer verpflichtenden Wirkung zwischen Privaten nur bedingt angenommen werden kann (siehe dazu unten C.I.5.), bedarf es für die Wirkung zwischen Privaten der Umsetzung durch den Gesetzgeber, um den in der Verfassung gewährleisteten Werten auch im privaten Bereich Geltung zu verschaffen.

Von den einfachen Gesetzen (leyes ordinarias) trennen die Organgesetze sie zwei Aspekte, ein formeller und ein materieller, wie sich aus Art. 81 CE, ergibt:

Art. 81 C.E.:
1. Son leyes orgánicas las relativas al desarrollo de los derechos fundamentales y de las libertades públicas, las que aprueben los Estatutos de Autonomía y el régimen electoral general y las demás previstas en la Constitución.
2. La aprobación, modificación o derogación de las leyes orgánicas exigirá la mayoría absoluta del Congreso, en una votación final sobre el conjunto del proyecto.

1. Es sind solche Gesetze Organgesetze, die sich auf die Ausgestaltung der Grund- und Freiheitsrechte beziehen, die Autonomiestatuten und die allgemeine Wahlordnung bestimmen, sowie die weiteren in der Verfassung vorgesehenen Gesetze.
2. Die Verabschiedung, Änderung oder Aufhebung der Organgesetze erfordert die absolute Mehrheit des Kongresses bei der Schlußabstimmung über die gesamte Gesetzesvorlage.

a) Formeller und materieller Aspekt

Formell sind Organgesetze damit solche Gesetze, die in der Verfassung vorab bestimmte Rechtsbereiche regeln und die besonderen formelle Erfordernisse erfüllen. Materiell ergibt sich aus der Regelungsmaterie, ob ein Organgesetz vorliegt, da nur die in Art. 81.1 CE bezeichneten Rechtsbereiche einer Regelung durch Organgesetze zugänglich sind[22].

Aus dem Wortlaut der Vorschrift kann geschlossen werden, daß es sich bei der Nennung der Materien um eine abschließende Aufzählung handelt[23]. Mit Verweis auf Art. 28.2 LO 2/1979 (LOTC)[24] wurde allerdings anfänglich behauptet, daß allein der formale Aspekt (d.h. die Art des Zustandekommens) dafür ausschlaggebend sei, zu bestimmen, ob ein Organgesetz oder ein einfaches Gesetz vorliegt. Dieser Argumentation ist der Tribunal Constitucional selbst

---

[22] Alcón Yustas, S. 76.
[23] López Guerra, S. 68.
[24] Art. 28.2:
„Asimismo, el Tribunal podrá declarar inconstitucionales por infracción del artículo 81 de la Constitución los preceptos de un Decreto-ley, Decreto legislativo, Ley que no haya sido aprobada con el carácter de orgánica o norma legislativa de una Comunidad Autónoma o en el caso de que dichas disposiciones hubieran regulado materias reservadas a la Ley Orgánica o impliquen modificación o derogación de <u>una ley aprobada con tal carácter, cualquiera que sea su contenido</u>"
„Der Tribunal Constitucional kann gleichfalls wegen einer Verletzung des Art. 81 der Verfassung diejenigen Vorschriften eines Gesetzesdekrets, eines gesetzgebenden Dekrets oder eines Gesetzes für verfassungswidrig erklären, das nicht als Organgesetz oder legislative Norm einer autonomen Region verabschiedet worden ist oder in dem Fall, daß besagte Vorschriften Rechtsbereiche regeln, die für ein Organgesetz reserviert sind oder eine Änderung oder Aufhebung <u>eines Gesetzes, das unabhängig von seinem Inhalt als solches erlassen wurde,</u> beinhalten." (Unterstreichungen durch den Verfasser).

entgegengetreten[25]. Es kann damit also nicht jeder Rechtsbereich als Organgesetz geregelt werden, sondern nur solche, die für diesen Gesetzestyp vorgesehen sind[26].

b) Verhältnis von Organgesetzen und einfachen Gesetzen

Gleichfalls aus Art. 28.2 LOTC wurde auf eine Höherrangigkeit der Organgesetze geschlossen. Doch auch diese Meinung setzte sich nicht durch: Organgesetze und die einfachen Gesetze besitzen nach herrschender Meinung denselben Rang und dieselbe Gesetzeskraft[27]; ihr Verhältnis zueinander bestimmt sich über das Kompetenzprinzip (principio de competencia)[28]. Nach diesem Prinzip geht aus den Vorschriften der Verfassung oder den Gesetzen selber hervor, ob sie größere Wichtigkeit besitzen sollen, indem u.a. bestimmt wird oder zumindest zu erkennen ist, 1) wann bestimmte Normen durch ein Legislativ- und wann durch ein Administrativorgan zu regeln sind und 2) daß bestimmte Rechtsbereiche durch bestimmte Gesetzestypen zu regeln oder einzuschränken sind[29]. Soweit sich beide Gesetzestypen jeweils auf einen bestimmten von der Verfassung vorher festgelegten Bereich erstrecken, ist ihr Verhältnis zueinander über die Verfassung und das Kompetenzprinzip vorab festgelegt.

Aufgrund des Kompetenzprinzips ist auch festgelegt, daß Organgesetze und einfache Gesetze sich auf ihre jeweiligen Regelungsbereiche beschränken müssen. Dies bedeutet, daß ein Organgesetz keinen Rechtsbereich regeln kann, der in der beschränkenden Bestimmung des Art. 81 CE nicht vorgesehen ist und umgekehrt, daß die diesbezüglichen Bereiche auch durch einfache Gesetze nicht geregelt werden können; ferner können Organgesetze auch nicht durch einfache Gesetze geändert werden. Der Regelungsausschluß ist dabei reziprok, d.h. daß in beiden Fällen die Regelung einer Materie, die nicht in den Anwendungsbereich des jeweiligen Gesetzestyps fällt, eine Fehlerhaftigkeit der in diesen Rechtsbereich „eindringenden" Norm zur Folge hat. Für ein einfaches Gesetz, das regelnd in einen für ein Organgesetz reservierten Bereich eindringt, bedeutet dies die Ungültigkeit[30]. Liegt umgekehrt der Fall vor, daß sich ein Organgesetz auf einen Rechtsbereich erstreckt, der nicht hierfür bestimmt ist, ist es in dieser Hinsicht verfassungswidrig und wird gegebenenfalls vom Tribunal Constitucional „herabgestuft"; d.h. es wird der nichtorgangesetzliche Charakter des Gesetzes erklärt, mit der Folge, daß es nunmehr auch mit den für die einfachen Gesetze geltenden formalen Erfordernissen geändert werden kann[31].

Für die Beurteilung, ab wann in Bezug auf die Regelungsmaterie ein Organgesetz vorliegt, hat der Tribunal Constitucional in STC 76/1983 de 5 de Agosto in seinem Leitsatz 20 festgestellt: „Es ist nicht ausreichend, daß irgendeine Vorschrift einen organgesetzlichen Inhalt hat,

---

[25] Pemán Gavín, S. 139.
[26] Zu der Bestimmung des Bereichs eines Organgesetzes im einzelnen: Pemán Gavín, S. 153 ff. mwN.
[27] Im weiteren Verlauf der Darstellung wird daher auch nicht weiter unterschieden und von den Organgesetzen als Gesetzen auf „einfachgesetzlicher Ebene" gesprochen, wenn es darauf ankommt, zu betonen, daß es sich dabei um Regelungen handelt, die nicht auf einer Ebene mit der Verfassung liegen.
[28] Pemán Gavín, S. 147 f. mwN.
[29] Alcón Yustas, S. 55; vgl. López Guerra, S. 69.
[30] López Guerra, S. 69; Pablo Mayor in Jiménez-Blanco, Comentarios, S. 615.
[31] Pemán Gavín, S. 143; López Guerra, S. 69; Pablo Mayor in Jiménez-Blanco, Comentarios, S. 615.

damit man dem ganzen Gesetz einen solchen Charakter zuordnen kann. Vielmehr ist an erster Stelle erforderlich, daß der Kern des Gesetzes den für ein Organgesetz reservierten Rechtsbereich berührt, gemäß Art. 81.1 der Verfassung, [...] Andererseits kann ein Organgesetz Vorschriften enthalten, die über den engen Bereich, der für sie reserviert ist, hinausgehen, wenn ihr Inhalt den organgesetzlichen Kern des Gesetzes ausgestaltet und vorausgesetzt, daß sie eine notwendige Ergänzung für das notwendige Verständnis darstellen, wobei der Gesetzgeber auf alle Fälle verpflichtet ist, Vorschriften, die einen solchen Charakter haben, äußerst beschränkt zu verwenden". Für den Fall, daß eine Vermischung besteht – d.h. ein Organgesetz regelt in einigen seiner Vorschriften, die nicht den Kern des Gesetzes bilden, Rechtsbereiche, die nicht hierfür bestimmt sind – besteht für den Gesetzgeber die Möglichkeit, darauf hinzuweisen, daß diese Vorschriften über das für einfache Gesetze geltende Verfahren geändert werden können[32].

Obwohl prinzipiell kein hierarchischer Unterschied zwischen einfachen und Organgesetzen besteht, ist doch aufgrund des Umstandes, daß die Organgesetze die Regelung von besonders wichtigen Rechtsbereichen zum Gegenstand haben, mehrfach auf eine „Überlegenheit" dieses Gesetzestyps hingewiesen worden[33]. Der Grund für die Unterschiedlichkeit liegt allerdings nicht so sehr im rechtlichen Anwendungsbereich, sondern stellt einen „Trick" der Verfassung in Bezug auf das politische System in Spanien dar: Der Typus des Organgesetzes wurde eingeführt, um für die Ausarbeitung und Weiterentwicklung von durch die Verfassung als wichtig erachteten Fragen eine größere parlamentarische Unterstützung und einen erweiterten politischen Konsens im Gesetzgebungsverfahren zu erreichen, da für den Erlaß der Organgesetze eine absolute Mehrheit im Kongreß erforderlich ist. Um eine solche Mehrheit zu erreichen, kann es für die politischen Parteien zum Teil erforderlich sein, sich in bestimmten Fragen entgegenzukommen und in legislativer Hinsicht Kompromisse zu schließen. Auf diese Weise soll ein Funktionieren des verfassungsrechtlichen Systems gewährleistet werden[34].

c) <u>Besonderheiten</u>
Weitere formelle Besonderheiten, die sich für ein Organgesetz ergeben, sind:

- Organgesetze sind nicht für Volksbegehren zugänglich (Art. 87.3 CE),
- für den Erlaß ist die Zustimmung beider Kammern erforderlich und es ist ausgeschlossen, daß diese Aufgabe an die ständigen gesetzgebenden Ausschüsse verwiesen wird (Art. 82.1 CE),
- dementsprechend können Organgesetze nicht durch Rechtsverordnungen geändert werden,
- aufgrund ihrer Rechtsnatur können Organgesetze nur auf zentralstaatlicher Ebene und nicht durch die autonomen Gebietskörperschaften erlassen werden, da nur der Staat über die hierfür notwendigen Organe verfügt.

---

[32] Pemán Gavín, S. 144 f. mit Hinweis auf STC 5/1981 de 13 de Febrero. Der Gesetzgeber hat diese Möglichkeit z.B. in der Disposición Final Tercera des Datenschutzgesetzes LO 5/1992 genutzt.
[33] Alcón Yustas, S. 77 mwN.
[34] Alcón Yustas, S. 77; vgl. Pemán Gavín, S. 139; Alzaga Villaamil, Derecho Político, S. 348 f.

2. Ley Orgánica 1/1982 de 5 de Mayo, sobre protección civil del derecho al honor, a la intimidad personal y familiar y a la propia imagen[35]

a) Entstehung

Auf der Grundlage von Art. 18.1 der Verfassung erging die Ley Orgánica 1/1982, vom 5. Mai, über den zivilrechtlichen Schutz des Rechtes auf Ehre, persönliche und familiäre intimidad und am eigenen Bild. Dabei handelt es sich um eine positive Ausgestaltung des Art. 18.1 CE im Sinne von Art. 81.1 CE[36] und den ersten Gesetzestext, der sich in einheitlicher Weise ausschließlich mit dem Schutz der Rechte des Privatlebens befaßt. Zuvor war zivilrechtlicher Schutz nur über eine extensive Auslegung von Art. 1902 CC zu erreichen gewesen.

Das Projekt des Gesetzes über einen Schutz der Ehre, der persönlichen und familiären intimidad und des Rechtes am eigenen Bild wurde erstmals am 19.12.1979 durch den Justizminister vorgestellt[37], am 10.12.1981 vom Kongreß verabschiedet und nach der Gegenzeichnung durch den König am 14.5.1982 im Boletín Oficial del Estado (BOE) verkündet, worauf es in Kraft trat[38].

Ein wichtiges Detail in Bezug auf die Schaffung des Gesetzes ist, daß die Ehre als Recht ursprünglich gar nicht in diesem Gesetz geregelt werden sollte[39] sondern erst später hinzugenommen wurde. Dies muß bei der Lektüre und auch der Auslegung einzelner Regelungen Beachtung finden, da sie teilweise gerade in Bezug auf dieses Recht nicht sorgfältig genug durchdacht scheinen.

b) Übersicht über den Aufbau der LO 1/1982

Das Gesetz wird durch eine Darlegung der Gründe (Exposición de Motivos, auch Präambel genannt) eingeleitet, durch die es erläutert werden soll und mit der gleichzeitig ein Überblick über die getroffenen Regelungen gegeben wird. An der Präambel der LO 1/1982 wird kritisiert, daß sie sich darauf beschränkt das Gesetz Artikel für Artikel wiederzugeben, anstatt die Gründe darzulegen, die zu seinem Erlaß geführt haben oder einzelne Regelungen näher zu erklären und so Hinweise für ihre Auslegung zu geben[40].

Art. 1.2 regelt die parallele Anwendbarkeit zivilrechtlicher und strafrechtlicher Normen. Der Wortlaut dieser Vorschrift wurde 1996 verändert, da der ursprüngliche Wortlaut Anlaß zu Mißverständnissen gegeben hatte (vgl. unten E.IV).

Der in Artikel 2 geregelte Schutzbereich wird als nicht generell bestimmbar erachtet: Zum einen ist eine Einschränkung durch „die Gesetze" möglich; zum andern sieht die LO 1/1982

---

[35] Abgedruckt mit Übersetzung auf Seite 226 ff.
[36] STS de 13 de Octubre 1998 (FJ 2).
[37] Diario de Sesiones de Congreso de los Diputados de 1981, n° 206, de 10 de Diciembre, 12998 ff.
[38] Eine genaue Darstellung der Ausarbeitung und des Zustandekommens des Gesetzes findet sich bei Herrero-Tejedor, S. 161 ff. mwN.
[39] López Díaz, S. 60 f.
[40] Herrero-Tejedor, S. 165; María de la Valgoma, ADH 1983, S. 647 (652).

eine Art subjektiver Definition des Schutzbereiches vor, indem auf „die sozialen Gebräuche ... unter Berücksichtigung des Bereiches, den sich jede Person für sich oder ihre Familie durch ihr eigenes Verhalten vorbehält", verwiesen wird. Laut Präambel soll das heißen, daß entscheidend die jeweils herrschenden gesellschaftlichen Ansichten und das eigene Verhalten einer Person sind. Gemäß Artikel 2.2 kann der Rechtsinhaber zu der Beeinträchtigung sein ausdrückliches Einverständnis erteilen. Hierin soll laut Präambel (Abs. 7) lediglich der Verzicht auf die Ausübung des Rechts zu erblicken sein. Ein Widerruf des Einverständnisses ist zwar jederzeit möglich, führt aber unter Umständen zu einer Schadensersatzpflicht. Art. 3.1 stellt klar, daß das Einverständnis bei Minderjährigen und Geschäftsunfähigen von ihnen selbst erteilt werden soll, soweit ihre Verstandesreife dies zuläßt. Er bezieht sich ausdrücklich auf die diesbezüglichen zivilrechtlichen Normen[41]. In diesem Bereich sind durch den Erlaß der LO 1/1996[42] Änderungen erfolgt.

In der LO 1/1982 ist in ausführlicher Weise der Fall der Ausübung der Rechte im Falle des Todes des Rechtsinhabers geregelt. Die Präambel (Abs. 8) weist diesbezüglich ausdrücklich darauf hin, daß auch die Persönlichkeitsrechte eines Verstorbenen Schutz genießen, obwohl sie eigentlich mit dem Tod des Subjekts erlöschen. Das Gesetz geht jedoch davon aus, daß gewisse Ausstrahlungen der Persönlichkeit fortwirken, die über die Erinnerung an den Verstorbenen gleichfalls schutzfähig sind.

Die drei im Gesetz geschützten Rechte sind inhaltlich auf verschiedene Weise ausgeformt: Erstens über eine positive Definition, indem in Art. 7 enumerativ aufgezählt wird, was das Gesetz unter einem unerlaubten Eindringen (intromisión ilegítima[43]) versteht. Diese Regelungen stellen dabei eine Aufzählung von Handlungsunrecht dar, die es für den Betrachter leicht erkennbar macht, was nicht erlaubt ist. Als Ausnahmeregelung – und damit als negative Abgrenzung – ist in Art. 8 aufgeführt, wann ein Eindringen nicht den Charakter der Unerlaubtheit hat. Darüberhinaus soll auch der bereits genannte Art. 2.1 eine funktionelle Abgrenzung darstellen, indem die Bestimmung des Schutzbereichs der Rechte über „die Gesetze" und die „sozialen Gebräuche" vorgenommen wird[44]. Inwieweit mit den angeführten Regelung tatsächlich eine inhaltliche Bestimmung erfolgt ist, wird im Verlaufe dieser Darstellung untersucht werden.

---

[41] Diesbezügliche Vorschriften finden sich in Buch I, Titel X des Código Civil: „Vom Schutz, der Pflegschaft und der Aufsicht Minderjähriger und Geschäftsunfähiger".
[42] Vollständig: LO 1/1996, de 15 de Enero, de Protección Jurídica del Menor, de modificación parcial del Código Civil y de la Ley de Enjuiciamiento Civil (Gesetz über den gerichtlichen Schutz von Minderjährigen).
[43] Übersetzungshinweis: Im folgenden wird intromisión ilegítima mit „unerlaubtes Eindringen" übersetzt. Es handelt sich dabei um einen der zentralen Begriffe der LO 1/1982, an dem es jedoch auch Kritik gegeben hat: Oliva/Fernandez, S. 197, Fn. 6, merken nicht zu Unrecht an, daß er zwar sehr gut auf die intimidad aber kaum auf die Ehre paßt: „Was die Ehre betrifft, so wird sie respektiert oder nicht; aber niemand dringt in die Ehre ein, weder erlaubt noch unerlaubt." Trotzdem wird der Begriff in Lehre und Rechtsprechung für alle drei Rechte der LO 1/1982 gebraucht. López Jacoiste, ADC 1986, S. 1059 (1096 f.) erklärt ihn als Konsequenz der hinter den drei Rechten stehenden Idee dieses Gesetzes: Die vorgestellte Handlung ist eine Einmischung in die geistige Sphäre (esfera moral) eines anderen in Form eines verletzenden Angriffs auf eine unkörperliche Unversehrtheit (integridad espiritual) und Würde, die zu respektieren sind. Ein „unerlaubtes Eindringen" in die Ehre eines anderen muß dementsprechend als Eindringen in eine geistige Sphäre der Person vorgestellt werden. Auch diese Darstellung folgt der allgemein gebräuchlichen Terminologie.
[44] Lacruz Berdejo, S. 85.

Die Absätze 2 und 3 des Art. 9 regeln die Rechtsfolgen einer Verletzung der Rechte, worunter nicht nur Schadensersatzansprüche, sondern auch Mittel zur Beendigung einer erfolgten, wie zur Verhinderung einer zukünftigen Beeinträchtigung fallen. Das Vorliegen eines Schadens muß vom Geschädigten nicht nachgewiesen werden, sondern wird vermutet, wenn tatsächlich ein unerlaubtes Eindringen vorliegt. Diese Schadensvermutung stellt einen der zentralen Punkte des Gesetzes und eine beachtliche Neuerung durch den Gesetzgeber dar, der damit nicht etwa einen bereits in der Rechtsprechung entwickelten Grundsatz lediglich kodifizierte. Beim Ersatz des Schadens wird sowohl auf die Art und Umstände der Verbreitung wie auch auf einen möglichen Nutzen, der dem Schädiger aus der Verletzung erwachsen ist, abgestellt.

c) Bewertung

Die LO 1/1982 ist vielfach wegen ihrer Technik und mißratener Formulierungen kritisiert worden [45]. Letztere hätten zum Teil mehr zur Verwirrung beigetragen, als sie klärend eine eindeutige Rechtsprechung in Bezug auf einzelne Probleme ermöglicht hätten[46]. Insbesondere ist bemängelt worden, daß das Gesetz zu wenige Ausnahmen zulasse[47] oder sich zu sehr in Einzelheiten mit Neuheiten für diesen Regelungsbereich ergehe (z.B. das Einverständnis Minderjähriger und Geschäftsunfähiger und der Schutz Verstorbener) während fundamentale Aspekte einfach ausgelassen worden seien (bspw. Regelungen über die Person des Schädigers[48] und den subjektiven Aspekt seines Handelns, die Person des Rechtsinhabers sowie immer wieder auch die fehlende Unterscheidung zwischen öffentlichen und Privatpersonen[49]).

Ein Grund für Unstimmigkeiten, die sich insbesondere hinsichtlich des Rechts auf Ehre bei einzelnen Vorschriften ergeben, wurden sicherlich dadurch hervorgerufen, daß die LO 1/1982 ursprünglich nur zum Schutz der Rechte intimidad und am eigenen Bild geschaffen werden sollte (die sich auch nach Ansicht der meisten Autoren näher stehen) und die Ehre erst zu einem späteren Zeitpunkt der Schaffung des Gesetzes hinzu genommen wurde. Trotzdem muß konstatiert werden, daß mit der LO 1/1982 ein wichtiges und in der Praxis auch funktionierendes Gesetz geschaffen worden ist, was sich besonders in der Häufigkeit der Anwendung zeigt. Seit dem Inkrafttreten der LO 1/1982 ist ein starkes Ansteigen von zivilrechtlichen Prozessen zu verzeichnen, die den Schutz der Ehre und der intimidad zum Inhalt haben[50]. Dies kann bestimmt darauf zurückgeführt werden, daß über die Kodifizierung der

---

[45] Muñoz Machado, PJ n° 1, März 1986, S. 11 ff. (in Bezug auf die Abgrenzung des Strafrechts- und Zivilrechtsweges in Art. 1.2)
[46] Dies ist in der Literatur besonders am Beispiel von Art. 2.1 aufgezeigt worden, siehe bspw. Herrero-Tejedor, S. 171, Concepción Rodríguez, S. 108 ff. oder Clavería Gosálbez, ADC 1983-2, S. 1243 (1249 ff.): „Daraus folgt, daß die Abfassung der Nummer 1 des Artikels 2 sehr unglücklich ist und ein klares Beispiel dafür gibt, wie man einen Gesetzestext nicht abfassen sollte."
[47] Estrada Alonso, S. 116.
[48] Mit der LO 3/1985, de 29 de Mayo wurde jedoch in Art. 2.2 LO 1/1982 eine Ergänzung eingefügt, die immerhin auf Senatoren und Kongreßabgeordnete als Subjekte der schädigenden Handlung einging (vgl. hierzu unten Teil 2:D.IV.2).
[49] Bigeriego González-Camino, RAC 1991-2, XXVI, S. 337.
[50] 1985 wurde allein in Madrid vor den dortigen 22 Gerichten der ersten Instanz im Durchschnitt eine Klage pro Woche eingereicht. 1986 verdoppelte sich diese Ziffer und 1989 hatte sie sich vervierfacht, was eine Vermehrung der jährlichen

Schutz der in dem Gesetz erwähnten Rechtsgüter stärker in den Blickpunkt der Allgemeinheit gerückt ist. Es wird darüber hinaus aber auch damit begründet, daß zum einen die Medien auch in Spanien durch eine immer stärkeren Aggressivität in Ausübung ihres Rechtes auf Informationsfreiheit auffallen, und daß zum anderen dem Verletzten insbesondere mit dem Schadensersatz vorteilhafte und gewinnbringende Konsequenzen in Aussicht gestellt werden, die ihm aus der Verletzung erwachsen können[51].

3. Ley Orgánica 2/1984, de 26 de Marzo, sobre derecho de rectificación

Außer der LO 1/1982 gibt es noch weitere Gesetze, die den in Art. 18.1 CE grundsätzlich gewährleisteten Schutz der Ehre und der intimidad zum Inhalt haben. Hierzu gehört auch die LO 2/1984, de 26 de Marzo, über das Recht auf Richtigstellung (bzw. Gegendarstellung[52]), durch die allen natürlichen und juristischen Personen ein Berichtigungsrecht gegenüber der Presse (bzw. jedem Medium sozialer Kommunikation (cualquier medio de comunicación social)) zugestanden wird. Diese Recht soll den Betroffenen ermöglichen, gegen sie betreffende Informationen vorgehen zu können, die sie als unexakt erachten und deren Verbreitung geeignet ist, ihnen zu schaden (Art. 1 LO 2/1984). Dieses Gesetz hat die bis dahin bestehenden Regelungen zu dieser Materie aufgehoben[53].

Das Recht auf Richtigstellung erfüllt eine doppelte Funktion: Zum einen hat es für den Einzelnen eine Schutzfunktion, soweit es ihm die Möglichkeit eröffnet, unwahren Tatsachenbehauptungen entgegenzutreten; zum anderen hat es aber auch den gesamtgesellschaftlichen Zweck, die Qualität von Informationen und damit das Grundrecht auf Information und Meinungsbildung überhaupt zu verbessern[54]. Es bezieht sich seiner Konzeption nach auf Berichte über Tatsachen und nicht auf Ansichtsberichte oder die Verbreitung von Werturteilen[55]. Die Ausübung dient nicht der Verbreitung einer „absoluten Wahrheit" (veracidad absoluta): Im Sinne eines effektiven Rechtsschutzes und einer freien Meinungsbildung kann es notwendig sein, eine Richtigstellung abzudrucken, bei der sich hinterher herausstellt, daß auch sie nicht den objektiven Tatsachen entsprach[56]. Der Richter hat jedoch eine inhaltliche Kontrolle vor-

---

Prozesse von 50 auf 200 pro Jahr bedeutet (Quelle: Herrero-Tejedor, S. 140, unter Berufung auf eine Statistik der Staatsanwaltschaft der Audiencia Territorial de Madrid); vgl. O'Callaghan Muñoz, Libertad, S. 172 f.
[51] Estrada Alonso, S. 19 f.
[52] So die Übersetzung bei Rothe, S. 772; wie zu sehen sein wird, entspricht das derecho a rectificación im wesentlichen dem deutschen Gegendarstellungsrecht. Da in Spanien jedoch terminologisch auch ein derecho a replicar (bzw. derecho de réplica) bekannt ist (vgl. hierzu unten) wurde in dieser Darstellung jeweils die wörtliche Übersetzung für die Begriffe gewählt, um auch im Deutschen die Unterscheidung deutlich zu machen und Verwirrungen zu vermeiden (vgl. außerdem Pantaleón Prieto, La Ley 1996-2, S. 1689 (1693, Fn. 5), der den Gebrauch des Begriffs rectificación in der LO 2/1984 kritisiert, da eine „rectificación" einen Unterfall des Widerrufsanspruchs (derecho a retractación) darstelle, um Informationen, die nicht falsch im engeren Sinne sondern vielmehr unkomplett, fehlerhaft oder in einem sonstigen Sinne irreführend sind, zu korrigieren. Seiner Ansicht nach wäre wohl „réplica" der angemessene Terminus gewesen).
[53] Artikel 58-62 der Ley 14/1966 (Pressegesetz, BOE de 19.3.1966, núm 67), Art. 25 des 4. Abschnitts der Ley 4/1980, de 10.1., de Estatuto de la Radio y la Television (BOE de 12.1.1980, núm 11 - Gesetz mit dem Statut über Radio und Fernsehen), die Dekrete Nr. 745 und 746 de 31 de Marzo 1966 del Ministerio de Información y Turismo; Nummer 1 des Art. 566 CP, sowie alle anderen Regelungen, die nicht mit dem im Gesetz festgelegten übereinstimmen.
[54] Sempere Rodríguez in Alzaga Villaamil, Constitución, Band II, S. 394 f.
[55] Sempere Rodríguez in Alzaga Villaamil, Constitución, Band II, S. 395; O'Callaghan Muñoz, Libertad, S. 200.
[56] STC 168/1986 de 22 de Diciembre (FJ 4 und 5); Estrada Alonso, S. 142 f.

zunehmen, indem er überprüft, ob die veröffentlichte Information dem Anschein nach wahr ist und ob es der Berichtigung an Wahrscheinlichkeit ermangelt[57].

Die Geltendmachung des Rechtes auf Richtigstellung gem. LO 2/1984 ist nicht ausschließlich und anderen Gesetzen vorgehend, sondern stellt lediglich eine von mehreren Möglichkeiten bei der Vorgehensweise gegen eine verletzende Handlung dar: Gemäß Art. 4 ff. des Gesetzes steht dem Verletzten die Klagemöglichkeit zu, die nach. Art. 6 „mit der Ausübung strafrechtlicher oder ziviler Klagen anderer Natur vereinbar sind, die dem Geschädigten bezüglich der verbreiteten Tatsachen von Nutzen sein können". Es ist dem Verletzten damit nicht verwehrt, andere rechtliche Mittel, die ihm die Gesetze zur Verfügung stellen, zu wählen. Zwar scheint beim Tribunal Constitucional in einem Urteil anzuklingen, daß der Versuch der Ausübung des Richtigstellungsrechts vor anderen Rechten Vorrang haben kann, wenn er ausführt: „Die Überprüfung des Berichts, um die Existenz oder Nichtexistenz von Elementen, die eine Ehrverletzung darstellen könnten, zu entdecken, [...] ist nur angebracht, wenn bereits vorher deutlich geworden ist, daß es den Rechtsmittelführern nicht möglich war, ihr Richtigstellungsrecht auszuüben"[58]. Dennoch wird daraus nicht gefolgert, daß die Geltendmachung weiterer Ansprüche von der vorherigen Geltendmachung des Richtigstellungsanspruchs abhängen soll. Dies legt der Wortlaut des Gesetzes auch nicht nahe.

Der Tribunal Supremo schließlich hat die Vereinbarkeit und Parallelität zwischen diesem und anderen Ansprüchen ausdrücklich betont, indem er zunächst in STS de 4 de Noviembre 1986 (FJ 4) ausführte: „Bei Vorliegen einer Handlung, die einen Angriff auf die Ehre der Person darstellt, ist die LO 1/1982 de 5 de Mayo anzuwenden, was nicht zu einer Inkompatibilität mit der Ausübung des Richtigstellungsrechts der LO 2/1984 de 26 de Marzo führt, in der die Vereinbarkeit in Art. 6 letzter Absatz ausdrücklich festgestellt ist". In STS de 23 de Marzo 1987 (FJ 20) hat er auf den Einwand der Beklagten hin, der Kläger hätte zuerst sein Richtigstellungsrecht ausüben müssen, um später seine Rechte aus der LO 1/1982 geltend machen zu können, entschieden: Die Ausübung des Richtigstellungsrechts „stellt lediglich eine [...] durch das Gesetz bereitgestellte Befugnis oder Option dar (Art. 1 LO 2/1984); folglich kann der Betroffene sowohl Gebrauch dieser besagten Möglichkeit machen oder auf jedes andere Mittel, die gesetzlich für solche Fälle zur Verfügung stehen, zurückgreifen (Ley 62/1978, de 26 de Diciembre, sobre Protección de los Derechos Fundamentales y LO 1/1982, de 5 de Mayo,[...])".

Die Richtigstellung ist auch in der LO 1/1982 eine der möglichen vom Richter zu bestimmenden Rechtsfolgen. Während jedoch in der LO 2/1984 von „rectificación" die Rede ist, spricht die LO 1/1982 in Art. 9.2 von „réplica". Ursprünglich handelte es sich dabei um zwei verschiedene Rechte. Unterscheidungskriterium zwischen beiden war die Subjektsqualität desjenigen, der den Anspruch ausübte: Bei dem derecho de rectificación waren es die Verwaltung oder andere öffentliche Einrichtungen des Staates und bei dem derecho de réplica

---

[57] Sempere Rodríguez in Alzaga Villaamil, Constitución, Band II, S. 395.

Privatpersonen[58]. Diese Unterscheidung gilt in der LO 2/1984 nicht mehr. Trotzdem bestehen Unterschiede: Während sich das derecho a rectificación nur auf Tatsachenberichte bezieht, die nicht zwangsläufig ein unerlaubtes Eindringen in die Ehre oder die intimidad darstellen müssen[60], kann mit dem derecho de réplica jeder Art von Berichten (also Tatsachenbehauptungen wie auch Ansichten und Werturteilen) entgegengetreten werden, welche Ehre oder intimidad verletzen[61]. Damit ist es weitreichender als das derecho a rectificación. Dies bedeutet, daß die LO 1/1982 und die LO 2/1984 den Schutz unterschiedlicher Bereiche zum Ziel haben, die nicht miteinander verbunden werden dürfen und bei denen die Voraussetzungen nicht voneinander abhängig sein sollen[62].

Diese Unterschiede spiegeln sich auch in den Rechtsfolgen und den mit ihnen verfolgten Zwecken wider: Während der Richtigstellungsanspruch eine Beseitigung der störenden Handlung oder Vermeidung zukünftiger störender Handlungen zum Ziel hat[63] und einen instrumentellen Charakter besitzt, dessen Ziel die Berichtigung veröffentlichter Informationen ist[64], gehen die Rechtsfolgen der LO 1/1982 in Richtung eines Ausgleichs des verursachten Schadens, wozu auch die Wiedergutmachung des immateriellen, seelischen Schadens (reparación moral) durch die Veröffentlichung der Erwiderung gehört[65]. Dem Verletzer soll es jedenfalls verwehrt sein, Schadensersatzansprüche durch die bloße Veröffentlichung einer Berichtigung abzuwenden[66].

Folgerichtig gelten für die Geltendmachung der unterschiedlichen Ansprüche verschiedene Verfahrensarten: Bezüglich des Richtigstellungsanspruchs ist die sofortige Verwirklichung für die Ausübung eminent wichtig, da der Anspruch sonst mehr oder weniger sinnlos wäre[67]. Daher ist durch die LO 2/1984 für die Geltendmachung ein beschleunigtes Verfahren zur Verfügung gestellt worden ist, indem es – soweit der Richter dem schriftlichen Antrag nicht sofort stattgibt – innerhalb von sieben Tagen zu einem mündlichen Prozeß kommt, bei dem u.a. nur solche Beweismittel zugelassen sind, die im Verhandlungstermin direkt vorgelegt werden können (Art. 5 und 6 LO 2/1984).

---

[58] STC 35/1983 de 11 de Mayo (FJ 4).
[59] Siehe Art. 58-62 der Ley 14/1966 (Pressegesetz, BOE de 19.3.1966, núm 67) und die Dekrete Nr. 745 und 746 de 31 de Marzo 1966 del Ministerio de Información y Turismo (BOE de 4.4.1966, núm 80).
[60] González Poveda, RAC 1995-1, VI, Rz. 115 (134).
[61] Sempere Rodríguez in Alzaga Villaamil, Constitución, Band II, S. 395.
[62] Vgl. STS de 26 de Junio 1996 (FJ 2).
[63] STC 186/1986 de 22 Diciembre (FJ 4).
[64] STC 35/1983 de 11 de Mayo (FJ 4).
[65] Vgl. O'Callaghan Muñoz, Libertad, S. 200.
[66] Vgl. STS de 3 de Marzo 1989 (FJ 5): „Soweit ein unerlaubtes Eindringen in die Ehre der Klägerin vorliegt, ist der Kläger von der Haftung für die verletzende Handlung nicht dadurch befreit worden, daß eine Berichtigung veröffentlicht wurde, die die Klägerin gem. LO 2/1984, de 26 de Marzo verlangt hatte. Das durch dieses Gesetz geregelte Richtigstellungsrecht ist eine Berechtigung einer jeden Person, um einen Schaden zuvorzukommen oder ihn zu verhindern, den eine bestimmte Information bezüglich ihrer Ehre oder jedes anderen Rechts oder schützenswerten Interesses hervorrufen kann, und dieser Zweck ist unabhängig von der Wiedergutmachung des Schadens, der durch die Verbreitung der unexakten Information verursacht worden ist" (vgl. STS de 4 de Febrero 1993 (FJ 5)).
[67] Vgl. STC 35/1983 de 11 de Mayo (FJ 4).

Letzten Endes stellen sich die Rechtsfolgen der LO 1/1982 als die weitergehenderen dar, weshalb hier auch höhere Voraussetzungen für eine Bejahung der Rechtsfolgen gelten. In STS de 26 de Junio 1996 (FJ 2) wurde ein unerlaubtes Eindringen in die Ehre verneint und bezüglich einer möglicherweise nicht ganz einwandfreien Schlußfolgerung im streitgegenständlichen Artikel auf die LO 2/1984 verwiesen, die der Kläger hätte in Anspruch nehmen können.

4. Ley Orgánica 5/1992, de 29 de Octubre, de regulación del tratamiento automatizado de los datos de carácter personal (Datenschutzgesetz)[68]

Das Organgesetz zur Regelung der automatisierten Behandlung persönlicher Daten ist aufgrund der Vorschrift in Art. 18.4. der Verfassung erlassen worden, wonach der Gesetzgeber u.a. angehalten war, den Gebrauch der Datenverarbeitung zu begrenzen, um die Ehre und die persönliche und familiäre intimidad der Bürger sowie die volle Ausübung ihrer Rechte zu gewährleisten.

Zentraler Begriff dieses Gesetzes ist die „privacidad". Nach der Präambel (Abs. 2) soll das Gesetz dafür Sorge tragen, daß sich der Gebrauch der Informatik nicht in eine Gefahr für dieses Schutzgut entwickelt, auf das jedes Individuum ein Anrecht hat, und das der Gesetzgeber durch die Entwicklung der Technik in diesem Bereich zunehmend bedroht sah. In der Präambel wird eine Idee des Begriffs der privacidad gegeben, der in Relation zur intimidad gestellt wird[69]. Die privacidad ist danach weiter als die intimidad und erfaßt diejenigen Daten eines Menschen, die ein Bild von ihm und seiner Persönlichkeit ergeben und von deren Kenntnis er andere ausschließen können soll (Abs. 2 der Präambel). Letzten Endes läuft dies darauf hinaus, daß der Mensch davor geschützt sein soll, daß sich andere ein zu genaues Bild von ihm machen können und über Daten verfügen, zu denen er ihnen keinen Zugang gewähren will.

Ursprünglich garantierten nach Ansicht des Gesetzgebers Zeit und Raum den Schutz der privacidad ausreichend, da Daten über die Person im Laufe der Zeit verlorengehen konnten und aufgrund großer Distanzen keinen großen Verbreitungsgrad hatten. Diese Grenzen sind mit der modernen Datentechnik aufgehoben worden. Durch die Ansammlung von Daten über einen Menschen kann ein bestimmtes Profil oder ein bestimmter Ruf kreiert werden, die Teil der Ehre dieses Menschen sind. Das so hervorgerufene Profil oder dar Ruf können für die jeweilige Person später – zu ihrem Vor- oder ihrem Nachteil – bei öffentlichen oder privaten Aktivitäten von Wichtigkeit sein, sei es, um einen „bestimmten Posten oder die Mitgliedschaft in einer Vereinigung zu bekommen oder möglicherweise ein Darlehen zu erlangen" (Abs. 4 der Präambel). Die hierin bestehende Gefahr der Manipulation oder Veröffentlichung

---

[68] BOE de 31.10.1992 (núm. 262).
[69] In diesem Zusammenhang wird der Begriff „privacidad" allerdings als unglücklich kritisiert: Er stifte insoweit Verwirrung, als das Rechtsgut, welches aus der anglo-amerikanischen Doktrin als „privacy" bekannt ist, im spanischen nicht die privacidad sondern die „intimidad" sei. Ein Vorschlag bei der Ausarbeitung ging dementsprechend dahin, „privacidad" durch „datos privativos" zu ersetzen (Herrero Higueras, S. 45); vgl. Morales Prats, S. 306 f.

von Daten, bezüglich derer der Einzelne ein Geheimhaltungsrecht hat, machte es nach Auffassung des Gesetzgebers erforderlich, diese Materie in einem Gesetz zu regeln.

Das Gesetz gliedert sich in einen allgemeinen und in einen besonderen Teil: Im allgemeinen Teil werden generelle Regelungen bezüglich des Anwendungsbereichs des Gesetzes, bezüglich der Erfassung, Registrierung und dem Gebrauch persönlicher Daten sowie Garantien für den Einzelnen getroffen. Diese Garantien der Person sind in „Titel III, Rechte der Personen" ausdrücklich aufgeführt: Es handelt sich, wie die Präambel in Abs. 14 bemerkt, um subjektive Rechte, die dem Individuum das Recht auf Selbstbestimmung, Schutz, Berichtigung und Löschung der Daten einräumen. Wichtig ist, daß sich das Datenschutzgesetz nicht nur an die öffentliche Gewalt wendet, sondern (in den Art. 23 ff.) auch an Private, die Daten über Personen speichern.

Mit dem Gesetz wurde gleichzeitig eine Agencia de Protección de Datos gegründet, deren Befugnisse und Aufgaben im Gesetz im einzelnen geregelt sind. Es finden sich dort auch Regelungen, was für Arten von Verletzungen des Datengeheimnisses es gibt und wie sie sanktioniert werden, wobei bei schweren Verletzungen Geldbußen bis zu 100.000.000,- Ptas. verhängt werden können (Art. 44).

5. Weitere Ableitungen

Den Schutz der Ehre oder der intimidad haben einzelne Regelungen noch in mehreren Gesetzen zum Ziel, zum Teil ohne ausdrücklich auf diese Rechte Bezug zu nehmen. Im einzelnen sind dies

a) <u>Ley 14/1986, de 5 de Abril, General de Sanidad</u>[70]
In Art. 10 dieses Gesetzes ist im Verhältnis zu den öffentlichen Gesundheitsstellen (administraciones públicas sanitarias) das Recht der eigenen Persönlichkeit, Menschenwürde und intimidad und „das Recht des Bürgers auf Vertraulichkeit jedweder Information, die mit seiner Behandlung und Aufenthalt in Gesundheitseinrichtungen öffentlicher oder privater Art, die mit dem öffentlichen System zusammenarbeiten" festgelegt. Gleichfalls wird das Recht festgehalten, darauf hingewiesen zu werden, wenn eine Krankengeschichte zur Lehre oder Forschung benutzt werden soll.

b) <u>Ley 12/1989 de 9 de Mayo, de la Función Estadística Pública</u>[71]
Die Art. 13-19 des Gesetzes über die öffentliche Statistik bilden die Normen des dritten Kapitels, das „Vom statistischen Geheimnis" („Del secreto estadístico") handelt, und regeln die Probleme, die sich aus der statistischen Erfassung des Menschen durch den Staat ergeben. Diese Regelungen sind zum Schutz der intimidad erlassen, in die der Staat entweder gar nicht erst eindringen darf, oder bei der er die Daten zumindest vertraulich behandeln muß.

---

[70] BOE de 29.4.1986 (núm 102).
[71] BOE de 11.5. 1989 (núm. 112).

c) Ley 30/1992 de 26 de Noviembre, de Régimen Jurídico de las Administraciones Públicas y del Procedimiento Administrativo Común[72]

In Art. 37 des Gesetzes über die öffentlichen Verwaltungen und das einfache Verwaltungsverfahren wird der Zugang zu Archiven und Registern der öffentlichen Verwaltung geregelt, wonach entweder nur der Betroffene selber Einsicht nehmen kann (Art. 37.2) oder jemand, der ein wichtiges historisches, wissenschaftliches oder kulturelles Interesse darlegen kann, immer vorausgesetzt, daß „die intimidad der Personen angemessen gewährleistet bleibt" (Art. 37.7)

d) Estatuto de los Trabajadores[73]

Art. 4.2.e des Estatuto de los Trabajadores gewährleistet das Recht des Arbeitnehmers auf Respekt seiner intimidad. Für die Ausnahmefälle, in denen es notwendig sein sollte, Daten über sie zu erheben, muß die Würde und intimidad in höchstem Maße gewahrt werden (Art. 18).

C. STRUKTUR DES SCHUTZES DER EHRE UND DER INTIMIDAD PERSONAL

I. Verfassungsrechtliche Grundlagen

Der verfassungsrechtliche Regelung des Schutzes der Ehre, der intimidad personal und des Rechts am eigenen Bild in Art. 18.1 CE stellt ein Novum in der Geschichte der spanischen Verfassungen dar, die bis dahin lediglich einen Schutz der Wohnung gewährleistet hatten. Wenn auch der Fuero de los Españoles in seinem Art. 4 ausführte: „Die Spanier haben ein Recht auf Respektierung ihrer persönlichen und familiären Ehre. Wer sie beleidigt, wird unabhängig von seiner gesellschaftlichen Stellung verantwortlich gemacht", so hatte doch diese Erklärung lediglich programmatischen Charakter[74].

1. Ehre und intimidad als Grundrechte

Art. 18 CE erhebt diese Rechte nunmehr in den Rang von Grundrechten, was durch die Stellung dieses Artikels in der Verfassung deutlich wird, nämlich durch seine Einordnung im Titel 1 mit der Überschrift „Von den Grundrechten und den Grundpflichten" („De los derechos y deberes fundamentales").

Die Grundrechte haben die wichtigste Funktion im Verhältnis Bürger – Staat inne: Sie sind es, die dem Bürger den notwendigen Bereich der persönlichen Freiheit gewährleisten und dabei die Grenzen staatlicher Macht aufzeigen. In dem Maß, in dem diese beiden Faktoren in einem ausgewogenen und befriedigenden Verhältnis zueinander stehen, stellen sie außerdem eine Legitimation des demokratischen Staates dar[75]. Das Urteil STC 25/1881 de 14 de Julio führt zu den Grundrechten aus: „Die Grundrechte und öffentlichen Freiheiten begründen die

---

[72] BOE de 27.11.92 (núm 285) und BOE de 28.12.92 (núm 311).
[73] Aprobado por Ley 8/1980, de 10 de Marzo, BOE de 14.3.1980; seitdem mehrfach verändert und zuletzt als Real Decreto Legislativo 1/1995 de 24.3. in Neufassung verabschiedet (BOE de 29.3.1995).
[74] Concepción Rodríguez, S. 82.
[75] Esteban Alonso/López Guerra, S. 125.

Basis der politischen Ordnung und der Rechtsordnung des Staates [...] Dies resultiert logisch aus dem Doppelcharakter, den die Grundrechte innehaben: Zuerst einmal sind die Grundrechte subjektive Rechte, Bürgerrechte in einem engen Sinne, soweit sie einen juristischen „Status" oder die Freiheit in einem individuellen und sozialen Existenzbereich gewährleisten; gleichzeitig jedoch sind sie notwendige Elemente einer objektiven Ordnung der nationalen Gemeinschaft, soweit diese sich als Rahmen eines gerechten und friedlichen menschlichen Zusammenlebens gestaltet, der in der Geschichte im Rechtsstaat und später im sozialen und demokratischen Rechtsstaat gemäß dem Wortlaut unserer Verfassung ausgeformt worden ist. Die Grundrechte sind insofern ein Vermögen der Bürger als Individuen und in ihrer Gesamtheit und stellen einen wesentlichen Teil der Rechtsordnung dar, deren Gültigkeit alle gleichermaßen betrifft. Sie begründen damit eine direkte Verbindung zwischen den Individuen und dem Staat und verkörpern eine Basis der politischen Einheit ohne irgendeinen Zwischenschritt."

Den Grundrechten kommen bestimmte Eigenschaften zu: Sie sind bleibend, unverjährbar und unverzichtbar[76]. Und obwohl sie, soweit es sich bei ihnen um Persönlichkeitsrechte handelt, ihrem Rechtsinhaber uneingeschränkt zur Verfügung stehen und ihm eine unmittelbare Macht über seine eigene Persönlichkeit verleihen, die er jedermann entgegenhalten kann[77], sind sie keine absoluten und unbeschränkten Rechte: Ihre Ausübung unterliegt zum einen den in der Verfassung ausdrücklich erwähnten Vorbehalten und findet zum anderen ihre Grenzen in anderen Rechten und Gütern, die gleichfalls einem verfassungsrechtlichen Schutz unterliegen[78]. Der Gesetzgeber kann insofern Beschränkungen oder Bedingungen bezüglich der Ausübung der Grundrechte aufstellen, die diese allerdings nicht ihres Wesensgehaltes (contenido esencial) berauben dürfen[79]. Bei dem Wesensgehalt handelt es sich um den Teil eines Rechts, ohne den es seine Besonderheit verliert und der unerläßlich ist, damit das Recht seinem Träger die Verwirklichung der Interessen erlaubt, zu deren Befriedigung es besteht[80]. Bestimmt werden kann er auf zwei Arten: Zum einen über die Natur eines Rechtes, die über die Beschreibung sämtlicher Charakteristika, die es ausmachen und von anderen Rechten unterscheiden, erkannt werden kann, und zum anderen über die rechtlich zu schützenden Interessen, die hinter dem Recht stehen und zu deren Schutz es berufen ist[81].

Zentrale Norm der Verfassung in Bezug auf die Grundrechte ist Art. 10:

Art. 10.1. CE:
La dignidad de la persona, los derechos inviolables que le son inherentes y el libre desarrollo de la personalidad, el respeto a la ley y

Die Würde der Person, die unverletzlichen Rechte, die ihr innewohnen und die freie Entfaltung der Persönlichkeit, die Achtung des Gesetzes und der

---

[76] STC 7/1983 de 14 de Febrero (FJ 3); Herrero-Tejedor, S. 58; vgl. hierzu auch Abschnitt Teil 2:C.II.4.e).
[77] Vgl. O'Callaghan Muñoz, RAC 1986-2, X, S. 1885 (1887).
[78] Vgl. STC 181/1990 de 15 de Noviembre (FJ 3 mwN); als „immanente Grenze" wird dabei zuallererst die „Koexistenz mit anderen Grundrechten" gesehen (STC 223/1992 de 14 de Diciembre (FJ 2)).
[79] STC 172/1990 de 12 de Noviembre (FJ 5).
[80] STC 11/1981 de 8 de Abril (FJ 8).
[81] Vgl. STC 11/1981 de 8 de Abril (FJ 8).

a los derechos de los demás son fundamento del orden político y de la paz social.   *Rechte anderer sind die Grundlagen der politischen Ordnung und des sozialen Friedens.*

Dieser Artikel ist den beiden Unterkapiteln des ersten Titels mit der Überschrift „Von den Grundrechten und Grundpflichten" vorangestellt, woraus sich eine Ausstrahlungswirkung auf alle übrigen Regelungen des Titels ableitet[82]. Durch die Einleitung des Titels mit der Proklamation der Würde der Person, wird diese zum zentralen Wert des ganzen Titels erhoben, wodurch sich alle darauffolgenden Artikel als Regelungen zu ihrem Schutz verstehen lassen. Mit Artikel 10 hat der Gesetzgeber die Basis der politischen Ordnung und des sozialen Friedens und damit überragender Werte der juristischen Ordnung festgelegt: Die Menschenwürde, die Persönlichkeit, sowie die Gesetze und die Rechte der anderen. Durch die Hervorhebung der Rechte der einzelnen Bürger wird die stark individualistische Komponente der Verfassung deutlich. Das Individuum bildet ihren Mittelpunkt, und zu seinem Wohl ist der Staat berufen, wobei er ihm untergeordnet und nicht umgekehrt[83]. Dies ist bei der Auslegung aller Fragen in Bezug auf einzelne Grundrechte zu beachten, was im einzelnen zu Schwierigkeiten führen kann (bspw. die Anwendbarkeit auf juristische Personen[84]).

2. Wirkungen der Normierung in der Verfassung

Dadurch, daß die Rechte Ehre und intimidad nicht nur als Privatrechte, sondern originär als Grundrechte konzipiert sind, ergeben sich für sie bestimmte Konsequenzen:

a) Wirkung gegenüber allen öffentlichen Gewalten

Aufgrund von Art. 53.1 CE hat die Niederlegung von Ehre und intimidad zur Folge, daß diese Grundrechte gegenüber allen öffentlichen Gewalten[85] geltend gemacht werden können, da diese an die Verfassung gebunden sind.

b) Positivierung im Privatrechtsbereich

Die verfassungsrechtliche Gewährleistung der Ehre und intimidad hat nicht nur Wirkung gegenüber der öffentlichen Gewalt, sondern auch gegenüber privaten Dritten indem sie eine Positivierung dieser Rechte im privaten Bereich zur Folge hat[86]: Die Grundsätze des Art. 1902 CC (*alterum non laedere*), über die der Tribunal Supremo ursprünglich den zivilrechtlichen Schutz der Ehre entwickelt hatte, galten in ihrer Anwendung nur für das Verhältnis zwischen Privaten. Die zeitlich danach vorgenommene Normierung hatte primär zunächst die Wirkung, daß der Ehrenschutz öffentlich-rechtlichen Charakter bekam. Die Grundsätze des zivilrechtlichen Ehrenschutzes wurden damit jedoch nicht aufgehoben, denn die Verfassungswerte bekommen in Spanien über die Einrichtung der Organgesetze als „Invasionsgesetze", welche die Verfassung in einem anderen Rechtsbereich ausgestalten, eine direkte Geltung. Ein ver-

---

[82] O'Callaghan Muñoz, Libertad, S. 169.
[83] Romero Coloma, RAC 1989-2, S. 2241 (2252).
[84] Vgl. hierzu unten Teil 2:D.III.2.).
[85] Zum Begriff der „poderes públicos" siehe STC 35/1983 de 11 de Mayo (FJ 3).
[86] Herrero-Tejedor, S. 22.

fassungsrechtlicher Wert ist auf diese Weise auch in einem anderen Rechtsbereich hervorgehoben.

Insofern ist es gerechtfertigt, von einer Positivierung der Grundrechtswerte auch im Privatrechtsbereich zu sprechen, da die Verfassung als oberste Norm des Rechts aufgrund ihres normativen Wertes und die Organgesetze in alle anderen Rechtsbereiche einfließt und dementsprechend nie unbeachtet bleiben darf[87].

c) Höherer normativer Rang

Durch ihren Charakter als Grundrechte kommt der Ehre und der intimidad wie allen in der Verfassung abgesicherten Rechten ein höherer normativer Rang zu. Dieser äußert sich – abgesehen vom Charakter der Grundlage der politischen Ordnung und des sozialen Friedens (Art. 10.1 CE) – im Rahmen des Art. 53.2 CE, der den Bürgern einen umfassenden Rechtsschutz bezüglich ihrer Grundrechte gewährt. Auch die spezifischen Schutzvorrichtungen bezüglich ihrer Modifikation, die in Art. 168 CE vorgesehen sind, und die Konsequenzen in Bezug auf ihre hervorgehobene Gewährleistung auf allen Ebenen sind Ausdruck des höheren Ranges[88].

d) Beachtung der Auslegungskriterien des Tribunal Constitucional

Bezüglich der Ausübung und der Begrenzung der Rechte sowohl im zivil- wie auch im strafrechtlichen Bereich ist die Rechtsprechung und Doktrin des Tribunal Constitucional zur Ehre und der intimidad als Grundrechte zu beachten[89]. Die von ihm vorgenommene Auslegung der Rechte bekommt für die ordentliche Rechtsprechung unmittelbare Bedeutung.

e) Umfangreicherer Schutz

Durch ihre Stellung als Grundrechte kommt der Ehre und der intimidad ein umfangreicherer Schutz zu:

– Vor den ordentlichen Gerichten mit der Gewährleistung eines auf den Grundsätzen der Priorität und Schnelligkeit beruhenden Verfahrens, festgelegt in Art. 53.2 CE und ausgestaltet durch Ley 62/1978, LPJDF[90].

– Vor dem Tribunal Constitucional durch die Verfassungsklage.

f) Öffentlicher Charakter

Obwohl der Schutz der Ehre und der intimidad primär für den privaten Bereich konzipiert ist und diese Rechte somit primär privaten Charakter haben, kommt ihnen über ihre Grundrechtsstellung auch öffentlicher Charakter zu.

---

[87] Vgl. diesbezüglich auch die Ausführungen zur Drittwirkung der Grundrechte, unten 5.).
[88] Herrero-Tejedor, S. 24; O'Callaghan Muñoz, Libertad, S. 173.
[89] Sempere Rodríguez in Alzaga Villaamil, Constitución, Band II, S. 390. Vgl. Sarazá Jimena, Doctrina Constitucional, der die prinzipielle Bindung der Richter bezüglich der gesamten Rechtsprechung des Tribunal Constitucional aus den Art. 38.1, 40.2 LOTC und Art. 5.1 LOPJ herleitet.
[90] Vgl. hierzu unten Teil 2:C.I.5.b)(2).

Dies gilt schon daher, weil sie zu den Rechten gehören, auf die in Art. 53.2 CE Bezug genommen wird, und weil prinzipiell allen Grundrechten und ihrem Schutz ein herausragendes öffentliches Interesse zukommt[91]. Weiterhin ist die öffentliche Gewalt nicht nur zur Rücksichtnahme auf die Rechte verpflichtet, sondern auch, wie dies in Art. 9.2 CE ausgeführt ist, positiv gehalten, „die Bedingungen zu schaffen, daß die Freiheit und die Gleichheit des Einzelnen und der Gruppen, denen er angehört, real und wirksam sind sowie die Hindernisse zu beseitigen, die die volle Entfaltung dieser Freiheit und Gleichheit verhindern oder erschweren."

g) Weitestmögliche Auslegung
Der Tribunal Constitucional hat ausgeführt, daß Auslegungen im Bereich der Grundrechte in der für ihre Effektivität am günstigsten erscheinenden Weise vorgenommen werden sollen[92]. Dies führt dazu, daß der Ehre und der intimidad aufgrund ihrer Grundrechtsstellung der weitestmögliche Schutz zugestanden und Auslegungsfragen im Zweifelsfall immer zu ihren Gunsten entschieden werden. Hierbei sind jedoch die Kollisionen mit anderen Verfassungswerten zu beachten, die ihnen zum Teil als immanente Beschränkungen innewohnen[93].

h) Größerer Formalismus bei Fortentwicklung und Modifizierung
Das bereits angesprochene Erfordernis einer Ausgestaltung der Grundrechte in einer Ley Orgánica mit dem hierfür erforderlichen zu beachtenden formalen Verfahren, das über die Notwendigkeit einer absoluten Mehrheit zu einem erweiterten politischen Konsens führen soll, bedeutet gleichzeitig einen größeren Formalismus, der die Gefahr beinhaltet, zu einer komplizierteren und langwierigeren Ausarbeitung eines sehr wichtigen Rechtsbereichs zu führen oder im schlimmsten Fall überhaupt keine Einigung erzielen zu können.

3. Stellung der Ehre in der Verfassung
Durch die Einordnung in die Gruppe der Grundrechte und Grundpflichten der Verfassung ist für die Ehre nicht nur die Stellung als Grundrecht festgelegt, sondern es wird gleichzeitig auch deutlich, daß sie aus den übergeordneten Verfassungswerten Freiheit, Gleichheit und politischer Pluralismus hervorgeht und eng mit den verfassungsrechtlichen Prinzipien Würde der Person und freie Entfaltung der Persönlichkeit verknüpft ist[94]. Diese Verfassungswerte dürfen bei der Betrachtung der Ehre nicht außer Acht gelassen werden, da diese einen Teil des konstitutionellen Wertesystems darstellt, das aus der Gesamtheit der verfassungsrechtlichen Regelungen und der in diesen verkörperten Werten resultiert und das durch sie mit beeinflußt wird, jedoch auch zurückwirkt und sie inhaltlich beeinflußt[95]. Innerhalb dieses konstitutionellen Wertesystems stellt die Ehre einen sozialen Wert dar, der ein würdevolles und wertebewußtes Miteinander gewährleisten kann, indem sie den Kern der Persönlichkeit des

---

[91] Vgl. STC 65/1983 de 21 de Julio.
[92] STC 34/1983 de 6 de Mayo.
[93] Vgl. STC 181/1990 de 15 de Noviembre (FJ 3) mwN; Estrada Alonso, S. 48 f.; siehe hierzu auch die Ausführungen zum Konflikt der Ehre und intimidad mit der Meinungs- und Informationsfreiheit, unten Teil 2:D.VII.
[94] López Díaz, S. 44; vgl. Romero Coloma, RAC 1989-2, S. 2241 (2251); Estrada Alonso, S. 32 f.

Menschen und dessen natürliche Freiheit umfaßt und ihn vor Einmischungen und Herabsetzungen schützen soll[95].

Die verfassungsrechtliche Gewährleistung der Ehre muß als ein besonderer Ausdruck des Demokratiegedankens verstanden werden; denn über den Gleichheitsgrundsatz des Art. 14 CE[97] wird die Ehre „allen" zugestanden. Hierin wird eine Demokratisierung und Sozialisierung des Ehrengedankens gesehen, der – ursprünglich als subjektive Empfindung des Adels wahrgenommen – nun als objektives Recht gegenüber jedem einzelnen Bürger gewährleistet wird[98]. Dieser Gedanke kommt auch in der Rechtsprechung des Tribunal Constitucional zum Ausdruck, wenn er darlegt, daß „die Idee oder das Gefühl der Ehre aufgehört hat, ein exklusives Vermögen bestimmter gesellschaftlicher oder beruflicher Schichten zu sein, sondern sich [...] zu einem Merkmal gewandelt hat, das jeder Person innewohnt, gleich welcher sozialen Schicht, Berufs, Religion, Rasse oder Geschlechts, und das mit der Person geboren wird und mit ihrem Tod erlischt"[99].

Mit der Gewährleistung in der Verfassung hat die Ehre sich damit endgültig davon gelöst, lediglich als eine rein subjektive Empfindung aufgefaßt zu werden, die von Person zu Person mit unterschiedlichen Inhalten ausgefüllt und unterschiedlich stark empfunden wird, so daß es nunmehr a priori eine „unterschiedliche" Ehre nicht mehr gibt, sondern – als objektiver in der Verfassung gewährleisteter Wert – eine für jeden Bürger gleiche[100].

4. Stellung der intimidad in der Verfassung

Als „Recht zum Alleinsein" wurde die intimidad ursprünglich als Privileg des Adels aufgefaßt. Durch die verfassungsrechtliche Gewährleistung in Art. 18.1 CE kommt auch bei diesem Grundrecht der Demokratiegedanke zum Tragen, denn dadurch ist nicht nur das ursprüngliche Begehren des Bürgertums verwirklicht worden, an diesem Privileg teilzuhaben, sondern die intimidad wurde dadurch auch zu einem Recht, das jedem einzelnen Individuum unabhängig von seiner gesellschaftlichen Stellung zusteht[101].

Sie ist nicht nur wie die Ehre eng mit der „Würde der Person" und der „freien Entfaltung der Person" des Art. 10 CE verbunden[102], sondern sie bildet auch eine notwendigen und unerläßlichen Bestandteil der in Art. 17 CE[103] gewährleisteten persönlichen Freiheit des Menschen, da

---

[95] Fernández Palma, S. 51 mwN.
[96] Vgl. Estrada Alonso, S. 33; Herrero-Tejedor, S. 77.
[97] Art. 14 C.E.:
„Los españoles son iguales ante la ley, sin que pueda prevalecer discriminación alguna por razón de nacimiento, raza, sexo, religión, opinión o cualquier otra condición o circunstancia personal o social."
„Alle Spanier sind vor dem Gesetz gleich und niemand darf aufgrund seiner Abstammung, seiner Rasse, seines Geschlechts, seiner Religion, seiner Meinung oder irgendeines anderen persönlichen oder sozialen Umstandes benachteiligt werden."
[98] López Díaz, S. 45; Rodríguez Mourullo, S. 893; Fernández Palma, S. 444; Bernal del Castillo, La Ley 1996-2, D-109, S. 1436 (1439, Fn 3).
[99] STC 120/1987 de 10 de Julio de 1987 (FJ 3).
[100] López Díaz, S. 46; Estrada Alonso, S. 34 f.
[101] Gómez Pavón, S. 13.
[102] STS de 19 de Enero 1995 (FJ 3); STS de 11 de Julio 1996 (FJ 2).
[103] Art. 17.1 C.E.:

mit dem Schutz der intimidad die individualistische Seite der Person geschützt wird[104]. Als eine jedem Individuum unabhängig von seinem Dasein als soziales Wesen innewohnende Eigenschaft ist das Recht auf intimidad Bestandteil der menschlichen Natur, da es jedem Menschen als Individuum „natürlich" von Geburt aus inhärent ist und mit ihm rein aufgrund des einfachen Umstandes seines Daseins, ohne daß er sich im sozialen Miteinander weiter definieren müßte, korrespondiert[105]. Soweit er sich unabhängig von Anderen in seiner intimidad selbst definieren kann, wird die persönliche Freiheit im Sinne eines Rechts auf Selbstbestimmung geschützt.

Inhaltlich sind in den einzelnen Absätzen von Art. 18 CE schon wichtige Aspekte der intimidad aufgeführt, wie der Schutz der Wohnung, das Kommunikationsgeheimnis oder die Beschränkung der automatischen Datenverarbeitung. Eine darüber hinausgehende inhaltliche Ausgestaltung der Konzeption der intimidad ist jedoch unterblieben, sondern bleibt den dieses Recht regelnden Organgesetzen und einfachen Gesetzen vorbehalten.

Geschützt ist nicht nur die persönliche intimidad (intimidad personal), sondern auch die familiäre intimidad (intimidad familiar), da sich der geschützte Intimbereich einer Person auch auf seine Familie erstreckt[106]. Dieser Schutz wird insoweit als notwendig angesehen, als der Mensch gerade in der familiären Sphäre seine Prinzipien und seine religiösen, moralischen und sozialen Ansichten entwickelt. Die Familie nimmt daher eine Funktion wahr, aufgrund derer sie als Basis der Gesellschaft in den demokratischen Systemen besonders geschützt wird[107]. Das Recht auf familiäre intimidad wird in diesem Zusammenhang bspw. als wirksame Verteidigung gesehen, um die Würde der Familie gegen das Eindringen mit jedwedem technischen Mittel zu schützen. Dieser Aspekt wird in dem Moment relevant, in dem eine Freiheit postuliert wird, die zum Wegfall der ethischen Prinzipien einer Gesellschaft führt. Hiergegen wird in dem Recht auf familiäre intimidad das Instrument gesehen, das geeignet ist, die ethischen und religiösen Prinzipien der Menschen und der Gemeinschaft zu beschützen[108].

Geschützt wird aber nicht die Familie als Institution, d.h. als die Gesamtheit ihrer Mitglieder[109], so daß man von einem eigenständigen Recht ausgehen könnte, das selbständig neben dem Recht auf persönliche intimidad besteht, und für das die Gruppe als solche die Aktivlegitimation besäße; das Recht auf persönliche und familiäre intimidad stellt vielmehr ein einheitliches Recht des Individuums dar. Nach Auffassung des Tribunal Constitucional erstreckt es sich damit nicht nur auf Aspekte des eigenen Lebens einer Person, sondern auch auf be-

---

„Toda persona tiene derecho a la libertad y a la seguridad. Nadie puede ser privado de su libertad, sino con la observancia de lo establecido en este artículo y en los casos y en la forma previstos en la ley."
„Jeder Mensch hat ein Recht auf Freiheit und Sicherheit. Niemand darf seiner Freiheit beraubt werden, außer unter Berücksichtigung der Bestimmungen dieses Artikels und in den vom Gesetz vorgesehenen Fällen und Formen."
[104] López Díaz, S. 179.
[105] López Díaz, S. 179.
[106] O'Callaghan Muñoz, Libertad, S. 94.
[107] Puente Muñoz, ADC 1980, S. 915, (925 f.); Ruiz Miguel, S. 82.
[108] Puente Muñoz, ADC 1980, S. 915 (926).
[109] Anderer Ansicht ist offenbar Vidal Martínez, RGD 1980, S. 1042, 1162 (1184 ff.); vgl. Lacruz Berdejo/Rebullido, S. 52, wo das Konzept einer „privacidad familiar" entworfen wird.

stimmte „Aspekte des Lebens anderer Personen, mit denen man eine persönliche und enge Bindung unterhält, wie dies bei der Familie der Fall ist"[110]. Aufgrund der engen Bindung oder Verknüpfung fallen diese Aspekte auch in die eigene Sphäre der Persönlichkeit des Einzelnen, deren Schutz die Rechte des Art. 18 dienen. Was einzelnen Familienmitgliedern wie dem Ehegatten, Eltern oder Kindern widerfährt, berührt unmittelbar auch die Sphäre der eigenen Persönlichkeit, die durch Angriffe auf andere Familienmitglieder direkt verletzt werden kann[111]. Dies bedeutet, daß Inhaber des Rechts auf intimidad jedes einzelne Familienmitglied ist und es insofern auch von jedem einzelnen geltend gemacht werden kann[112].

Das vom Tribunal Constitucional genannte Kriterium, der „persönlichen und engen Bindung", das weg vom Konzept „Familie" zu führen scheint, welches sich anhand formeller Kriterien bestimmen läßt, hat Anlaß zu der Überlegung gegeben, den Schutz auch auf solche Personen zu erstrecken, die zwar keine Familienmitglieder sind, mit denen man jedoch sehr eng verbunden ist[113]. Eine solcher Fall ist allerdings bisher noch nicht vor den Gerichten entschieden worden. Zumindest kann über das Kriterium der Sphäre „personal y familiar" eine Abgrenzung zu anderen Bereichen, wie Arbeit, Gewerbe usw., die nicht in das Schema des Schutzes des Privatlebens passen und infolgedessen nicht den Schutz der intimidad genießen, vorgenommen werden. Auch juristische Personen passen insofern nicht in das Konzept der intimidad[114].

Neben der Nennung als Grundrecht in Art. 18.1 CE ist die intimidad (wie die Ehre auch) in Art. 20.4 CE ausdrücklich als ein Recht aufgeführt, das die Rechte auf Meinungs- und Informationsfreiheit beschränkt. Diese Nennung ist Resultat einer Entwicklung der intimidad, die eine Weiterführung von einer rein defensiven Konzeption – als Recht zum Alleinsein und auf Nichteinmischung – zu einer Konzeption bedeutet, die ein Recht auf Herrschaft über die eigenen Daten beinhaltet: Als Grund für den Schutz der intimidad und ihre Aufnahme in die Verfassung finden sich neben den historischen Entwicklungen die neuen Technologien, die als Gefahr für die intimidad betrachtet werden, da sich über die heutigen Möglichkeiten der Aufnahme, Wiedergabe und Übermittlung von Daten, ganz einfache Möglichkeiten zu ihrer Verletzung ergeben. In einer immer enger werdenden Welt kommt es mit Hilfe dieser Mittel immer häufiger zu Verletzungen des persönlichen Bereichs des Menschen, indem andere in sein Leben eindringen, sei es physisch oder indem Daten von ihm verbreitet werden. Besonders die Presse nimmt heutzutage im immer härteren Wettbewerb der Medien in zunehmendem Maße Zugriff auf die Privatsphäre des Einzelnen[115].

---

[110] SSTC 231/1988 de 2 de Diciembre (FJ 4); 197/1991de 17 de Octubre (FJ 3).
[111] STC 231/1988 de 2 de Diciembre (FJ 4); Ruiz Miguel, S. 84.
[112] Vgl. die Urteile SSTS de 18 de Marzo 1992 und 7 de Diciembre 1995: In beiden Fällen ging es um Adoptionen von Kindern durch bekannte Persönlichkeiten, bei denen von Zeitungen die Daten der Kinder (Namen und Herkunft) publik gemacht wurden. Der Tribunal Supremo verurteilte diese Enthüllungen als unerlaubtes Eindringen in die intimidad der Eltern unter Hinweis auf die familiäre Konzeption.
[113] Avilés García, La Ley 1989-3, S. 845 ff.; Osorio Iturmendi in Jiménez Blanco, Comentarios, S. 145.
[114] Vgl. Sempere Rodríguez in Alzaga Villaamil, Constitución, Band II, S. 460.
[115] Vgl. Puente Muñoz, ADC 1980, S. 915 (921).

Darüber hinaus besteht auch seitens des Staates eine immer stärkere Tendenz zur Sammlung von Daten. Diese Tendenz erklärt sich unter anderem aus der Schutzaufgabe, die er im Rahmen der Fürsorge und Daseinsvorsorge gegenüber seinen Bürgern wahrzunehmen hat. In den gegenwärtigen Sozialstaatsgesellschaft fallen die Bürger durch ein großes Sicherheitsbedürfnis und ein starkes Anspruchsdenken im sozialen Bereich auf. Einhergehend mit einer mangelnden Identifikation mit dem Staat, der immer weniger als ein Miteinander der Gemeinschaft, sondern mehr und mehr als ein diffuses „anderes" wahrgenommen wird, das in einem umfassenden Rahmen der Bedürfnisbefriedigung zu dienen hat, wird in zum Teil übersteigertem Ausmaß verlangt, daß allzeit über Risiken aufgeklärt, bzw. sie unterbunden werden, um so dem Bürger ein gefahrloses, bequemes und ökonomisch abgesichertes Leben zu ermöglichen. Um Gefahren und Bedürfnisse zu kennen und zu erkennen, ist der Staat gezwungen, immer mehr Daten zu erheben und zu speichern (ein Beispiel hierfür in Deutschland war die Idee einer „Aids-Kartei"). Konflikte mit dem Bereich der intimidad des einzelnen Bürgers (der sich in der Regel trotz seiner Ansprüche gegen die daraus resultierenden Eingriffe des Staates wehrt) sind dabei vorprogrammiert[116].

Durch die ausdrückliche Erwähnung in Art. 20.4 CE hat der Gesetzgeber nicht nur deutlich gemacht, daß der intimidad und ihrem Schutz in diesem Konflikt besondere Beachtung zu schenken sind, sondern er hat auch angezeigt, daß er in der intimidad und den Mechanismen zu ihrem Schutz das geeignete Instrumentarium sieht, den Einzelnen vor den Gefahren der neuen Technologien zu schützen.

5. Geltung der Grundrechte zwischen Privaten (Drittwirkung)

Die Verfassung ist das Ergebnis des Bemühens, feste Grundlagen für ein gemeinschaftliches Zusammenleben und für das Handeln der öffentlichen Gewalten festzusetzen, wobei letztere an strikte Verhaltensregeln gebunden sein sollen und die Rechte der Bürger zu achten haben[117]. Wie festgestellt, rückt die spanische Verfassung das Individuum in den Mittelpunkt und beruft den Staat zu seinem Schutz und Wohlergehen[118]. Die Grundrechte stellen dabei diejenigen Rechte dar, die der Einzelne gegenüber dem Staat hat, und sind gleichzeitig für den Staat die Grenzen, die er im Umgang mit seinen Bürgern nicht überschreiten darf. Insofern sind die Grundrechte typischerweise für Fragen, die sich im Verhältnis Staat - Bürger ergeben, geschaffen.

Die Grundrechte sind aber nicht nur eine Art Verhaltensregeln, die der Staat im Umgang mit seinen Bürgern beachten soll, sondern sie stellen gleichzeitig durch ihre Festlegung und Proklamation eine objektive Werteordnung dar, die aufgrund ihrer verfassungsrechtlichen Stellung allerhöchsten Rang genießt[119]. Aufgrund der Allgemeingültigkeit der „obersten Norm"[120]

---

[116] Vgl. Herrero-Tejedor, S. 86.
[117] López Guerra in López Guerra, Derecho Constitucional, S. 27.
[118] Vgl. Pérez Tremps in López Guerra, Derecho Constitucional, S. 116.
[119] Vgl. STC 25/1981 de 14 de Julio (FJ 4); Romero Coloma, RAC 1989-2, S. 2241 (2251); Lacruz Berdejo, S. 73.
[120] STC 5/1981 de 13 de Febrero (FJ 22).

stellt sich die Frage, inwieweit diese objektive Werteordnung auch im Verhältnis der einzelnen Individuen untereinander gilt und ob es für den Einzelnen die Möglichkeit gibt, gegen die Verletzung seiner Grundrechte durch Private mit Hilfe der entsprechenden Institutionen vorzugehen.

Bei der Klärung dieser Frage muß zwischen dem materiellen Aspekt, den sie aufwirft, und dem prozessualen Aspekt getrennt werden. Bei vielen Abhandlungen werden diese beiden Ebenen miteinander vermischt[121].

a) Materielle Wirkung

Die spanische Debatte über die horizontale materielle Wirkung von Grundrechten orientiert sich an der deutschen[122]. Eine Möglichkeit der Wirkung der Grundrechte zwischen Privaten wird in Spanien unter dem Stichwort „eficacia entre terceros" (Wirksamkeit zwischen Dritten) oder (mit Hinweis auf diesbezügliche Erwägungen in Deutschland) „Drittwirkung" diskutiert. Die Frage ist dabei, ob die Verfassung als oberste Norm materiell insoweit zwischen Privaten wirkt, daß die Rechtssubjekte auch im Privatrechtsverkehr – bspw. bei Vertragsabschlüssen – daran gebunden sind, und inwieweit sie in zivilen Rechtsstreitigkeiten Geltung erlangt.

Dabei kann – ausgehend von der Verfassung und den in ihr geregelten Rechen und Pflichten – zunächst einmal konstatiert werden, daß es bei den Grundrechten von der Konzeption her solche gibt, die von vornherein auf Geltung zwischen Privaten angelegt sind, und solche, die nur im Verhältnis Bürger-Staat gelten können[123]. So ist es gerade bezüglich des Rechts auf Ehre allgemeine Auffassung, daß sich die Verletzung dieses Rechts in der Regel und typischerweise im Verhältnis zwischen Privaten abspielt[124] (jedoch sind selbstverständlich auch Verletzungen durch die öffentliche Gewalt denkbar und bereits vorgekommen[125]). Ausschließlich für das Verhältnis Bürger-Staat gelten aber z.B. Art. 23 CE (politische Beteiligungsfreiheit), Art. 24 CE (Rechtsschutzgarantie), Art. 27 CE (Recht auf Bildung) und Art. 29 CE (Petitionsrecht), während zu den Normen, die sich direkt oder indirekt auf das Zivilrecht beziehen, die Art. 11, 12, 18, 20, 22, 32, 33, 34, 38, 39, 43, 47 und 51 CE gerechnet werden[126].

Soweit es um die Wirkung von Grundrechten zwischen Subjekten des Privatrechts geht, wird zwischen unmittelbarer und mittelbarer Drittwirkung unterschieden.

---

[121] Ruiz Miguel, S. 179; García Torres und Jiménez Blanco, S. 24, 44 f.; Sempere Rodríguez in Alzaga Villaamil, Constitución, Band II, S. 391 f.
[122] Ruiz Miguel, S. 176.
[123] Vgl. STC 18/1984 de 7 de Febrero (FJ 6); Pérez Tremps in López Guerra, Derecho Constitucional, S. 116 f.
[124] Vgl. Pérez Tremps in López Guerra, Derecho Constitucional, S. 116.
[125] Siehe z.B. STC 185/1989 de 13 de Noviembre, wo es um den Fall der Erklärung zu einer *persona non grata* durch ein Gemeindeamt ging.
[126] Sarazá Jimena, Doctrina Constitucional, S. 21.

(1) Unmittelbare Drittwirkung

Die Vertreter der Idee einer unmittelbaren Drittwirkung stützen ihre Argumente zum Teil auf zweckgerichtete Erwägungen. Ihrer Ansicht nach soll der Staat, wenn er als Privatrechtssubjekt auftritt, keinen anderen Maßstäben unterliegen als im öffentlich-rechtlichen Bereich. Außerdem wirke sich die Nichtanerkennung im privaten Bereich auch als psychologische Schranke im öffentlichen Bereich aus, da die Grundrechte als beschränkte Rechte aufgefaßt würden[127], und schließlich könne die Drittwirkung zum Schutz faktisch bestehender ökonomisch-sozialer Machtverhältnisse im wirtschaftlichen Bereich verstanden werden[128]. Hinter den Überlegungen steht jedoch auch der grundsätzliche Gedanke, daß die öffentlichen Freiheiten Güter jedes einzelnen Individuums darstellen, die ihm unter allen Umständen zustehen sollen. Insofern dürfe es aber weder durch die öffentlichen Gewalten noch durch private Dritte des Schutzes beraubt werden, sondern dieser muß ihm allumfassend gegenüber jeder Art von Störung gewährt werden, da die Freiheit des Individuums sonst gefährdet sei[129].

Als Argument für eine direkte Anwendung der Verfassung wird Art. 9.1 CE[130] herangezogen, der sowohl die öffentliche Gewalt wie auch die Bürger an die Verfassung bindet. Weiterhin ist vom Tribunal Constitucional unter Bezug auf den Rechtsstaats- und Sozialstaatsgedanken ausgeführt worden: „Diese Konkretisierung des Gesetzes darf nicht dahingehend interpretiert werden, daß die Inhaberschaft der Grundrechte und öffentlichen Freiheiten nur in Bezug auf die öffentlichen Gewalten besteht, da es in einem sozialen Rechtsstaat [...] allgemein nicht vertretbar ist, daß der Inhaber dieser Rechte, diese nicht auch im sozialen Leben besäße, was in der Ley 62/1978 LPJDF zum Ausdruck kommt, welche den Zivilweg bei Grundrechtsverletzungen unabhängig von der Eigenschaft des Verletzers (Privater oder eine öffentliche Einrichtung) vorsieht[131]".

Hieraus läßt sich allerdings nicht zwangsläufig auf eine direkte Wirkung der Grundrechte schließen und auch der Tribunal Constitucional geht in der zitierten Entscheidung nicht von einer unmittelbaren Wirkung der Grundrechte aus[132]. Bis auf vereinzelte Stimmen[133] finden sich auch kaum Vertreter für eine direkte Drittwirkung, und im allgemeinen wird sie als zu weitgehend abgelehnt[134].

(2) Mittelbare Drittwirkung

Eine mittelbare Drittwirkung der Grundrechte wird dahingegen anerkannt. Diese Wirkung kommt über die Gebundenheit der staatlichen Organe an die Verfassung, wie sie sich aus

---

[127] Quadra-Salcedo, S. 47 f.
[128] Ruiz Miguel, S. 177.
[129] García Murillo, S. 197; Martínez Sospedra, S. 284.
[130] Art. 9.1 CE
„Los ciudadanos y los poderes públicos están sujetos a la Constitución y al resto del ordenamiento jurídico."
„Die Bürger und die öffentlichen Gewalten sind an die Verfassung und die übrige Rechtsordnung gebunden."
[131] STC 18/1984 de 7 de Febrero (FJ 6); vgl. hierzu den Abschnitt Teil 2:C.I.5.b)(2)(b).
[132] Vgl. Pérez Tremps in López Guerra, Derecho Constitucional, S. 117.
[133] Quadra-Salcedo, S. 77 mwN.
[134] Vgl. Quadra-Salcedo, S. 50 (der selber für die unmittelbare Drittwirkung eintritt (S. 77), Ruiz Miguel, S. 178 f. mwN; García Torres/Jiménez-Blanco, S. 109.

Art. 53.1 CE ergibt, zum Tragen: Zum einen binden über Art. 53.1 CE die Grundrechte die gesetzgebende Gewalt insoweit, als sie beim Erlaß von einfachen Gesetzen im Privatrechtsbereich zu beachten sind. Der Gesetzgeber hat sich im Gesetzgebungsverfahren so an die Verfassung zu halten, daß die Gesetze, die in Ausgestaltung dieser Verfassung erlassen werden, weder gegen Verfassungsverbote verstoßen, noch Vorgaben der Verfassung außer Acht lassen. Ein mit diesen Prinzipien übereinstimmendes Gesetz kann als verfassungsgemäß erachtet werden, so daß die Verfassung damit durch das Gesetz im Privatrechtsbereich Wirkung entfaltet. Besonders gilt dies für die Organgesetze. Gemäß Art. 81.1 CE dienen sie der direkten Ausgestaltung einzelner Verfassungsvorschriften in den jeweils dafür reservierten Rechtsbereichen und stellen über die Normierung eine Umsetzung der Verfassungswerte in den einzelnen Rechtsbereichen dar.

Zum anderen muß die Judikative die Grundwerte der Verfassung bei der Abwägung von Streitigkeiten zwischen Privaten berücksichtigen. Dies geschieht bei der Auslegung von Generalklauseln wie „gute Sitten" (buenas costumbres), „Öffentliche Ordnung" (orden público) und „Moral", wo immer die Wertvorgaben der Verfassung Beachtung zu finden haben[135]. Über diese Klauseln spielen Grundrechte direkt in den Privatrechtskonflikt hinein, denn für ihre Auslegung ist die verfassungsrechtliche Werteordnung im wesentlichen ausschlaggebend. Gemäß Art. 53.2 soll jeder Bürger auch vor den ordentlichen Gerichten den Schutz der Grundrechte erreichen können; insofern sind auch sie zum Schutz der Grundrechte des Einzelnen berufen[136].

Der Tribunal Constitucional hat die materielle Ausstrahlungswirkung der Grundrechte erkannt und gebilligt. Ohne dies weiter zu begründen, geht er davon aus, daß die ordentlichen Gerichte, soweit hinter der zivilrechtlichen Streitigkeit widerstreitende Grundrechte stehen, eine genaue Bestimmung und Abwägung der miteinander im Widerstreit stehenden Grundrechte vorzunehmen haben[137].

Es kann allerdings eingewandt werden, daß es sich bei diesen Formen der mittelbaren Drittwirkung lediglich um eine Ausstrahlung der Verfassung handelt, den sie als oberstes Gesetz für alle Rechtsbereiche prinzipiell beanspruchen kann. Die in der Verfassung enthaltenen Wertentscheidungen wirken dabei über das „Medium" privatrechtlicher Normen auf das Privatrecht ein. Soweit man dann aber überhaupt behaupten könne, daß die Grundrechte insofern „wirken" (direkt entfalten eben nur die einfachen Gesetze Wirkung), müsse man mindestens auch konstatieren, daß sie bei der Transformation vom öffentlichen in den Privatrechtsbereich von Rechten zu lediglich rechtlichen Werten „verkümmert" seien[138].

---

[135] Quadra Salcedo, S. 53 f; vgl. Pérez Tremps in López Guerra, S. 117; Alzaga Villaamil, Derecho Político, S. 257 ff.
[136] STC 231/1988 de 2 de Diciembre (FJ 1); vgl. die als Umsetzung dieses Artikels verstandene Ley 62/1978 de 26 de Diciembre LPJDF.
[137] STC 171/1990 de 12 de Noviembre (FJ 4); STC 20/1992 de 14 de Febrero (FJ 2); STC 204/1997 de 25 de Noviembre (FJ 2); STC 46/1998 de 2 de Marzo (FJ 2).
[138] Quadra-Salcedo, S. 54 f.

b) Gerichtlicher Schutz bei der Verletzung von Grundrechten zwischen Privaten

Die mit der materiellen Drittwirkung der Grundrechte zusammenhängende Frage ist, inwieweit auch vor ordentlichen Gerichten Grundrechtsschutz erlangt werden kann.

(1) Schutz vor dem Tribunal Constitucional

Vor dem Tribunal Constitucional ist ein direkter Schutz bei Grundrechtsverletzungen durch Private über eine Verfassungsklage (recurso de amparo constitucional) nicht möglich: Art. 161.1.b) CE führt aus, daß der Tribunal Constitucional „in den Fällen und Formen, die das Gesetz festlegt", die Zuständigkeit besitzt, um über eine Verfassungsklage zu entscheiden. Diesen sieht Art. 41.2 LOTC ausschließlich für „Verfügungen, Rechtsakte oder einfache Realakte der öffentlichen Gewalten" vor. Dabei handelt es sich nicht nur um die Idee, daß der ordentliche Rechtsweg grundsätzlich erschöpft werden soll, wie dies in den Art. 43.1 oder 44.1.a) LOTC ausdrücklich festgelegt ist, sondern diese Form des Rechtsschutzes ist in anderen Fällen aus Gründen der Effektivität des Gerichtssystems und der Prozeßökonomie einfach nicht vorgesehen[139].

Bei einer Verletzung eines Grundrechts durch Private ist also ein Schutz durch eine Verfassungsklage, die ja originär das vorgesehene Instrument zum Schutz von Grundrechten ist, prinzipiell ausgeschlossen[140]. Der Tribunal Constitucional selbst hat jedoch einen Weg entwickelt, damit der Bürger in solchen Fällen zu einer Verfassungsklage gelangen kann. Dies hängt damit zusammen, daß er für sich eine allumfassende Kompetenz in Bezug auf sämtliche Fragen in Anspruch nimmt, die im Zusammenhang mit Grundrechtsverletzungen stehen[141]. Nach seiner kann bei einer Grundrechtsverletzung zwischen Privaten die Zuständigkeit für eine Verfassungsklage dann gegeben sein, wenn die ordentlichen Gerichte diese Verletzung nicht beseitigen; dann nämlich liegt mit dem Urteil die erforderliche Verletzung durch eine öffentliche Gewalt vor, die über Art. 44 LOTC angefochten werden kann[142].

(2) Schutz vor den ordentlichen Gerichten

Auch die ordentlichen Gerichte sind jedoch dazu berufen, in Prozessen, die ihrer Zuständigkeit unterliegen, auf die Grundrechte einzugehen und sie für die Entscheidung heranzuziehen.

Die Tatsache, daß ein Bürger bei Grundrechtsverletzungen durch Private nicht direkt das hierfür primär geschaffene Organ anrufen kann, bedeutet nicht, daß er diesbezüglich schutzlos ist. In Art. 53.2 der Verfassung ist bestimmt:

Art. 53.2 CE:
Cualquier ciudadano podrá recabar la tutela de las libertades y derechos reconocidos en el

Jeder Bürger kann durch ein Verfahren vor den ordentlichen Gerichten, das auf den Grundsätzen

---

[139] Herrero-Tejedor, S. 331; Sempere Rodríguez in Alzaga Villaamil, Constitución, Band II, S. 391; García Torres und Jiménez Blanco, S. 60 ff.; O'Callaghan Muñoz, Libertad, S. 171.
[140] STC 231/1998 de 2 de Diciembre (FJ 1).
[141] Vgl. bspw. STC 26/1981 de 17 de Julio (FJ 14), STC 60/1982 de 11 de Octubre (FJ 1) und STC 185/1989 de 13 de Noviembre (FJ 1).
[142] STC 18/1984 de 7 de Febrero (FJ 6); STC 231/1988 de 2 de Diciembre (FJ 1); O'Callaghan Muñoz, Libertad, S. 171 f.

artículo 14 y la Sección primera del Capítulo segundo ante los Tribunales ordinarios por un procedimiento basado en los principios de preferencia y sumariedad y, en su caso, a través del recurso de amparo ante el Tribunal Constitucional. Este ultimo recurso será aplicable a la objeción de conciencia reconocida en el artículo 30.

der Priorität und der Schnelligkeit beruht, sowie gegebenenfalls durch eine Verfassungsbeschwerde vor dem Tribunal Constitucional den Schutz der in Art. 14 und dem ersten Abschnitt des zweiten Kapitels anerkannten Freiheiten und Rechte erreichen. Die Verfassungsbeschwerde ist auf die in Art. 30 anerkannte Wehrdienstverweigerung aus Gewissensgründen anwendbar.

Aus dieser Vorschrift kann gefolgert werden, daß auch die ordentlichen Gerichte zum Schutz der Grundrechte berufen sind[143]. Art. 5.1 der Ley Orgánica del Poder Judicial (LOPJ) greift den dieser Vorschrift zugrundeliegenden Gedanken auf, wenn festgelegt wird, daß die Verfassung die oberste Norm der Rechtsordnung ist und alle Richter und Gerichte verpflichtet sind, die Gesetze und Verordnungen gemäß den Vorschriften und Prinzipien der Verfassung anzuwenden.

(a) Allgemeine Indizien für eine formelle Drittwirkung der Verfassung

Daß die ordentlichen Gerichte bei der Anwendung der streitentscheidenden Normen immer auch die Verfassung beachten müssen, ergibt sich u.a. auch daraus, daß Normen, die als nicht verfassungsgemäß erachtet werden, nicht anzuwenden, sondern dem Tribunal Constitucional vorzulegen sind (Art. 163 CE iVm Art. 5.2 LOPJ).

Die materielle mittelbare Drittwirkung hat jedoch zur Folge, daß auch die ordentlichen Gerichte über die Verfassung befinden und sie in die Abwägung mit einbeziehen müssen: Zumindest, was die Auslegung unbestimmter Rechtsbegriffe angeht, fließen die Verfassungswerte direkt in die Abwägung mit ein. Dabei geht es jedoch in aller Regel nicht um Grundrechtsverletzungen, sondern um „normale" Privatrechtskonflikte (Vertragsstreitigkeiten etc.), für deren Lösung mit den unbestimmten Rechtsbegriffen lediglich ein bestimmtes Maß an Flexibilität bereitgehalten wird.

(b) Ley 62/1978, de 26 de Diciembre, LPJDF[144]

Es existiert jedoch mit der Ley 62/1978, de 26 de Diciembre sogar ein Gesetz, das strafrechtliche, verwaltungsrechtliche und zivilrechtliche Verfahrensarten vor den ordentlichen Gerichten zu einem besonders effektivem Schutz der Grundrechte vorsieht, und das als Umsetzung von Art. 53.2 CE gesehen wird, obwohl es noch vor der Verfassung in Kraft trat. Mit diesem Gesetz soll den Bürgern bei jeder Verletzung von Grundrechten und unabhängig davon, ob es sich um Organe des Staates oder private Dritte handelt, eine Möglichkeit verschafft werden, diese Verletzung in einem aufgrund seiner Wichtigkeit schnell durchführbaren Verfahren geltend zu machen[145].

---

[143] STC 231/1988 de 2 de Diciembre (FJ 1).
[144] Ley 62/1978, de 26 de Diciembre, de Protección Jurisdiccional de los Derechos Fundamentales de la Persona (Gesetz über den gerichtlichen Rechtsschutz der Grundrechte der Person), BOE de 3.1.1979, núm 3.
[145] Vgl. STS de 26 de Octubre 1995 (FJ 4 und 5).

Prozeßgegenstand der Prozesse der Ley 62/1978 sind ausdrücklich die Grundrechte (Art. 1.1 und Art. 11 LPJDF), d.h. für den Bürger besteht über dieses Gesetz die Möglichkeit, eine Verletzung genau der in Art. 14 bis 29 und 30.2 CE gewährleisteten Rechte zu rügen und eine Sanktion zu verlangen. So zeigt sich, daß der Schutz der Grundrechte vor den ordentlichen Gerichten parallel zum Grundrechtsschutzverfahren vor dem Tribunal Constitucional besteht. Zweck dieser Regelung ist es, den Bürgern einen schnellen und vor allem unkomplizierten Grundrechtsschutz zu gewährleisten[146], der vor den ordentlichen Gerichten einfacher zu erreichen ist und deren Verpflichtung auch als Korrektur ihrer Passivität in Fragen der Grundrechte zu Zeiten des autokratischen Regimes Francos zu verstehen ist[147].

Zu beachten ist bei diesem Verfahren des ordentlichen Grundrechtsschutzes jedoch, daß sich der Bürger inhaltlich auf das Grundrecht selber berufen kann, es zur Geltendmachung des Anspruchs jedoch einer entsprechenden Norm bedarf, die eine direkte Auswirkung des entsprechenden Grundrechts im Privatrecht darstellen muß[148]. Dies geht aus Art. 11.2 LPJDF hervor, der besagt:

Art. 11.2 LPJDF
Las disposiciones de esta sección serán aplicables en todo caso cuando las Leyes reguladoras de los derechos fundamentales de la persona a que se refiere esta Ley establezcan alguna reclamación de orden civil.

Die Vorschriften dieses Abschnitts sind immer dann anwendbar, wenn die die Grundrechte der Person regelnden Gesetze, auf die sich dieses Gesetz bezieht, eine zivilrechtliche Geltendmachung vorsehen.

Es handelt sich damit in den Fällen, in denen die ordentlichen Gerichte über eine Verletzung von Grundrechten befinden, weder um eine direkte noch um eine indirekte Wirkung der Verfassung. Dies läßt sich auch in den entsprechenden Urteilen erkennen, die gemischt formuliert werden. Zum einen sind sie insoweit feststellend, als die Verletzung eines Grundrechtes ausdrücklich festgehalten wird, so daß sie diesbezüglich eine verfassungsrechtliche Komponente besitzen; zum anderen wird aber auch zu einer Leistung verurteilt, mit der die Verletzung beseitigt, bzw. der Verletzte für ihre Folgen entschädigt werden soll. Die rechtliche Grundlage für diese Leistung muß dabei in einem einfachen Gesetz liegen, das die Verfassung umgesetzt hat, da letztere auf der Ebene der ordentlichen Gerichte eben keine materielle Wirkung entfaltet[149].

In Bezug auf die formelle Drittwirkung der Verfassung kann festgehalten werden, daß ein Schutz der Grundrechte direkt bei den ordentlichen Gerichten erlangt werden kann. Eine Klage beim Tribunal Constitucional auf Schutz dieser Rechte ist darüber hinaus dann zulässig, wenn der Instanzenweg bei den ordentlichen Gerichten durchlaufen wurde und diese keinen ausreichenden Schutz gewährt haben. Es zeigt sich, daß es sich in der spanischen Rechtsord-

---

[146] Zum Verfahren siehe im einzelnen unten Teil 2:E.V.
[147] Gimeno Sendra in Cortés Domínguez u.a., Procesos Civiles Especiales, S. 110.
[148] Gimeno Sendra in Cortés Domínguez u.a., Procesos Civiles Especiales, S. 114.
[149] Almagro Nosete in Cortés Domínguez u.a., Derecho Procesal, S. 166. Siehe hierzu z.B. STS de 23 de Febrero 1998 (Antecedentes de Hecho) mit ausführlicher Darstellung der Klageanträge.

nung in Bezug auf den Schutz der Grundrechte um ein System handelt, welches den ordentlichen Gerichten über ein hierfür vorgesehenes Verfahren das „erste Wort" und abschließend dem Tribunal Constitucional das „letzte Wort" einräumt.

c) <u>Grundrechtswirkung im Konflikt der Ehre und intimidad mit dem Recht auf Meinungsfreiheit und Information</u>

Was die materielle Wirkung betrifft, so hat der Tribunal Constitucional bei der intimidad eine Drittwirkung in einem Fall ausdrücklich bejaht: „Das Grundrecht auf intimidad soll ohne Zweifel in der Beziehung zwischen Einzelnen Wirkung haben"[150]. Aufgrund des Erlasses der LO 1/1982 und der darin erfolgten Ausgestaltung der Grundrechte Ehre und intimidad ist die Frage der Drittwirkung der Ehre und intimidad jedoch prinzipiell nur noch theoretischer Natur, da sie über dieses Gesetz eine direkte Ausgestaltung auf einfachgesetzlicher Ebene gefunden haben.

Da die in der LO 1/1982 festgesetzten Rechtsfolgen dem Opfer einer Verletzung darüber hinaus einen materiellen Anspruch gewähren, stellen Ehre und intimidad die typischen Grundrechte dar, deren Verletzung im Wege des Verfahrens der Ley 62/1978 festgestellt werden kann, also auch dann, wenn es sich bei dem Verletzer um eine Privatperson handelt. Was diese formelle Wirkung betrifft, hat aufgrund der Umsetzung auf einfachgesetzliche Ebene das System des Grundrechtsschutzes vor den ordentlichen Gerichten gerade im Bereich der Ehre und intimidad einen großen praktischen Bezug.

Gleichzeitig offenbart sich aber gerade in der Mehrzahl dieser Verfahren ein Bruch mit der im vorhergehenden Abschnitt zur Ley 62/1978 beschriebenen Dogmatik: Da der Ehre und der intimidad bei Eingriffen in ihre Schutzbereiche im Pressebereich fast immer das Recht auf Meinungsfreiheit oder das Recht auf Information gem. Art. 20.1 CE entgegengehalten wird, kommt es richtigerweise auch in den ordentlichen Gerichtsverfahren zu einer Abwägung der beiden einander gegenüberstehenden Grundrechte[151]. Problematisch ist dabei aber, daß im Bereich der LO 1/1982 das Recht auf Meinungsfreiheit und das Recht auf Information keine Umsetzung auf die einfachgesetzliche Ebene gefunden haben. Während bspw. im Strafrecht gem. Art. 20.7 des Código Penal die Möglichkeit besteht, in rechtmäßiger Ausübung eines eigenen Rechtes zu handeln, ist eine solche Möglichkeit in der LO 1/1982 zumindest vom Wortlaut her nicht vorgesehen. Trotzdem ist es unzweifelhaft, daß jedem, der in Wahrnehmung des Rechts auf Meinungs- oder Informationsfreiheit handelt, der gebotene Schutz des Art. 20.1 CE auch auf einfachgesetzlicher Ebene zukommen muß. Die Einbeziehung der Rechte auf Meinungs- und Informationsfreiheit und ihre Abwägung mit den Rechten des Art.

---

[150] STC 45/1989 de 20 de Febrero (Antecedentes). In derselben Entscheidung führt der Tribunal Constitucional auch aus, daß im Verhältnis zwischen Privaten anders als im vertikalen Staat-Bürger Verhältnis das Spannungsverhältnis zwischen intimidad und Privatautonomie zu beachten ist.
[151] Zum Beispiel STS de 28 de Octubre 1986 (FJ 7); STS de 18 de Julio 1988 (FJ 3); STS de 15 de Julio 1995 (FJ 6); STS de 23 de Febrero 1998 (FJ 3). Gimeno Sendra in Cortés Domínguez u.a., Procesos Civiles Especiales, S. 120 f., ist der Ansicht, daß es sich dabei um eine implizite Widerklage (reconvención implícita) handelt, mit der ein zweiter Schutzanspruch in den Zivilprozeß zum Grundrechtsschutz eingeführt wird. Er erwähnt freilich nicht, auf welche Norm des Zivilrechts der Angeklagte diese Einführung stützen kann.

18.1 CE[152] bedurfte damit einer besonderen Begründung durch die Rechtsprechung. Aus Gründen der systematischen Darstellung wird auf diese Begründung für die Abwägung von Grundrechten durch die ordentlichen Gerichte und ihre dogmatische Stichhaltigkeit erst weiter unten in Abschnitt D.VII. eingegangen werden.

Was den Schutz im Wege der Verfassungsklage betrifft, so sind entsprechende Klagen bezüglich der Ehre in mehreren Fällen durch den Tribunal Constitucional unter Hinweis auf die erfolgte Abwägung vor den ordentlichen Gerichten nicht zur Entscheidung angenommen worden[153]. Und zur Frage einer Überprüfung von Verletzungen des Grundrechts auf Ehre durch Private führte er aus: „Die eventuelle Verletzung des Rechts auf Ehre, die durch Private verübt werden kann, ist ein Thema, zu dem dieses Gericht sich nicht äußern darf[154]". Dies hat in der Literatur zum Teil zu dem Schluß geführt, daß die im vorhergehenden Abschnitt aufgezeigte Rechtsprechungsdoktrin, die über die Urteile der einfachen Gerichte eine Verfassungsklage vor dem Tribunal Constitucional ermöglicht, keine Anwendung auf den Ehrenschutz und den Schutz der intimidad findet[155].

Wie sich jedoch in den äußerst zahlreichen Entscheidungen des Tribunal Constitucional zu diesem Komplex gezeigt hat, läßt sich dieser Schluß nicht ziehen[156]. Gerade in diesem Bereich kollidieren typischerweise die Rechte des Art. 18.1 CE mit denen des Art. 20.1 CE; und gerade hier müssen von den ordentlichen Gerichten für die Entscheidung der Frage, ob eine Ehrverletzung oder eine Verletzung der intimidad vorliegt, die im Widerstreit stehenden Grundrechte abgewogen werden. In der Folge kommt es gerade bei diesen Streitigkeiten besonders häufig zu Verfassungsklagen gegen die Urteile, wobei eine Verletzung entweder des Art. 20.1 oder 18.1 CE gerügt wird. Unter dem Aspekt der Abwägungsrüge werden alle diese Fälle vom Tribunal Constitucional zur Entscheidung angenommen, der sie diesbezüglich überprüft[157] und lediglich dann nicht zur Entscheidung annimmt, wenn seiner Ansicht nach bereits eine ausreichende Abwägung durch die ordentlichen Gerichte vorgenommen wurde[158].

---

[152] In diesem Zusammenhang ist immer von einem Verfassungskonflikt und nie von einem Konflikt der Rechte des Art. 20.1 CE mit den Rechten der LO 1/1982 die Rede.
[153] Siehe ATC 502/86 de 11 de Junio (BJC XV, 1986, S. 859 (FJ 3)); ATC 259/88 de 29 de Febrero (BJC XX, 1988, S. 1475 (FJ 2)); ATC 161/1989 de 3 de Abril (BJC XXIII, 1989, S. 1190 (FJ 2)); ATC 199/1989 de 17 de Abril (BJC XXIII, 1989, S. 1277 (FJ 2)).
[154] ATC 502/86, de 11 de Junio (BJC XV, 1986, S. 859 ff. (FJ 3)).
[155] Diese Schlußfolgerung zieht Ruiz Miguel, S. 180, mit Verweis auf die vorerwähnten ATC 125/1988 (FJ 2); ATC 502/1986 (FJ 3); ATC 259/1988 (FJ 2); ATC 161/1989 (FJ 2); ATC 199/1989 (FJ 2). Wie er jedoch zu diesem Schluß kommt, erläutert er nicht.
[156] Siehe im einzelnen unten Teil 2:D.VII „Konflikt zwischen Art. 18.1 und Art. 20.1 CE".
[157] Siehe z.B. STC 107/1988 de 8 de Junio (FJ 1); STC 231/1988 de 2 de Diciembre (FJ 5) mit ausführlicher Begründung; STC 171/1990 de 12 de Noviembre (FJ 1); STC 172/1990 de 12 de Noviembre (FJ 1); STC 20/1992 de 14 de Febrero (FJ 1); STC 139/1995 de 26 de Septiembre (FJ 1).
[158] Herrero-Tejedor; S. 336; vgl. STC 104/1986 de 17 de Julio (FJ 6): „Sobald durch die Richter des orden penal diese Abwägung vorgenommen worden ist -d.h. indem [...] die konstitutionelle Perspektive bezüglich der im Spiel stehenden Grundrechte eingeführt wird-, hat dieser Tribunal Constitucional wenig zu sagen [...] es sei denn in dem Fall, in dem diese Beurteilung der Rechtmäßigkeit (in bezug auf den verfassungsrechtlichen Aspekt) eindeutig unvernünftig (claramente irrazonable) erscheint."; siehe auch STC 185/1989 de 13 de Noviembre (FJ 1), wo ausgeführt wird: „Bei Anwendung dieser Doktrin [...] ist es unverzichtbar, die Urteile [...] auf die Tatsache hin zu untersuchen, ob die ordentlichen Gerichte eine vernünftige Abwägung vorgenommen haben". Vgl. ferner die in Fn. 153 angeführten Entscheidungen.

II. Struktur der Ehre und der intimidad

1. Ehre

a) Konzeption der Ehre

(1) Rechtsprechung und Literatur

Definitionen bezüglich der Ehre[159] fallen naturgemäß schwer. Anders als juristische Begriffe wie Besitz oder Eigentum, die an äußerliche von jedermann feststellbare Kriterien geknüpft werden, ist der Begriff der Ehre primär soziologisch zu bestimmen und stark mit den jeweils vorherrschenden Auffassungen einer Gesellschaft bzw. Kultur verbunden, sowie historisch und geographisch unterschiedlich aufgefaßt. So hat jeder Einzelne und jede Epoche eine abweichende Auffassung davon, was Ehre ist[160]. Auch in Spanien gibt es diverse Ansätze und Definitionsversuche, die keineswegs zu einer einheitlichen Definition geführt haben, sondern je nach Ansatz und Zielrichtung unterschiedlich sind[161]. Und sowohl die Verfassung wie auch die LO 1/1982 schweigen sich bezüglich einer positiven Definition aus.

Immerhin ist man der Ansicht, daß die Ehre zusammen mit dem Leben, der Freiheit und der sozialen Sicherheit die Fundamentalwerte des Individuums „per se" formen und sie wird als „das erste und wichtigste Gut aus der Gruppe der Rechte, die die immaterielle Seite der Persönlichkeit schützen" betrachtet[162].

In der Rechtsprechung wird die Ehre teilweise beschreibend durch die Begriffe Ruf (fama), Achtung (consideración), Würde (dignidad), Ansehen (reputación, crédito), sentimiento de estimación, Prestige (prestigio) ergänzt oder ersetzt[163], doch es ist dabei auch klar, daß diese Begriffe selber zu unbestimmt sind, um für eine Definition zu dienen. Der Tribunal Constitucional unterscheidet zwischen Ehre im engeren Sinne, die im allgemeinen durch strafrechtliche Normen geschützt ist, und einem weiteren Bereich, dessen Schutz rein zivilrechtlicher

---

[159] Neben dem Begriff „honor" gibt es im Spanischen den Begriff „honra", der bis zum Anfang des letzten Jahrhunderts vorherrschend war (Jiménez Asenjo, S. 630), jedoch mehr und mehr von „honor" verdrängt worden ist. Die beiden Begriffe meinen grundsätzlich etwas verschiedenes, wenn sie auch in einem untechnischen Sinne synonym verwandt werden. Während der Begriff „honor" in einem soziologisch determinierten Sinne als „Eigenschaft, die den Menschen dazu bringt, sich im Einklang mit den sozialen und moralischen Normen zu verhalten" (González Álvaro, S. 400. Dieses Konzept kritisiert Estrada Alonso (S. 27) mit Hinweis auf Bajo Fernández mit dem Argument, daß die Ehre ein angeborenes und dem Menschen von Geburt aus innewohnendes Recht darstellt und keine „Belohnung" für Wohlverhalten) benutzt werden kann, wird die „honra" als Wertschätzung und Anerkennung der Würde als solcher verstanden (vgl. Rothe, S. 164, der „honra" mit Ehrgefühl, Ehre, Ansehen, guter Ruf, Sittsamkeit übersetzt; Fraile Ovejero, S. 644, sieht die honra als „soziale Projektion" der Ehre und „Frucht der Ehre, das heißt, die Achtung, mit der die öffentliche Meinung diese Tugend belohnt"). Dieser Aspekt wird heutzutage in juristischer Sicht doktrinär vom Ehrbegriff mit umfaßt, was dazu führt, daß er in diesem Bereich terminologisch kaum noch anzutreffen ist. Sogar in neueren Gesetzen ist sogar noch von „honra" statt „honor" die Rede (siehe bspw. Art. 4 Abs. 2 LO 1/1996, unten S. 87).
[160] STS de 20 de Diciembre 1993 (FJ 3): „Die Ehre [...] ist kein absoluter Wert, bleibend und unabänderlich und ihr effizienter Schutz kann in einigen Fällen durch bestimmte Bedingungen beschränkt sein, die von den Gesetzen oder den kulturellen bzw. sozialen Werten einer Gemeinschaft abhängen, die zum jeweiligen Zeitpunkt vorherrschend sind"; Estrada Alonso, S. 22; Herrero-Tejedor, S. 76; STC 185/1989 de 13 de Noviembre (FJ 4); STC 171/1990 de 12 de Noviembre (FJ 4).
[161] Vgl. Estrada Alonso, S. 22: „Über die Ehre ist viel geschrieben worden, und Definitionen über ihre Natur gibt es unendlich viele"; Concepción Rodríguez, S. 30: „Die juristische oder soziologische Konstruktion Ehre ist in einem Chaos von falschen oder konfusen Vorstellungen verloren".
[162] Herrero-Tejedor, S. 76 mwN.
[163] O'Callaghan Muñoz, RAC 1990-1, I, S. 1 (2).

Natur ist[164]. Wie später zu sehen sein wird, hat der Gesetzgeber im Zusammenhang mit der Reform des Código Penal eine Parallelisierung des straf- und zivilrechtlichen Ehrenschutzes betrieben, nach der nur noch die schweren Beleidigungen (vgl. Art. 208 CP) strafrechtliche Folgen haben sollen, während die leichten in den Bereich des Zivilrechts fallen. Die Konzeption ist jedoch die gleiche und hat sich durch die Reform sogar noch angeglichen.

Wie in den Erörterungen zur Verfassung bereits erwähnt, muß die Ehre als Verfassungswert immer im Zusammenhang mit anderen Werten der Verfassung betrachtet werden. Dieser Zusammenhang kommt dadurch zustande, weil andere Verfassungsrechte inhärente Beschränkungen der Ehre darstellen können, und weil die Ehre als Verfassungswert auch nur im Rahmen der von der Verfassung aufgestellten objektiven Werteordnung zu verstehen ist. In diesem Rahmen orientiert sie sich als Individualwert zum einen an übergeordneten Kollektivwerten wie Freiheit, Gerechtigkeit, Gleichheit und Pluralismus, und zum anderen an Werten wie Würde der Person, Respekt vor dem Gesetz und vor den Rechten anderer[165].

Bei der Betrachtung der Ehre und ihrer verschiedenen Äußerungsformen fällt vor allem auf, daß sie aus zwei verschiedenen Perspektiven betrachtet und verstanden werden kann: subjektiv und objektiv. Diese Dichotomie findet sich bei fast allen Darstellungen zur Ehre. Sie kann im Zusammenhang mit der Bewertung von immateriellen Schäden bei der Verletzung der Ehre relevant werden, wenn z.B. die seelischen Schmerzen, die nur subjektiv mit der Auffassung, die jeder von sich selbst hat, zu beurteilen sind, mit dem Schaden einhergehen, den der Verletzte in seinem sozialen Ansehen, also in dem Bild, das andere von ihm haben, erlitten hat.

Ehre im objektiven Sinn ist das Ansehen, der gute Name oder der Ruf einer Person, den sie bei anderen genießt[166], also ein soziologisch bestimmter Begriff, der, je nach gesellschaftlicher Auffassung, einem stetigen Wandel unterworfen ist. Das soziale Ansehen einer Person kann als ihr geistiges Vermögen (patrimonio espiritual) angesehen werden, das sie sich über ihre Anstrengung, Arbeit, Aufrichtigkeit und alle anderen Umstände, die ihr den Respekt ihrer Mitmenschen einträgt, so daß ihr ein rechtlicher Schutz dieses Ansehens zukommen soll[167]. Im subjektiven Sinne hingegen ist die Ehre das Gefühl der Auffassung, die jede Person von sich selber hat in Verbindung mit dem Bewußtsein der eigenen Würde[168]. Diese Betrachtungsweise der Ehre im subjektiven Sinn führt zu Problemen bei der Anwendung auf andere als natürliche Personen[169]. Auch bezüglich der juristischen Möglichkeiten zu ihrem Schutz

---

[164] STC 185/1989 de 13 de Noviembre (FJ 4).
[165] Estrada Alonso, S. 32.
[166] Estrada Alonso, S. 25; Romero Coloma, RAC 1989-2, S. 2241 (2252); Concepción Rodríguez, S. 28; vgl. Lacruz Berdejo, S. 74 f.; Fraile Ovejero setzt die Ehre im objektiven Sinne auch mit „honra" gleich, also mit der sozialen Projektion der Ehre.
[167] Quintero Olivares, Libertad, S. 174.
[168] Herrero-Tejedor, S. 77; Estrada Alonso, S. 25; Concepción Rodríguez, S. 28; Martínez Sospedra, S. 295.
[169] Siehe die Ausführungen zu den juristischen Personen, unten Teil 2:D.III.2.a).

bestehen große Schwierigkeiten, da hier ein großer freier und sehr unsicherer Beurteilungsspielraum besteht[170].

Die Unterscheidung zwischen subjektiver und objektiver Ehre ist auch in den Urteilen des Tribunal Supremo zu finden: In STS de 26 de Junio 1987 (FJ 7) unterscheidet er zwischen einem subjektiven Kriterium (criterio subjetivo), das sich aus „der Sichtweise jedes Individuums, d.h. als Empfindung der eigenen Würde" ergibt, und einem „objektiven Kriterium" (criterio objetivo), das „aus einer Würdigung unter dem Prisma des sozialen Bereichs, der ausschlaggebend ist, resultiert: Aus der Anerkennung der anderen unserer Würde". Diese beiden Kriterien seien maßgeblich für den gerichtlichen Schutz, den der Einzelne aufgrund der Art. 10.1 und 18.1 CE für sich beanspruchen könnte, da für diesen Schutz nicht nur die Folgen des Angriffs zu beachten seien, die sich auf die Selbstauffassung und das Selbstwertgefühl der Person auswirken, sondern auch auf ihr soziales Umfeld. In anderen Urteilen stellt der Tribunal Supremo bei der Betrachtung der Ehre auf zwei „eng miteinander verbundene Aspekte oder Haltungen" ab, mit denen zwischen einem inneren und einen äußeren Merkmal des Rechts unterschieden wird. Zum einen wird auf die „inmanencia", die in der Einschätzung jedes Menschen von sich selbst besteht, und zum anderen auf die „trascendencia", die sich aus der Achtung der Würde durch andere ergibt[171].

Die verschiedenen Ansätze und Analysen bezüglich einer Konzeption der Ehre können verschiedenen Gruppen zugeordnet werden, deren Unterschiede in Bezug auf einzelne weitergehende Fragen des Ehrenschutzes von Relevanz sein können (z.B. bei der Einwilligung die Frage, ob die Ehre als Rechtsgut abtretbar ist)[172]:

1. Faktische Konzeption (concepción fáctica)

Die faktische Konzeption hat die oben genannte Unterscheidung in einen subjektiven und objektiven Aspekt zum Inhalt, wonach die Ehre der Ausruck dessen ist, wie die anderen oder der Einzelne selbst die verschiedenen Eigenschaften des Individuums interpretieren.

Bei dieser Konzeption wird kritisiert, daß sie bei der Beurteilung, ob eine Ehrverletzung vorliegt, zu falschen Ergebnissen führt. Die Reputation oder das soziale Ansehen können unverdienterweise zu hoch oder zu niedrig angesetzt werden, was im Extremfall sogar dazu führen kann, daß bestimmten Schichten der Bevölkerung, denen man keinen guten Ruf zubilligen will, das Recht auf Ehre völlig aberkannt wird, was nicht nur dem verfassungsrechtlichen Gleichheitsprinzip des Art. 14CE sondern auch Art. 10 CE zuwiderläuft[173]. Der subjektive Ansatz wiederum macht die Ehre mangels objektiver Faktoren nur äußerst schwer bestimmbar und ist darüber hinaus völlig vom emotionalen (und vielfach falschen) Eindruck abhängig, den jedes Subjekt von sich selber und seiner Erscheinung vor anderen hat. Aufgrund ih-

---

[170] Quintero Olivares, Libertad, S. 174.
[171] Zum Beispiel SSTS 23 de Marzo 1987 (FJ 7), 2 de Febrero 1989, 21 de Julio 1993 (FJ 3), 9 de Octubre 1997 und 5 de Febrero 1998 (FJ 1).
[172] Siehe hierzu im einzelnen Estrada Alonso, S. 25 ff., mit Nachweisen zu den einzelnen Konzeptionen.
[173] Quintero/Morales, S. 357.

rer sozialen Nähe bietet die faktische Konzeption jedoch Vorteile hinsichtlich der Anschaulichkeit, da jeder sich etwas unter der Ehre im objektiven und subjektiven Sinne vorstellen kann.

2. Normative Konzeption (concepción normativa)

Nach dieser Konzeption stellt die Ehre einen Teilaspekt der verfassungsrechtlich gewährleisteten Würde einer Person dar, die sich durch das Recht auf Achtung durch andere, und darauf, durch andere und vor anderen nicht gedemütigt und bloßgestellt zu werden, äußert[174].

Sie hat den Vorteil, daß die Ehre nicht von so variablen Aspekten wie „Ansehen" und „jeweils gesellschaftlich vorherrschende Ideen einer Gesellschaft", die – wie gesehen – recht schwankend sein können, abhängig ist, indem sie sich auf einen zentralen jedem Menschen aufgrund seines Daseins und vom Zeitpunkt seiner Geburt anhaftenden Wert zurückführen läßt[175]. Weiterhin wird sie zumindest im Ansatz der Forderung gerecht, daß sich ein so immanent wichtiger Wert wie die Ehre aus den Werten der Verfassung heraus begründen lassen muß[176]. Gleichwohl begegnet sie – soweit sie dazu dienen soll, eine Definition der Ehre zu geben – der Schwierigkeit, daß sie das Problem auf eine andere Ebene verlegt, indem nun ein Inhalt der Würde des Menschen definiert werden muß. Darüber hinaus läßt sie aber auch die soziale Komponente der Ehre außer Acht. Als Idee der bloßen Äußerungsform der Würde ist dieses Modell zu statisch, denn die Ehre äußert sich nicht in jedem Menschen gleich.

3. Zwischenlösungen (concepciones intermedias)

Darüber hinaus gibt es noch Zwischenlösungen, auf die jedoch hier nicht weiter eingegangen werden soll[177].

Der Tribunal Constitucional kommt in einem Urteil bei einer Analyse der Ehre zu dem Ergebnis, daß der gemeinsame Nenner aller Angriffe oder des unerlaubten Eindringens in den Schutzbereich dieses Rechts die Herabsetzung in den Augen anderer (unter Hinweis auf Art. 7.7 LO 1/1982) als Folge von abwertenden, geringschätzenden oder ehrenrührigen Äußerungen ist[178] und liegt damit durchaus auf der Linie der normativen Konzeption[179]. Im gleichen Urteil konstatiert der Tribunal Constitucional gleichwohl, daß eine allgemeingültige Definition der Ehre bei allen Versuchen nicht geboten werden kann[180].

Der Tribunal Supremo geht jedoch davon aus, daß „in der Rechtsprechungsdoktrin" eine „einstimmige Definition der Ehre" akzeptiert worden sei, die lautet: Ehre ist die „persönliche

---

[174] Herrero-Tejedor, S. 77.
[175] Vgl. Alonso Alamo, ADP I, 1983, S. 127 (143).
[176] Vgl. Quintero/Morales, S. 370.
[177] Siehe hierzu Estrada Alonso, S. 29 ff. mwN.
[178] STC 139/1995 de 26 de Septiembre (FJ 5) unter Hinweis auf STC 223/1992 de 14 de Diciembre.
[179] Estrada Alonso, S. 26 ff., nennt als Konzeption der Ehre aus diesem Gedanken heraus ein „derecho a ser respetado", ein „Recht darauf, respektiert zu werden".

Würde, die sich in dem Ansehen bei anderen und in der Wahrnehmung durch die Person selbst (sentimiento de la propia persona) widerspiegelt[181]."

(2) Gesetzgebung

Der Gesetzgeber hat im Zuge des Erlasses des neuen Código Penal[182] auf die in Rechtsprechung und Literatur herausgearbeiteten Merkmale reagiert und eine Änderung der Normierung der Tatbestände, die sich mit dem Schutz der Ehre beschäftigen, sowohl im straf- wie auch im zivilrechtlichen Bereich vorgenommen. Der neue Wortlaut von Art. 7.7 LO 1/1982 ist nach der Disposición Final Cuatro (Endbestimmung Viertens) des Código Penal nunmehr: „Die Behauptung von Tatsachen oder die Kundgebung von Werturteilen durch Handlungen oder Äußerungen, die die Würde eines anderen verletzen, indem sie seinen Ruf beeinträchtigen oder einen Angriff auf seine eigene Wertauffassung darstellen"[183].

Mit dieser Formulierung hat der Gesetzgeber die Ehre auf das Element der Würde, die jeder Person innewohnt, zurückgeführt, was der normativen Konzeption der Ehre entspricht. Diese ist im Gesetz jedoch mit der faktischen Konzeption verbunden worden, da auch auf das objektive und subjektive Element abgestellt wird, indem zwei Formen der Beeinträchtigung der Würde aufgeführt sind: Einmal die Beeinträchtigung des Rufs bei anderen, was sich auf die Ehre im objektiven Sinne bezieht, und der Angriff auf die eigene Wertauffassung als Hinweis auf die Ehre im subjektiven Sinne.

Die Würde als grundsätzliche Basis der Ehre zu konzipieren, wird deren Stellung im juristischen Ordnungssystem und auch ihrem Inhalt gerecht, der in jedem Fall nicht außerhalb des Wertesystems der Verfassung bestimmt werden sollte. Als ein Rechtsgut höchsten Ranges, das selber in der Verfassung garantiert ist, kann die Ehre so auf einen zentralen Wert der Rechtsordnung zurückgeführt werden, der in der Verfassung den anderen Werten vorangestellt ist und auf sie ausstrahlt[184]. Auch Rechtsprechung und Literatur sehen in der Würde den Wert, auf den sich das Recht auf Ehre zurückführen läßt[185].

Andererseits kann die Würde nicht allein ausschlaggebend für die Konzeption der Ehre sein, denn inhaltlich ist auch sie zu unbestimmt, um für eine Konzeption entscheidende Kriterien zu liefern. Darüber hinaus ist sie aber auch ein zu statischer Wert, da sie aufgrund des Gleichheitsprinzips jedem Menschen in gleichem Maße zusteht. Die Ehre hingegen hat un-

---

[180] STC 139/1995 de 26 de Septiembre (FJ 6): „Angesichts der Unmöglichkeit, eine unabänderbare und permanente Konzeption der Ehre herauszuarbeiten, [...]".
[181] Beispielsweise STS de 9 de Octubre 1997 (FJ 2); STS de 27 de Enero 1998 (FJ 2).
[182] Ley Orgánica 10/1995, de 23 de Noviembre, del Código Penal (BOE de 24.11.1995, núm 281).
[183] Der ursprüngliche Text lautete: „Die Verbreitung von Äußerungen oder Tatsachen über eine Person, wenn sie diese diffamieren oder in der Achtung anderer herabsetzen".
[184] O'Callaghan Muñoz, Libertad, S. 169; in den Ausführungen zur Verfassung wurde bereits festgestellt, daß die Art. 10 nachgestellten Artikel sich auch als Regelungen zum Schutz dieses zentralen Wertes und seine Ausformungen im einzelnen verstehen lassen; vgl. Romero Coloma, RAC 1989-2, S. 2241 (2252) und López Díaz, S. 44.
[185] STC 231/1988 de 2 de Diciembre (FJ 3); STC 214/1991 de 11 de Noviembre (FJ 1); Estrada Alonso, S. 32 und RAC 1990-2, XXV, Rz. 347 (348); Puente Muñoz, ADC 1980, S. 915 (925); Alonso Alamo, ADP 1983, S. 127 (150 f.); vgl. STS de 15 de Abril 1992 (FJ 1); Osorio Iturmendi in Jiménez Blanco, Comentarios, S. 141; O'Callaghan Muñoz, Liber-

zweifelhaft auch einen dynamischen Aspekt, der dazu führt, das jedem Menschen ein unterschiedliches Maß an Achtung zukommt, in dem Sinne, daß er selbst und andere bestimmte Auffassungen von der jeweiligen Ehre des Einzelnen haben.

Im Gesetz äußert sich dieser dynamische Aspekt in der faktischen Komponente der Rufbeeinträchtigung und des Angriffs auf die eigene Wertauffassung, mit denen im konkreten Fall erst der eigentliche Inhalt und Umfang der Würde bestimmt werden soll[186]. Der Bezug auf das Faktische wird jedoch als logischer Bruch und unzulässiger Bezug auf soziale Kriterien kritisiert. Die Ehre müsse als Verfassungswert vielmehr aus sich selbst und der juristischen Wertordnung heraus bestimmbar sein und nicht über einen Rückgriff auf verschwommene soziologische Merkmale[187]. Es läßt sich aber auch über Art. 10.1 CE aus der Verfassung ein dynamischer Aspekt der Ehre begründen, da dort neben der Würde gleichfalls die „freie Entfaltung der Persönlichkeit" geschützt ist. Dieses Prinzip der freien Entfaltung, welches Ausdruck der Generalprinzipien Freiheit und Pluralismus ist und ein „Recht zum Anderssein" beinhaltet, offenbart aufgrund der Verschiedenartigkeit der einzelnen Freiheitsinteressen zwangsläufig eine dynamische Komponente. Hierüber und über die Prinzipien Würde und Gleichheit soll die Ehre ihre Stellung in dem Gesamtwertekanon der Verfassung findet.

Um dies zu erreichen, soll so vorgegangen werden, daß den Werten Würde und Gleichheit die Werte Freiheit und Pluralismus entgegengesetzt werden, worüber sich eine unterschiedliche Behandlung einzelner Personen begründen läßt. Um auf der anderen Seite aber zu verhindern, daß die Werte Freiheit und Gleichheit zu einer excessiven Ungleichbehandlung führen, wirken Würde und Gleichheit beschränkend. So kann etwa eine Person, die den Nobelpreis gewonnen hat, für sich nicht ein erhebliches Mehr an Respekt verlangen und ein Nichtentgegenbringen dieses Respekts als Ehrkränkung deuten, da dies dem Gleichheitsprinzip zuwiderlaufen würde[188].

Mit diesem Modell kann die Ehre in das System der verfassungsrechtlichen Werteordnung eingeordnet werden. Es muß jedoch zugestanden werden, daß über die Begriffe „eigene Wertauffassung" und „Beeinträchtigung des Rufs" die soziale Erscheinung der Ehre deutlicher erfaßt und eine praktische Anwendung erleichtert ist. Trotzdem ist den Kritikern einzuräumen, daß erhebliche Spielräume bestehen, die erst im Einzelfall durch den Richter eingeengt werden können. Aufgrund all dieser Probleme kann damit nicht konstatiert werden, daß der Gesetzgeber durch die Änderung zu einer Klärung des Begriffs beigetragen hat.

Bereits aufgrund der Natur der Ehre als Persönlichkeitsrecht ist jedoch fraglich, ob es überhaupt möglich ist, eine solche Klärung auch wirklich durch Gesetz herbeizuführen. Gerade

---

tad, S. 169; Sánchez Agesta, S. 106; Fernández Segado, S. 217 ff.; Sarazá Jimena, RAC, 1996-2, XXIV, Rz. 495; vgl. Romero Coloma, RAC 1989-2, S. 2241 (2251).

[186] Ein vom Gesetzgeber gewolltes Vorgehen (siehe Art. 2.1 LO 1/1982), das auch so von der Rechtsprechung praktiziert wird, indem die Gerichte immer eine Abwägung vornehmen, die auf den jeweiligen Einzelfall bezogen ist (z.B. in STS de 26 de Julio 1995 (FJ 8); STS de 15 de Julio 1995 (FJ 6), STS de 23 de Febrero 1998 (FJ 3)).

[187] Quintero/Morales, S. 370.

[188] Siehe zu diesem Ansatz im einzelnen Quintero/Morales, S. 358 f. und S. 369 ff.

im Bereich der Persönlichkeitsrechte wird die Auffassung vertreten, daß das Gesetz (soweit es überhaupt ein geeignetes Instrument in diesem Bereich sei, da die hiermit notwendigerweise verbundene Abstraktion sich nur schwer mit der Idee der Person und ihrer Würde verbinden lasse) sich nur auf eine Zusammenfassung von Prinzipien beschränken könne[189]. Insofern liegt ein Verweis auf möglichst offene Begriffe nahe.

Es wird gehofft, daß die Rechtsprechung, auch wenn eine klare Definition nicht möglich scheint, doch wenigstens die Umrisse der Ehre durch eine stetige Grenzziehung herausarbeiten kann, indem durch stetige Rechtsprechung Kriterien gewonnen werden, mit deren Hilfe bestimmt werden kann, ab wann eine Ehrverletzung vorliegt[190]. Inwieweit dies bisher gelungen ist, wird im Abschnitt über die LO 1/1982 zu untersuchen sein.

Aufgrund der neuen gesetzlichen Konzeption lautet ein weiterer Definitionsversuch: „Ehre ist das Recht der Person auf Anerkennung der Würde, die ihr innewohnt, sowohl soweit es ihr als Person zukommt, wie auch soweit sie durch eigene Handlungen erworben wurde"[191].

b) Umfang des Ehrenschutzes
Der Umfang des Ehrenschutzes bestimmt sich entsprechend der im vorhergehenden Abschnitt herausgearbeiteten Konzeption nach objektiven wie auch subjektiven Kriterien. Das subjektive Kriterium hat in der LO 1/1982 nicht nur in der Regelung des Art. 7.7 sondern auch in der Formulierung von Art. 2.1. Eingang gefunden, wonach „der Schutz der Ehre, der intimidad und des eigenen Bildes [...] unter Berücksichtigung des Bereiches, den sich jede Person für sich oder ihre Familie durch ihr eigenes Verhalten vorbehält", begrenzt wird. Dies ist in der Präambel dahingehend erläutert, daß der Schutzbereich, bzw. die Sphäre der Rechte der LO 1/1982 „durch die persönliche Auffassung, die jeder Mensch entsprechend seinem eigenen Verhalten diesbezüglich hat und die durch seine Verhaltensregeln bestimmt wird, geprägt wird."

Was den objektiven Umfang des Ehrenschutzes betrifft, wurde Ehre im objektiven Sinn als das Ansehen, der gute Name oder der Ruf einer Person, den sie bei anderen genießt, definiert. In diesem Zusammenhang ergibt sich die Frage, ob sich der Ehrenschutz rein auf den privaten Bereich der Person beschränken muß oder ob er nicht auch auf die beruflich Sphäre übergreifen kann. Die Gerichte hatten sich bei der Beantwortung dieser Frage mehrfach mit dem Problem des Schutzes des „prestigio profesional" (bzw. „reputación profesional")[192] auseinandersetzen müssen. Diesbezüglich waren sie lange Zeit der Ansicht, das der prestigio profesional und die Ehre zwei unterschiedliche Dinge sind[193]:

---

[189] López Jacoiste, ADC 1986, S. 1059 (1085 ff.); vgl. Bernal del Castillo, La Ley 1996-2, S. 1436 (1437).
[190] Siehe Herrero-Tejedor, S. 78.
[191] Bernal del Castillo, La Ley 1996-2, D 109, S. 1436 (1439, Fn. 4).
[192] Zu übersetzen etwa mit „berufliches Ansehen".
[193] Concepción Rodríguez, S. 117 mit Nachweis mehrerer Entscheidungen.

Der Tribunal Supremo schien auch nach der speziellen Regelung in der LO 1/1982 an seiner zu Art. 1902 CC entwickelten Rechtsprechung festhalten zu wollen[194]. Der prestigio profesional stellte nach dieser Doktrin das Vermögen einer Person (patrimonio de la persona) dar, da er indirekt zur Erwerbserzielung beitrage und seine Verletzung sich insofern direkt in materiellen, wirtschaftlichen Folgen niederschlagen könne. Die Verletzung sollte dementsprechend nicht gemäß der LO 1/1982 sondern Art. 1902 CC zu beurteilen sein[195]. In STS de 2 de Marzo 1989 (FJ 3) wird ausgeführt, daß das Ansehen und der Ruf einer Person sowohl einen persönlichen, als auch einen beruflichen Aspekt habe. Er teilt in dem Urteil die Rechte einer Person in zwei Gruppen: Die ersten Rechte sind die Grundrechte und höchstpersönlichen Rechte (derechos personalísimos) einer Person, die einen speziellen juristischen Schutz genießen, während die anderen (darunter der prestigio profesional) zwar als Vermögen der Person nicht in diese Kategorie fallen, jedoch auch „ihren Schutz finden, wenn sie verletzt werden."

Die Trennung in Rechte der LO 1/1982 einerseits und den prestigio profesional, der über Art. 1902 CC zu schützen sein soll, andererseits, ist jedoch fragwürdig, da sie zumindest aus dem Wortlaut der Verfassung und der LO 1/1982 nicht herzuleiten ist; die Konzeption als persönliches und familiäres Recht, welche die berufliche Sphäre auszugrenzen scheint, bezieht sich nur auf die intimidad. Die persönliche und berufliche Ehre scheinen darüber hinaus auch zu eng miteinander verbunden, um sie so trennen zu können, daß sie unter verschiedene Tatbestände subsumiert werden könnten. Schließlich können Verletzungen der beruflichen Ehre – auch wenn sie weniger eine Verletzung der Persönlichkeit als eine Verletzung des Vermögens darstellen – ohne weiteres über die LO 1/1982 ausgeglichen werden, da gem. Art. 9.3 auch materielle Schäden mit umfaßt sind.

In STS de 18 de Noviembre 1992 (FJ 2) modifizierte der Tribunal Supremo seine Meinung dahingehend: „Ein Angriff auf die esfera profesional, die zuweilen lediglich den Grund für eine Zivilklage aufgrund außervertraglicher Haftung bilden kann, ist in anderen Fällen von einer solchen Intensität, daß sie darüber hinaus sogar auf die Ehre des Betroffenen übergreift." Danach geht die Ehre also weiter als der prestigio profesional. Diese Meinung schien auch der Tribunal Constitucional zu teilen, wenn er in STC 40/1992 de 30 de Marzo (FJ 3) ausführte, daß prestigio profesional und honor nicht dasselbe seien, aber „eine Kritik, die sich auf Fakten bezieht, die direkt mit der Entfaltung und Ausübung der beruflichen Tätigkeit eines anderen verbunden ist, kann sehr wohl ein unerlaubtes Eindringen in die Ehre eines anderen darstellen, wenn sie das Maß der freien Kritik an seinem beruflichen Dasein übersteigt,

---

[194] Er zeigte sich jedoch in seiner Rechtsprechung sehr schwankend und ohne klare Linie: In STS 2.3.1987 bejahte er ausdrücklich den Schutz des prestigio profesional und in SSTS 26.6.1987, 30.3.1988, 24.4.1988, 12.5.1989 und 3.3.1989 deutete er es zumindest implizit an; mit STS 2.3.1989 schwenkte er auf die These, die den prestigio profesional aus dem Schutzbereich der LO 1/1982 ausschloß, um und setzte diese restriktive Rechtsprechung mit SSTS 13.11.1989, 21.12.1989, 9.2.1990 fort. Ab STS 19.6.1990 und mit SSTS 25.2.1991, 30.9.1991, 22.1.1992, 28.1.1992 und 11.2.1992 schloß er den prestigio profesional dann wieder ein (Urteile aus Salvador Coderch, Libertad, S. 110 f.).
[195] STS de 2 de Marzo 1989 (FJ 3); STS de 13 de Noviembre 1989 (FJ Unico, 3); STS de 9 de Febrero 1990 (FJ 2); Salvador Coderch, Libertad, S. 109.

und vorausgesetzt, daß sie aufgrund ihrer Natur, Charakteristik und Form in der sie geäußert wird, den anderen in seiner Würde als Person in der Ansicht anderer herabsetzt."

Eine Wandlung in der Rechtsprechung zeichnete sich mit STC 223/1992 de 14 de Diciembre ab (der das oben angesprochene Urteil STS de 2 de Marzo 1989 aufhob) und in dem der Tribunal Constitucional erklärte (FJ 3): „Der prestigio profesional ist in den zu schützenden und von der Verfassung geschützten Kern des Rechts auf Ehre mit eingeschlossen [...] Allerdings ist nicht jede berufliche Kritik (critica profesional) auch gleich eine Verletzung der Ehre". Damit wurde anerkannt, daß in der Mehrheit der Fälle die Verletzung des prestigio profesional einen so persönlichen Einschlag hat, daß damit gleichzeitig auch die Ehre verletzt ist[196]. Und auch der Tribunal Supremo scheint nach diesem Urteil in dieselbe Richtung zu tendieren, wenn er bspw. ausführt: „auch wenn die in Frage stehenden Ausdrücke sich nicht auf den Revisionskläger als individuelle Person beziehen und seine Privatsphäre nicht berühren, sondern sich auf sein prestigio profesional beziehen, stellen sie doch einen Angriff auf seine Ehre dar und können als erniedrigend oder verhöhnend für diese Ehre erachtet werden"[197].

Im Prinzip wird seit STC 223/1992 de 14 de Diciembre auch vom Tribunal Supremo davon ausgegangen, daß eine Verletzung des prestigio profesional eine Verletzung des Rechts auf Ehre ist und daß damit die LO 1/1982 Anwendung findet[198]. Trotzdem dürfen persönliche Ehre und prestigio profesional nicht total gleichgesetzt werden, und auch STC 223/1992 de 14 de Diciembre (FJ 3) räumt ein, daß „nicht jede Kritik der beruflichen Tätigkeit automatisch als ein Angriff auf die persönliche Ehrenhaftigkeit angesehen werden kann."[199]. Insgesamt ist die Rechtsprechung unterschiedlich, abhängig von dem Problem, in Bezug auf das entschieden wird[200]. Wo die Grenzen zwischen Ehre und prestigio profesional liegen, wird nicht festgestellt. Die Idee jedenfalls, daß er ein vermögenswertes Gut der Person darstellt, wird wenigstens zum Teil nach wie vor aufrecht erhalten[201]. Dies führt in der Konsequenz auch dazu, daß die parallele Anwendung der LO 1/1982 und Art. 1902 bejaht wird[202].

2. intimidad

Auch bei der intimidad ist es – wie bei der Ehre – schwer, zu sagen, worum genau es sich handelt[203]. Dies hat zu einer Unzahl von Definitions- und Systematisierungsversuchen geführt. Die Probleme bei der Bestimmung erklären sich nicht nur aus der Abstraktheit der Idee der intimidad, denn anders als bei der Ehre, die als soziologische Erscheinung zwar auch nicht fest umrissen ist, ist bezüglich der intimidad nicht einmal zwangsläufig sicher, worum genau es sich handelt. Hinzu kommt, daß die intimidad ihrer Natur nach sowohl ein Grundrecht wie

---

[196] Vgl. Concepción Rodríguez, S. 119.
[197] STS de 20 de Diciembre 1993 (FJ 3).
[198] STS de 12 de Mayo 1995; STS de 21 de Mayo de 1997; (FJ 2); STS de 27 de Enero 1998 (FJ 2).
[199] So auch STC 46/1998 de 2 de Marzo (FJ 3).
[200] López Díaz, S. 154.
[201] Ausdrücklich in STS de 21 de Mayo 1997 (FJ 2). In diesem Urteil wird gleichwohl über die LO 1/1982 vorgegangen.
[202] STS de 14 de Diciembre 1994 (FJ 3).

auch ein Persönlichkeitsrecht ist. Als Grundrecht ist sie ihrem Inhalt nach einem zeitlichen Wandel unterworfen, denn alle Grundrechte lassen sich nur in einem bestimmten historischen Kontext begreifen[204]; insofern verändert sich das Verständnis der intimidad fortwährend. Auch daß es sich der Natur nach um ein Persönlichkeitsrecht handelt, erschwert eine genaue Bestimmung: Die vielfältigen Erscheinungsformen des Menschen als Persönlichkeit und der fortwährende gesellschaftliche Wandel sind der Grund dafür, daß eine feste Erfassung unmöglich scheint.

Trotz dieser Schwierigkeiten wird immer weiter über neue Beschreibungs- und Definitionsmöglichkeiten nachgedacht. Dabei gibt es verschiedene Ansätze, die nicht nur auf den Inhalt der intimidad abzielen, sondern auch auf ihre äußeren Merkmale in Form von typischen Erscheinungsformen[205] oder der Beschreibung der die intimidad verletzenden Handlungen[206]. Unübersehbar ist bei allen Ansätzen, daß ein bestimmter „Mindestinhalt" der intimidad unumstritten sein dürfte.

a) Sphärengedanke

Der wichtigste Punkt in Bezug auf eine Konzeption der intimidad ist der ursprüngliche Gedanke, daß es sich bei ihr um eine Sphäre handelt. Dieser Gedanke, der sich aus der historischen Entwicklung der intimidad ableitet, macht sie als Idee greifbarer und begründet sich ferner aus der hinter ihr stehenden soziologischen Auffassung. In der sozialen Betrachtung des Menschen befindet sich dieser in einem Konflikt zwischen seinem Dasein als Individuum und als Mitglied einer Gruppe; diesbezüglich wird zwischen einem Privatleben bzw. Intimleben (vida privada[207], vida íntima) und einem Sozialleben (vida social) unterschieden, und während er ersteres wählen kann, ist ihm das zweite auferlegt, da der Mensch als soziales Wesen sich schlecht der Gemeinschaft vollkommen entziehen kann[208]. Der Beilegung dieses Konflikts soll das Recht auf intimidad dienen.

Die Grundidee der intimidad ist danach der Respekt vor dem Privatleben des Einzelnen[209]. Im Rahmen dieses Respekts dient das Recht der intimidad im wesentlichen dem Schutz der geistigen Sphäre einer Person oder Gruppe – speziell der Familie – die sich durch Innerlichkeit und Vertraulichkeit auszeichnet. In dieser Definition zeigt sich das wesentliche Element der intimidad: Es geht darum, dem Menschen eine Sphäre im Sinne eines Bereichs oder eines Freiraums zu ermöglichen, so daß primär festgestellt werden kann, daß hier eine abgrenzende

---

[203] Vgl. Puente Muñoz, ADC 1980, S. 915 (921); Concepción Rodríguez, S. 39; Herrero-Tejedor, S. 81 ff.
[204] López Ortega, S. 288. Er bezieht sich dabei auf die Veränderungen, die die Grundrechte in dem Maße, in dem ein gesellschaftlicher Wandel stattfindet, ihrem Inhalt nach unter Beachtung des Wesensgehaltes) an diesem gesellschaftlichen Wandel ausgerichtet werden. So seien drei Generationen zu unterscheiden: Grundrechte als Abwehrrechte gegen den Staat, als Teilhaberechte und als Abwehrrechte gegen Bedrohungen durch die neuen Technologien.
[205] López Díaz, S. 210 ff.
[206] Siehe Herrero-Tejedor, S. 82 f. mwN.
[207] Vgl. hierzu Martínez Sospedra, S. 283, der darauf hinweist, daß intimidad und vida privada eigentlich zwei unterschiedliche Dinge sind und daß das vida privada auch berufliche Aktivitäten umfassen kann. Das Konzept der vida privada müsse daher in Richtung einer vida interior verstanden werden.
[208] Puente Muñoz, ADC 1980, S. 915 (922).
[209] STC 110/1984 de 26 de Noviembre (FJ 3); Ciment Durán, S. 200.

Funktion vorliegt. Wozu dieser Freiraum dienen soll, ist unerheblich, da jeder Mensch dies aufgrund seiner natürlichen Freiheit selbst bestimmen kann.

Auch der Gesetzgeber geht von dieser Grundkonzeption einer Sphäre aus, derer der Mensch für sich bedarf und die daher geschützt werden muß: Zwar ist es – wie bei der Ehre – auch bei der intimidad weder in der Verfassung noch in der sie ausgestaltenden LO 1/1982 zu einer positiven Definition des Inhalts gekommen, der Gesetzgeber hat jedoch in einer späteren Regelung auf den Begriff der intimidad Bezug genommen und beispielhaft erwähnt, wozu sie dienen soll: In der Präambel der LO 5/1992, de 29 de Octubre (Datenschutzgesetz), auf das oben in einem eigenen Abschnitt eingegangen wurde, führt er aus, daß die intimidad „die Sphäre schützt, in der sich die höchsteigenen Facetten des Lebens eines Menschen entwickeln wie z.B. die eigene Wohnung, in der er sein tägliches Leben führt, die Kommunikation, in der er seine Gefühle ausdrückt [...]" Auch der Gesetzgeber verbindet also mit dem Begriff der intimidad eine Sphäre des Menschen.

b) Individualität

Wenn man die intimidad als eine Sphäre ansieht, so muß aber auch bestimmt werden, um was für eine Art von Sphäre es sich dabei handelt und wie ihre Ausdehnung bestimmt werden kann. Eine Rolle spielt in diesem Zusammenhang die Individualität des Menschen: Das Recht auf intimidad soll der Garant dafür sein, daß der Mensch sich und seine Individualität frei entwickeln kann. Dies ist insofern von großer Bedeutung, als die Individualität das Charakteristikum ist, durch das sich der Einzelne letzten Endes von den anderen Individuen der Gemeinschaft unterscheidet. In diesem Zusammenhang wird die intimidad auch als *die* Zone der Individualität selbst verstanden. Sie ist Teil des inneren Wesens des Menschen (interioridad), aus dem heraus er seine eigenen Werte und Prinzipien in absoluter Freiheit entwickelt, um sich als „sich selbst" zu fühlen. Die intimidad dient ihm dazu, seine Persönlichkeit zu formen und seine menschliche Natur (humanidad) zu entwickeln, als Konsequenz und Frucht der Freiheit, sein Verhalten, seine Ansichten und Ideologien selbst bestimmen zu können[210]. Sobald die Individualität durch die Vermassung gefährdet ist, besteht ein besonderes Bedürfnis für ihren Schutz, damit der Einzelne nicht von der Masse absorbiert wird[211]. Dieses Recht auf Unabhängigkeit leitet sich aus der Grundidee der Freiheit des Menschen ab, denn besonders im Sinne seiner Freiheit ist das Recht darauf, Geheimnisse zu haben, wesentlich. Wenn dabei jedoch das Privatleben nicht geschützt ist, läuft dieses Postulat der Freiheit des einzelnen, über sein Leben selbst zu bestimmen, ins Leere, da es sich dann nur um eine verwaltete und überwachte Freiheit handelt[212]. Verfassungsrechtlich herleiten läßt sich dieser Anspruch jedes Bürgers, „private Bereiche zu schaffen, die die Beobachtung durch Dritte und den Staat ausschließen, [...] direkt aus dem Recht auf freie Entfaltung der Persönlichkeit"[213].

---

[210] Vgl. Martínez Sospedra, S. 284.
[211] Puente Muñoz, ADC 1980, S. 915 (922 f.).
[212] Puente Muñoz, ADC 1980, S. 915 (925).
[213] STS de 19 de Enero 1995 (FJ 3); STS de 11 de Julio 1996 (FJ 2).

Diese Überlegung legt für das derecho a la intimidad ein Autonomiekonzept nahe, das in der Tat auch häufig verwendet wird, um das Recht zu beschreiben; zusammen mit dem Recht des Alleinseins (soledad) oder Abgeschiedenheit (aislamiento), welches auch in Richtung eines Rechtes darauf gedeutet wird, allein und in Ruhe gelassen zu werden[214]. Der Gedanke eines solchen „Rechts zum Alleinsein" hat seine Herkunft im angelsächsischen „privacy"-Gedanken[215]. Im Spanischen scheint diesem Begriff auf den ersten Blick die „privacidad" zu entsprechen, ein vom englischen Begriff abgeleiteter Terminus, der inzwischen im offiziellen Sprachgebrauch Eingang gefunden hat. So ist in der Präambel der oben bereits erwähnten LO 5/1992 (Datenschutzgesetz) die Rede davon, daß „die fortschreitende Entwicklung der Gewinnung und Speicherung von Daten und des Zugangs zu diesen die privacidad einer vorher nicht bekannten potentiellen Gefahr ausgesetzt" hat.

Wie im Zusammenhang mit der Darstellung des Datenschutzgesetzes bereits erwähnt, wird der Begriff „privacidad" als unglücklich kritisiert: Er stifte insoweit Verwirrung, als das Rechtsgut, welches aus der anglo-amerikanischen Doktrin als „privacy" bekannt ist, im spanischen nicht die „privacidad" sondern die „intimidad" sei[216]. In der Tat ist die Ähnlichkeit der Begriffe verwirrend und irreführend. Inhaltlich leitet sich die Konzeption der intimidad unumstritten von der Konzeption der angelsächsischen „privacy" ab, so daß die Benennung dieses Rechts mit „privacidad" nahegelegen hätte. Der Bereich der privacidad ist nach Ansicht des Gesetzgebers jedoch weiter als der Bereich der intimidad (und damit auch der privacy): Das Datenschutzgesetz dient nicht nur dem Schutz der intimidad, sondern auch der Ehre (vgl. Präambel Abs. 13) und ist insofern in Bezug auf die geschützten Rechtsgüter weiter. Der Gesetzgeber hat somit die Begriffe im Spanischen anders definiert. Es bleibt zur abschließenden Klarstellung noch einmal festzuhalten, daß dem englischen „privacy" im Spanischen nicht die privacidad, sondern die intimidad entspricht.

Ein weiterer Gesichtspunkt in Bezug auf die privacidad ist, daß sie – so wie sie der spanische Gesetzgeber in der LO 5/1992 versteht – nur die Erscheinung des Menschen nach außen hin und vor anderen schützen soll. Sie fällt damit zwar teilweise mit dem offensiven Aspekt des Recht auf intimidad, das die Instrumentalisierung der Person verhindern soll, zusammen (vgl. das folgende c)), läßt jedoch den defensiven Aspekt, der den Menschen vor einem Eindringen in seine Sphäre schützen soll, weitgehend unerwähnt. Eine Ausnahme ist nur Art. 42.4 a., der die Gewinnung von Daten in unehrlicher und betrügerischer Weise als schweren Verstoß gegen das Gesetz qualifiziert. Gerade dieser Aspekt ist jedoch ein Schwerpunkt der intimidad, denn die wichtigste und ursprünglichste Funktion ist es, abzusichern, daß prinzipiell dem Individuum eine Lebenssphäre zugestanden wird, die ausschließlich (exclusiva) und ausschließend (excluyente) ist, und durch die der Mensch einen garantierten Bereich hat, der nur

---

[214] Concepción Rodríguez, S. 41 f.;
[215] Zur Beeinflussung des spanischen Rechts durch diese Ideen siehe López Díaz, S. 169 ff. und Herrero-Tejedor, S. 36 ff., mit Hinweisen auf entsprechende Literatur (insbesondere Samuel D. Warren / Louis D. Brandeis „The Right to Privacy", vol. IV, n° 5 Harvard Law Review, S. 193 ff.); siehe insbesondere auch Romero Coloma, RAC 1989-2, S. 2241 (2245 ff.); Sarazá Jimena, Libertad, S. 131 ff.

ihm zusteht und zu der er anderen den Zugang verwehren kann[217]. Auch die Rechtsprechung sieht dies so: Der Tribunal Constitucional stellt in seinem Urteil STC 142/1993 de 22 Abril klar: „Das wichtigste Merkmal der intimidad als zentraler Kern der Persönlichkeit ist die Befugnis, die anderen auszuschließen (exclusión de los demás)"[218]. Und der Tribunal Supremo versteht die intimidad „begrifflich" als „ein der Person und ihrem Geist vorbehaltenen Bereich [...], der ein moralisches, kulturelles und materielles Gemeinschaftsvermögen und ein verborgenes Gut der Person darstellt." Allerdings meint er auch: „Dieses Gut [...] ist äußerst weit gefaßt und sehr unterschiedlich zu verstehen, ohne daß es möglich wäre, es durch allgemeine Regeln oder enumerative Aufzählungen festzulegen"[219].

Im übrigen hat jedoch weder der Tribunal Supremo noch der Tribunal Constitucional bisher eine eindeutige Definition für die intimidad bieten können[220]. Möglich erscheint es, aus den Entscheidungen der Rechtsprechung bestimmte Fallgruppen zu bilden, die die Basis für eine Ordnung der Konzeption der intimidad darstellen könnten. Dies wird mit der Aufzählung der möglichen Verletzungsarten getan, ist aber auch durch die Erfassung bestimmter Bereiche denkbar. So ist zum einen ein physischer Bereich zu erkennen, denn „die körperliche Intimität (intimidad corporal) formt einen Teil der persönlichen intimidad zum Schutz gegen jedwede Ausforschung (indagación) oder Nachforschung (pesquisa) die bezüglich des eigenen Körpers der Person durchgeführt werden können"[221]. Auch das Recht auf Unverletzlichkeit der Wohnung und die das Recht auf eine ungehinderte und geheime Kommunikation, in die nicht mit technischen Abhörmitteln eingedrungen werden darf, gehören hierzu, wie ein Blick auf Art. 18 Abs. 2 und 3 CE zeigt. Anderseits kann die intimidad jedoch nicht auf einen körperlichen Bereich beschränkt bleiben. Sie dient inzwischen mehr noch dem Schutz einer geistigen Sphäre, in den wie in den körperlichen Bereich nicht eingedrungen werden darf, was beispielsweise durch die Veröffentlichung von Daten geschehen kann[222]. Die Problematik der Veröffentlichung von Daten führt dabei zu einem gänzlich neuen Aspekt der intimidad, welche die Betrachtung dieses Rechts als eines Instruments rein zum Sphärenschutz zumindest problematisch macht. In ihrer modernen Konzeption offenbart sie auch einen positiven bzw. dynamischen Aspekt:

c) Positiver und negativer Aspekt der intimidad

Bei der Betrachtung der intimidad ist dieser weitere Aspekt zu beachten, der als Prinzip inzwischen unbestritten sein dürfte: Das Recht auf intimidad besteht nicht nur darin, sich eine Sphäre zu schaffen, die geheim und für andere unberührbar ist, sondern soll auch eine Instrumentalisierung der Person verhindern[223]. So wie sich die Ehre aus einem subjektiven und

---

[216] Herrero Higueras, S. 45.
[217] Vgl. Lacruz Berdejo, S. 75; Martínez Sospedra, S. 284.
[218] Vgl. STC 170/1987 de 30 de Octubre (FJ 4).
[219] STS de 13 de Marzo 1989 (FJ 1, 1.).
[220] Concepción Rodríguez, S. 45 u. 49.
[221] STC 57/1994 de 28 Febrero (FJ 5); vgl. STC 37/1989 de 15 de Febrero (FJ 7); Ciment Durán S. 207 f.
[222] STS de 18 de Julio 1989 (FJ 2); STS de 19 de Junio 1990 (FJ 2).
[223] Concepción Rodríguez, S. 40; vgl. Morales Prats, S. 295 f.

einem objektiven Aspekt zusammensetzt, hat insofern auch das Recht auf intimidad zwei Aspekte, einen defensiven, der auf Abgrenzung von den anderen gerichtet ist, indem er dem Menschen einen persönlichen Freiraum verschafft, dessen er zur Entwicklung und des Schutzes seiner Persönlichkeit bedarf, und einen offensiven, der dem Einzelnen die Macht über sich selber gewährleistet, indem er anderen eine Instrumentalisierung der Person verbietet[224].

Diese doppelte Konzeption der intimidad hat sich im Zuge der gesellschaftlichen Entwicklung ergeben. Sie ist ein Beispiel dafür, wie sich die Persönlichkeitsrechte ihrem Inhalt nach verändern können: Während es ursprünglich ausreichend war, das Privatleben und die mit ihm verbundenen Aspekte durch die Rechte der Unverletzlichkeit der Wohnung als physischem Bereich und später noch das Brief- und Kommunikationsgeheimnis zu schützen, machte die fortschreitende Technologie und die Entwicklung der Massenmedien einen Schutz erforderlich, der über diesen physischen Aspekt hinausgeht[225]. Von ihrer historischen Konzeption her ist die intimidad ein „Recht zum Alleinsein". In einer Zeit ohne moderne Technologie bezog sich dies nur auf die physische Komponente, die der Person eine Sphäre sichern sollte, in die niemand eindringen durfte; diese war über die Unverletzlichkeit der Wohnung ausreichend gesichert. Der technologische Fortschritt und die Veränderung zur Massengesellschaft schuf jedoch neue Arten des Eindringens: Die Medien zeigten ein immer stärkeres Interesse an einzelnen Personen, und diese wurden „ins Licht der Öffentlichkeit" gerückt. Die neueste Veränderung zeigt sich inzwischen über den Wandel zur totalen Informationsgesellschaft, welche die Technologisierung und eine zunehmende „Virtualisierung" der Gesellschaft zur Folge haben. Informatik, Computer und das Internet sind dabei, völlig neue Arten von Realität zu schaffen, und in dieser Kommunikationswelt ist die Kontrolle über die Daten von eminenter Wichtigkeit. Ein Verlust der Kontrolle bedeutet eine Gefährdung der Persönlichkeit. Diese zunehmende Gefährdung der eigenen Daten hat dazu geführt, daß die intimidad eine neue Hinwendung in Richtung einer Kontrolle über diese Daten erfahren hat[226]. Das spanische Recht hat auf die Gefährdung durch die Informatik mit Erlaß des Datenschutzgesetzes LO 5/1992 LORTAD und Regelungen im neuen Código Penal reagiert. Schon in der Verfassung ist in Art. 18.4, der insofern die Normierung eines Rechts auf informationelle Selbstbestimmung darstellt[227], die Grundlage für einen solchen Schutz angelegt.

Die Abgrenzung jedoch, wo der persönliche Freiraum beginnt und ab wann man von einer Instrumentalisierung sprechen kann, bereitet Schwierigkeiten: In Bezug auf den defensiven Aspekt und das äußere Erscheinungsbild wird vertreten, daß Teil der intimidad alles das darstellt, was der Mensch erlaubterweise der Kenntnis anderer vorenthalten kann. So soll bspw. das Gesicht folgerichtig nicht Teil der intimidad sein, jedoch die Erscheinung einer Person im nackten Zustand. Diese Erscheinung sei genauso innerlich und geheim wie das Gefühlsinnere

---

[224] Vgl. auch Lacruz Berdejo, S. 75 f., der in diesem Zusammenhang von einer negativen Gestaltung im Gegensatz zu einer quasi-eigentümerartigen Stellung spricht.
[225] Ciment Durán, S. 200.
[226] López Díaz, S. 194; López Ortega, S. 288; Morales Prats, S. 295 f.; Munar Bernat, intimidad, S. 3727 f.
[227] Morales Prats, S. 296; vgl. Rothe, S. 108.

und die Gedanken einer Person, soweit sie für andere nicht erkennbar sind. Zur intimidad gehören danach auch Wünsche, Verlangen und teilweise sogar Bedürfnisse sowie die Art, sie zu befriedigen[228]. Der positive Aspekt der intimidad soll sich in der Ausübungsgewalt im Umgang mit Fakten und Daten aus dem Intimbereich einer Person ausdrücken. Sie ist demnach verletzt, wenn jemand Einzelheiten bekanntmacht, die der Betroffene unveröffentlicht halten wollte. Es handelt sich dabei um Dinge aus dem Leben der betroffenen Person, die nicht notwendigerweise unerlaubt oder erniedrigend für sie sein müssen, sondern es reicht, daß sie nicht möchte, daß sie bekannt werden[229].

Im Bereich des Datenschutzes, d.h. der automatisierten Behandlung von Daten, ist durch das Datenschutzgesetz LORTAD dem Einzelnen eine entsprechende Befugnis zuerkannt worden, indem es ihm ein Kontrollrecht über die entsprechenden persönlichen Daten einräumt. In der LO 1/1982 besteht solch eine Möglichkeit zumindest vom Wortlaut her nicht. Die Untersuchung von Art. 7.3 LO 1/1982 muß zeigen, ob auch ein Kontrollrecht in den Anwendungsbereich dieser Norm fallen kann, und inwieweit die Öffentlichkeit ein Recht hat, Daten aus dem Intimbereich des Einzelnen zu erfahren.

d) <u>Verletzungsarten</u>

Vielfach hat es auch Versuche gegeben, die intimidad dadurch zu definieren, daß eine Aufzählung von Handlungen vorgenommen wird, die sie verletzen, so daß auf diese Weise vermieden wird, sagen zu müssen, was sie ist. Diese Darstellung von Handlungsunrecht ist zum erstenmal bei dem Amerikaner William Prosser[230] aufgetaucht und in der spanischen Literatur mehrfach übernommen worden[231]:

Danach gibt es vier Möglichkeiten, wie die intimidad verletzt werden kann

1. Ein Eindringen in die physische Abgeschiedenheit (soledad física), die jeder Mensch für sich in Anspruch nimmt[232],

2. Die öffentliche Verbreitung von Fakten aus dem Privatleben einer Person[233],

3. Die Veröffentlichung von nicht wahrheitsgemäßen persönlichen Umständen (circunstancias personales bajo falsa apariencia)[234] und

4. Die Aneignung dessen, was zum persönlichen Bereich gehört (wie das eigene Bild und die Fotografie).

---

[228] Concepción, S. 40 f. und Puente Muñoz, ADC 1980, 915 (922, Fn. 9), unter Bezug auf Iglesias Cubría, derecho a la intimidad, S. 21 f.
[229] Estrada Alonso, S. 55.
[230] William L. Prosser, „Privacy", 48 California Law Review 383 ff. (1960); Prosser/Keaton, „The Law of Torts", Ch. 20, S. 117 ff.
[231] Darstellungen unter Bezug auf Prosser finden sich u.a. bei Carrasco Pera, (S. 86), Romero Coloma, RAC 1989-2, S. 2241 (2247 f.) und Herrero-Tejedor, S. 86; vgl. auch Ribó Durán, S. 324; Martínez Sospedra, S.284 f.
[232] Bzw. einfach „Eindringen in das Privatleben" (Ribó Durán, S. 324)
[233] Ribó Durán, S. 324, schränkt dies ein auf „wenn sie verletzend sind und die Öffentlichkeit kein berechtigtes Interesse an der Kenntnisnahme hat."
[234] Beziehungsweise (Ribó Durán, S. 324): „Veröffentlichungen, die die Tatsachen bezüglich einer Person verdrehen und sie in einem falschen Licht erscheinen lassen".

Auch der Gesetzgeber hat in der LO 1/1982 die Technik der Aufzählung von Verhaltensunrecht übernommen[235], die den Vorteil bietet, daß das geschützte Rechtsgut nicht definiert werden mußte und außerdem, daß durch die enumerative Aufzählung verbotener Handlungen mitsamt ihren Tatbestandsmerkmalen für den Betrachter klar erkennbar ist, was ihm erlaubt ist und ab wann seine Handlung als unerlaubtes Eindringen qualifiziert wird.

3. Recht auf Identität (derecho a la identidad)

In den letzten Jahren ist neben der Ehre und der intimidad im Bereich der intellektuellen Persönlichkeitsrechte noch ein weiteres Recht in den Blickpunkt gerückt, von dem zum Teil erwartet wird, daß es sich als ein selbständiges, unabhängiges Recht entwickeln könnte[236]: Das Recht auf Identität (derecho a la identidad), auch „Recht, man selbst zu sein" (derecho a ser uno mismo)[237] genannt[238]. Dieses Recht versteht sich als ein Anspruch darauf, daß das intellektuelle, politische, soziale, religiöse, ideologische und berufliche Gut einer Person nicht verdreht oder verändert wird[239]. Während das Recht am eigenen Namen und Bild nur das physische „greifbare" Erscheinungsbild schützt, versteht sich der Schutz der Identität als universeller Schutz der Person in all den Formen ihrer Charakteristiken und Erscheinungen (und damit als der Schutz exakt jedes einzelnen und einzigartigen Individuums).

Das Recht auf Identität unterscheidet sich vom Recht auf intimidad: Während ersteres sich als Garantie der zuverlässigen und richtigen Darstellung der eigenen sozialen Projektion versteht, sichert das zweite einen Anspruch auf Nichtdarstellung bestimmter persönlicher Lebensumstände, wenn ein Dritter kein berechtigtes soziales Interesse daran hat[240].

In der Rechtsprechung und den spanischen Gesetzen hat das Recht auf Identität noch keine Erwähnung gefunden. Namentlich taucht es lediglich in STS de 30 de Enero 1998 (Antecedentes 1.° und 4.°) auf. Bei diesem Fall ging es zwar letzten Endes um die unerlaubte Ausnutzung der Persönlichkeit des Klägers, diese Fälle werden in Spanien jedoch über Art. 7.6 LO 1/1982 entschieden, der dem Recht am eigenen Bild dient. Auch ansonsten sind in der Literatur keine Hinweise auf dieses Recht zu finden, so daß es weit davon entfernt ist, als eigenständiges Recht anerkannt zu werden. Der dahinterstehende Rechtsgedanke eines Schutzes der Person in all den Formen ihrer Charakteristiken und Erscheinungen taucht jedoch bei der Frage eines möglicherweise hinter Ehre und intimidad gemeinsam stehenden Schutzgutes auf[241].

---

[235] Vgl. auch Vorstellung durch Justizminister Pío Cabanillas Gallas (Diario de Sesiones de Congreso de los Diputados de 1981, n° 206, de 10 de Diciembre, S. 12998 ff.): „Das Objekt an sich, auf das sich ein Persönlichkeitsrecht bezieht, macht es kaum greifbar und schwer, wenn versucht wird, es als reinen Gewaltbereich oder Verantwortungsbereich zu definieren. Im Gegensatz hat sich gezeigt, daß sich die Voraussetzungen dieser Rechte über den indirekten Weg der Aufgliederung der Voraussetzungen, die als Übertretungen gestaltet werden, besser bestimmen lassen."
[236] Herrero-Tejedor, S. 44, allerdings lediglich als kurzer Hinweis unter Verweis auf italienische Autoren.
[237] Herrero-Tejedor, S. 45.
[238] Vgl. die portugiesische Verfassung, die (als Vorbild der spanischen Verfassung in diesem Bereich (siehe Fn. 20)) ein Recht der persönlichen Identität bereits festgelegt hat.
[239] Herrero-Tejedor, S. 44.
[240] Ebenda.
[241] Vgl. hierzu unten Teil 2:C.II.6.b)(5).

4. Rechtscharakter der Rechte auf Ehre und intimidad

Aus ihrem Wesen als Persönlichkeitsrechte kommen Ehre und intimidad eine Reihe von Charaktereigenschaften zu:

a) Wesenheit (esencialidad, esenciabilidad)

Die einzelnen Persönlichkeitsrechte bilden die „Essenz" der Persönlichkeit, die ohne sie unvollständig und ihres realen Wertes beraubt bliebe[242]. Insoweit sind Ehre und intimidad wesentliche Güter jeder einzelnen Person, d.h. sie kommen jedem einzelnen Menschen von seiner Geburt an als angeborene und ursprüngliche Rechte bis zu seinem Tod zu, ohne Ausnahme oder ohne daß es der Anerkennung durch irgendeine juristische Werteordnung bedürfte[243].

b) Absolutheit

Den Persönlichkeitsrechten kommt ein Absolutheitsanspruch zu, ohne daß sie allerdings absolute, d.h. unbeschränkte Rechte darstellen.

Der Absolutheitsanspruch bewirkt, daß die Rechte dem Rechtsinhaber eine direkte und unmittelbare Macht über die Persönlichkeit verleihen und er sie jedermann entgegenhalten kann[244]. Sie sind jedoch keine absoluten Rechte, weil sie über inhaltliche Grenzen verfügen, die bewirken, daß der Rechtsinhaber nicht unbeschränkt über die Rechte verfügen und seine Rechtsmacht ausüben kann[245]. Wie das Recht am eigenen Bild müssen auch Ehre und intimidad durch die öffentliche und moralische Ordnung begrenzt sein, die es notwendig machen, sie in Relation zu den Rechten der Mitmenschen und dem Gemeingut zu setzen[246]. Auch der Tribunal Constitucional betont dies in Bezug auf ihren Grundrechtscharakter: „Nach wiederholter Rechtsprechung dieses Gerichts sind die Grundrechte [...] keine absoluten und unbegrenzten Rechte. Im Gegenteil: ihre Ausübung ist sowohl an verfassungsrechtlich ausdrücklich genannte Grenzen gebunden, wie auch an andere, die andere verfassungsrechtlich geschützte Rechte oder Güter schützen oder bewahren[247]".

c) Inhärenz (inherencia)

Die Persönlichkeitsrechte sind persönliche Rechte im engen Wortsinn, da sie der Person zugehörig und von ihr nicht zu trennen sind. Sie bilden aufgrund ihrer Wesenheit einen notwendigen Bestandteil der Person, ohne den sie gar nicht als solche erachtet werden könnte, und formen ihr Erscheinungsbild vor anderen; dementsprechend können sie rechtlich auch

---

[242] Herrero-Tejedor, S. 56; Concepción Rodríguez, S. 57.
[243] O'Callaghan Muñoz, RAC 1986-2, X, S. 1885 (1887); Estrada Alonso, S. 48 und RAC 1990-2, XXV, Rz. 347 (354); Lacruz Berdejo, S. 48; Herrero-Tejedor, S. 56; Puig Brutau, S. 232.
[244] O'Callaghan Muñoz, RAC 1986-2, X, S. 1885 (1887); Concepción Rodríguez, S. 58; Lacruz Berdejo, S. 49; Estrada Alonso, S. 48, Herrero-Tejedor, S. 57.
[245] Concepción Rodríguez, S. 59 f. und 65 f.; Estrada Alonso, S. 48 f.
[246] Vgl. Estrada Alonso, RAC 1990-2, XXV, Rz. 347 (354).
[247] STC 181/1990 de 15 Noviembre (FJ 3); vgl. STC 37/1989, de 15 de Febrero (FJ 7).

nicht *zu*- sondern nur *an*erkannt werden[248]. Diesem Charakteristikum lassen sich zwei Aspekte zuordnen:

(1) Individualität

Die Rechte sind individuell konzipiert und dem jeweils einzelnen Individuum zugeordnet. Das heißt, daß sie inhaltlich von Rechtsträger zu Rechtsträger unterschiedlich ausgestaltet sind[249]. Da jedes Individuum sein Leben mit unterschiedlichen sozialen Voraussetzungen nach einem eigenen „Lebensplan" gestaltet und die Rechte direkt mit der jeweils einzelnen Persönlichkeit verbunden sind, sind diese damit auch von Mensch zu Mensch verschieden.

(2) Privatheit

Bei den Persönlichkeitsrechten handelt es sich um „subjektive Privatrechte" (derechos subjetivos privados) im klassischen Wortsinn, denn letzten Endes soll immer der Mensch in seinem Innersten selbst, also im Privaten, geschützt werden[250]. Soweit dieser Schutz nicht gegenüber dem Staat besteht, wie dies bei der LO 1/1982 von ihrer Konzeption her der Fall ist (da sie als Ausgestaltung der Verfassung im zivilrechtlichen Bereich primär für den Fall der Verletzung der Rechte durch andere Private geschaffen wurde), handelt es sich primär um eine privatrechtliche Konzeption zwischen Gleichen[251]. Der Privatcharakter der Rechte spiegelt sich im Bereich der LO 1/1982 auch darin wider, daß die Rechtsausübung in den Händen des Rechtsinhabers liegt[252].

Es darf allerdings nicht übersehen werden, daß es sich hierbei nur um eine Facette der Rechte handelt, der sich aus einer bestimmten Betrachtungsweise ergibt. Im Widerspruch dazu steht nämlich der öffentliche Charakter, der sich aus ihrer Eigenschaft als objektive Grundrechtswerte ergibt[253].

d) Nichtvermögenswert (extrapatrimonialidad)

Als Folge der vorangegangenen Punkte stellen die Rechte der LO 1/1982 „Nichtvermögenswerte" der Person dar. Das hat eine Indisponibilität zur Folge, die inhaltlich bedeutet, daß die Rechte nicht nur unübertragbar und unverzichtbar, sondern auch unpfändbar sind und daß es infolgedessen unmöglich ist, den Rechtsinhaber zu enteignen[254].

---

[248] Concepción Rodríguez, S. 58; O'Callaghan Muñoz, RAC 1986-2, X, S. 1885 (1888); López Jacoiste, ADC 1986, S. 1059 (1105 f.); Herrero-Tejedor, S. 57.
[249] Concepción Rodríguez, S. 58.
[250] Concepción Rodríguez, S. 58; Otero Parga, S. 695 f.
[251] Lacruz Berdejo, S. 48.
[252] Estrada Alonso, S. 47.
[253] Vgl. Estrada Alonso, S. 47.
[254] Lacruz Berdejo, S. 49 f.; Concepción Rodríguez, S. 60; Estrada Alonso, S. 49; Herrero-Tejedor, S. 58. In Bezug auf den Nichtvermögenscharakter ergeben sich allerdings insofern Probleme, als er mit bestimmten gesellschaftlichen Erscheinungen, die den Charakter von Verfügungen über die Rechte besitzen, nicht vereinbar erscheint. Hierauf wird unten im Abschnitt Teil 2:D.VI.1.b)(2) eingegangen.

e) Grundrechtscharaktermerkmale

(1) Unverjährbarkeit

Die Grundrechte sind bleibend (permanentes)[255] und unverjährbar (imprescriptibles)[256]. Da sie unerläßlichen Bestandteil der Persönlichkeit des Menschen darstellen, auf den er nicht verzichten kann, ohne seine Persönlichkeit zu verlieren, ist der Gedanke der Verjährung oder des Erlöschens der Rechte unweigerlich mit dem Erlöschen der Persönlichkeit des Rechtsträgers selber, d.h. mit seinem Tod, verbunden[257]. Ein weiteres Argument für die Unverjährbarkeit der Rechte findet sich hinsichtlich ihrer Eigenschaft als Privatrechte in Art. 1936 CC:

Art. 1936 CC:
Son susceptibles de prescripción todas las cosas que están en el comercio de los hombres.

Der Verjährung fähig sind alle Sachen, die verkehrsfähig sind.

Da es sich wie festgestellt bei der Ehre und der intimidad um Nichtvermögenswerte handelt, sind sie auch nicht verkehrsfähig, so daß sie *a contrario sensu* Art. 1936 CC der Verjährung nicht unterliegen[258].

(2) Unverzichtbar- und Unübertragbarkeit (irrenunciabilidad y intransmisibilidad)

Die Grundrechte Ehre und intimidad bilden neben anderen Verfassungsrechten die Basis für die gesamte Rechtsordnung und stellen gleichzeitig Bestandteile einer objektiven Werteordnung dar. Dies hat für den Einzelnen zur Folge, daß sie seiner Befugnis und der Verfügungsmacht insoweit entzogen sind, als er sich ihrer nicht begeben oder sie auf andere übertragen kann[259].

5. Rechtsnatur der beiden Rechte

Im ersten Absatz der Präambel der LO 1/1982 spricht der Gesetzgeber mit Bezug auf Art. 18.1 CE den drei im Gesetz geregelten Rechten den Rang von Grundrechten zu und ordnet sie im fünften Absatz unter Berufung auf die Doktrin bei den Persönlichkeitsrechten ein. Der Tribunal Constitucional und der Tribunal Supremo haben diese Einordnung bestätigt, sowohl was die Zuordnung zu den Grundrechten angeht[260], als auch die Einordnung als Persönlichkeitsrechte[261].

a) Stellung als Persönlichkeitsrechte

Bei der Vorstellung des Gesetzesprojekts im Kongreß wurde die LO 1/1982 vom damaligen Justizminister Pío Cabanillas Gallas mit den Worten vorgestellt: „Es wird das erste Mal sein, daß in unserem Vaterland selbständig der zentrale Kern der Persönlichkeitsrechte geregelt

---

[255] Zum Teil auch „unvergänglich" genannt (siehe Crevillén Sánchez, S. 25).
[256] STC 7/1983 de 14 de Febrero (FJ 3); Lacruz Berdejo, S. 50; Estrada Alonso, S. 50; Herrero-Tejedor, S. 58.
[257] Crevillén Sánchez, S. 25; O'Callaghan Muñoz, Libertad, S. 179.
[258] Ebenda.
[259] Vgl. STC 5/1981 de 13 de Febrero (FJ 19); Lacruz Berdejo, S. 49 f.; Estrada Alonso, S. 49 f.
[260] SSTC 107/1988 de 8 de Junio (FJ 2); 231/1988 de 2 de Diciembre (FJ 3); STS de 14 de Octubre 1988 (FJ 1).
[261] SSTC 107/1988 de 8 de Junio (FJ 2); 170/1987 de 30 de Octubre (FJ 4); 231/1988 de 2 de Diciembre (FJ 3); STS de 30 de Diciembre 1989 (FJ 2).

wird"[262]. Die Ansicht, daß es sich bei Ehre und intimidad um Persönlichkeitsrechte handelt, hatte sich spätestens mit dieser Normierung durchgesetzt und stellt inzwischen die ganz herrschende Meinung dar. Obwohl die Konzeption von Ehre und intimidad als Persönlichkeitsrechte durchaus nicht unumstritten war und auch nach wie vor dogmatische Schwierigkeiten bestehen, sind letztere fast ausschließlich theoretischer Natur und spielen in der praktischen Anwendung so gut wie keine Rolle. Aufgrund der vom Gesetzgeber vorgenommenen Festsetzung wird die Gesamtkonzeption als Persönlichkeitsrechte nicht mehr ernstlich in Frage gestellt und lediglich in bestimmten Punkten kritisiert. Trotzdem soll im Folgenden ein kurzer Überblick über die Schwierigkeiten und Lösungsvorschläge bei den Persönlichkeitsrechten gegeben werden.

b) Rechtsnatur der Persönlichkeitsrechte

Nachdem sich ab dem ausgehenden 17. Jahrhundert die Naturrechtler mit „natürlichen Rechten" oder „Naturrechten" des Menschen auseinandergesetzt hatten und diese Gedanken auch politisch Ausdruck in verschiedenen Revolutionen des 18. und 19. Jahrhunderts mit ihren Menschenrechtserklärungen gefunden hatten, waren es letztendlich die Zivilrechtler, die sich dem Schutz der Person und der Persönlichkeit des Menschen annahmen, da der strafrechtliche Schutz des Menschen nicht ausreichend genug erschien und wegen des in der Regel lediglich programmatischen Charakters der Menschenrechtserklärungen[263]. In der Konsequenz führte das bis zur heutigen Kodifizierung in der LO 1/1982.

(1) Persönlichkeitsrechte als subjektive Rechte

Gerade die Konstruktion der Persönlichkeitsrechte als subjektive Rechte stieß immer wieder auf Widerspruch und Kritik. Eine der Hauptschwierigkeiten, die die spanische Rechtslehre in diesem Zusammenhang sieht und die in allen Abhandlungen Erwähnung findet, ist doktrinärer Natur: Es geht um das Verhältnis zwischen Rechtsinhaber und dem Recht selber, nämlich die Begründung dafür, zu erklären, wie das Subjekt eines Rechts gleichzeitig Objekt sein kann[264]. So wie die subjektiven Rechte verstanden werden, halten nämlich einige Autoren die Konstruktion der Persönlichkeitsrechte als subjektive Rechte für unmöglich.

Subjektive Rechte sind eine dem Einzelnen zu seinem Schutz vom objektiven Recht verliehene Willensmacht im Sinne einer Rechtsstellung, die einem Rechtssubjekt zur Durchsetzung seiner Interessen eingeräumt ist[265]. Diese manifestieren sich sowohl in materiellen Dingen wie auch in den rechtlichen Beziehungen zwischen den Individuen. Dabei verdient der Mensch u.a. einen besonderen Schutz in Bezug auf alle Gefahren und Angriffe auf diejenigen Interessen, in denen seine Persönlichkeit zutage tritt. Diesen Schutz zu gewährleisten, sollen die

---

[262] Diario de Sesiones de Congreso de los Diputados de 1981, n° 206, de 10 de Diciembre, S. 12998.
[263] Castro y Bravo, Personalidad, S. 8.
[264] Siehe bspw. Castro y Bravo, ADC 1959, 1237 (1255 ff.); López Jacoiste, ADC 1986, S. 1059 (1077)); Lacruz Berdejo, S. 46; Herrero-Tejedor, S. 53 f.; O'Callaghan Muñoz, RAC 1986-2, X, S. 1885 (1886 f.); ders., Libertad, S. 160 ff. (insbes. S. 164 f.); Estrada Alonso, S. 37 ff.; Clavería Gosálbez, ADC 1983-2, S. 1243 (1257 ff.); Concepción Rodríguez, S. 68 ff.; Crevillén Sánchez, S. 21.
[265] Ribó Durán, S. 352; vgl. Concepción Rodríguez, S. 70.

Persönlichkeitsrechte dienen: Sie sollen dem Einzelnen als Person die Möglichkeit eines von störenden Einflüssen freigehaltenen und in all seinen Äußerungsformen respektierten Daseins ermöglichen[266]. Über die Ausübung der Persönlichkeitsrechte soll sich der Mensch die nötige Freiheit und Unabhängigkeit sichern, um die Persönlichkeit unbeschränkt entfalten zu können.

Dabei erscheint er aber, obwohl er eigentlich das Subjekt der rechtlichen Beziehungen in Ausübung der subjektiven Rechte darstellt, gleichzeitig als Objekt eben dieser Beziehungen. Denn um seine Interessen durchzusetzen, muß der Mensch seine Persönlichkeitsrechte ausüben, als ob ihm ein Recht an sich selber zustünde[267]. Hier wird von einigen Autoren die Gefahr einer „Versachlichung" (cosificación) der Person gesehen[268]: Nur aufgrund der Tatsache, daß sie juristisch geschützt seien, müßten die Durchsetzungsmöglichkeiten von Interessen nicht über die Figur „subjektives Recht" definiert werden. Hierfür fehlten ihnen die charakteristischen Eigenschaften, nämlich die Möglichkeit des Rechtsträgers über die Entstehung und den Untergang des Rechts zu entscheiden, sowie seine Übertragbarkeit und Verzichtbarkeit[269]. Dem wird entgegengehalten, daß es weniger die Möglichkeit sei, über Entstehung und Untergang des Rechtes zu entscheiden, die ein subjektives Recht ausmache, sondern vielmehr, es auszuüben und zu verteidigen; außerdem existierten auch unübertragbare und unverzichtbare subjektive Rechte, vor allem bei denen mit immateriellen Charakter[270].

Um die doktrinäre Schwierigkeit, daß ein Subjekt gleichzeitig als Objekt über sich selbst verfügen kann, zu vermeiden bzw. aufzulösen, ist die Lehre der „Persönlichkeitsgüter" (bienes de la personalidad) entwickelt worden[271]: Da sich die Persönlichkeitsrechte nicht als subjektive Rechte konstruieren ließen, müsse man von dieser Figur Abstand nehmen. Die Persönlichkeits"rechte" als „Güter" zu definieren käme dem gesamten Verständnis dieser Figur näher. Es müsse unterschieden werden zwischen der Tatsache, daß jedem Menschen Respekt entgegengebracht werden muß und zwischen Gütern und Befugnissen dieser Person selbst. Die sogenannten „Rechte" stellten ein Rechtsinstitut dar, das der Person zur Verfügung stünde, um seine Würde als solche geltend zu machen, ohne daß es notwendig sei, die

---

[266] Lacruz Berdejo, S. 38; Crevillén Sánchez, S. 23; vgl. Serrano Alberca in Garrido Falla, S. 351: „Unter den Persönlichkeitsrechten versteht man solche, die der Person eine Macht zugestehen, um das Wesen des Menschen und seine wichtigsten Eigenschaften zu schützen."; O'Callaghan Muñoz, RAC 1986-2, X, S. 1885 f., definiert die Persönlichkeitsrechte als die von der Rechtsordnung dem Einzelnen zugestandenen Macht, die dem Selbstschutz der höchstpersönlichen Interessen, sowohl im materiellen wie auch immateriellen Sinne, dient.
[267] Castro y Bravo, ADC 1959, S. 1237 (1255 f.); López Jacoiste, ADC 1986, S. 1059 (1078.); Estrada Alonso, S. 38 f. und S. 41 ff.; Clavería Gosálbez, S. 1257 f.; Herrero-Tejedor, S. 53 ff.
[268] Crevillén Sánchez, S. 21; Nachweise bezügl. weiterer (allerdings nichtspanischer) kritischer Autoren bei Concepción Rodríguez, S. 69, O'Callaghan Muñoz, RAC 1986-2, X, 1885 (1886) und Estrada Alonso, S. 42.
[269] Estrada Alonso, S. 42 und López Jacoiste, ADC 1986, S. 1059 (1077), beide mit Hinweis auf von Thur, Der allgemeine Teil des Bürgerlichen Rechts, I, 1940, S. 150 ff.
[270] Estrada Alonso, S. 42.
[271] Castro y Bravo, ADC 1959, S. 1237 (1260 ff.); weitere Vertreter dieser Lehre sind Manuel García Albaladejo und Hernández Gil; auch Osorio Iturmendi in Jiménez Blanco, Comentarios, S. 141, benutzt diesen Begriff.

Existenz eines subjektiven Rechts in Bezug auf jedes einzelne Attribut der Persönlichkeit nachzuweisen[272].

Die heute herrschende Meinung bejaht jedoch eindeutig die Idee von Rechten der Persönlichkeit[273] und lehnt die Vorstellung von Gütern der Persönlichkeit ab[274]. Unter den Persönlichkeitsrechten versteht man immaterielle Werte, die eines ökonomischen Wertes entbehren, die jedoch genauso wie die materiellen Güter (ein-) schätzbar sind[275]. Das Objekt der Persönlichkeitsrechte ist nicht die Person im eigentlichen sachlichen Sinne, sondern einige ihrer Eigenschaften, bzw. bestimmte Aspekte, Attribute oder wichtige Wesensarten der Person: Bei der Ehre ist es die eigene Würde und bei der intimidad der enge persönliche oder familiäre Kreis[276].

Von einigen Autoren wird ein Irrtum bei der Konstruktion und Erklärung der Natur der Persönlichkeitsrechte, der zur Verwirrung beigetragen haben soll, darin gesehen, daß von der Doktrin versucht werde, die Schemata, die in der Anwendung auf Vermögensrechte entwickelt worden sind, auf diesen Bereich zu übertragen, was zu paradoxen Lösungen führe, da es im Gegensatz zu Vermögensrechten nicht möglich ist, von der Persönlichkeit bestimmte Elemente, die als wesentliche Elemente des ganzen (der Persönlichkeit) angesehen werden müßten (wie die Freiheit, die körperliche Integrität oder die menschliche Würde), abzuspalten bzw. sie zu Objekten des Rechtsverkehrs zu machen, als ob es sich bei ihnen um Gegenstände handelte[277].

Zumindest für die Rechte Ehre und intimidad läßt sich abschließend festhalten, daß es sich bei ihnen nach heute herrschender Meinung um echte subjektive Rechte handelt[278].

(2) Besondere Persönlichkeitsrechte

Ein weiteres Problem, das sich im Zusammenhang mit den Persönlichkeitsrechten in Spanien stellt, ist die Frage, ob es sich dabei um ein einziges Recht mit einzelnen Facetten oder Ausflüssen oder um mehrere Rechte handelt. Dabei stehen sich die monistische und die pluralistische Theorie gegenüber.

(a) Monistische Theorie

Die Theorie eines einzigen allumfassenden „allgemeinen" Persönlichkeitsrechts ist dem deutschen Juristen bekannt. Sie geht davon aus, daß die Persönlichkeit nur als Ganzes gesehen

---

[272] Estrada Alonso, S. 43.
[273] Concepción Rodríguez, S. 69; Herrero-Tejedor, S. 55; Lacruz Berdejo, S. 46 f; Estrada Alonso, S. 44 mwN; Munar Bernat, derechos, S. 2389 f.; Ribó Durán, S. 352; vgl. Crevillén Sánchez, S. 22.
[274] Herrero-Tejedor, S. 55. Trotzdem wird der Begriff Persönlichkeitsgüter z.T. weiterhin benutzt, siehe bspw. STC 170/1987 de 30 de Octubre (FJ 4), STS de 29 de Marzo 1988 (FJ 2).
[275] Herrero-Tejedor, S. 55; vgl. Estrada Alonso, S. 44.
[276] O'Callaghan Muñoz, Libertad, S. 164; ders. RAC 1986-2, X, S. 1885 (1886).
[277] Crevillén Sánchez, S. 21 f.
[278] Concepción Rodríguez, S. 71; O'Callaghan Muñoz, Libertad, S. 164; ders., RAC 1986-2, X, 1885 (1886); Castán Vázquez, RGLJ 1957, S. 688 (699 f.); Clavería Gosálbez, S. 1261; Estrada Alonso, S. 38 f.; Lacruz Berdejo, S. 46 f.; Crevillén Sánchez, S. 22.

und nicht in eine Vielzahl kleiner Einzelrechte aufgeteilt werden könne, was den Vorteil hat, einen allumfassenden und direkten Schutz der Persönlichkeit zu gewährleisten, gleich wie auch immer die Persönlichkeit verletzt wird, ohne neue Figuren und Rechte kreieren zu müssen, sobald sich neue Risiken oder verletzbare Aspekte der Persönlichkeit zeigen[279].

Kritisiert wird an der monistischen Theorie, daß sie dem Irrtum unterliege, zu meinen, daß mit dem Persönlichkeitsrecht das ganze Spektrum der Konzeption der Persönlichkeit erfaßt sei, während dieses sich jedoch tatsächlich aus physischen und psychischen Erscheinungsformen zusammensetze, die nicht alle in einem einzigen Recht zu erfassen und typisieren seien[280]. Weiterhin bestünde die Schwierigkeit, daß es als Recht nicht „individualisierbar", d.h. von seinem Inhalt und Umfang her bestimmbar sei[281].

(b) Pluralistische Theorie

Da in Spanien – anders als in Deutschland – einzelne Rechte, die Teile eines allgemeinen Persönlichkeitsrechts bilden, gesetzlich festgelegt worden sind, besteht in diesem Rechtskreis prinzipiell eher die Bereitschaft, einzelne „besondere" Persönlichkeitsrechte anzuerkennen und damit einer pluralistischen Theorie den Vorzug zu geben[282]. Nach dieser Theorie sind die Persönlichkeitsrechte Ausdruck von Eigenschaften oder Wesensarten, die dem Menschen den Genuß seiner Selbst gewährleisten sollen. Und so viele Äußerungsmöglichkeiten der Persönlichkeit es gibt, so viele unterschiedliche Persönlichkeitsrechte gibt es auch. Jeder einzelne Ausdruck der Persönlichkeit und die verschiedenen aus ihr resultierenden Interessen haben selbständige Eigenschaften und verdienen daher eine selbständige und unabhängige juristische Bewertung und Art von Schutz[283].

Wenn auch teilweise geäußert wird, daß die Unterscheidung in verschiedene Rechte rein zufällig sei[284], so ist doch einzuräumen, daß dieses System den Vorteil der größeren Klarheit für sich hat, da sowohl die Art der Verletzung wie auch des Angriffs aufgrund der höheren Typisierung deutlicher ersichtlich ist.

---

[279] Lacruz Berdejo, S. 44; Estrada Alonso, S. 40. Bei der Betrachtung der monistischen Theorie wird in der spanischen Literatur immer auch auf das „deutsche Modell" hingewiesen, das als „gemischtes System" bezeichnet wird, da zwar generell ein allgemeines Persönlichkeitsrecht anerkannt sei, jedoch sowohl im BGB wie auch den speziellen Gesetzen verschiedene besondere Rechte geregelt sind, von denen „jedes einzelne einen konkreten Aspekt eines konkreten Gut schützt" (Lacruz Berdejo, S. 45). Ferner wird in diesem Zshg. kritisiert, mit der Entscheidung für die begrenzte Rechtsgüteraufzählung in § 823 BGB fehle eine hinreichend weite Referenz, die so wichtige Aspekte wie intimidad des Privatlebens, das eigene Bild, den vertraulichen Charakter von Mitteilungen, Tagebüchern und persönlichen Aufzeichnungen etc. gewährleisten könnte (López Jacoiste, ADC 1986, S. 1059 (1076)).
[280] Estrada Alonso, S. 40.
[281] Castro y Bravo, ADC 1959, S. 1237 (1253); Lacruz Berdejo, S. 45.
[282] Estrada Alonso, S. 40 f.; Lacruz Berdejo, S. 45, der der Ansicht ist, die juristische Ordnung habe aus pragmatischen Gründen aus den unendlichen Erscheinungsformen der Persönlichkeit einige ausgesucht; López Jacoiste, ADC 1986, S. 1059 (1074 f.); Sempere Rodríguez in Alzaga Villamil, Constitución, Band II, S. 388.
[283] Estrada Alonso, S. 41; Lacruz Berdejo, S. 45.
[284] López Jacoiste, ADC 1986, S. 1059 (1074 f.).

c) Klassifikation der Persönlichkeitsrechte

Die einzelnen besonderen Persönlichkeitsrechte können verschiedenen Gruppen zugeordnet werden. Dabei gibt es diverse Arten der Aufgliederung und Klassifikation[285].

Die einfachste Untergliederung unterscheidet zwischen Rechten, die sich auf die physische Sphäre beziehen (Recht auf Leben, Recht auf körperliche Unversehrtheit, Recht auf abgetrennte oder abtrennbare Teile des eigenen Körpers) und Rechten über die spirituelle oder moralische Sphäre (Recht auf Freiheit in all ihren Facetten (persönliche, ideologische, religiöse, Meinungs- und Informationsfreiheit), Recht auf Ehre, intimidad, am eigenen Bild und Namen sowie Urheberrecht[286].

Eine genauere Aufgliederung[287] führt zu einer Unterscheidung in:

a) Recht auf persönliche Identifizierung (identificación personal),
b) Recht auf körperliche Integrität, das die Selbstbestimmung über den eigenen Körper und die körperliche Unversehrtheit gewährleistet,
c) Recht auf moralische Integrität (das die Rechte der Ehre, intimidad etc. umfaßt),
d) Recht auf Freiheit in all ihren Äußerungsformen.

Die Unterscheidung in eine physische sowie psychische Sphäre in beiden Fällen folgt einer Unterteilung, die aus Art. 15 CE[288] hervorgeht.

6. Verhältnis zwischen Ehre und intimidad

a) Abgrenzung der Rechte untereinander

Ehre und intimidad weisen als Persönlichkeitsrechte Gemeinsamkeiten auf: Sie sind eng mit der Person verbunden und schützen deren spirituellen Bereich[289]. Es handelt sich bei ihnen um höchstpersönliche Rechte, was sich u.a. darin äußert, daß sie unverzichtbar, unübertragbar und unverjährbar sind und nur solange bestehen, wie auch der Rechtsträger existiert[290].

Damit handelt es sich zwar um sehr ähnliche, jedoch nicht zwangsläufig um die gleichen Rechte. Der Grund dafür, daß die beiden Rechtsfiguren oft vermischt dargestellt werden, findet sich in Art. 7.3 LO 1/1982, wo das unerlaubte Eindringen als „Verbreitung von Tatsachen des Privatlebens" die außerdem den „Ruf und den guten Namen beeinträchtigen", definiert wird. Art. 7.3 ist zwar eine Vorschrift, die dem Schutz der intimidad dient, die vom Gesetzgeber benutzte Formulierung führt jedoch hier auch das Element der Ehre mit ein.

---

[285] Vgl. Herrero-Tejedor, S. 59 mwN.
[286] Lacruz Berdejo, S. 53; vgl. Castro y Bravo, ADC 1959, S. 1237 (1267).
[287] Nach Crevillén Sánchez, S. 21 und Herrero-Tejedor, S. 59.
[288] Art. 15 CE:
„Todos tienen derecho a la vida y a la integridad física y moral, [...]"
„Alle haben ein Recht auf Leben und auf körperliche und moralische Unversehrtheit, [...]"
[289] Lacruz Berdejo, S. 72 f.
[290] STC 231/1988 de 2 de Diciembre (FJ 3).

Dies darf jedoch nicht zu dem Schluß führen, daß eine Verletzung der intimidad immer auch gleichzeitig eine Verletzung der Ehre beinhalten muß, denn beide Rechte können prinzipiell unabhängig voneinander beeinträchtigt werden[291]. Gleichwohl ist unbestreitbar, daß beide Rechte eng miteinander verknüpft sind und häufig wird gerade im wichtigen Pressebereich eine Ehrverletzung über eine Verletzung der intimidad realisiert, da viele Fälle die Veröffentlichung von peinlichen und herabsetzenden Tatsachen aus dem Privatleben zum Inhalt haben, die zusätzlich unter Verletzung der Privatsphäre erlangt worden sind.

In der Praxis wird auf eine Unterscheidung zwischen den Rechten vielfach verzichtet, und die Klagen in Richtung eines Schutzes mindestens der beiden Rechte Ehre und intimidad zusammen formuliert, ungeachtet dessen, daß möglicherweise nur eines davon verletzt ist[292].

Zu beachten ist jedoch, daß Ehre und intimidad unterschiedliche Schutzrichtungen haben. Während die intimidad eine körperliche und geistige Sphäre des Menschen schützt und das Selbstbestimmungsrecht des Individuums als autonome Idee in den Mittelpunkt stellt, geht der Schutz der Ehre eher in Richtung der sozialen Erscheinung der Person im Sinne der Auffassung des Menschen seiner selbst und in den Augen anderer; d.h. es geht um den Schutz der Projektion, die das Individuum in der Gesellschaft gefunden hat oder wenigstens gefunden zu haben meint. Und schon soziologisch gesehen, handelt es sich bei der Ehre und der intimidad um zwei verschiedene Erscheinungen: Während die intimidad ihrer historischen Konzeption nach ein „Recht zum Alleinsein" ist, das sich mit einem prinzipiellen Bedürfnis des Einzelnen auf Abgrenzung von der Gruppe zusammenhängt, ist die Ehre ein Recht, das erst durch den Kontakt des Einzelnen mit der Gruppe und sein Auftreten in der Gesellschaft Sinn und Inhalt erhält.

Eine Abgrenzung auch im juristischen Bereich scheint insofern sinnvoll. Der Tribunal Supremo führt bezüglich einer solchen Abgrenzung aus, „daß die Kollision der drei Grundrechte, die in der LO 1/1982 anerkannt ... werden, die Notwendigkeit hervorruft, eine Abgrenzung zwischen ihnen festzusetzen, wobei es unmöglich ist, generell und vorab eine Unterscheidung vorzunehmen; diese ist nur über eine einzelfallabhängige Vorgehensweise möglich, die es uns erlaubt, bestimmte generelle Charaktermerkmale festzulegen, die eine Basis für die Unterscheidung besagter Rechte darstellen können"[293].

Trotzdem wird immer wieder versucht, die Ehre und intimidad auf ein gemeinsames Recht oder einen einzigen Wert zurückzuführen.

---

[291] O'Callaghan Muñoz, Libertad, S. 97 f.; Estrada Alonso, S. 55; Fariñas Matoni, S. 343. Vgl. hierzu im einzelnen unten Teil 2:C.II.6.b)(1).
[292] López Díaz, S. 29; O'Callaghan Muñoz, Libertad, S. 167; vgl. bspw. die Klageanträge in STS de 22 de Octubre 1996 (FJ 1).
[293] STS de 19 de Julio 1988 (FJ 2); vgl. López Díaz, S. 122, die meint, daß die Verstöße gegen die einzelnen Rechte explizit zu benennen seien und bei mehreren Verletzungen verschiedener Rechte die Regeln der Konkurrenz anzuwenden seien.

b) Ehre und intimidad als Elemente oder Ableitungen eines gemeinsamen Rechts

Prinzipiell besteht die Möglichkeit, alle unterschiedlichen juristischen Instrumentarien zum Schutz der Persönlichkeitsrechte in einem einzigen allumfassenden Recht oder zumindest Rechtsbegriff zusammenzufassen. Diesem Ansatz folgt die Konzeption eines allgemeinen Persönlichkeitsrechts, von dem sich im Bedarfsfall einzelne besondere Persönlichkeitsrechte ableiten lassen.

Im vorhergehenden Abschnitt wurde aufgezeigt, daß in Spanien die herrschende Meinung eine solche monistische Theorie ablehnt und im allgemeinen zu einer pluralistischen Auffassung mit mehreren voneinander unabhängigen Persönlichkeitsrechten neigt. Dieser Auffassung scheint der Gesetzgeber in der Verfassung und der LO 1/1982 zu folgen, wenn er begrifflich unterschiedliche Rechte einzeln nebeneinander aufführt[294]. Doktrinär ist in diesem Zusammenhang jedoch zu fragen, warum ausgerechnet die drei Rechte Ehre, intimidad sowie Recht am eigenen Bild sowohl in der Verfassung wie auch in der LO 1/1982 zusammen geregelt sind. Hierauf gibt der Gesetzgeber in der LO 1/1982 keine Antwort, sondern beschränkt sich auf den Hinweis, daß es sich um die drei in Art. 18.1 CE aufgeführten Rechte handelt (Absatz 1 der Präambel und Art. 1). Eine Erklärung dafür, wieso sie in der Verfassung gemeinsam geregelt sind, findet sich jedoch nirgends[295].

Besonders der Wortlaut von Art. 18.1 CE („*Das* Recht auf Ehre, persönliche und familiäre intimidad [...]") und die entsprechend übernommene Formulierung des Art. 1.1 LO 1/1982 („*Das* Grundrecht auf Ehre, persönliche und familiäre intimidad [...], das in Artikel 18 der Verfassung gewährleistet ist") scheinen auf ein einzelnes gemeinsames Recht hinzuweisen. Andererseits bleibt auch die Möglichkeit, aufgrund des Umstandes, daß eine einzelne Nennung von Ehre, intimidad und das eigene Bild erfolgt, zwischen drei verschiedenen Rechten zu unterscheiden[296]. Auch der Gesetzgeber selber tut dies, indem er in der Präambel im ersten Absatz davon spricht, daß „*die Rechte* Ehre, persönliche und familiäre intimidad und am eigenen Bild den Rang von *Grundrechten*" haben, und in der Übergangsbestimmung Zweitens auf den „Schutz *der Rechte*" verweist.

(1) Zurückführung auf intimidad

Soweit versucht wird, eines der drei Rechte als übergeordnetes Recht zu konstituieren, ist dies meist die intimidad[297]. Das Recht am eigenen Bild wird von den meisten Autoren entweder als spezielle Erscheinungsform der Ehre[298] oder der intimidad angesehen[299].

---

[294] Romero Coloma, RAC 1989-2, S. 2241 (2251); a.A. Pérez Luño, Derechos, S. 331 ff.
[295] Das Ausschweigen des Gesetzgebers bezüglich der Notwendigkeit einer Regelung gerade dieser Rechte in einem Gesetz ist auch in der Lehre kritisiert worden (vgl. Herrero-Tejedor, S. 164 f.).
[296] Vidal Martínez, intimidad, S. 35.
[297] Romero Coloma, RAC 1989-2, S. 2241 (2250 f.); Concepción Rodríguez, S. 83; vgl. Pérez Luño, Derechos, S. 331.
[298] Concepción Rodríguez, S. 77 mwN.
[299] López Díaz, S. 28 („Konkretisierungen"); Romero Coloma, RSC 1989-2, S. 241 (2251); a.A. O'Callaghan Muñoz, Libertad, S. 96 und wohl auch Herrero-Tejedor, S. 75 („gemeinsamer Ursprung").

Eine Begründung für die Rückführung auch der Ehre auf die intimidad könnte – unter Berücksichtigung der Ausführungen zur Struktur der Ehre und der intimidad – sein, daß die intimidad, da sie den Bereich der Entwicklung von bestimmten Persönlichkeitswerten schützt, auch die Ehre mit einschließt, die sicherlich auch einen Persönlichkeitswert darstellt, der in diesem Bereich enthalten ist und entwickelt wird[300]. Ein weiteres Argument ist, daß die intimidad bezüglich ihres Schutzes weitergehender ist als die Ehre und diese insofern von ihr mit umfaßt ist. So kann eine Verletzung der Ehre gleichzeitig eine Verletzung der intimidad darstellen, z.B. wenn eine diffamierende Behauptung über eine Tatsache aus dem Intimbereich einer Person aufgestellt wird. Bei der Verbreitung einer Tatsache jedoch, die zwar ehrenrührig aber wahr ist, liegt kein Angriff auf die Ehre vor; gleichwohl kann diese Verbreitung einen Angriff auf die intimidad darstellen, bspw. über die Art, wie die Information erlangt wurde oder wenn sie sich auf den intimen und persönlichen Bereich der Person beziehen, an dessen Kenntnisnahme die Öffentlichkeit kein legitimes Interesse hat[301].

Andererseits stellt nicht jede Verletzung der Ehre zwangsläufig eine Verletzung der intimidad dar: Es gibt Bereiche der Ehre, die unabhängig von Eingriffen in die intimidad verletzt werden können, und wertende Äußerungen berühren letztere nicht, da hierdurch nur der soziale Geltungsanspruch des Einzelnen, nicht aber sein Bedürfnis nach Abgrenzung oder sein Kontrollrecht über eigene Daten berührt wird. Dies führt dazu, daß die Wahrnehmung des Rechts auf Meinungsfreiheit keine Verletzung der intimidad zur Folge haben kann[302]. Selbst wenn man letzterer Aussage in ihrer Ausschließlichkeit nicht folgt, kann der Gedanke doch soweit aufgegriffen werden, das Recht auf Ehre als Gegenstück zum Recht auf Meinungsfreiheit zu sehen, dessen Wahrnehmung leicht mit der Ehre eines anderen kollidieren kann, da Merkmal einer Meinungsäußerung ist, daß sie häufig aus Wertungen besteht, die in Bezug auf das Ansehen einer anderen Person schädigende Elemente für ihr Ansehen enthalten können. Das Recht auf intimidad dagegen ist das Gegenstück zu Tatsachenbehauptungen (die teilweise jedoch mit Meinungsäußerungen vermischt sein können).

Ehre und intimidad stellen insofern zwei Rechte dar, die unterschiedliche Bereiche schützen, welche sich nur teilweise überschneiden. Aufgrund der Tatsache, daß die Ehre als selbständiges Element unabhängig von der intimidad operieren und als selbständiges Gegenstück zum Recht auf Meinungsfreiheit begriffen werden kann, muß die Auffassung, daß es sich bei ihr um ein von der intimidad abgeleitetes Recht handelt, abgelehnt werden.

(2) Rechte zum Schutz des Privatlebens

Wenn man versucht, diesen Überschneidungsbereich zu definieren, so ist es möglich, Ehre und intimidad als Rechte zum Schutz des Privatlebens zu qualifizieren[303]. Dies ist zwar ge-

---

[300] Vgl. Martínez Sospedra, S. 284 f. und 295, der die Ehre im subjektiven Sinn als Teil der intimidad versteht.
[301] O'Callaghan, Libertad, S. 96 f.; Martínez Sospedra, S. 285, 300; vgl. Romero Coloma, RAC 1989-2, S. 2241 (2251).
[302] Bustos Pueche, S. 12.
[303] López Díaz, S. 28; Serrano Alberca in Garrido Falla, S. 352, Alamillo Domingo; La Ley 1994-3, S. 958; Berdugo Gómez de la Torre, S. 57; Ribó Durán, S. 423; Romero Coloma, RAC 1989-2, S. 2241(2251); Concepción Rodríguez,

rechtfertigt, da es sich um private Rechte insoweit handelt, als der Mensch in seinem Innersten, d.h. im „privaten Bereich" geschützt werden soll. Auf der anderen Seite soll aber die Person gerade auch in ihrer sozialen Erscheinung geschützt werden, d.h. ein gewisser Geltungsanspruch des Einzelnen im sozialen Miteinander. Und zumindest bei der Ehre existiert darüber hinaus die Komponente des „prestigio profesional", womit sich die Ehre offensichtlich über das Privatleben hinaus erstreckt.

Als Abgrenzungskriterium ist der Terminus „Rechte zum Schutz des Privatlebens" aufgrund seiner großen Unbestimmtheit ungeeignet[304], und darüber hinaus kann dieses Kriterium auch nur schlecht für die Abgrenzung von Persönlichkeitsrechten untereinander herangezogen werden, da letztendlich jedes Recht, das dem Schutz der Persönlichkeit dient (wie z.B. Recht auf körperliche Unversehrtheit), ein privates Recht ist.

(3) Art.10 CE

Im Zusammenhang mit der Zurückführung auf ein einzelnes Recht wird vor allem auf Art. 10 CE, der die Würde des Menschen und die freie Entfaltung seiner Persönlichkeit schützt, hingewiesen. Die herrschende Meinung kommt unter Hinweis auf diesen Art. 10 CE zu dem Schluß, daß die in Art. 18 CE geschützten Rechtsgüter letzten Endes aus der Würde der Person herrühren[305].

Diese hervorgehobene Stellung, die der Würde des Menschen in diesem Zusammenhang eingeräumt wird, begründet sich aus der Stellung von Art. 10 CE, denn unbestreitbar stellt er eine zentrale Norm der Verfassung dar, da er den fünf Kapiteln des ersten Titels „Von den Grundrechten und Grundpflichten" vorangestellt ist. Hieraus läßt sich ein Wertungsschwerpunkt der Verfassung oder sogar die Konstituierung eines Grundprinzips erkennen, das für alle Kapitel des Titels gelten soll. Aus der Voranstellung dieses Artikels wird geschlossen, daß die Person und ihre Würde als dominierendes Prinzip der juristischen Ordnung konstituiert werden sollte[306]. Auch die Rechtsprechung hat das Recht der Ehre und der intimidad in mehreren Entscheidungen mit der Menschenwürde in Verbindung gebracht und diese Rechte auf Art. 10 CE zurückgeführt[307]. Und über die Neufassung des strafrechtlichen Tatbestandes der Beleidigung und von Art. 7.7 LO 1/1982, nach denen eine Verletzung der Ehre letztendlich eine Verletzung der Würde darstellt, ist deren hervorgehobene Stellung auf der einfachgesetzlichen Ebene für die Ehre noch einmal bestätigt worden.

S. 85; vgl. STC 110/1984 de 26 de Noviembre (FJ 3), wo als Ursprungsidee der intimidad der „Respekt vor dem Privatleben" genannt ist.

[304] Die konzeptionellen Einzelheiten von Begriffen wie „Privatleben" und „privat" sind keineswegs eindeutig, zumal sie einem wechselnden sozialen Verständnis ausgesetzt sind; vgl. Martínez Sospedra, S. 283.

[305] Estrada Alonso, S. 32; ders., RAC 1990-2, XXV, Rz. 347 (348); Puente Muñoz, ADC 1980, S. 915 (925); Alonso Alamo, ADP 1983, S. 127 (150 f.); vgl. STS de 15 de Abril 1992 (FJ 1); Osorio Iturmendi in Jiménez Blanco, Comentarios, S. 141; O'Callaghan Muñoz, Libertad, S. 169; Sánchez Agesta, S. 106; Fernández Segado, S. 217 ff.; Sarazá Jimena, RAC, 1996-2, XXIV, Rz. 495; vgl. Romero Coloma, RAC 1989-2, S. 2241 (2251). Vgl. in Bezug auf die freie Entfaltung der Persönlichkeit STS de 11 de Julio 1996 (FJ 2) und STS de 19 de Enero 1995 (FJ 3).

[306] Vgl. oben Teil 2:C.I.1.

(4) Integridad moral

Die Würde führt zu dem Recht auf moralische Unversehrtheit (integridad moral) als weiterem gemeinsamen Schutzgut von Ehre und intimidad. Beide Rechte haben den Schutz der moralischen bzw. geistigen Dimension (dimensión moral o inmaterial) der Persönlichkeit zum Inhalt, als Gegenpart zu der materiellen oder körperlichen Dimension, die sich in den Rechten auf Leben und körperliche Unversehrtheit ausdrückt, wie sie in Art. 15 CE konstituiert sind. Diese Zweiteilung der Persönlichkeitsrechte wurde oben bereits angesprochen[308]. Unter Bezug hierauf und auf Art. 15 CE wird hinter den Rechten auf Schutz der Ehre und intimidad als Schutzrechte der sittlichen Sphäre des Menschen auch der verfassungsrechtliche Unversehrtheitsanspruch als gemeinsames geschütztes Rechtsgut gesehen und die Unterscheidung in verschiedene einzelne Persönlichkeitsrechte als zufällig erachtet[309].

Insofern ist die moralische Unversehrtheit neben der Würde das zweite verfassungsrechtliche Element, mit dem Ehre und intimidad gemeinsam verbunden sind. Und während die Würde als statisches Element die Basis für Ehre und intimidad ist, aus der sie herrühren, ist die moralische Unversehrtheit das Gut des Menschen, dessen Schutz beide Rechte gewährleisten sollen.

(5) Privacidad

Schon im Zusammenhang mit der Konzeption der intimidad wurde auf den Begriff der privacidad eingegangen. Mit der Einführung dieses Begriffs im Zusammenhang mit dem Datenschutzgesetz LO 5/1992, welches in Ausgestaltung von Art. 18.4 CE sowohl der Gewährleistung der intimidad wie auch der Ehre dienen soll, hat der Gesetzgeber einen Bereich definiert, der anders als die intimidad in ihrer historischen und defensiven Konzeption nicht nur einen engen persönlichen Bereich des Menschen schützen soll, in dem dieser für sich allein sein kann, sondern „eine weitere und umfassendere Verbindung von Facetten seiner Persönlichkeit darstellt, die jede für sich betrachtet einer ihnen innewohnenden Bedeutung entbehren, die jedoch in ihrer Gesamtheit ein Abbild der Persönlichkeit ergeben" (Abs. 2 der Präambel).

Das „Abbild der Persönlichkeit" (retrato de la personalidad) zeigt sich in diesem Gedanken als gemeinsames Schutzgut der Ehre und der intimidad des Menschen. Dieser soll in seiner Identität und Erscheinung von außen unbeeinflußt bleiben können, was letzten Endes wieder auf die Verfassungswerte Würde und moralische Unversehrtheit zurückzuführen ist. In diesem Zusammenhang kann noch einmal das oben bereits erwähnte Recht auf Identität (derecho a la identidad) angeführt werden; als „Recht man selbst zu sein", das sich als ein Anspruch darauf versteht, daß die intellektuellen, politischen, sozialen, religiösen, ideologischen und beruflichen Werte einer Person nicht verdreht oder verändert werden[310], korrespondiert das

---

[307] STC 231/1988 de 2 de Diciembre (FJ 3); STC 37/1989 de 15 de Febrero (FJ 7); STC 214/1991 de 11 de Noviembre (FJ 1); STC 115/2000 (FJ 4); STS de 25 de Octubre 1999 (FJ 3); STS de 24 de Febrero 2000 (FJ 3); STS de 17 de Abril 2000 (FJ 1).
[308] Vgl. oben Teil 2:C.II.5.c).
[309] López Jacoiste, ADC 1986, S. 1059 (1074 f.)
[310] Herrero-Tejedor, S. 44 f.

Recht auf Identität mit dem eben beschriebenen Bereich der privacidad. Die „wahre Identität" des Menschen, die sich in seiner Persönlichkeit äußert, stellt sich damit als gemeinsames Schutzgut der Ehre und der intimidad dar[311].

(6) Zusammenfassung

Die Nennung der drei Rechte in einem Gesetz bedeutet nicht zwangsläufig, daß sie sich auf einen gemeinsamen Nenner bringen und auf ein einziges Recht oder gemeinsames Element zurückführen lassen müssen. Und gerade der Wortlaut des Art. 18 CE und der LO 1/1982 mit der Nennung terminologisch unterschiedlicher Rechte kann genauso für wie gegen ein einzelnes, übergeordnetes Recht sprechen.

Gegen eine Gemeinsamkeit aller drei in Art. 18.1 CE und in der LO 1/1982 genannten Rechte spricht, daß zwar das Recht am eigenen Bild und die Unverletzlichkeit der Wohnung Manifestationen der intimidad sind, dies jedoch nicht für die Ehre gilt, die nur teilweise als Aspekt dieses Rechts erscheinen kann.

Ehre und intimidad lassen sich als Persönlichkeitsrechte aus dem Gedanken der Würde, die jedem Menschen eigen ist, und dem Recht auf moralische Unversehrtheit ableiten. Diese beiden Werte bilden die gemeinsame verfassungsrechtliche Grundlage, auf die sich beide Rechte gleichermaßen zurückführen lassen. Hieraus resultiert auch das beiden Rechten gemeinsam innewohnende Schutzgut der privacidad, das einen Schutz des Menschen in seiner Identität zum Inhalt hat, die nicht verdreht werden soll.

Obwohl es also möglich ist, gemeinsame Schutzgüter von Ehre und intimidad herauszuarbeiten, besteht doch aufgrund der ausdrücklichen Nennung von Ehre und intimidad als unterschiedliche Rechte in Spanien nicht die Tendenz dazu, sie weiter zu abstrahieren oder unter einem gemeinsamen Schutzgut zusammenfassen. Ehre und intimidad sind damit als jeweils eigenständige Rechte zu betrachten, die sich in ihrer Konzeption und ihrer Schutzrichtung lediglich teilweise überschneiden.

Auch der Tribunal Supremo sieht in ihnen drei verschiedene Rechte, die, auch wenn zwischen ihnen zwar „unzweifelhafte Verbindungen und in bestimmten Momenten auch Überschneidungen bestehen, doch voneinander unterschiedlich sind, was die Diktion des Art. 2 deutlich macht"[312].

---

[311] Wie oben allerdings festgestellt, ist dieses Schutzgut in Spanien nicht allgemein anerkannt und auch nicht fest genug umrissen, um als eigenes Recht konzipiert zu werden. Was das Bild eines Menschen und seiner Persönlichkeit oder seine „wahre" Identität ist, ist nicht festzulegen, und auch der Gesetzgeber gibt in der LO 5/1992 keinerlei Kriterien für die Bestimmung vor.
[312] STS de 23 de Marzo de 1987 (FJ 7).

D. *LEY ORGÁNICA 1/1982, DE 5 DE MAYO, DE PROTECCIÓN CIVIL DEL DERECHO AL HONOR, A LA INTIMIDAD PERSONAL Y FAMILIAR Y A LA PROPIA IMAGEN*

I. Abgrenzung zu anderen Rechtsgebieten

1. Außervertragliche Haftung des Código Civil

a) Voraussetzungen

Der Tribunal Supremo begründete schon vor Einführung der LO 1/1982 einen zivilrechtlichen Schutz der Ehre, indem er Art. 1902 CC auch zur Begründung einer Haftung für immaterielle Schäden durch eine Verletzung der Ehre und des guten Rufs heranzog. Die darauf aufbauende Rechtsprechung fußte auf dem Grundsatz des *neminem laedere*[313].

Die Voraussetzungen der Haftung nach Art. 1902 CC sind ausdrücklich definiert[314]:

Art. 1902 CC.:
El que por acción u omisión cause daño a otro, interviniendo culpa o negligencia, está obligado a reparar el daño causado.

Derjenige, der durch Handeln oder Unterlassen schuldhaft oder fahrlässig einem anderen Schaden zufügt, ist verpflichtet, den verursachten Schadens wiedergutzumachen.

(1) Schaden (daño)

Schaden[315] wird definiert als jede materielle oder immaterielle Minderung, die eine Person durch das Zuwiderhandeln gegen eine rechtliche Norm erleidet und für die ein anderer verantwortlich ist[316]. Hierzu gehören nicht nur Vermögensminderungen, sondern auch der entgangene Gewinn. Der Schaden ist das zentrale Element der außervertraglichen Haftung. Auf ihn läuft alles hinaus, denn die außervertragliche Haftung ist zu seinem Ausgleich entwickelt. Das heißt, daß nur wenn das Vorliegen eines Schadens feststeht, die weiteren Voraussetzungen geprüft werden müssen.

(2) Unrechtmäßiges oder rechtswidriges Handeln oder Unterlassen (acción u omisión ilícita o antijurídica)

Das Handeln oder Unterlassen muß notwendige Voraussetzung im Sinne einer *conditio sine qua non* sein. Es besteht eine Rechtswidrigkeitsvermutung, die durch den Nachweis entkräftet werden kann, daß einer der unten (unter VI.2) aufgeführten Rechtfertigungsgründe vorliegt oder es sich um einen Zufall oder höhere Gewalt handelt[317].

---

[313] Herrero-Tejedor, S. 144; Concepción Rodríguez, S. 105.
[314] Vgl. außerdem STS de 11 de Febrero 1975.
[315] Übersetzungsanmerkung: Im Spanischen findet sich die Unterscheidung zwischen „daños" und „perjuicios". Obwohl die Begriffe häufig synonym gebraucht werden, überwiegt in der Praxis der Gebrauch des Begriffs „daños" für direkte und „perjuicios" für indirekte Folgen (Santoz Briz, S. 110; Herrero-Tejedor, S. 151, Ribó Durán, S. 296). Vielfach wird jedoch nicht eindeutig genug unterschieden. Daher ist in dieser Darstellung fast durchweg nur von Schaden die Rede, soweit es nicht auf den Unterschied ankommt.
[316] Santoz Briz, S. 281; vgl. Pantaleón Prieto, daño, S. 1896.
[317] Herrero-Tejedor, S. 152; Roca i Trias, S. 494.

(3) Verschulden (culpa)

Der Schaden muß schuldhaft oder fahrlässig zugefügt worden sein. Anhand des Merkmals des Verschuldens soll geprüft werden, ob es sich bei dem schädigenden Verhalten auch um ein vorwerfbares Verhalten gehandelt hat. Bei der „culpa" handelt es sich insofern inhaltlich um dasselbe Kriterium wie „dolo" (Vorsatz) bei der vertraglichen Haftung (responsabilidad contractual) gem. Art. 1101 CC. Die unterschiedliche Verwendung der Begriffe Vorsatz und Verschulden soll dabei auf einen bloßen Mangel an Präzision zurückzuführen sein, da sie in Wirklichkeit die gleiche Bedeutung hätten[318]. Ein Verschulden liegt dann vor, wenn der Verursacher einer schädigenden Handlung nicht die Sorgfalt aufgewandt hat, die erforderlich ist, um Schäden an fremden, durch die Rechtsordnung geschützten Gütern zu vermeiden[319]. Der Verhaltensmaßstab wird dabei am normalen Verhalten eines durchschnittlichen Menschen unter den jeweiligen Umständen festgelegt[320].

Generell gilt damit ein verschuldensabhängiges System, d.h. der Schaden muß auf ein vorwerfbares Fehlverhalten des Schädigers zurückzuführen sein. Die Gerichte haben jedoch bestimmte „korrektive Kriterien"[321] entwickelt und sind in ihrer Rechtsprechung zur außervertraglichen Haftung im Laufe der Jahre in vielen Bereichen immer mehr zu einer Konzeption gelangt, die beim Vorliegen eines Schadens in der Regel eine Verschuldensvermutung aufstellt so daß eine Beweislastumkehr einsetzt. Das heißt, der Schädiger muß in entsprechender Form nachweisen, daß er sich mit der für die Umstände des Falles notwendigen Sorgfalt verhalten hat, um sich zu exkulpieren[322]. Begründet wird diese Doktrin, die in Richtung eines objektiven Haftungssystems zielt, mit der fortschreitenden Technisierung, die für den Durchschnittsbürger kaum zu durchschauen sei, so daß ihm die Beweisführung nicht zugemutet werden könne.

(4) Kausalität (causalidad)

Im Sinne eines die *conditio sine qua non* einschränkenden Kriteriums herrscht die Theorie der adäquaten Kausalität (causalidad adecuada), nach der nur solche Folgen als durch die Handlung verursacht anzusehen sind, mit deren Eintritt nach allgemeiner Lebenserfahrung typischerweise gerechnet werden mußte. Für den Fall der Unterlassung werden diejenigen Tatsachen als adäquat kausale Folgen angesehen, die vermutlich nicht eingetreten wären, wenn die unterlassene Handlung rechtzeitig vorgenommen worden wäre[323].

---

[318] Herrero-Tejedor, S. 152 (mit Hinweis auf Puig Brutau, S. 86). Später wird auch darauf hingewiesen, daß insofern zwischen Verschulden (culpa) als Element der Rechtswidrigkeit und Schuldhaftigkeit (culpabilidad) im Sinne einer persönlichen Vorwerfbarkeit unterschieden werden soll (S. 247). Auch in STS de 5 de Diciembre 1995 (FJ 3) werden die Begriffe „voluntariedad" und „culpabilidad" synonym verwandt.
[319] STS de 8 de Febrero 1991 (FJ 2).
[320] Siehe Díez-Picazo/Gullón Ballesteros, Derecho Civil II, S. 609 und vgl. vor allem Art. 1104 CC.
[321] Roca i Trias, S. 477.
[322] Vgl. u.a. STS de 29 de Mayo 1972 (FJ 2), STS de 5 de Diciembre 1995 (FJ 3); Roca i Trias, S. 476 f. und 492; Lasarte Álvarez, S. 332 f; López Díaz, S. 151.
[323] Herrero-Tejedor, S. 153 (u.a. mit Hinweis auf Larenz, Derecho de obligaciones, Tomo I, Madrid 1958).

b) <u>Unterschiede zwischen Art. 1902 CC und der LO 1/1982</u>

Wie gesehen, besteht im Recht der außervertraglichen Haftung eine durch die Gerichte eingeführte Verschuldensvermutung, die das gesetzlich vorgesehene System umgekehrt hat. Ein gänzlich neuer Aspekt wurde mit der LO 1/1982 eingeführt: Art. 9.3 legt fest, daß „immer das Vorliegen eines Schadens vermutet (wird), wenn ein unerlaubtes Eindringen glaubhaft gemacht wird". Und in Art. 7, der die Aufzählung von unerlaubten Verhaltensweisen enthält, fehlt jeglicher Hinweis auf die Notwendigkeit eines schuldhaften Verhaltens. Die Folgerungen aus diesen Regelungen werden später zu untersuchen sein. Festzuhalten ist an dieser Stelle jedoch, daß in der LO 1/1982 nicht der schuldhaft verursachte Schaden im Mittelpunkt steht, sondern die (vermeintlich) schädigende Handlung. Das heißt der Handelnde muß sich entsprechend einem vorher festgelegten Muster verhalten, um einen der Tatbestände des Art. 7 LO 1/1982 zu erfüllen. So wird dieser Artikel der Technik nach in die Nähe strafrechtlicher Unrechtstatbestände gerückt.

Ein zweiter hiermit zusammenhängender Aspekt ist, daß Art. 1902 CC nur auf bereits erfolgte Schäden bezogen ist und eine bloße Reparationsnorm darstellt, die dem Ausgleich für erlittenes Unrecht dienen soll. Die LO 1/1982 blickt dahingegen auch nach vorn: Im Gesetz ist nicht nur der Ausgleich für bereits erfolgte Schädigungen durch Schadensersatz vorgesehen, sondern es können auch präventive Mittel ergriffen werden, um zukünftige Schädigungen zu vermeiden. Und während Art. 1902 CC im Prinzip eine „liberale" Vorschrift ist, die jedes Verhalten erlaubt, solange dieses Verhalten nicht zur Schädigung eines anderen führt, ist Art. 7 LO 1/1982 eine restriktive Vorschrift, die von vornherein bestimmtes Verhalten sanktioniert. Insofern sind die Unterschiede doch erheblich, denn während Art. 1902 CC bloße Wiedergutmachung gewährt, führen die Mechanismen der LO 1/1982 auch zu einem in die Zukunft gerichteten Schutz des betroffenen Rechtsinhabers[324].

Hier äußert sich einmal mehr der verfassungsrechtliche Ursprung der LO 1/1982, denn während sich Art. 1902 CC darauf beschränkt, Ausgleich für einen erlittenen Schaden zu gewähren, der aus der Verletzung einer Sache oder eines Rechts (das ein Grundrecht sein kann aber nicht sein muß) resultiert, stellt die LO 1/1982 die Grundrechte (und damit letzten Endes die Person), zu deren Schutz sie konzipiert ist, in den Mittelpunkt.

c) <u>Konkurrenzen</u>

In der Literatur ist die Auffassung verbreitet, daß mit der LO 1/1982 nichts oder fast nichts hinzugefügt worden ist, was vorher nicht über eine Anwendung des Art. 1902 CC lösbar gewesen wäre[325]. Auch vom Tribunal Supremo wurde in einem Urteil, das auf der LO 1/1982 basierte, auf die entsprechenden Regelungen der außervertraglichen Haftung der Art. 1902 ff. CC hingewiesen und damit angedeutet, daß die Entscheidung auch ohne Vorhandensein der LO 1/1982 gleich ausgefallen wäre[326]. Der Tribunal Constitucional schließlich

---

[324] López Díaz, S. 153.
[325] Maria de la Valgoma, ADH 1983, S. 647 (660).
[326] STS de 7 de Marzo 1988 (FJ 7 ff.).

führt aus, daß die „Haftung der Ley Orgánica 1/1982 nicht im wesentlichen anders ist als die aus Art. 1902 CC abgeleitete"[327].

Die LO 1/1982 hat nicht zu einem neuen Schadensersatzsystem geführt, sondern auch in diesem Gesetz wirkt weiterhin der Grundsatz des *alterum non laedere* fort[328]. Da dieses Prinzip in Art. 1902 CC verkörpert ist, wird daraus geschlossen, daß dessen Vorschriften und die diesbezügliche Rechtsprechung bis auf die Punkte, die in der LO 1/1982 ausdrücklich anders geregelt sind, anwendbar sind[329]. Diese Annahme wird gestützt durch Art. 4.3 CC[330] wie auch durch dessen spezielle Regelung in Art. 1090 CC[331], die beide die ergänzende Anwendung von Normen des Código Civil festsetzen. Die Regelungen der LO 1/1982 sollen ein „Spezialgesetz" (ley especial) zum „Generalgesetz" (ley general) gem. Art. 1902 CC des zivilrechtlichen Haftungssystems darstellen. Art. 1902 CC bildet insofern einen Auffangtatbestand für diejenigen Fälle, die über die Regelungen der LO 1/1982 nicht erfaßt werden können[332].

Besonders im Bereich des prestigio profesional wird die Parallelität der beiden Vorschriften deutlich: Ihn sah der Tribunal Supremo ursprünglich nicht als einen Teil der Ehre an, der auch über die LO 1/1982 zu schützen gewesen wäre, und hielt an seiner über Art. 1902 CC entwickelten Rechtsprechung fest, wonach sich der Schutz des prestigio profesional nach diesem Artikel bemaß. Diese Rechtsprechung wurde inzwischen weitgehend aufgegeben und ist nur noch zu einem geringen Teil anwendbar, da prinzipiell der prestigio profesional als in den Schutzbereich der Ehre mit eingeschlossen erachtet wird. Bis wohin jedoch der Schutz durch die LO 1/1982 in den entsprechenden Fällen geht, und ab wann auf Art. 1902 zurückgegriffen werden muß, steht nicht prinzipiell fest und muß im Einzelfall entschieden werden[333].

Was die generelle Konkurrenz der verschiedenen Regelungen angeht, so hat sich die Rechtsprechung geändert[334]: Ursprünglich war der Tribunal Supremo der Ansicht gewesen, daß die LO 1/1982 seit ihrer Einführung dem Art. 1902 CC im Bereich des Ehrenschutzes vorgeht[335].

---

[327] STC 178/1993 de 31 de Mayo (Antecedente 7).
[328] STS de 28 de Octubre 1986 (FJ 7).
[329] Herrero-Tejedor, S. 158 f.; López Díaz, S. 154; Sempere Rodríguez in Alzaga Villaamil, Constitución, Band II, S. 455 mwN.
[330] Art. 4.3. CC:
„Las disposiciones de este Código se aplicarán como supletorias en las materias regidas por otras leyes."
„Die Vorschriften dieses Gesetzbuches werden in den Rechtsbereichen, die durch andere Gesetze geregelt sind, als ergänzende Bestimmungen angewandt."
[331] Art. 1090 CC:
„Las obligaciones derivadas de la ley no se presumen. Solo son exigibles las expresamente determinadas en este Código o en las leyes especiales, y se regirán por los preceptos de la ley que las hubiere establecido; y en lo que ésta no hubiere previsto, por las disposiciones del presente libro."
„Die aus dem Gesetz abgeleiteten Verbindlichkeiten werden nicht vermutet. Sie können nur dann geltend gemacht werden, wenn sie ausdrücklich in diesem Gesetz oder in den Sondergesetzen festgelegt sind, und sie richten sich nach den Vorschriften des Gesetzes, das sie eingerichtet hat; und soweit dieses nichts vorgesehen hat, nach den Bestimmungen des vorliegenden Buches."
[332] Ruiz Miguel, S. 295 f.; im Ergebnis genauso: SAP de Barcelona, Sec. 16ª de 4 de Septiembre 1996, núm. 227/1996 (FJ 1), Aranzadi AC 1740/1996.
[333] Siehe oben Teil 2:C.II.1.b).
[334] Vgl. López Díaz, S. 154.
[335] STS 14 de Octubre 1988 (FJ 1).

Inzwischen scheint sich jedoch die Ansicht durchgesetzt zu haben, daß der Kläger die Wahlmöglichkeit hat. Der Tribunal Supremo hat ausdrücklich entschieden, daß Art. 1902 CC und die LO 1/1982 parallel nebeneinander anwendbar sind und die aus beiden Rechten resultierenden Ansprüche in einem Verfahren ausgeübt werden können[336]. Die Problematik besteht dann allein in der Wahl des richtigen Klageweges, da für eine Klage nach LO 1/1982 als Verfahren zum Grundrechtsschutz vor den ordentlichen Gerichten das spezielle Verfahren nach der Ley 62/1978 LPJDF zur Verfügung steht[337].

2. Strafrecht

Da Ehrenschutz und Schutz der intimidad nicht nur ausschließlich eine privat- und verfassungsrechtliche Materie darstellen, finden sich auch strafrechtliche Regelungen. Im neugestalteten Código Penal[338], der seit dem 24.6.1996 in Kraft ist, sind namentlich sowohl die Ehre wie auch die intimidad[339] geschützt.

a) Paralleler straf- und zivilrechtlicher Schutz

Als Persönlichkeitsrechte haben Ehre und intimidad ein besonders starkes Schutzbedürfnis, da es sich um die Verkörperung der höchsten Werte der Person handelt. Strafrechtliche Regelungen scheinen somit als stärkste Form des Schutzes, den der Staat bieten kann, unverzichtbar[340]. Und während es ursprünglich herrschende Ansicht war, daß der strafrechtliche Schutz zumindest bei der Ehre vorrangig sei, so daß deshalb bei der Schaffung des Código Civil auf eine Aufnahme dieses Rechts verzichtet wurde, existieren der straf- und zivilrechtliche Schutz heute parallel zueinander. Die ursprünglichen strafrechtlichen Regelungen bezüglich der Ehre und der intimidad des alten Código Penal bestanden in Spanien in Form von einfachen Gesetzen schon vor Inkrafttreten der Verfassung und konnten insofern auch nicht als ihre Weiterentwicklung und Ausgestaltung verstanden werden[341]; diese Funktion kam bis zur Neufassung des Código Penal nur den zivilrechtlichen Regelungen in der Ley Orgánica 1/1982 zu.

Was die Ehre und ihren parallelen strafrechtlichen und zivilrechtlichen Schutz betrifft, so besteht prinzipiell die Ansicht, daß der Inhalt der Ehre im engeren Sinne typischerweise durch strafrechtliche Normen geschützt wird, während der Schutz eines weiteren Bereichs zivilrechtlicher Natur ist[342]. Dementsprechend sollte mit der LO 1/1982 eine Lücke geschlossen werden, die im bereits bestehenden strafrechtlichen Schutzsystem gesehen wurde, da aufgrund des dem Strafrecht vorstehenden Prinzips der geringsten Einmischung (principio de intervención mínima)[343] immer die Tendenz zu einer Nichtbestrafung von als gering einge-

---

[336] STS de 14 de Diciembre 1994 (FJ 3); vgl. STS de 14 de Noviembre 1998 (FJ 1, 3).
[337] Siehe hierzu unten Teil 2:E.V.
[338] Ley Orgánica 10/1995, de 23 de Noviembre, del Código Penal (BOE de 24.11.1995, núm 281).
[339] Vgl. Absatz 3 der Präambel der LO 1/1982, wo schon auf den im Entstehen begriffenen Schutz der intimidad Bezug genommen wurde.
[340] López Ortega, S. 287; a.A. Quintero/Morales, S. 376.
[341] Herrero-Tejedor, S. 137 ff.
[342] Vgl. STC 185/1989 de 13 de Noviembre (FJ 4).
[343] STS de 6 de Febrero 1996 (FJ 1).

schätzten Verstößen besteht³⁴⁴. Um auch eine Möglichkeit zu schaffen, Verletzungen der Ehre, die nicht ihren engeren Bereich berührten und daher einer strafrechtlichen Beurteilung nicht zugänglich waren, wurde dem Verletzten der zivilrechtliche Klageweg eingeräumt. Allerdings sollte prinzipiell eine Subsidiarität des Zivilrechts bestehen, da dem Strafrecht laut der Präambel „ohne Zweifel" höhere Effektivität zukomme.

Trotzdem gibt es konzeptionelle und praktische Unterschiede, die dazu führen, daß sich der zivilrechtliche Schutz als der „überlegenere" zeigt:

- Soweit es um die immer sehr schwierige Abwägung und gegenseitige Begrenzung der Grundrechte des Art. 18.1 CE und Art. 20.4 CE geht, ist dies mit den strafrechtlichen repressiven Mitteln nur unbefriedigend zu bewerkstelligen³⁴⁵.

- Der Zivilprozeß bietet bezüglich der Beweisvoraussetzungen Vorteile, da keine Schädigungsabsicht nachgewiesen werden muß und die Schädigung vermutet wird, wenn ein unerlaubtes Eindringen vorliegt (vgl. Art. 9.3 LO 1/1982). Im Strafprozeß begegnet der Tätervorsatz hingegen Beweisproblemen. Dies führte in der Praxis der Zivilprozesse zum Teil zu der paradoxen Rüge der Unzuständigkeit des Beklagten, der die Eröffnung eines Strafprozesses gegen sich verlangte, weil er wußte, daß ein Vorsatz schwerer nachzuweisen sein würde, als im zivilrechtlichen Prozeß, dessen Voraussetzungen leichter zu erfüllen sind³⁴⁶.

- Besonders hinsichtlich der Rechtsfolgen ist das Zivilrecht für den Geschädigten ungleich vorteilhafter, da hier die größeren Schadensersatzsummen zugesprochen werden³⁴⁷.

Nicht überraschenderweise hat sich insofern in der Praxis erwiesen, daß der zivilrechtliche Schutz mit der Rechtsfolge insbesondere des Schadensersatzes sehr wohl die höhere Effektivität besitzt³⁴⁸. Der Gesetzgeber hat dies erkannt und in der letzten Strafrechtsreform, die den Código Penal völlig veränderte, u.a. eine Neugestaltung der strafrechtlichen Tatbestände zum Schutz der Ehre und der intimidad vorgenommen, die (zusammen mit einer Änderung des Art. 7.7 LO 1/1982) eine Koordinierung des strafrechtlichen und des zivilrechtlichen Schutzes zum Inhalt hatte. Zum einen wurden die zivil- und strafrechtlichen Tatbestände der Ehr-

---

[344] Vgl. Rodríguez Guitián, S. 46 (mit Hinweis auf Casas Vallés, RGLJ 1989, S. 285 (300)).
[345] Herrero-Tejedor, S. 138 f.; vgl. Muñoz Machado, PJ n° 1, März 1986, S. 11 (14): „Es scheint nicht auf der Höhe der Zeit, in der wir leben, daß die Bestrafung für ehrverletzende Informationen [...] das Einsperren des Informierenden sein soll."
[346] Crevillén Sánchez, S. 59; López Díaz, S. 142; Muñoz Machado, PJ n° 1, März 1986, S. 11 (14 f.) (Almagro Nosete in Cortés Domínguez u.a., Derecho Procesal, S.174. Diese Rügemöglichkeit beruhte auf der mißverständlichen Formulierung des Art. 2.1 LO 1/1982 und ist durch deren Änderung entfallen.
[347] Auch wenn diesbezüglich keine genauen Zahlen vorliegen, sind 20 Millionen Peseten Schadensersatz in einem Zivilprozeß keine Seltenheit, während in einem Strafprozeß der Schadensersatz für den Tod eines Familienvaters mit mehreren Kindern selten 10 Millionen Peseten übersteigt (Herrero-Tejedor, S. 141; López Díaz, S. 141). Vgl. zu den Schadensersatzsummen unten Teil 2:D.IX.2.c)(2).
[348] Casas Vallés, RGLJ 1989, S. 285 (292 und 300-307); vgl. Rojo Ajuria, ADC 1986, 133 (147), der die daraus resultierende Einstellung der geschädigten Personen kritisiert, die im Gegenzug für einen Schadensersatz durchaus bereit zu sein scheinen, eine Persönlichkeitsverletzung hinzunehmen.

verletzung einander angeglichen; zum anderen wurden Teile aus dem strafrechtlichen Bereich ausgegliedert, die nun durch die zivilrechtlichen Tatbeständen erfaßt werden.

b) Einzelne strafrechtliche Regelungen

(1) Schutz der intimidad

Die intimidad ist im Titel X „Verbrechen gegen die intimidad, das Recht am eigenen Bild und die Unverletzlichkeit der Wohnung" in den Art. 197 bis 204 geschützt, wobei im einzelnen die „Entdeckung und Enthüllung von Geheimnissen" (descubrimiento y revelación de secretos, Art. 197-201) und „Hausfriedensbruch" (allanamiento de morada, Art. 202) geregelt sind.

Art. 197.1 CP
El que, para descubrir los secretos o vulnerar la intimidad de otro, sin su consentimiento, se apodere de sus papeles, cartas, mensajes de correo electrónico o cualesquiera otros documentos o efectos personales o intercepte sus telecomunicaciones o utilice artificios técnicos de escucha, transmisión, grabación o reproducción del sonido o de la imagen, o de cualquier otra señal de comunicación, será castigado con las penas de prisión de uno a cuatro años y multa de doce a veinticuatro meses.

Wer sich zur Offenbarung von Geheimnissen oder zur Verletzung der Intimität eines anderen ohne dessen Einverständnis seiner Papiere, Briefe, Nachrichten der elektronischen Post oder jedweder anderer Dokumente oder persönlicher Papiere bemächtigt, seine Ferngespräche abhört oder technische Geräte zum Abhören, zur Übermittlung, Aufnahme oder Wiedergabe von Ton oder Bild oder jedwedes anderen Übermittlungssignals benutzt, wird mit Freiheitsstrafe von einem Jahr bis zu vier Jahren und einer Geldstrafe von zwölf bis zu vierundzwanzig Tagessätzen bestraft.

Wie zu erkennen ist, sind die bestraften Verhaltensweisen ähnlich den in Art. 7 LO 1/1982 geregelten Tatbeständen, was die Frage der Zuständigkeit bei Verletzung zweier Regelungen durch dieselbe Handlung aufwirft[349].

(2) Schutz der Ehre

Im Titel XI finden sich die Regelungen bezüglich der „Verbrechen gegen die Ehre", welche in den Tatbeständen der Verleumdung (calumnia, Art. 205 ff.) und Beleidigung (injuria, Art. 208 ff.) erfüllt werden[350].

(a) Calumnia

Art. 205 CP
Es calumnia la imputación de un delito hecha con conocimiento de su falsedad o temerario desprecio hacia la verdad

Verleumdung ist die Behauptung einer Straftat wider besseren Wissens oder bei leichtfertigem Umgang mit der Wahrheit.

Die calumnia stellt damit eine Spezialität des deutschen Tatbestandes der Verleumdung dar, nämlich den Tatbestand der falschen Verdächtigung[351]. Zum Teil wird in ihr eine Qualifikati-

---

[349] Siehe hierzu unten Teil 2:E.IV
[350] Vor der Neufassung des Código Penal war die Ehre im 2. Buch, Titel X und die intimidad im Titel XII, Kapitel V und VII (Art. 161, 162, 240,325, 453, 456, 457, 461 und 570.6) geregelt.
[351] Trotzdem wurde hier der allgemein gebräuchliche Begriff (siehe Rothe, S. 41) der Verleumdung beibehalten.

on der Beleidigung gesehen[352]; zumindest aber handelt es sich bei ihr um einen besonders speziellen und schweren Angriff auf die Ehre[353].

(b) Injuria

(i) Grundtatbestand

In den Gutachten zu den Entwürfen des neuen Código Penal entstand eine umfangreiche Polemik darüber, ob der Tatbestand der Beleidigung nach der Einführung der LO 1/1982 überhaupt noch aufrechterhalten werden sollte, oder ob die diesbezüglichen Fälle nicht ausschließlich auf dem Feld des Zivilrechts geregelt werden könnten. Der Gesetzgeber entschied sich jedoch dafür, die Beleidigung mit Änderungen auch als Straftat beizubehalten.

Art. 208 CP	
Es injuria la acción o expresión que lesionan la dignidad de otra persona, menoscabando su fama o atentando contra su propia estimación.	*Beleidigung ist jede Handlung oder Kundgabe, die die Würde eines anderen verletzt, indem sie seinen Ruf beeinträchtigt oder einen Angriff auf seine eigene Wertauffassung darstellt*
Solamente serán constitutivas de delito las injurias que, por su naturaleza, efectos y circunstancias, sean tenidas en el concepto público por graves.	*Es sind nur solche Beleidigungen eine Straftat, die ihrer Art, ihrer Wirkung und ihren Umständen nach in der öffentlichen Auffassung als schwerwiegend anzusehen sind*
Las injurias que consistan en la imputación de hechos no se considerarán graves, salvo cuando se hayan llevado a cabo con conocimiento de su falsedad o temerario desprecio hacia la verdad	*Beleidigungen, die in der Behauptung von Tatsachen bestehen, sind nicht als schwerwiegend anzusehen, es sei denn sie werden wider besseren Wissens oder im leichtfertigen Umgang mit der Wahrheit erhoben.*

Wie schon oben bei der Darstellung der Konzeption der Ehre ausgeführt, hat sich der Gesetzgeber mit der neuen Regelung die in der Rechtsprechung und Literatur entwickelte Konzeption der Ehre zu eigen gemacht, die in der verfassungsrechtlich garantierten Würde einen zentralen und statischen Kern der Ehre sieht. Dabei äußert sich die Verletzungen dieser Würde in einer Verletzung der eigenen Wertauffassung (Ehre im subjektiven Sinne) oder einer Schädigung des sozialen Ansehens (Ehre im objektiven Sinne)[354].

Obwohl neben der Verletzung der objektiven Ehre (die Beeinträchtigung des Rufs) auch eine Beeinträchtigung der subjektiven Ehre als Tatbestandsmerkmal geregelt ist, muß letztendlich von einer objektiven Ehrenkonzeption ausgegangen werden, die sich darin äußert, daß als Verletzung der Würde alles das erachtet wird, was objektiv dazu in der Lage ist, den Ruf eines anderen zu beeinträchtigen[355]. Die Beeinträchtigung der eigenen Wertauffassung als eigenes Tatbestandsmerkmal bietet eine zu unsichere Basis für eine einigermaßen exakte juristische Bestimmung; die Unterscheidung in eine objektive und subjektive Form der Ehre ist zwar allgemein anerkannt, doch letztendlich ist auch klar, daß dies im Endergebnis nicht dazu führen kann, daß den Personen ein unterschiedlicher Ehrenschutz entsprechend ihren persön-

---

[352] Muñoz Conde, S. 98.
[353] Quintero/Morales, S. 359; Bernal del Castillo, La Ley 1996-2, D-109, S. 1436.
[354] Vgl. zu den hierbei bestehenden Problemen im einzelnen oben Teil 2:C.II.1.a)(2).
[355] Bernal del Castillo, La Ley 1996-2, D-109, S. 1436 (1437); Quintero Olivares, Libertad, S. 174.

lichen Befindlichkeiten und ihrer Einschätzung dessen, was ihnen an Respekt durch andere gebührt, zugestanden wird. Der Hinweis auf die eigene Wertauffassung soll daher als mögliche Ergänzung (complemento potencial) zum Grundtatbestand der (objektiven) Verletzung der Würde eines anderen verstanden werden. Dementsprechend wird vorgeschlagen, daß ein Verhalten immer objektiv verletzend sein muß, um den Tatbestand bejahen zu können. Jedoch soll ergänzend überprüft werden, ob dies auch im konkreten Fall aufgrund des persönlichen Verhalten des Beeinträchtigten zu einer Verletzung geführt hat[356].

Des weiteren wurde bis zur Neuschaffung des Código Penal neben dem Vorsatz auch ein spezielles subjektives Element verlangt, der sog. *animus injurandi*. Der neue Código Penal scheint von seinem Wortlaut her für eine solche spezielle Beleidigungsabsicht keinen Raum zu lassen. Daraus wird in der Mehrheit gefolgert, daß der *animus injurandi* nicht mehr erforderlich sei[357]. In Abs. 3 von Art. 208 findet sich immerhin ein Verweis auf die subjektive Einstellung des Täters, als nur solche Behauptungen als schwerwiegend (und damit als Straftat im Sinne des CP) anzusehen sind, die wider besseren Wissens oder im leichtfertigen Umgang mit der Wahrheit erhoben werden. Die zweite Alternative stellt dabei einen gesetzlichen Hinweis auf das durch die Verfassungsrechtsprechung entwickelte Element der subjektiven Wahrheit dar, über das vom Informierenden die Einhaltung einer Sorgfaltspflicht bei der Verbreitung von Informationen gefordert wird[358].

In Art. 209 findet sich der Strafverschärfungsgrund der öffentlichen Beleidigung (injurias graves hechas con publicidad). Diese Vorschrift wird durch Art. 211 ergänzt, der bestimmt, daß öffentlich alles das ist, was „durch Printmedien, Rundfunk, oder jedes andere entsprechende Verbreitungsmedium" bekanntgemacht wird. Zum einen läßt der Verweis auf andere entsprechende Arten der Verbreitung eine angepaßte Interpretation in Bezug auf neue Möglichkeiten der Verbreitung zu[359], zum anderen wird daraus auch geschlossen, daß der Gesetzgeber den Massenkommunikationsmedien mit besonderem Mißtrauen gegenübersteht[360].

(ii) Rechtfertigung durch exceptio veritatis
Für die Beleidigung besteht die Möglichkeit der Rechtfertigung.

Art. 210 CP
El acusado de injuria quedará exento de responsabilidad probando la verdad de las imputaciones cuando éstas se dirijan contra funcionarios públicos sobre hechos concernientes al ejercicio de sus cargos o referidos a la comisión de faltas penales o de infracciones administrativas.

Der einer Beleidigung Angeklagte wird nicht bestraft, wenn er die Wahrheit der Behauptungen beweist, soweit diese sich gegen öffentliche Funktionsträger richten und sich dabei auf Taten, die in Ausübung ihres Amtes begangen wurden, oder auf strafrechtliche Vergehen oder auf verwaltungsrechtliche Verstöße beziehen.

---

[356] Quintero Olivares, Libertad, S. 174 f.
[357] Quintero/Morales, S. 374; Bernal del Castillo, La Ley 1996-2, D-109, S. 1436 (1438); a.A. López Díaz, S. 102, die jedoch eine nur durch Gegenbeweis zu entkräftende gesetzliche Vermutung für das Vorliegen des *animus injurandi* annimmt.
[358] Quintero/Morales, S. 372.
[359] Quintero/Morales, S. 380.
[360] López Díaz, S. 98.

Das heißt, daß nur bei Tatsachenbehauptungen, die sich auf öffentliche Funktionsträger beziehen, eine Entlastung durch den Wahrheitsbeweis möglich ist. Dies entspricht in etwa der Regelung des alten Código Penal. Im Strafrecht hat die Frage der Wahrheit damit nur ein äußerst begrenztes operatives Feld, welches jedoch durch die Verfassungsrechtsprechung ausgeweitet worden ist, da bei der Abwägung zwischen den Rechten des Art. 18.1 CE und Art. 20.1 CE auch die Wahrheit eine entscheidende Rolle spielt[361].

3. Verwaltungsrecht

Die Abschnitte II und III der Ley 62/1978 LPJDF, auf die die Übergangsbestimmung Zweitens der LO 1/1982 verweist, regeln den gerichtlichen Schutz der Grundrechte auf verwaltungsrechtlichem und zivilrechtlichem Wege. Aus dem etwas verwirrenden Hinweis auf die Verwaltungsgerichtsbarkeit in einem Gesetz, das ausdrücklich den „zivilrechtlichen Schutz" der in ihm geregelten Rechte zum Inhalt hat, wird abgeleitet, daß die Vorschriften der LO 1/1982 analog auch für die Verwaltung gelten. Ehrverletzungen durch die Verwaltung sind auch denkbar und bereits vorgekommen[362]. Eine sehr wichtige Rolle spielen Verletzungen der intimidad durch die Finanzverwaltung im Rahmen der Steuerprüfung oder durch die Gerichte im Rahmen der Veröffentlichung von Daten von Prozeßbeteiligten. In Bezug auf diese Probleme kann auf die Ausführungen unten unter IV.1. verwiesen werden.

II. Schutzbereich, Art. 2.1 LO 1/1982

Art. 2.1 LO 1/1982 bestimmt:

„Der Schutz der Ehre, der Intimität und des Rechts am eigenen Bild wird durch die Gesetze und die sozialen Gebräuche bestimmt, unter Berücksichtigung des Bereiches, den sich jede Person für sich oder ihre Familie durch ihr eigenes Verhalten vorbehält."

In der Literatur ist insbesondere der Wortlaut dieser Regelung stark kritisiert worden[363], da eine wörtliche Auslegung zu folgenden Schlüssen führen könnte[364]:

1. Gesetz im Sinne des Art. 2.1 könnte jedes einfache Gesetz sein, was in der äußersten Konsequenz zu einer Aufhebung des beabsichtigten besonders hervorgehobenen Schutzes der drei Rechte führen würde.

2. Der Schutz könnte von Personentyp zu Personentyp variieren, je nachdem, was für eine Reputation bestimmten Personengruppen aufgrund der Bestimmung anhand der „sozialen Gebräuche" zukommt.

---

[361] Vgl. Teil 2:D.VII.3.d)(2)(b) und ferner die Ausführungen zur *exceptio veritatis* im Zivilrecht unten Teil 2:D.V.3.b)(3).
[362] Vgl. STC 185/1989 de 13 de Noviembre (Erklärung des Stadtchronisten einer Gemeinde zur *persona non grata*).
[363] Herrero-Tejedor, S. 171; Concepción Rodríguez, S. 108 ff.; Clavería Gosálbez, ADC 1983-2, S. 1243 (1249 ff.): „Daraus folgt, daß die Abfassung der Nummer 1 des Artikels 2 sehr unglücklich ist und ein klares Beispiel dafür ist, wie man einen Gesetzestext nicht abfassen sollte."; Maria de la Valgoma, ADH 1983, S. 647 (662 ff.).
[364] Clavería Gosálbez, ADC 1983-2, S. 1243 (1249 f.).

3. Wenn jeder Einzelne die Weite seines Schutzbereichs selber definiert, kann es passieren, daß er sich zumindest eines Teils des Schutzes begibt, indem er eine erstmalige Verletzung nicht als solche reklamiert: Da die subjektive Definition des Schutzbereichs sich anhand solcher objektiver Kriterien bestimmen lassen soll („por sus propios actos"), kann in Folge der Nichtinanspruchnahme der Schutzbereich als eingeschränkt bzw. als nicht mehr vorhanden erachtet werden.

1. Bestimmung des Schutzbereichs durch Gesetze
Was die Einschränkung durch Gesetze und die mögliche Schlußfolgerung gem. Punkt 1 angeht, so hat die mißglückte Formulierung durch den Gesetzgeber zu einer einschränkenden Auslegung geführt: Ein begrenzendes Gesetz im Sinne von Art. 2.1 LO 1/1982 kann nur eine Ley Orgánica sein[365]: Nach den Ausführungen oben unter B.II.1.b) zu dem Verhältnis zwischen Organgesetzen und einfachen Gesetzen kann ein Organgesetz nicht durch einfaches Gesetz eingeschränkt werden, da dies die Verfassungswidrigkeit des einfachen Gesetzes zur Folge hätte. Eine Einschränkung kann vielmehr aufgrund des materiellen Vorbehalts immer nur durch ein anderes Organgesetz erfolgen.

2. Bestimmung durch die „sozialen Gebräuche" und „eigenes Verhalten"
Eines der herausragenden Merkmale der Persönlichkeitsrechte ist ihre große Unbestimmtheit, die ein Grund dafür ist, daß es in Deutschland bis heute nicht zu einer Normierung gekommen ist. Auch in Spanien ist man sich der großen Probleme, die die schwere Erfaßbarkeit mit sich bringt, bewußt. Wie bereits festgestellt, findet sich in keinem Gesetzestext eine Definition oder Kriterien, die eine einigermaßen zuverlässige Konzeption der geschützten Rechtsgüter ermöglichen können, und in der LO 1/1982 hat sich der Gesetzgeber nur darauf beschränkt, Verhaltensweisen aufzuzählen, die seiner Ansicht nach typische Verletzungen der geschützten Persönlichkeitsrechte darstellen (siehe Art. 7). Trotzdem ist es selbst in dieser Aufzählung nicht gelungen, den Rückgriff auf Ausdrücke zu vermeiden, die typischerweise mit den Persönlichkeitsrechten zusammenhängen und die Teil ihrer Unbestimmtheit sind. So ist in Art. 7 in den Nr. 1-3, die sich mit dem Schutz der intimidad befassen, jeweils vom Intim- bzw. Privatleben die Rede, und Art. 7.7 beruft sich auf die Würde und den Ruf einer Person. Alle diese Begriffe sind unbestimmt und nicht aus sich selbst heraus definierbar.

Der Gesetzgeber hat es bei diesen Unbestimmtheiten belassen und für die Konkretisierung die Regelung des Art. 2.1 geschaffen. Hierzu führt die Präambel erläuternd aus: „In Artikel 2 ist der Schutzbereich der entsprechenden Rechte geregelt. Außer den Beschränkungen, die sich aus den Gesetzen ergeben können, wird es als vernünftig erachtet, zuzulassen, daß in den in ihnen nicht geregelten Fällen die Sphäre der Ehre, der persönlichen und familiären intimidad und des Gebrauchs des Bildes entscheidend durch die zum jeweiligen Zeitpunkt in der Gesellschaft vorherrschenden Ansichten und durch die persönliche Auffassung, die jeder Mensch entsprechend seinem eigenen Verhalten diesbezüglich hat und die durch seine Verhaltensregeln bestimmt wird, geprägt wird. Auf diese Weise wird die Frage im Gesetz mit Formulierungen gelöst, die dem Richter die vernünftige Bestimmung der Schutzsphäre mittels Kriterien ermöglicht, die je nach Zeiten und Personen unterschiedlich sind." Mit Hilfe des Art. 2.1 soll dem Richter also die fallbezogene Bestimmung der Rechte ermöglicht werden. Er kann so entscheiden, ob eine bestimmte Tatsache zum Intim- oder Privatleben einer Person gehört, welches der Ruf einer Person ist und ob dieser beeinträchtigt wurde.

Aufgrund der möglichen Folgerungen gem. der oben genannten Punkte 2. und 3. ist jedoch an der Formulierung des Art. 2.1 Kritik geäußert worden[366]. Diese zielt insbesondere darauf ab, daß die Regelung der auch vom Gesetzgeber anerkannten Natur der Rechte als Persönlichkeitsrechte widerspreche. Obwohl sie eigentlich indisponibel seien, habe der Gesetzgeber, indem er den Schutzbereich über „eigenes Verhalten" definiert, eine faktische Disponibilität geschaffen und damit aus Ehre und intimidad quasi vermögensartige Rechte gemacht, denn nicht alle Personen verfügten über das gleiche gesellschaftliche Wirken (actuación social) und öffentliche Ansehen (estimación pública) und könnten diese über ihr eigenes Auftreten beeinflussen.[367] Die Disponibilität verstieße gegen die Würde als statisches Element. Weiterhin hieße die Ehre durch die sozialen Gebräuche und den Bereich, den sich jeder vorbehält, zu begrenzen, in der Konsequenz, daß jedem Menschen eine unterschiedliche Ehre zusteht, was das Gleichheitsgebot des Art. 14 CE verletzen würde[368].

Die Kritik an der Regelung des Art. 2.1 ist sicherlich zum Teil motiviert durch ein latentes Mißtrauen gegenüber einem zu großen und freien richterlichen Beurteilungsspielraum, bei dem tatsächlich immer die Gefahr besteht, daß es zu Schwankungen in der Rechtsprechung kommen kann[369]. Diesen Bedenken kann allerdings entgegengehalten werden, daß die Gefahr eines zu großen Subjektivismus zu einem guten Teil in der Natur der Rechte selbst begründet liegt[370]. Ferner ist es auch unbestritten, daß mindestens die Ehre stark von den kulturellen bzw. sozialen Werten einer Gemeinschaft zum jeweiligen Zeitpunkt beeinflußt ist[371]. Ein Gesetz, das sich mit der Regelung von soziologischen Phänomenen befaßt, die einem Wandel der Zeit und Kultur unterworfen sind, muß daher dem Richter die Möglichkeit einräumen, flexibel auf Änderungen reagieren zu können. Ein Verweis auf möglichst offene Begriffe und einen großen richterlichen Bewertungsspielraum liegt daher bei diesen Rechten nahe.

Der im Bereich der Persönlichkeitsrechte besonders wichtige Bewertungsspielraum des Richters ist auch vom Tribunal Supremo bestätigt worden: „Auf diese Weise [durch die Anwen-

---

[365] Herrero-Tejedor, S. 174.
[366] Clavería Gosálbez, ADC 1983-2, S. 1243 (1250); Díez-Picazo/Gullón Ballesteros, Civil I, S. 343.
[367] Estrada Alonso, S. 81.
[368] Estrada Alonso, S. 73 f.
[369] Vgl. Herrero-Tejedor, S. 181 f.; Concepción Rodríguez, S. 108.
[370] López Jacoiste, ADC 1986, S. 1059 (1085 ff.), vertritt in seiner Betrachtung der Persönlichkeitsrechte die Auffassung, daß sich im Bereich dieser Rechte die Rolle des Gesetzes nur auf eine Zusammenfassung von Prinzipien beschränken könne; vgl. López Ortega, S. 288, der die Unbestimmtheit von Ehre und intimidad in ihrer Konzeption als Grundrechte begründet sieht, „die sich nur in einem bestimmten zeitlichen Kontext begreifen lassen".
[371] STS de 20 de Diciembre 1993 (FJ 3); vgl. STC 185/1989 de 13 de Noviembre (FJ 4); STC 171/1990 de 12 de Noviembre (FJ 4); Estrada Alonso, S. 22; Herrero-Tejedor, S. 76.

dung des Art. 7 auf den jeweiligen Einzelfall und seine „Konfigurierung, Charakterisierung und Individualisierung" des durch die jeweiligen Umstände] soll jede Art von Automatismus ausgeschlossen und dem Richter ein weiter Beurteilungsspielraum zugestanden werden. [...] Und die Sphäre der intimidad personal wird entscheidend durch die zum jeweiligen Zeitpunkt in der Gesellschaft vorherrschenden Ansichten und durch die persönliche Auffassung geprägt, die jeder Mensch entsprechend seinem eigenen Verhalten diesbezüglich hat und die durch seine Verhaltensregeln bestimmt wird: Formulierungen des Gesetzes selbst, aufgrund derer dem Richter die sorgfältige Bestimmung des Schutzbereiches mittels unterschiedlicher Kriterien entsprechend den Zeiten und Personen gem. des bereits angesprochenen Art. 2.1 überantwortet ist"[372].

Im weiteren Verlauf der Darstellung wird sich zeigen, daß die Gerichte Art. 2.1 LO 1/1982 zum Ausgangspunkt für umfangreiche Abwägungen gewählt haben, die insbesondere dazu dienen sollen, das Verhältnis zwischen Art. 18.1 CE und 20.1 CE zu bestimmen (vgl. hierzu Abschnitt VII.). Erst im Rahmen dieser Abwägung kommt es dann letztlich erst über den Rückgriff auf Art. 2.1 LO 1/1982 zu einer genaueren Bestimmung des jeweils betroffenen Persönlichkeitsrechts[373].

An dieser Stelle kann konstatiert werden, daß schon von gesetzgeberischer Seite eingeräumt worden ist, daß eine genaue Bestimmung der Persönlichkeitsrechte selbst über die gewählte Technik der Beschreibung von Verhaltensunrecht nicht möglich und der Rechtsprechung ein großer Gestaltungsspielraum einzuräumen ist. Damit ist die Flexibilität gewährleistet, die sich aus der Natur der Persönlichkeitsrechte ergibt und die sie rechtlich so schwer erfaßbar macht.

Die hierfür bestimmten Kriterien orientieren sich zum einen an allgemeinen Gemeinschaftswerten, zum anderen jedoch auch am betroffenen Individuum, um eine Möglichkeit des Eingehens auf den Einzelfall zu schaffen.

a) Soziale Gebräuche

Der Begriff der sozialen Gebräuche (usos sociales) nimmt Bezug auf ein ähnliches Kriterium des Código Civil, welches für die Auslegung von Normen dienlich sein soll: In Art. Art. 3.1 CC ist bestimmt, daß sich „die Gesetze [...] entsprechend der sozialen Realität (realidad social) der Zeit in der sie anzuwenden sind, [...] auszulegen sind". Dies hat u.a zur Folge, daß bei der Auslegung auch die Verfassung Beachtung zu finden hat, für die Art. 3.1 CC somit ein „Einfallstor" in den zivilrechtlichen Bereich darstellt[374].

Auch die sozialen Gebräuche in der LO 1/1982 stellen so ein Einfallstor dar. Wenn grundsätzlich aber eine offene Regelung im Sinne eines Hinweises auf die sozialen Gebräuche zulässig und geboten erscheint, so muß die Anwendung jedoch mit Einschränkungen erfolgen.

---

[372] STS de 28 de Octubre 1986 (FJ 7); vgl. STS de 4 de Noviembre 1986 (FJ 3).
[373] Vgl. STS de 28 de Octubre 1986 (FJ 7), STS de 4 de Noviembre 1986 (FJ 5) und im einzelnen unten Teil 2:D.VII.3.c).
[374] STS de 28 de Octubre 1994 (FJ 3); vgl. STC 253/1988 de 20 de Diciembre (FJ 4).

Maßstab und Ziel dabei ist es, Ergebnisse zu vermeiden, die den Zwecken der gesetzlichen Ordnung zuwiderlaufen und den Wesensgehalt des Art. 18.1 CE verletzen[375].

Die Verfassung gebietet gem. Art. 14 eine allgemeine Gleichbehandlung durch das Gesetz. Der Tribunal Constitucional hat dieses Gebot allerdings dahingehend ausgelegt, daß nicht jede Ungleichbehandlung notwendigerweise eine Diskriminierung darstellt. Eine Ungleichbehandlung kann vielmehr dort gerechtfertigt sein, wo ein „objektiver und vernünftiger Grund" hierfür besteht[376]. Das heißt, über den Begriff der sozialen Gebräuche darf zwar festgelegt werden, daß eine bestimmte Handlung unter bestimmten Bedingungen ein unerlaubtes Eindringen darstellt und unter anderen nicht; dies darf jedoch nicht unter Verweis auf soziale, ökonomischen Bedingungen oder ein bestimmtes Umfeld geschehen, da diese Umstände keine objektiven und vernünftigen Gründe darstellen. Eine solche verallgemeinernde Betrachtungsweise verstieße gegen das unerläßliche Gebot einer realen und effektiven Gleichheit der Bürger[377]. Unter Beachtung der Verfassung können bei einer restriktiven Anwendung also willkürliche Ungleichbehandlungen vermieden werden.

b) Eigenes Verhalten

Auch das Kriterium des eigenen Verhaltens ist sehr restriktiv zu handhaben. Es sollte nur als Orientierungsregel für eine flexible Würdigung durch den Richter dienen[378]. Die Überlegung, die dieser Orientierungshilfe zugrunde liegt, erscheint dabei grundsätzlich vernünftig: Wie bei der Untersuchung der Ehre gesehen, besteht neben der objektiven Konzeption, die subjektive, die von der Auffassung, die jeder Mensch von sich hat und die bei jedem unterschiedlich ausgeprägt ist, bestimmt wird. Diese Auffassung existiert auch in Bezug auf die intimidad, bezüglich deren Umfangs jeder Mensch eine unterschiedliche Idee haben mag. Soziologisch gesehen prägt diese Auffassung die objektive Konzeption beider Rechte. Bei der Ehre ist es der Ruf und das Ansehen, worin sie sich vor den anderen äußert, und bei der intimidad der Bereich, aus dem der Einzelne die anderen erkennbar ausschließen möchte. Die Erkennbarkeit für die anderen wird dabei in dem Verhalten und in den Äußerungen des Einzelnen liegen. Das heißt, daß jeder Einzelne durch sein Verhalten festlegt, welche Ausmaße der Bereich hat, in dem er von anderen in Ruhe gelassen werden möchte.

Die restriktive Handhabung dieses Kriteriums soll sicherstellen, daß eine objektiv wertende Betrachtung des Verhaltens einer Person keinesfalls zu dem Schluß führen darf, daß sich jemand seiner Persönlichkeitsrechte begeben hätte, denn dies verstieße gegen das Kriterium der Unverzichtbarkeit. Das bedeutet, daß, wenn eine Person sich beim ersten Mal nicht gegen ein unerlaubtes Eindringen in einer bestimmten Form (bspw. ein Foto im unbekleideten Zustand) wehrt, dies nicht heißen darf, daß sie einen Schutz in dieser Richtung ein für allemal verloren hätte.

---

[375] Concepción Rodríguez, S. 109, Herrero-Tejedor, S. 175 f.
[376] STC 22/1981 de 2 de Julio (FJ 3).
[377] Herrero-Tejedor, S. 175.
[378] Ebenda.

Wenn auch die Überlegung grundsätzlich richtig ist, ist sie jedoch mit ihrer umständlichen und komplizierten Formulierung nicht klar genug umgesetzt worden[379]. Was das eigene Verhalten angeht, so ist nicht zu erkennen, ob es die Regeln sind, die dem eigenen Verhalten zugrunde liegen (und die normalerweise für andere nur schwer zu erkennen sein dürften) die ausschlaggebend sein sollen, oder die tatsächlichen Verhaltensweisen (die auf eine bestimmte Konzeption schließen lassen)[380].

Diesbezüglich ist das Urteil des Tribunal Supremo STS de 28 de Octubre 1986 bemerkenswert: Es ging um die Verbereitung eines Videobandes, das die letzten Minuten eines Stierkämpfers mit dem Hornstoß in der Arena und seiner anschließenden vergeblichen Behandlung in der Ambulanz der Arena zeigte. Die Witwe sah in der Verbreitung dieses Bandes die intimidad des Stierkämpfers verletzt. Nachdem die Vorinstanzen der Klage stattgegeben hatten, wies der Tribunal Supremo sie ab. Seiner Ansicht nach hatte der Torero freiwillig die Risiken, die das Spektakel eines Stierkampfes mit sich bringe, auf sich genommen und mit allen Konsequenzen akzeptiert. Hierzu gehöre auch der Hornstoß und das Geschehen in der Unfallstation, da diese als Teil des gesamten Geschehens nicht zur intimidad personal des Toreros gehörten.

Dieses Urteil war insofern bedenklich, als es die intimidad des Toreros nicht nur reduzierte, sondern de facto völlig aufhob. Auch sah der Tribunal Supremo es als ausreichend an, daß der Getötete durch seine Teilnahme am Stierkampf ein zustimmendes Verhalten gezeigt hätte, das ausreichend erschien, alle Konsequenzen zu tragen und das ein Einverständnis überflüssig machte. Konsequent weitergedacht hätte dieses Urteil bedeutet, daß Teilnehmer an risikoreichen Darbietungen sich *a priori* eines Schutzes in Bezug auf die Konsequenzen ihrer Teilnahme völlig begeben würden und daß der Todeskampf selber Teil eines Spektakels darstelle, auf deren Teilnahme die Zuschauer ein Anrecht hätten. Dieses Urteil wurde vom Tribunal Constitucional aufgehoben, welcher der Ansicht war, daß man zwischen dem Stierkampf selber und dem Geschehen in der Unfallstation, das unverletzbaren Teil der intimidad des Toreros darstelle, trennen müsse[381].

Ein interessanter Aspekt ist, daß beide Urteile das Problem über das Kriterium des eigenen Verhaltens lösen. Sinnvoller wäre es in diesem Fall offensichtlich gewesen, auf das Kriterium der Einwilligung einzugehen. Als bloße Orientierungshilfe kann das Kriterium „eigenes Verhalten" nur dazu dienen, Extremfälle zu vermeiden (im Falle des Stierkämpfers allerdings bis zur Entscheidung des Tribunal Constitucional zunächst nicht einmal das). Ein einmaliges nicht gerügtes Eindringen reicht wie gesagt nicht aus, um daraus schon Schlüsse auf den Umfang der Ehre oder der intimidad zu ziehen; es handelt sich dabei eher um Fälle, in denen es

---

[379] Siehe insbesondere den spanischen Originaltext, zu dem in der Kritik auch geäußert worden ist, daß bei der Abfassung die „Regeln der Grammatik" außer Acht gelassen worden seien (Díez-Picazo/Gullón Ballesteros, Derecho Civil I, S. 343).
[380] Vgl. Herrero-Tejedor, S. 172.
[381] STC 231/1988 de 2 de Diciembre (allerdings handelte es sich um keine einstimmige Entscheidung mit einem Minderheitsvotum).

wiederholt zu vermeintlichen Verletzungen gekommen ist und gegen die der Rechtsinhaber nicht vorgegangen ist[382].

Die Rechtsprechung wendet den Gedanken der Selbstdefinition des Schutzbereiches durch das Verhalten des Rechtsinhabers zumindest in den Fällen an, in denen entschieden werden muß, ob eigene Handlungen des Rechtsinhabers zumindest die Ehre im sozialen Sinne verringert haben können[383].

3. Bewertung

Der Ansicht, daß über Art. 2 LO 1/1982 eine grundsätzliche funktionale Bestimmung (delimitación funcional) des Schutzbereichs und damit des generellen Inhalts der Rechte der LO 1/1982 vorgenommen werde[384], kann nur bedingt zugestimmt werden. Es handelt sich vielmehr vornehmlich um eine Regelung für die Bestimmung des Schutzbereiches im Einzelfall, die den Gerichten eine flexible Würdigung ermöglichen soll.

Die Gerichte haben Art. 2.1 daraufhin zur Begründung für eine umfassende Güter- und Interessenabwägung im Einzelfall herangezogen. Damit haben sie jedoch – wie sich später zeigen wird – das System der Inhaltsbestimmung der Rechte über die Beschreibung von Verhaltensunrecht (so wie das Gesetz dies vorgesehen hat) in hohem Maße aufgeweicht. Mit der Begründung, zu einer größeren Einzelfallgerechtigkeit zu kommen, werden Abstraktionen von den Gerichten weitgehend vermieden.

III. **Schutzobjekte**

An einer schädigenden Handlung im Sinne der LO 1/1982 sind immer zwei verschiedene Handlungssubjekte beteiligt. In diesem Zusammenhang wird von der Person des Schädigers häufig als „Aktivsubjekt" und der Person des Geschädigten als „Passivsubjekt" gesprochen[385].

Auf die Aktivsubjekte wird im Rahmen der Untersuchung der Rechtswidrigkeit eingegangen werden. Was die Schutzobjekte bzw. Passivsubjekte einer schädigenden Handlung betrifft, so ist die Regelung in der LO 1/1982 nur unvollständig und auf keinen Fall ausführlich. Art. 2.1 behandelt den Schutzbereich und stellt über den Gedanken der „Selbstdefinition" dieses Bereiches auch auf das Subjekt, dem dieser Bereich zuzuordnen ist, ab. Art. 2.2 ff. behandeln die Einwilligung der Passivsubjekte und enthalten Regelungen zu Minderjährigen und Geschäftsunfähigen. Bezüglich letzterer ließ sich aus dem Gesetz jedoch nicht ableiten, ob Besonderheiten im Falle der Verletzung ihrer Rechte (d.h. bezüglich ihres Schutzes) bestehen;

---

[382] Auch hier ist jedoch Zurückhaltung geboten; ferner ist es dem Rechtsinhaber nicht verwehrt, durch ein erkennbares Verhalten deutlich zu machen, daß sich der ihn betreffende Schutzbereich sich verändert hat (vgl. Díez-Picazo/Gullón Ballesteros, Derecho Civil I, S. 344).
[383] STC 49/2001 de 26 de Febrero; STC 50/1983 de 14 de Junio (FJ 3); vgl. Ciment Durán, S. 199; Rodríguez Guitián, honor, S. 3338.
[384] Lacruz Berdejo, S. 85 f.
[385] Diese Bezeichnung ist die allgemein übliche und hat ihren Grund darin, daß die einen „aktiv" die schädigende Handlung vornehmen und die anderen sie „passiv" erdulden (vgl. Concepción Rodríguez, S. 139). Eine genau umgekehrte Bezeichnung wählt O'Callaghan Muñoz, RAC 1990-1, S. 1 (7 ff.), der bezüglich der verletzten Person vom Aktivsubjekt (weil sie für den Fall einer Klage aktivlegitimiert wäre) und vom Verletzer entsprechend als Passivsubjekt spricht.

nachträglich ist über die LO 1/1996 über den gerichtlichen Schutz von Minderjährigen (vgl. unten 1.d)) eine Ergänzung dieses Bereiches vorgenommen worden. Weiterhin fehlt die bereits angesprochene Unterscheidung zwischen natürlichen und juristischen sowie öffentlichen und Privatpersonen. Die einzige Norm, die eine Besonderheit des Schutzes bestimmter Passivsubjekte aufweist, ist Art. 8.2. Diese bezieht sich allerdings nur auf das Recht am eigenen Bild.

Unumstritten ist jedoch, daß der Rechtsschutz variiert, je nachdem, was für Interessen sich gegenüberstehen. Da diese Interessen und ihre Gewichtung sich auch danach richten, was für Personen beteiligt sind, ist diesbezüglich eine genauere Differenzierung vorzunehmen.

1. Natürliche Personen

Grundsätzlich ist die LO 1/1982 wie der gesamte Persönlichkeitsschutz auf die natürlichen Personen ausgerichtet[386]. Person zu sein, bedeutet, Träger von Rechten und Pflichten sein zu können[387]. Jeder Mensch ist Inhaber der ihm als Ausfluß seiner Persönlichkeit innewohnenden Rechte und kann frei über sie verfügen. Wie gesehen, besteht keine Möglichkeit, eine Person dieser Rechte zu berauben, da sie jedem Individuum aufgrund seines Seins von Geburt an als angeborene und ursprüngliche Rechte bis zu seinem Tod zugehörig sind, ohne Ausnahme oder ohne daß spezielle Voraussetzungen erforderlich wären. Eine Verletzung dieser Rechte kann von jedem reklamiert werden, unabhängig des sozialen Status oder Alters[388]. Unerheblich ist auch, ob es sich bei dem Verletzten um einen Spanier oder um einen Ausländer handelt, da über Art. 13.1 CE[389] dieser Schutz auch Nichtspaniern zukommt[390].

Jedoch ist an der LO 1/1982 kritisiert worden, daß sie gerade hinsichtlich der natürlichen Personen nicht ausreichend unterscheide; wichtig sei es vielmehr, den Schutz von Privatpersonen und „öffentlichen Personen" unterschiedlich zu beurteilen[391]. Die LO 1/1982 läßt dabei eine solche Unterscheidung trotz der Nichtnennung zu: Art. 2.1 bestimmt den Schutzbereich als Folge von eigenem Verhalten, und die Person hat in der Regel die Möglichkeit, selbst zu bestimmen, ob sie ein „öffentliches" oder „privates" Leben wählt (von Ausnahmen, bei denen sich das öffentliche Interesse aufgrund von unfreiwilligen Ereignissen auf die Person richtet, abgesehen); bei den Ausführungen zur Rechtswidrigkeit wird zu sehen sein, wie sich der unterschiedliche Status im Konflikt mit den Informationsrechten der Presse auswirkt.

---

[386] Vgl. Herrero-Tejedor, S. 275; Sarazá Jimena, RAC 1996-2, XXIV, Rz. 495 (504).
[387] Romero Coloma, Bienes, S. 6.
[388] Vgl. Estrada Alonso, S. 35; Martínez Sospedra, S. 284.
[389] Art. 13.1. CE:
„Los extranjeros gozarán en España de las libertades públicas que garantiza el presente Titulo en los términos que establezcan los tratados y la ley."
„Die Ausländer genießen in Spanien die öffentlichen Freiheiten, die dieser Titel gewährt, nach der Maßgabe, die Abkommen und das Gesetz aufstellen."
[390] Martínez Sospedra, S. 298.
[391] Bigeriego González-Camino, RAC 1991-2, XXVI, S. 337; Herrero-Tejedor, S. 225; vom Tribunal Supremo wird eine solche Unterscheidung seit Ende der achtziger Jahre vorgenommen (Salvador Coderch, Libertad, S. 87 f. mwN).

Die Unterscheidung ist darüber hinaus sogar in Art. 8.2 vorgesehen. Dort werden ausdrücklich bestimmte Handlungen in Bezug auf das Recht am eigenen Bild zugelassen, wobei zwischen einzelnen Personentypen differenziert wird. Daß eine weitergehende Unterscheidung in Bezug auf Ehre und intimidad nicht vorgenommen wurde, soll darauf zurückzuführen sein, daß die aufgrund des Widerstreits dieser Rechte und dem Recht auf Information bei diesen Personen entstehenden Probleme besonders schwer im Gesetz zu lösen seien, so daß man sich mit dem Recht am eigenen Bild auf das offensichtlichste und am einfachsten zu lösende Recht beschränkt habe[392]. Immerhin zeigt die Regelung jedoch, daß dem Gesetzgeber die Unterscheidung bewußt war.

a) Privatpersonen (personas privadas)
Privatperson ist zunächst einmal jeder; auch hinter jeder öffentlichen Person steht immer eine Privatperson, die als solche nicht übersehen werden darf.

b) Öffentliche Personen (personas públicas)
Öffentliche Personen[393] sind nach dem Wortlaut von Art. 8.2 diejenigen, „die ein öffentliches Amt innehaben oder in ihrem Beruf berühmt oder auch ansonsten allgemein bekannt sind". Der Wortlaut führt zu der Unterscheidung zwischen denjenigen, die ein öffentliches Amt bekleiden und solchen, die als Persönlichkeiten des öffentlichen Lebens im Interesse der Öffentlichkeit stehen oder solche, deren Tätigkeit ein öffentliches Bekanntsein zum Ziel hat[394]. Es handelt sich bei letzteren um Personen, an denen andere aufgrund des Verhaltens, Rufs oder ihrer Lebensweise oder weil sie einen bestimmten Beruf ausüben, interessiert sind und daher ein berechtigtes Interesse an ihren Handlungen, Angelegenheiten und Charakter besteht[395]. Insgesamt sind es damit Personen, die einen gewissen Bekanntheitsgrad besitzen und an deren Daten die Öffentlichkeit ein Interesse hat.

Der Bekanntheitsgrad und die Öffentlichkeit sind dabei relative Kriterien und immer auf einen bestimmten sozial abgegrenzten Bereich bezogen, der für den jeweiligen Einzelfall, in dem sich eine Verletzung des Persönlichkeitsrechts abspielt, bestimmt werden muß, damit entschieden werden kann, ob die betreffende Person in diesem Bereich eine Bedeutung besitzt. So hat der Vorsitzende eines örtlichen Fußballvereins in der Regel für das gesamte Land keine besondere Bedeutung, wohl aber in dem Ort selber[396].

c) Unterschiedlicher Schutz
Der Begriff der öffentlichen und Privatpersonen hat einen ganz besonderen verfassungsrechtlichen Aspekt, da er ein wesentliches Kriterium für die Entscheidung der Frage ist, ob ein Bericht oder eine Meinungsäußerung über eine Person durch die Rechte auf Meinungs- oder

---

[392] Herrero-Tejedor, S. 225.
[393] Der Begriff „personas públicas" ließe sich auch entsprechend der deutschen Übersetzung für die englischen „public figures" mit „Personen der Zeitgeschichte" übersetzen (vgl. Kübler, NJW 1999, S. 1281 (1283)).
[394] STC 171/1990 de 12 de Noviembre (FJ 5).
[395] Lacruz Berdejo, S. 84.
[396] Vgl. STS de 13 de Octubre 1998 (FJ 5)

Informationsfreiheit gem. Art. 20.1 CE gerechtfertigt sein kann. Die entsprechenden Ausführungen sind dem Kapitel VII. vorbehalten. An dieser Stelle läßt sich vorab jedoch bereits soviel festhalten:

Generell ist der Schutzbereich für Privatpersonen weiter als für die öffentlichen Personen[397]. In Bezug auf die einzelnen Personen oder Personengruppen gilt: Personen, die ein öffentliches Amt innehaben oder in ihrem Beruf berühmt oder auch ansonsten allgemein bekannt sind, genießen generell nur einen begrenzteren Schutz, da die Schutzsphäre dieser Personen durch das öffentliche Interesse, das in diesem Bereich sehr stark ist, eingeschränkt wird. Hier kommt aber auch der Gedanke der Selbstdefinition des Schutzbereiches des Art. 2.1 LO 1/1982 zum Tragen. Der Tribunal Constitucional drückt dies so aus: „Da sie sich freiwillig für diesen Zustand entschieden haben, müssen sie ein gewisses Risiko der Verletzung ihrer Persönlichkeitsrechte tragen"[398]. Diese Formulierung ist jedoch insoweit unglücklich, als sie Träger öffentlicher Ämter, deren Tätigkeit sich als Folge ihres Amtes in der Öffentlichkeit entfaltet und insofern mehr oder weniger unfreiwillig öffentlich ist, und bspw. Schauspieler und Sänger, die auf ihr Publikum angewiesen sind und die nur deshalb ihren Status innehaben, weil sie sich überhaupt an die Öffentlichkeit gewandt haben, gleich behandelt. Während letztere die Medien prinzipiell benötigen, ohne sie überhaupt nicht existieren könnten und bis zu einem gewissen Grad von der Berichterstattung über ihr Privatleben profitieren, da es ihre Popularität fördert, darf man den anderen nicht unterstellen, daß sie ihr Amt ausüben, um größere persönliche Popularität zu erlangen. Dieser Gedanke führt tatsächlich zu einem höheren Schutz von Trägern öffentlicher Ämter gegenüber den übrigen öffentlichen Personen (Schauspielern, Sportlern etc.), der gleichwohl geringer ist, als der Schutz von Privatpersonen[399], da noch weitere wichtige verfassungsrechtliche Werte und Ideen in die Abwägung mit einfließen, wie z.B. der in Art. 1.1 CE gewährleistete politische Pluralismus, der Gedanke der Kontrolle der Handlungen des Staates, sowie auch Toleranz als Grundlagen einer sozialen Demokratie[400]. Dabei darf jedoch nicht – was oben im Zusammenhang mit dem prestigio profesional bereits angesprochen wurde – vergessen werden, daß es bei der Kritik stets nur das Amt oder die Funktion ist, auf die sich das öffentliche Interesse bezieht, und nur indirekt und ausnahmsweise die Person, die dieses Amt oder Funktion ausfüllt, nämlich nur soweit private Details mit der Amtsführung verbunden sind. Bezüglich aller außerhalb dieser Verbindung liegenden Tatsachen ist der Amtsinhaber als Privatperson zu betrachten[401].

---

[397] Puig Brutau, S. 240 f.
[398] STC 165/1987 de 27 de Octubre (FJ 10); vgl. STS de 28 de Octubre de 1986 (FJ 7).
[399] Vgl. STC 46/1998 de 2 de Marzo (FJ 2) (Kritik an einem Richter).
[400] STC 107/1988 de 8 de Junio (FJ 2); Herrero-Tejedor, S. 232.
[401] Vgl. STC 46/1998 de 2 de Marzo (FJ 2); Clavería Gosálbez, ADC 1983-2, S. 1243 (1246 f.) unter Anführung mehrerer Beispiele, wann eine solche Verbindung von öffentlichen Amt und Privatleben seiner Ansicht nach besteht; siehe auch STC 104/1986 de 17 de Julio (FJ 6), wo der Tribunal Constitucional bezüglich der Abwägung von Ehre und Meinungsfreiheit ausführt, daß bei der Bewertung der widerstreitenden Interessen die Ehre des Angeklagten „nicht in ihrem intimen oder privaten Aspekt sondern nur in Bezug auf seine öffentliche Amtsführung (gestión pública) als Inhaber eines würdevollen Amtes" zu beachten sei.

Was also Berichte über öffentliche Personen angeht, so sind diese in dem Grad erlaubt, in dem ihr Leben und Lebenswandel einem öffentlichen Interesse unterliegen. In diesem Fall gilt: „Die Ehre verringert sich, die intimidad verdünnt sich und das eigene Bild schließt sich aus (el honor disminuye, la intimidad se diluye y la imagen se excluye)"[402].

d) Minderjährige

Über die LO 1/1996 de 15 de Enero, de Protección Jurídica del Menor, de modificación parcial del Código Civil y de la Ley de Enjuiciamiento Civil (Gerichtlicher Schutz von Minderjährigen) ist der vorher bereits unumstritten feststehende Schutz von Minderjährigen gesetzlich noch einmal ausdrücklich verankert und ergänzt worden.

In Artikel 4 des Kapitels II (Rechte des Minderjährigen) heißt es:

Art. 4:
1. Los menores tienen derecho al honor, a la intimidad personal y familiar y a la propia imagen. Este derecho comprende también la inviolabilidad del domicilio familiar y de la correspondencia, así como del secreto de las comunicaciones.

2. La difusión de información o la utilización de imágenes o nombre de los menores en los medios de comunicaciones que puedan implicar una intromisión ilegítima en su intimidad, honra o reputación, o que sea contraria a sus intereses, determinará la intervención del Ministerio Fiscal, que instará de inmediato las medidas cautelares y de protección previstas en la Ley y solicitará las indemnizaciones que correspondan por los perjuicios causados.

3. Se considera intromisión ilegítima en el derecho al honor, a la intimidad personal y familiar y a la propia imagen del menor, cualquier utilización de su imagen o su nombre en los medios de comunicación que pueda implicar menoscabo de su honra o reputación, o que sea contraria a sus intereses incluso si consta el consentimiento del menor o de sus representantes legales.

4. Sin perjuicio de las acciones de las que sean titulares los representantes legales del menor, corresponde en todo caso al Ministerio Fiscal su ejercicio, que podrá actuar de oficio o a instancia del propio menor o de cualquier persona interesada, física, jurídica o entidad pública.

5. Los padres o tutores y los poderes públicos respetarán estos derechos y los protegerán frente a posibles ataques de terceros.

1. Die Minderjährigen haben ein Recht auf Ehre, persönliche und familiäre Intimität und am eigenen Bild. Dieses Recht umfaßt gleichfalls die Unverletzlichkeit der Wohnung und der Korrespondenz, sowie das Post und Fernmeldegeheimnis.

2. Die Verbreitung von Informationen oder der Gebrauch von Bildern oder des Namens Minderjähriger in den Kommunikationsmedien, die ein unerlaubtes Eindringen in ihre Intimität, Ehre oder Ansehen beinhalten oder die im Widerspruch zu ihren Interessen stehen, hat das Einschreiten der Staatsanwaltschaft zur Folge, die unverzüglich die gesetzlich vorgesehenen Vorbeuge- und Schutzmaßnahmen zu veranlassen und einen Ausgleich für die verursachten Schäden geltend zu machen hat.

3. Als unerlaubtes Eindringen in das Recht der Ehre, der persönlichen und familiären Intimität und am eigenen Bild des Minderjährigen wird jedweder Gebrauch seines Bildes oder Namens in den Kommunikationsmedien erachtet, der eine Schmälerung oder einen Verlust seiner Ehre oder seines Ansehens beinhaltet oder der im Widerspruch zu seinen Interessen steht, selbst dann, wenn eine Einwilligung des Minderjährigen oder seiner gesetzlichen Vertreter vorliegt.

4. Unbeschadet dessen, daß die gesetzlichen Vertreter des Minderjährigen klageberechtigt sind, steht der Staatsanwaltschaft auf jeden Fall die Ausübung zu. Sie kann von Amts wegen oder auf Betreiben des Minderjährigen oder jedwedes Beteiligten handeln, sei es eine natürliche oder juristische Person oder eine öffentliche Einrichtung.

5. Die Eltern oder Vormünder und die öffentlichen Gewalten haben diese Rechte zu achten und vor möglichen Angriffen Dritter zu beschützen.

---

[402] STS de 17 de Diciembre 1997 (FJ 4).

Dieser Teil des Gesetzes ist einiger Kritik ausgesetzt, die sich bereits dagegen richtet, die Regelungen in ein eigenes neues Gesetz zu fassen, anstatt die bereits existierenden Regelungen im Código Civil zu ändern oder zu ergänzen[403]. Aber auch inhaltlich wird argumentiert, daß die ersten drei Absätze überflüssig bzw. sogar in höchstem Maße störend für das bestehende System sind[404]. In der Tat hatte nie jemand daran gezweifelt, daß den Minderjährigen die Rechte der LO 1/1982 von Anfang an zugestanden hatten, wie dies Art. 4.1 der LO 1/1996 jetzt noch einmal ausdrücklich betont. Unklar ist aber auch, ob in Art. 4.2 auch das Recht am eigenen Bild mit eingeschlossen ist, oder ob im Falle des Art. 4.3 das Recht am eigenen Bild nicht verletzt ist, wenn keine Schmälerung oder Verlust der Ehre oder des Ansehens vorliegt[405].

Die Regelungen der LO 1/1996 ergeben nur dann einen Sinn, wenn man sie als Ergänzungen zur LO 1/1982 betrachtet. Als einzige wirkliche Neuerung bleibt dann der Fall eines unerlaubten Eindringens, das im Widerspruch zu den Interessen des Minderjährigen steht. In solchen Fällen ist der Grundsatz des Zivilrechts, daß der Minderjährige seine Rechtsgeschäfte selber vornehmen soll, wenn seine Reife dies zuläßt – was auch in der LO 1/1982 aufgegriffen wurde – aufgehoben. Eine Einwilligung zum unerlaubten Eindringen kann dann weder vom Minderjährigen noch von seinem gesetzlichen Vertreter erteilt werden. In dieser Regelung drückt sich der Grundsatz der LO 1/1996 aus, daß das Interesse des Minderjährigen immer im Mittelpunkt zu stehend hat und für die Entscheidungen ausschlaggebend sein soll[406]. Auf diese Weise soll verhindert werden, daß in einer Zeit und einer Gesellschaft, in der Stars durch gezielte Publicity „gemacht" und dann vermarktet werden und in extremem Maße im Licht der Öffentlichkeit stehen, ehrgeizige Jugendliche oder (sehr häufig) ihre Erziehungsberechtigten die Einwilligung zu einer entsprechenden Vermarktung geben, die in vielen Fällen auch geeignet ist, die Persönlichkeitsrechte des Jugendlichen zu schädigen[407]. Was gegen die Interessen des Minderjährigen verstößt, muß sich dementsprechend nach objektiven Gesichtspunkten bestimmen.

2. Juristische Personen

Die Anwendung des Rechts auf Ehre auf juristische Personen gehört zu den am meisten umstrittenen Fragen im Bereich des Persönlichkeitsschutzes und sie wurde erst lange nach Einführung der LO 1/1982 entschieden. Die Problematik besteht deswegen, weil die juristischen Personen lediglich eine juristische Konstruktion zur besseren Durchsetzung der Zwecke und

---

[403] O'Callaghan Muñoz, La Ley 1996-4, S. 1247.
[404] Gullón Ballesteros, La Ley 1996-1, S. 1690 (1692).
[405] Vgl. Gullón Ballesteros, La Ley 1996-1, S. 1690 (1692).
[406] Vgl. O'Callaghan Muñoz, La Ley 1996-4, S. 1247.
[407] Zu den Voraussetzungen nach der alten Regelung siehe STS de 7 de Octubre 1996. Siehe auch den Fall des Juzgado de 1.ª Instancia de Alcobendas (Madrid), in dem ein Arzt, ein Fernsehprogrammdirektor, der Sender und die Eltern eines minderjährigen Kindes rechtskräftig zu einer gemeinschuldnerisch zu zahlenden Geldstrafe in Höhe von 750.000,- Ptas. verurteilt wurden, weil mit Zustimmung der Eltern und des operierenden Arztes eine Harnröhrenoperation des damals zweijährigen Kindes vom Sender ausgestrahlt wurde (Quelle: El País, Sábado 20 de Febrero 1999, S. 26); vgl. ferner STS de 19 de Julio de 2000, wo noch nach den Voraussetzungen der alten Regelung zu entscheiden war, jedoch auf die Ley 1/1996 eingegangen wird.

Interessen Einzelner darstellen, auf die sich die Idee der Persönlichkeit nicht anwenden läßt. Trotzdem wird vielfach ein Schutz gefordert.

Das Problem der Anwendung stellt sich dabei nur im Zusammenhang mit der Ehre, denn das Recht auf intimidad ist aufgrund der Konzeption der juristischen Personen als lediglich rechtliche Idee seinem Inhalt nach unstreitig nicht auf sie anwendbar, da dieses Recht dem Schutz der Persönlichkeit des Individuums dienen soll[408].

Im Gegensatz zu anderen Ländern ist in der spanischen Verfassung nichts über die Anwendung der Grundrechte auf juristische Personen gesagt. Und auch die LO 1/1982 schweigt sich in Bezug auf ihren Schutz aus. Ein Verweis läßt sich nur indirekt über die Ley 62/1978 LPJDF herleiten, wo eine Klagelegitimierung zur Geltendmachung von Grundrechten auch den juristischen Personen zugesprochen wird[409]. Hieraus läßt sich schließen, daß juristische Personen prinzipiell Träger von Grundrechten sein können, soweit sie aus diesen subjektive Rechte für sich herleiten können[410]. Jedoch ist zu beachten, daß der Verweis in der LO 1/1982 auf die Ley 62/1978 unter dem Vorbehalt steht, daß in ihr selber nicht die Legitimation geregelt ist. Das heißt, daß die Ley 62/1978 LPJDF bezüglich dieser Frage nicht anwendbar wäre, wenn die LO 1/1982 selber die Frage der Legitimation der juristischen Personen regelte. Diesbezüglich wird allgemein vertreten, daß gerade die Nichtausdrücklichkeit eines Ausschlusses von juristischen Personen die Anwendung auf sie erlaubt[411].

Art. 12.1 LPJDF gibt aber nur das prinzipielle Indiz, daß eine Inhaberschaft von Grundrechten durch juristische Personen prinzipiell nicht ausgeschlossen ist. Ob eine solche tatsächlich gegeben ist, muß für jedes einzelne Grundrecht anhand seines Inhalts und des Schutzbereichs in einer autonomen Betrachtung beurteilt werden.

a) <u>Problematik der Anwendung der Ehre auf juristische Personen</u>
Der Wortlaut der Verfassung spricht nicht gegen eine Anwendung der Rechte des Art. 18.1 auf juristische Personen, da der 1. Titel nicht zwischen natürlichen und juristischen Personen unterscheidet. In anderen Artikeln der Verfassung wird sogar ausdrücklich auf Gemeinschaften (Art. 16.1), Vereinigungen (Art. 7, 22), Parteien (Art. 6), Gewerkschaften (Art. 7, 28) und Stiftungen (Art. 34) verwiesen. Soweit sich in der Lehre Stimmen für eine Anwendung auf juristische Personen aussprachen, ging die Argumentation meist dahin, daß sie zumindest nicht ausdrücklich ausgeschlossen sei[412].

---

[408] Concepción Rodríguez, S. 150 f.; Martínez Sospedra, S. 283; vgl. STC 137/1985 (FJ 2); O'Callaghan Muñoz, Honor, S. 589.
[409] Art. 12.1:
"Están legitimados para actuar como demandantes el Ministerio Fiscal y las personas naturales o jurídicas titulares de un derecho subjetivo que les faculte para obtener la declaración judicial pretendida."
„Klagelegitimiert sind die Staatsanwaltschaft und die natürlichen oder juristischen Personen, die Inhaber eines subjektiven Rechtes sind, die eine gerichtliche Erklärung beanspruchen können."
[410] Vgl. ATS de 2 de Mayo 1980, Aranzadi 1980, 1917.
[411] Herrero-Tejedor, S. 312.
[412] Vgl. Herrero-Tejedor, S. 277 f. mwN und S. 284. Einen Überblick über Lehre und Rechtsprechung bis 1990 gibt Feliu Rey, ¿Tienen honor las personas jurídicas?.

Es ist jedoch anderersseits unbestreitbar, daß den juristischen Personen die persönlichkeitsrechtliche Dimension (el significado (bzw. dimensión) personalista), die ganz entscheidend die Natur der Rechte der LO 1/1982 ausmacht, fehlt[413]. Und auch Würde im Sinne des Art. 10.1 CE kommt ihnen unstreitig nicht zu. Pauschal gesehen steht fest, daß Subjekt der Persönlichkeitsrechte der Mensch als natürliche Person ist[414]. Diese fehlende subjektive Dimension wird als Haupthinderungsgrund dafür gesehen, den juristischen Personen ein Recht auf Ehre anzuerkennen. Dabei wird u.a auf das Recht am eigenen Namen verwiesen: Auch dieses Recht, das letzten Endes ein Recht auf Individualität ist, entspringt der Persönlichkeit des Menschen, und obwohl auch eine juristische Person einen Namen hat, formt dieser nicht Teil ihrer Persönlichkeit, sondern stellt als intellektuelles Gut quasi eine Art Besitz der juristischen Person dar[415]. Dies wird bezüglich der Ehre zum Teil ähnlich gesehen: Juristischen Personen (hier geht es häufig um merkantile Gesellschaften, denen aus kommerziellen Gründen an der Erhaltung ihres Namens gelegen ist) wird zwar eine Reputation und ein legitimes Interesse an dieser zugestanden; bei einem Angriff soll es sich jedoch nicht um einen Angriff auf ihre Persönlichkeit handeln, der einen immateriellen seelischen Schaden hervorruft, sondern um einen Angriff, der u.U. einen materiellen Schaden an ihrem Aktivvermögen (activo patrimonial), der von ihrem Ansehen (crédito) und Prestige gebildet wird, verursacht[416]. Dieser solle dementsprechend eher über Art. 1902 CC reguliert werden[417]. Diese Ansicht begegnet zwei Gegenargumenten: Zum einen fällt der prestigio profesional, um den es hier geht, in den Schutzbereich der Ehre im Sinne von Art. 18.1 CE[418]; zum anderen wird nicht zwischen zwei unterschiedlichen Schadenssphären unterschieden: dem direkt aus der Verletzung entstehende Schaden der Reputation für sich betrachtet (der sehr wohl persönlicher Natur ist und nicht Teil des Vermögens darstellt) und dem daraus resultierenden Folgeschaden, der sich am wirtschaftlichen Vermögen der juristischen Person in Form von Umsatzrückgang äußert[419].

Verbunden mit dem Fehlen des subjektiven Aspekts der Ehre bei juristischen Personen ist, daß sie keinen immateriellen, seelischen Schaden (daño moral) erleiden können, so daß diesbezüglich auch kein Schutz notwendig ist[420]. Gegen dieses Argument wird vor allem ein weiter Begriff des daño moral angeführt: Dieser liegt danach nicht nur im Falle von schmerzhaften Empfindungen vor, sondern auch bei der Vereitelung bzw. Erschwerung der Befriedigung eines Interesses jedweder natürlichen Person[421]. Im Falle einer juristischen Person soll ein

---

[413] Rodríguez Guitián, S. 101; vor allem die Rechtsprechung hat dieses Kriterium immer wieder als Hinderungsgrund für den Ehrenschutz juristischer Personen gesehen (vgl. unten).
[414] O'Callaghan Muñoz, Libertad, S. 162.
[415] O'Callaghan Muñoz, Libertad, S. 162.
[416] Herrero-Tejedor, S. 283 und 361; er kommt zu dem Schluß, daß man insofern zwischen Gesellschaften ohne Gewinnerzielungsabsicht (wie politische Parteien, Gewerkschaften, Stiftungen, Vereine und Verbände (asociaciones) und Religionsgemeinschaften, denen er eine Ehre zugesteht) und den merkantilen Gesellschaften (zu deren Ehrenschutz er sich nicht eindeutig äußert) unterscheiden müsse.
[417] O'Callaghan Muñoz, Libertad, S. 162; Bernal del Castillo, La Ley 1996-2, D-109, S. 1437 f. und 1440 (Fn. 16); vgl. Herrero-Tejedor, S. 283.
[418] Vgl. oben Teil 2:C.II.1.b).
[419] Rodríguez Guitián, S. 318 (Nr. 3).
[420] Vgl. Rodríguez Guitián S. 103 f. mwN.
[421] García Serrano, ADC 1972, S. 799 (806).

daño moral vorliegen, wenn sie ihren Ruf oder ihr Ansehen aufgrund einer diffamatorischen Handlung verliert[422]. Und wenn den juristischen Personen auch unzweifelhaft die subjektive Seite in Form des Gefühls der Auffassung, die jede Person von sich selber hat, in Verbindung mit dem Bewußtsein der eigenen Würde fehlt, kommt ihnen zumindest der äußere Aspekt, Ruf und Anerkennung durch andere, zu[423].

Ein weiteres Argument gegen eine Anwendung der Grundrechte wird im Wortlaut des Art. 53.2 CE gesehen, der jedem „Bürger" den gerichtlichen Schutz garantiert. Fragwürdig erscheint in diesem Zusammenhang, ob man unter Bürger auch eine juristische Person verstehen kann[424]. Der Tribunal Constitucional hat sich jedoch einer wörtlichen Auslegung von Art. 53.2 CE entgegengestellt und diesen Artikel für anwendbar in Bezug auf juristische Personen erklärt[425].

Richtigerweise muß bei allen Diskussionen und Argumenten beachtet werden, auf welchen Typus von juristischer Person sie sich im jeweiligen Fall beziehen, da unterschiedliche Kriterien zum Tragen kommen können. Im allgemeinen hat sich eine Unterscheidungen zwischen juristischen Personen des Privatrechts und Einrichtungen des Staates (im Sinne von hoheitlichen staatlichen Stellen und juristischen Personen des öffentlichen Rechts) durchgesetzt, weil hierzu vor allem in der Rechtsprechung eine deutlich unterschiedliche Behandlung vorgenommen wird. Ferner wird zwischen Personengesellschaften (universitates personarum, personas jurídicas de tipo personalista, sociedades personalistas) und Kapitalgesellschaften (universitates bonorum, personas jurídicas de tipo patrimonialista, sociedades capitalistas) differenziert[426]. Eine in der Praxis deutlich hervorgehobene Rolle spielen die Handelsgesellschaften, da gerade für sie das Ansehen und die Ehre eine (in kommerzieller Hinsicht) wichtige Rolle spielt, was sich auch in einer Vielzahl von Gerichtsprozessen äußert.

b) Rechtsprechung

(1) Entwicklung

Die Anwendung des Rechtes auf Ehre auf juristische Personen in der Rechtsprechung war – wie die Gerichte selber anerkennen – lange Zeit uneinheitlich, von großer Unschlüssigkeit geprägt, sowie von einer Vielzahl von Meinungen beeinflußt[427]. In einem frühen Beschluß des Tribunal Supremo noch vor Erlaß der LO 1/1982 wurde erklärt, daß „die Ehre, auf die sich die Ley 62/1978 in der Ergänzung durch das Real Decreto 20. Feb. 1978 bezieht, sowohl die Ehre des Individuums, wie auch die Ehre der juristischen Personen, Organismen (organis-

---

[422] Álvarez Vigaray, ADC 1966, S. 81 (83).
[423] STS de 15 de Abril 1992 (FJ 1) unter Hinweis auf STS de 23 de Marzo 1987; Rodríguez Guitián, S. 108.
[424] Vgl. Rodríguez Guitián, S. 69; Albácar López, La Ley 1984-4, S. 1198 (1207).
[425] SSTC 19/1983 de 14 de Marzo (FJ 2) und 53/1983 de 20 de Junio (FJ 1) erklärten noch, daß Art. 53.2 CE „die mögliche Inhaberschaft (der Grundrechte) durch andere Personen zumindest nicht ausschließt". STC 241/1992 de 21 de Diciembre (FJ 3) hat die Anwendbarkeit dieses Artikels auf natürliche wie auch juristische Personen ausdrücklich bejaht.
[426] Erstmalig als Kriterium angeführt in STS de 5 de Octubre 1989 (FJ 1).
[427] STS de 9 de Octubre 1997 (FJ 3); STS de 21 de Mayo 1997 (FJ 1) ist sogar der Ansicht, daß sich die Rechtsprechung nach wie vor nicht einheitlich verhält, und sich unterschiedlich präsentiert; vgl. STS de 9 de Diciembre 1993 (FJ 1).

mos) oder bestimmter Gruppierungen, die Teile des Staates bilden (clases del estado) ist"[428].
Trotzdem bestanden in der Rechtsprechung immer eher Bedenken, den Schutz des Rechts auf Ehre ausdrücklich auf juristische Personen auszudehnen, und zwar vor allem aufgrund der Natur dieses Rechts als Persönlichkeitsrecht. Dabei wurde (und wird bis heute) in kaum einer Entscheidung (selbst in solchen nicht, die den juristischen Personen ein Recht auf Ehre zugestehen) vergessen, auf die an die Persönlichkeit gebundene Natur (dimensión personalista bzw. significado personalista) dieses Rechts hinzuweisen[429].

Dagegen entwickelte sich immer mehr die Ansicht, daß generell ein Schutz der juristischen Personen zu befürworten sei. Soweit sich Gerichtsentscheidungen dabei positiv zu einem Ehrenschutz äußerten, taten sie dies häufig mit dem Argument, daß die Verfassung zumindest nicht dagegenspräche. Als positives Argument wurde jedoch immer stärker auf den objektiven Aspekt der Ehre verwiesen, dem die juristischen Personen ohne weiteres zugänglich sind.

Der Tribunal Supremo neigte überwiegend ursprünglich zu einer ablehnenden Haltung: In STS de 24 de Octubre 1988 (FJ 5) gab er einer Klage der Fluglotsenvereinigung Asociación Confederal Español de Controladores Aéreos (ACECA) auf Schutz vor gegen sie gerichtete abwertende Äußerungen mit dem Argument nicht statt, daß es sich dabei um eine Vereinigung mit dem Charakter einer bestimmten staatlichen Gruppierung (carácter de clase determinada del Estado) handelte.

(a) STC 107/1988 de 8 de Junio

Mit diesem Argument bezog er sich auf ein vorhergegangenes Urteil des Tribunal Constitucional STC 107/1988 de 8 de Junio, das vielfach als Wendepunkt in der Rechtsprechung verstanden wird. Dort führte der Tribunal Constitucional aus: „Es ist notwendig, zu beachten, daß das Recht auf Ehre in unserer Verfassung eine persönlichkeitsrechtliche Bedeutung hat, in dem Sinn, daß die Ehre ein Wert ist, der den Personen in ihrer Eigenschaft als Individuen (individualmente consideradas) zukommt. Dies macht es unpassend, von der Ehre öffentlicher Einrichtungen oder bestimmter Gruppierungen des Staates zu sprechen, bei denen es aus Sicht der Verfassung angebrachter ist, die Begriffe Würde, Reputation oder moralische Autorität zu gebrauchen, welches Werte sind, die den strafrechtlichen Schutz verdienen, den ihnen der Gesetzgeber zur Verfügung stellt, aber nicht exakt mit der Ehre identisch sind, die in der Verfassung als Grundrecht verankert ist"[430]. Obwohl der Tribunal Constitucional in diesem Urteil den juristischen Personen nicht eindeutig das Recht auf Schutz ihrer Ehre zusprach, wurde die darin vorgenommene Unterscheidung zwischen Vereinigungen des Privatrechts und Gruppierungen des Staates dahingehend interpretiert, daß der Tribunal Constitucional

---

[428] ATS de 2 de Mayo 1980, Aranzadi 1980, S. 1917.
[429] Bspw. STC 107/1988 de 8 de Junio (FJ 2) und STS de 24 de Octubre 1988 (FJ 5).
[430] STC 107/1988 de 8 de Junio (FJ 2); vgl. STC 51/1989 de 22 de Febrero (FJ 2); Osorio Iturmendi in Jiménez-Blanco, Comentarios, S. 143. Dieses Urteil ist tatsächlich, da es sich nicht wirklich ausdrücklich äußert, in Rechtsprechung und Lehre unterschiedlich ausgelegt worden; vgl. hierzu im einzelnen Rodríguez Guitián, S. 292 ff. mwN.

einem verfassungsrechtlichen Ehrenschutz dann nicht ablehnend gegenüberstünde, wenn es sich nicht um den Staat und seine Einrichtungen handelte.

In STC 23/1989 de 2 de Febrero (FJ 2) hieß es dann ausdrücklich: „in unserer Verfassungsordnung gelten – wenn es sich auch nicht in so deutlichen Worten ausdrückt wie den Verfassungstexten anderer Staaten – die Grundrechte auch für die nationalen juristischen Personen, in dem Maße in dem sie aufgrund ihrer Natur auf diese anwendbar sind."

(b) STS de 9 de Diciembre 1993 und STC 139/1995 de 26 de Septiembre

Der Tribunal Supremo zeigte sich zumindest eine Zeitlang weiterhin schwankend und entschied unterschiedlich[431], Einige Male lehnte er einen Rechtsschutz in Bezug auf die Ehre juristischer Personen ab[432] und wies ihn andere Male zumindest nicht aufgrund ihrer Eigenschaft als juristische Personen ab[433]. Spätestens mit STC 139/1995 de 26 de Septiembre ist jedoch eine Wende in Richtung der Anerkennung der Rechtsinhaberschaft der Ehre durch juristische Personen und des ihnen zustehenden Schutzes vollzogen worden. Auch der Tribunal Supremo sieht das heute so und führt seine heutige Rechtsprechung auf eine Linie zurück die „durch das Urteil 9 de Diciembre 1993 eingeleitet wurde und das Urteil des Tribunal Constitucional 139/1995 de 26 de Septiembre fortentwickelt"[434].

In STS de 9 de Diciembre 1993 wurde einmal mehr auf den objektiven Aspekt der Ehre in Form der „trascendencia" verwiesen, dem in dieser Entscheidung allerdings zum ersten Mal ein stärkeres Gewicht als der „dimensión personalista" eingeräumt wurde. Dementsprechend wurde ein Schutz unter Berufung auf diesen Aspekt bejaht. Besondere Aufmerksamkeit verdient jedoch STC 139/1995 de 26 de Septiembre. Dessen Inhalt findet sich in vielen nachfolgenden Urteilen zum Schutz der juristischen Personen und soll daher hier in Teilen wiedergegeben werden. In dem Urteil heißt es in FJ 4:

„Unsere Verfassung formt bestimmte Grundrechte, deren Ausübung dem Individuum zusteht. Auf der anderen Seite gibt es Rechte im Verfassungstext, deren Ausübung in kollektivierter

---

[431] Siehe im einzelnen Rodríguez Guitián, S. 294 und O'Callaghan Muñoz, Libertad, S. 162 f., beide mit Nachweisen von einzelnen Entscheidungen; Auch in STS de 9 de Diciembre 1993 (FJ 1) wird die Unterschiedlichkeit der eigenen Rechtsprechung mit Verweis auf einzelne Entscheidungen ausdrücklich hervorgehoben.

[432] STS de 9 de Febrero 1989 (Ablehnung der Klage einer Handelsgesellschaft unter Berufung auf den auf die Person bezogenen Sinn (sentido personalista) und den Gebrauch des Wortes „persona" in der LO 1/1982, der sich nur auf persönliche Personen beziehe); STS de 5 de Octubre de 1989 (Der Tribunal Supremo hob klagestattgebende Urteile der unteren Instanzen zugunsten der spanischen Arbeiterpartei PSOE auf); STS de 6 de Junio 1992 (Abweisung der Klage einer Baufirma in Form einer Sociedad Limitada wie in allen Instanzen zuvor).

[433] In STS de 28 de Abril 1989 führte der Tribunal Supremo bezüglich der „Coordinadora de lucha antidroga" aus: „Es besteht kein Zweifel, daß die juristischen Personen innerhalb der Charakteristiken ihrer Persönlichkeit über ein Recht auf Schutz ihrer Ehre verfügen"; STS de 5 de Diciembre 1989 (Der Tribunal Supremo stand einer Handelsgesellschaft einen Rechtsschutz nur deshalb nicht zu, weil es kein unerlaubtes Eindringen gegeben hatte). In STS de 15 de Abril 1992 führte der Tribunal Supremo aus, daß die Kollektivpersonen (personas colectivas) Inhaber des objektiven Ehrenaspekts (Reputation) sind und daß der prestigio profesional in diesem mit eingeschlossen ist, so daß „kein Grund besteht, das Ansehen einer Handelsgesellschaft in der Entfaltung ihrer Aktivitäten von diesem Schutz auszuschließen [...]". In den bejahenden STS de 9 de Diciembre 1993 (gegen das eine Verfassungsklage vor dem Tribunal Constitucional eingelegt wurde, über die dieser in STC 139/1995 de 26 de Septiembre entschied) und STS de 5 de Abril 1994 (183/1995 de 11 de Septiembre) wurde vor allem darauf verwiesen, daß eine Lösung nur anhand des jeweiligen Einzelfalls nach den jeweiligen Umständen erfolgen könne (vgl. auch STS de 21 de Mayo 1997).

Form vorgenommen werden soll. Wenn das Ziel und die Funktion der Grundrechte der Schutz des Individuums ist, ob als Individuum als solches oder in kollektivierter Form (als Gruppe), ist es logisch, daß die Vereinigungen, welche die natürlichen Personen zum Schutz ihrer Interessen schaffen, Inhaber von Grundrechten sein sollen, sobald letztere dazu dienen, die Zwecke zu schützen, zu denen die Vereinigungen gegründet wurden. In der Konsequenz heißt das, daß die Personenvereinigungen (personas colectivas) in solchen Fällen nicht nur in Verteidigung eines legitimen Interesses im Sinne von Art. 162.1 CE auftreten, sondern als Inhaber eines eigenen Rechts. Den Personenvereinigungen die Inhaberschaft von Grundrechten zuzuerkennen und nicht nur ein einfaches legitimes Interesse, bedeutet einen Schutzwall von Rechten gegenüber jedweden Eindringungs- und Verletzungstendenzen zu errichten und außerdem, die Wirksamkeit der Grundrechte über den Bereich des Privaten und Subjektiven hinaus hin zu einem kollektiven und sozialen Bereich auszuweiten. [...]

Es ist sicher, daß die juristischen Personen aufgrund des Fehlens einer körperlichen Existenz nicht Inhaber eines Rechts auf Leben oder körperliche Unversehrtheit oder Träger der menschlichen Würde sein können. Aber wenn das Recht, sich zu vereinigen ein Verfassungsrecht ist, und wenn die Zwecke der Personenvereinigung verfassungsrechtlich durch die Anerkennung solcher Rechte geschützt sind, die mit ihnen übereinstimmen, erscheint es folgerichtig, daß man den Vereinigungen auch die Inhaberschaft solcher anderer Rechte zuerkennt, die notwendig und vervollständigend für die Verwirklichung dieser Zwecke sind. Gelegentlich wird dies nur möglich sein, wenn sich die Inhaberschaft solcher Grundrechte, die die Existenz und Identität der Kollektivpersonen schützen, auf diese erstrecken; mit dem Zweck, die freie Entfaltung ihrer Aktivitäten zu sichern, und zwar in dem Maß, in dem diejenigen Grundrechte, die diese Funktion erfüllen, ihrer Natur nach auf die juristischen Personen anwendbar sind."

Anschließend untersucht der Tribunal Constitucional in dem Urteil dementsprechend, inwieweit diese allgemeinen Erwägungen auf das Recht der Ehre angewandt werden können, und kommt nach Ausführungen zu den Schwierigkeiten, die Ehre zu definieren, unter Hinweis auf Art. 7.7 LO 1/1982 zu dem Ergebnis, daß der gemeinsame Nenner aller Angriffe in den Schutzbereich dieses Rechts die Herabsetzung in den Augen anderer als Folge von abwertenden, geringschätzenden oder ehrenrührigen Äußerungen ist. Dies bezieht sich auf die objektive Konzeption der Ehre, die der Tribunal Constitucional wie die ganz herrschende Meinung anerkennt Trotzdem verbleibt das Problem der subjektiven Komponente, die einen anderen Teil der Gesamtkonzeption der Ehre ausmacht. Hierzu führt der Tribunal Constitucional aus:

„Obwohl die Ehre ein Wert ist, der sich auf Personen als Individuum bezieht, ist das Recht auf die eigene Wertauffassung oder den guten Namen oder die Reputation, aus denen sich die Ehre zusammensetzt, kein exklusives Gut nur dieser Personen. Man erinnere sich [...] an das bereits zitierte Urteil STC 214/1991, in welchem der Schutz der Ehre ausdrücklich auch auf

---

[434] STS de 9 de Octubre 1997 (FJ 3).

größere Gruppen ausgedehnt wurde [...] Daher kann die auf die Einzelperson zugeschnittene Bedeutung (significado personalista) [...] nicht dahingehend gedeutet werden, daß die Angriffe oder Verletzungen des zitierten Grundrechts notwendigerweise ad personam individualisiert sein müssen, da dies bedeuten würde, den Schutz der Ehre aller juristischen Personen, einschließlich derer mit einer persönlichkeitsähnlichen Grundlage (substrato personalista) völlig auszuschließen und die verfassungsmäßige Rechtmäßigkeit aller Angriffe oder Eingriffe in die Ehre der Personen als Individuum lediglich aufgrund des Umstandes, daß sie allgemein oder unbestimmt oder ohne Nennung einzelner gehalten sind, zuzulassen.

In der Konsequenz – unter Berücksichtigung der Systematik der Verfassung – kann und darf der Inhalt des Rechtes auf Ehre die juristischen Personen nicht aus seinem Schutzbereich ausschließen [...]

Daraus ist ersichtlich, daß über die Ziele und Zwecke, zu denen jedwede juristische Person des Privatrechts geschaffen worden ist, ein Schutzbereich ihrer Identität im unterschiedlichen Sinne entstehen kann: Sowohl zum Schutz ihrer Identität selbst [...] als auch der Umstände der Entfaltung ihrer Identität, zu denen auch das Recht auf Ehre gehört. Soweit dies so ist, kann das Recht auf Ehre einer juristischen Person auch über eine Verbreitung von Tatsachen, die sie als Gesamtheit betreffen, verletzt werden, wenn sie dadurch diffamiert oder in der Achtung anderer herabgesetzt wird (Art. 7.7 LO 1/1982)."[435]

Auch wenn dieses Urteil in seiner Technik zum Teil kritisiert wurde[436], ist die Rechtsprechung unter Bezug darauf heute relativ einheitlich, wenn auch – wie bereits angeführt – auf Unsicherheiten und gewisse Unterschiedlichkeiten hingewiesen wird.

(2) Heutiger Stand der Doktrin

(a) Rechtsfähige Personenvereinigungen des Privatrechts

Zumindest was die juristischen Personen des Privatrechts angeht, wird diesen die Eigenschaft als Grundrechtsträger, soweit sie dem entsprechenden Grundrecht ihrem Wesen nach prinzipiell zugänglich sind, zugestanden[437]. Für die Ehre und deren Schutz wird dies heute allgemein bejaht[438]. So führt zum Beispiel STS de 9 de Octubre 1997 (FJ 3) aus: „Die Ehre, der Ruf oder das Ansehen einer juristischen Person ist unbezweifelbar und unbestreitbar. Man soll weder eine natürliche Person noch eine juristische beleidigen. In der Konsequenz heißt das: Die juristische Person hat ein Recht auf Ehre, das verfassungsmäßig durch Art. 18.1 CE abgesichert und durch die LO 1/1982, de 5 de Mayo und die prozessuale Regelung der Ley 62/1978, de 26 de Septiembre geregelt ist, so daß ihr dementsprechend auch die Aktivlegitimation gem. des letzteren Gesetzes zusteht."

---

[435] STC 139/1995 de 26 de Septiembre (FJ 5).
[436] Siehe Sarazá Jimena, RAC 1996-2, XXIV, Rz. 495 (505 f.).
[437] Campos Pavón, La Ley 1996-4, D-242, S. 1257 (1258 f.); Lasagabaster, S. 673 f.
[438] Rodríguez Guitán, S. 291.

In Bezug auf Handelsgesellschaften ist es, nachdem der prestigio personal in den Schutzbereich der Ehre mit eingeschlossen und auch auf die Reputation der Handelsgesellschaften ausgedehnt wurde[439], heute gängige Rechtsprechung, daß das Ansehen oder der Ruf einer Handelsgesellschaft in den Schutzbereich der Ehre fällt[440]. Das berufliche und soziale Ansehen ist danach Teil des immateriellen Vermögens der Handelsgesellschaft, was durchaus Auswirkungen auf das materielle Vermögen haben kann, indem sich der immaterielle Schaden in einem Vertrauensverlust bei Kunden, Zulieferern oder anderen Wettbewerbern manifestiert, was zu einem Umsatz- und Gewinnrückgang führen kann[441].

(b) Juristische Personen des öffentlichen Rechts

Was die juristischen Personen des öffentliche Rechts angeht, so hat sich die mit STC 107/1988 de 8 de Junio eingeleitete[442] Linie in Rechtsprechung und Lehre allgemein durchgesetzt: Weder irgendeine Einrichtung des Staates noch juristische Personen des öffentlichen Rechts sind danach generell Inhaber von Grundrechten außer der in Art. 14 CE und 24 CE gewährleisteten[443]. Ihre Eigenschaft als Bestandteile der staatlichen Organisation stellen ein Hindernis dafür dar, ihnen Ehre im Sinne des Art. 18.1 CE zuzusprechen, da die Grundrechte ihrer Konzeption nach Garantien gegenüber der staatlichen Macht sind und diese nicht vor sich selber geschützt werden muß[444]. Wenn ihnen auch keine verfassungsrechtliche Ehre im Sinne des Art. 18.1 CE zusteht, so besitzen sie doch andere Werte wie Würde (allerdings nicht im Sinne von Art. 10.1 CE), Ansehen oder moralische Autorität (autoridad moral), die sie in den Genuß von strafrechtlichen Schutzvorschriften kommen läßt[445] und die insofern als ausreichend angesehen werden[446].

(c) Nicht rechtsfähige Personenvereinigungen

In Bezug auf nicht rechtsfähige Personenvereinigungen (in diesem Fall einer ethnischen Gruppe) erging bereits eine Entscheidung des Tribunal Constitucional, auf die sich auch das Urteil STC 139/1995 in besonderem Maße stützte. In diesem Verfahren ging es um den Schutz der Ehre der jüdischen Gemeinschaft. Es ging dabei um Äußerungen eines ehemaligen

---

[439] Vgl. oben Teil 2:C.II.1.b); STC 241/1992 de 21 de Diciembre (FJ 3); STS de 20 de Diciembre 1993 (FJ 3); STS de 24 de Mayo 1994.
[440] Siehe u.a. SSTS de 28 de Abril 1989, 15 de Abril 1992, 26 de Marzo, 9 de Diciembre 1993, 31 de Octubre 2000, STC 139/1995 de 26 de Septiembre.
[441] STS de 21 de Mayo 1997 (FJ 2).
[442] STC 121/1989 de 3 de Julio (FJ 2) lehnte eine Klage mit dem exakten Wortlaut der in STC 107/1988 de 8 de Junio entwickelten Argumente ab.
[443] Rodríguez Guitián, S. 86, a.A. Lasagabaster, S. 659.
[444] Rodríguez Guitián, S. 315; a.A. Martín-Retortillo Baquer, S. 621, der meint, daß der Staat nicht als monolithischer Block gesehen werden dürfe und (unter Hinweis auf STC 64/1988 de 12 de Abril und STC 197/1988 de 24 de Octubre) darauf hinweist, daß auch Fälle, in denen staatliche Organisationen gegen den Staat klagen, denkbar und bereits vorgekommen sind.
[445] Der neue Código Penal enthält in Titel XXI („Straftaten gegen die Verfassung"), Kapitel III („Straftaten gegen die Einrichtungen des Staates"): Beleidigung und Verleumdung der Krone (Art. 490.3), Beleidigung der Cortes Generales (Art. 496), Beleidigung und Verleumdung der Regierung, des Consejo General de Poder Judicial, des Tribunal Supremo, des Consejo del Gobierno und eines Oberlandesgerichtes (Tribunal Superior de Justicia de una Comunidad Autónoma) (Art. 504) und Beleidigung der Armee (Art. 505).
[446] Rodríguez Guitián, S. 315, Fn. 471 a.E.

SS-Mannes, der die Existenz von Konzentrationslagern im Dritten Reich leugnete und diesbezüglich von einer einzelnen Jüdin verklagt wurde. Nachdem die ordentlichen Gerichte einschließlich des Tribunal Supremo die Klage wegen Fehlens der Aktivlegitimation abgelehnt hatten[447], gab der Tribunal Constitucional der hiergegen eingereichten Verfassungsklage statt, mit der Begründung, daß die „Angriffe oder Verletzungen des Grundrechtes [...] nicht notwendigerweise *ad personam* individualisiert sein müssen, da dies [...] die verfassungsmäßige Rechtmäßigkeit aller Angriffe oder Eingriffe in die Ehre der Personen als Individuum lediglich aufgrund des Umstandes, daß sie allgemein oder unbestimmt oder ohne Nennung einzelner gehalten sind", bedeuten würde[448].

(3) Weitere Entwicklung

Nachdem erwartet worden war, daß den juristischen Personen im Anschluß an STC 139/1995 de 26 de Septiembre sukzessive alle Grundrechte, die ihrer Natur nach auf sie anwendbar sind, zuerkannt werden[449], hat die abgeänderte Formulierung des Tatbestandes der Beleidigung im Código Penal und in Artikel 7.7 der LO 1/1982 mit dem Bezug auf „die eigene Wertauffassung" und die Würde neuerdings eine Anwendung des Rechts auf Ehre auf juristische Personen zumindest wieder zweifelhaft werden lassen[450]. Es ist in diesem Zusammenhang jedoch zu beachten, daß der Schutz der objektiven Ehre beibehalten worden ist, der auch den juristischen Personen traditionell zusteht und der weitaus mehr Gewicht hat, als die subjektive Dimension. Letztere soll im Prinzip nur subsidiär angewendet werden, da die eigene Wertauffassung als Definitionskriterium für die Konzeption der Ehre zu ungenau ist und in der praktischen Anwendung zum einen subjektiven Befindlichkeiten zu großen Vorschub gewährt und zum anderen einen zu großen Subjektivismus in der Beurteilung herrschen läßt[451].

Es ist daher zu erwarten, daß die Rechtsprechung an ihrer inzwischen eingeschlagenen Linie festhält, und den juristischen Personen des Privatrechts prinzipiell Rechtsschutz in Bezug auf die Ehre gewährt.

3. Postmortaler Persönlichkeitsschutz

In der LO 1/1982 ist in sehr ausführlicher Art und Weise die Ausübung der Rechte eines verstorbenen Rechtsinhabers geregelt. Das Gesetz unterscheidet dabei zwischen unterschiedlichen Momenten, je nachdem, wann die Beeinträchtigung erfolgt ist:

---

[447] STS de 5 de Diciembre 1989 (FJ 3 und 5) (zu den Urteilsinhalten der Vorinstanzen siehe STC 214/1991 de 11 de Noviembre (Antecedentes)
[448] STC 214/1991 de 11 de Noviembre (FJ 7); vgl. in diesem Zusammenhang den danach neu geschaffenen Art. 510.2 CP, der beleidigende Äußerungen über Gruppen oder Vereinigungen unter Strafe stellt, und aus dem ein Recht für jedes einzelne Gruppenmitglied abgeleitet wird, die Ideale und Werte der Gruppe als seine zu empfinden und die eigene Würde aus der Würde der gesamten Gruppe abzuleiten. Eine Anerkennung der Würde als Kollektivwert einer Gruppe läßt sich aus diesem Artikel jedoch nicht ableiten (Quintero Olivares, Libertad, S. 156).
[449] Campos Pavón, La Ley 1996-4, S. 1257 (1259 f.)
[450] Vgl. Bernal del Castillo, La Ley 1996-2, D-109, S. 1436 (1437 f.).
[451] Vgl. Quintero Olivares, Libertad, S. 174 und oben **Fehler! Verweisquelle konnte nicht gefunden werden.** sowie unten Teil 2:D.V.3.b)(2).

a) Verletzung nach Versterben des Rechtsinhabers

Eine Verletzung der Rechte eines verstorbenen Rechtsinhabers nach seinem Tod ist ausweislich der Präambel möglich. Dieser Gedanke begegnet allerdings aufgrund der allgemein anerkannten Auffassung, daß die Persönlichkeitsrechte mit dem Tode ihres Inhabers erlöschen[452], doktrinären Bedenken. Insofern läge es nahe, anzunehmen, daß ein Verstorbener keinen Schutz mehr beanspruchen kann[453].

Wenn man in diesem Zusammenhang auf die Verfassung blickt, so ist dort nichts über das Andauern der Ehre oder der intimidad eines Verstorbenen gesagt. Indirekt läßt sich für diesen Fall nur ein Indiz in der Tatsache finden, daß sowohl die persönliche wie auch *familiäre* intimidad geschützt ist. Zwar bedeutet dies nicht, daß die Familie als Institution Schutz genießt, sondern lediglich daß die intimidad des Einzelnen auch durch Angriffe auf Personen, zu denen er eine enge und persönliche Bindung unterhält, verletzt werden kann. Diese Konzeption läßt jedoch auf eine Auffassung eines Gemeinschaftsempfindens bezüglich der Ehre des Einzelnen oder der ganzen Gruppe schließen, welches für den Fall des Todes eines einzelnen Mitglieds der Gruppe die Möglichkeit des Schutzes der Ehre dieses Mitglieds durch die übrigen Mitglieder impliziert, die dieses Empfinden ursprünglich mit ihm geteilt haben[454].

Es handelt sich jedoch ausweislich der LO 1/1982 nicht nur um den Schutz der Verbliebenen, sondern auch des Verstorbenen: Die Präambel stellt fest, daß die Erinnerung an diesen eine Verlängerung der Rechte begründet, so daß hier über ein Rechtsschutz möglich ist. Diese Auffassung beruht auf der Idee, daß die schutzwürdigen Werte der Persönlichkeit über die Rechtsfähigkeit der Person hinaus andauern[455]. Auch nach dem Tod wird damit der Person ein Respektsanspruch zugebilligt, der zur Unterlassung abfälliger Äußerungen durch andere verpflichtet[456] (ein Schutz der intimidad ist nach diesem Gedanken nicht möglich). Diese Konstruktion, die im Prinzip auf eine Annahme von „postmortalen Verhaltenspflichten" hinausläuft, paßt so gesehen in das System der LO 1/1982, die in ihrem Text selbst die geschützten Rechtsgüter nicht definiert, sondern in Art. 7 bestimmte Handlungen aufzählt, die eine Verletzung darstellen sollen.

Auf der anderen Seite kollidiert diese Idee, deren Konsequenz ein Schadensersatzanspruch gegenüber dem Schädiger ist, mit dem Grundsatz der Genugtuungs- und Ausgleichsfunktion des Schadensersatzes (siehe hierzu unten IX.2.c)(1)). Dem Verstorbenen kann der Schadensersatz zweifelsohne keinen Ausgleich und keine Genugtuung mehr bieten; zumindest diesbe-

---

[452] STC 231/1988 de 2 de Diciembre (FJ 3); Albaladejo, S. 224.
  Vgl. Art. 32 CC:
  „ La personalidad civil se extingue por la muerte de las personas."
  „Die zivilrechtliche Persönlichkeit erlischt mit dem Tod der Person."
[453] Vgl. Salvador Coderch, S. 36; Crevillén Sánchez, S. 55.
[454] López Díaz, S. 83; Estrada Alonso, S. 98.
[455] Concepción Rodríguez, S. 155, mit Hinweis auf Larenz, Derecho Civil, Parte General, Übersetzung und Anmerkungen von Izquierdo y Macías Picavea.
[456] Crevillén Sánchez, S. 55.

züglich stellt der postmortale Persönlichkeitsschutz mehr auf den Schädiger und die Hinterbliebenen und nicht mehr auf den Verstorbenen ab.

Formellrechtlich steht die Legitimierung dritter Personen zur Klageausübung nicht im Widerspruch zum Charakter der Rechte als unübertragbare Nichtvermögenswerte: Das Gesetz hat die Art. 4 bis 6 als Besonderheiten der gesetzlichen Regelung zur Legitimation im Prozeß ausgestaltet und nicht die materielle Konzeption der Rechte selbst. Nur die Möglichkeit der Klageausübung im Falle einer Verletzung geht *mortis causa* auf die testamentarisch bestimmten Personen oder auf die Verwandten über und nicht das Recht selber[457].

Was die legitimierten Personen betrifft, so sind dies nicht zwangsläufig die Erben, sondern ein in Art. 4 genau bezeichneter Personenkreis. In der Literatur wird dieser Umstand damit erklärt, daß die Entscheidung über die Einleitung eines Prozesses zum Schutze der Erinnerung an den Toten primär solchen Personen eingeräumt sein müsse, denen er diesbezüglich vertraute, mindestens aber seinen Verwandten[458] (die nicht unbedingt auch Erben sein müssen, denen aber insofern offensichtlich eine uneigennützigere und objektivere Einstellung eingeräumt, da Erben als Nachfolger im Vermögen möglicherweise aus ökonomischen Gründen handeln könnten.).

b) <u>Verletzung zu Lebzeiten des Rechtsinhabers</u>

Ist die Verletzung vor dem Tod des Rechtsinhabers erfolgt, ist zunächst zu prüfen, ob ihm oder seinem gesetzlichen Vertreter die Verfolgung der Rechtsverletzung möglich war. War sie das und hat er trotzdem keine entsprechenden Anstrengungen unternommen, wird vermutet, daß er die Beeinträchtigung nicht als Verletzung empfunden hat (Vgl. Art. 6.1 LO 1/1982 und Abs. 8 der Präambel). Insofern wird hier wieder auf den Gedanken der Selbstdefinition des Schutzbereiches durch den Rechtsinhaber abgestellt, dessen Umfang durch die Nachfolger keine Veränderung erfahren soll[459]. War ihm die Ausübung seiner Rechte unmöglich, können die hierfür legitimierten Personen innerhalb der in Art. 4.3 und 9.5 LO 1/1982 bezeichneten Fristen Ansprüche geltend machen[460].

Wenn der Rechtsinhaber noch vor seinem Ableben einen Prozeß zum Schutz seiner Rechte begonnen hat, ist dieser von den in Art. 4 LO 1/1982 bezeichneten Personen fortführbar. Auch hier handelt es sich – wie im Fall der Verletzung nach dem Tod des Rechtsinhabers – nicht um eine Rechtsnachfolge in dem Sinne, daß der Nachfolger nunmehr Inhaber des Persönlichkeitsrechts des Verstorbenen wäre; es geht lediglich die Prozeßführungsbefugnis auf

---

[457] Crevillén Sánchez, S. 57; López Díaz (S. 86); Herrero-Tejedor, S. 286.
[458] López Díaz, S. 88.
[459] Der „Verzicht" auf die Geltendmachung des Rechtsanspruchs sollte jedoch deutlich zutage treten, da für den Fall einer Klage einer hierfür dem Verstorbenen nachfolgenden legitimierten Person der Beklagte die Beweislast für die Möglichkeit der Ausübung trägt (Crevillén Sánchez, S. 57).
[460] Siehe bspw. STS de 28 de Octubre 1986 (Klage der Witwe des Toreros „Paquirri", dessen Behandlung nach einem tödlichen Hornstoß auf ein Videoband aufgezeichnet und verbreitet worden war).

den Rechtsnachfolger über[461]. Als Folge dieser Bestimmung ist es für einen testamentarischen Erben unmöglich, einen Prozeß fortzuführen, wenn keine Verwandten vorhanden sind und keine testamentarische Bestimmung erfolgt ist[462], da er zwar Nachfolger im Recht ist, jedoch die Klagelegitimierung nicht auf ihn übergeht. Dies betont den Gedanken der Persönlichkeitsrechte als Nichtvermögenswerte, indem zwischen dieser Form des Übergangs der Klagelegitimierung und der zivilrechtlich üblichen Form des Übergangs des Vermögens auf die Erben unterschieden wird.

c) Rechtsfolgen

(1) Bei Verletzung nach Versterben des Rechtsinhabers

Die Ausübung der Klage zum Schutz der Rechte des Verstorbenen, wenn sich die Verletzung nach seinem Tode ereignet, dient der Geltendmachung verschiedener Rechtsfolgen, darunter der Entschädigung des immateriellen Schadens. Die Entscheidung über das Ausmaß der Schmerzen und Schäden liegt im Ermessen des Richters, unter Berücksichtigung der konkreten Umstände des Falles und Bestimmung der Höhe des Schadens in dem Verhältnis, in dem jeder der Prozeßbeteiligten betroffen ist[463]. Der Schadensersatzanspruch steht dem Ehegatten, den Abkömmlingen, Verwandten und Geschwistern der beeinträchtigten Person, welche bereits zu ihrem Todeszeitpunkt lebten, und bei deren Fehlen ihren Rechtsnachfolgern (Art. 9.4 iVm 4.2).

Wie bereits erwähnt ist der Gedanke eines „Schadensersatzes" für die Verwandten im Hinblick auf die Ausgleichs- und Genugtuungsfunktion verwunderlich, da das Gesetz nicht ihren, sondern den Schutz des Verstorbenen betont.

(2) Bei Verletzung zu Lebzeiten des Rechtsinhabers

Wenn die Verletzung sich noch zu Lebzeiten des Rechtsinhabers ereignet und dieser nach Einleitung eines Prozesses verstirbt oder wenn er gehindert war, einen Prozeß einzuleiten, versteht sich die Wiedergutmachung in die Erbschaft des Geschädigten eingeschlossen (Art. 9.4 LO 1/1982). Die Präambel verweist in diesem Fall auf ein „Anwartschaftsrecht auf Wiedergutmachung"[464]. Da – wie oben bereits erwähnt – der testamentarische Erbe, der im Testament nicht gleichzeitig zur Klagefortführung ermächtigt worden ist, nicht zur Weiterführung des Prozesses legitimiert ist, kann dies zu der paradoxen Situation führen, daß zu seinen Gunsten zwar ein materieller Anspruch besteht, der Prozeß jedoch nicht zu Ende geführt werden kann.

---

[461] Vgl. STC 35/1987 de 18 de Marzo (hier wurden die materiellen Voraussetzungen der LO 1/1982 zwar verneint, die Revision der Witwe des ursprünglichen Klägers wurde jedoch zugelassen.)
[462] Vgl. López Díaz, S. 87 f.
[463] López Díaz, S. 87.
[464] López Díaz, S. 88, verweist gleichfalls auf ein solches Anwartschaftsrecht, das Bestandteil des Vermögens des Erblassers bilde und somit zu Recht in die Erbmasse eingeschlossen sei.

IV. Person des Schädigers

Einer der Kritikpunkte an der LO 1/1982 ist, daß das Gesetz nichts über das Subjekt der schädigenden Handlung aussagt. Eine Regelung mit mittelbarem Anklang bezüglich eines solchen Subjekts ist nur in Art. 8.1. LO 1/1982 zu finden, der diejenigen Handlungen nicht als unerlaubtes Eindringen qualifiziert, „zu denen durch die zuständige Behörde in Übereinstimmung mit dem Gesetz ermächtigt oder angewiesen wurde". Ferner wurde durch die LO 3/1985 eine Änderung in Art. 2.2 LO 1/1982 eingefügt, nach der in gewissen Fällen Kongreßabgeordnete und Senatoren von der Haftung ausgenommen sein sollten.

1. Verletzung durch Gerichte und Verwaltungsorgane

a) Gerichte

Eine Verletzung der Ehre und der intimidad durch Gerichte kann in der Einleitung eines Prozesses, im Urteil selbst oder in seiner Vollstreckung gesehen werden und möglicherweise in Formulierungen der Urteilsbegründung liegen. Hierzu ist festzuhalten, daß selbstverständlich ein Prozeß, ein Urteil und die Vollstreckung eines solchen in die intimidad einer Person eingreift und auch in den Entscheidungsgründen Formulierungen enthalten sein können, die *per se* eine Beeinträchtigung der Ehre darstellen. Auf der anderen Seite wurde bereits festgestellt, daß es sich bei Ehre und intimidad nicht um unbeschränkte Rechte handelt, da ihre Ausübung zum einen den in der Verfassung ausdrücklich erwähnten Vorbehalten unterliegt und zum anderen ihre Grenzen in anderen Rechten und Gütern findet, die gleichfalls einem verfassungsrechtlichen Schutz unterliegen[465].

Dementsprechend stellen auch solche gerichtlichen Handlungen keine Beeinträchtigung der intimidad und der Ehre dar, die auf Grundlage einer entsprechenden im Einklang mit der Verfassung stehenden – also rechtmäßigen – gesetzlichen Regelung erfolgen, da davon auszugehen ist, daß eine solche Regelung aufgrund überwiegender Interessen ergangen ist. So sieht es grundsätzlich auch der Tribunal Constitucional, der z.B. in ATC 752/85[466] erklärt: „Wie wir schon wiederholt erklärt haben (AATC 15.6.83, 22.5.85, 3.7.85), können die objektiven Konsequenzen einer gerichtlichen Entscheidung keine Verletzung der Ehre darstellen" Keine Verletzung liege vor, wenn es sich um Maßnahmen handelt, „die in Übereinstimmung mit dem Gesetz ergriffen wurden". Auch der Tribunal Constitucional macht damit die Rechtmäßigkeit der Handlungen zum Maßstab seiner Prüfungen, und daher letztlich die Annahme, daß die Handlungen zum Schutz überwiegender Interessen ergangen sind[467].

---

[465] Vgl. STC 181/1990 de 15 de Noviembre (FJ 3 mwN).
[466] BJC XIII 1985, S. 1207 (1208).
[467] In Bezug auf die Ehre findet sich allerdings in STC 50/1983 de 14 de Junio (FJ 3) auch eine Begründung, die dahingehend ist, daß ein Gerichtsurteil oder überhaupt die Einleitung eines Prozesses schon deshalb nicht den Tatbestand einer Ehrbeeinträchtigung erfüllen könne, da diese Geschehnisse letztlich aus dem Verhalten des Betroffenen erwachsen seien. Diese Argumentation, die auch von der Rechtmäßigkeit der Handlungen ausgehen muß und im übrigen nicht bei der (nach dem Stand der Ermittlungen und daher rechtmäßigen) Einleitung eines Prozesses gegen einen Unschuldigen anwendbar sein dürfte, ist allerdings nicht erkennbar weiterverfolgt worden.

Auch aus Art. 8.1. LO 1/1982 läßt sich eine Rechtfertigung für ein gerichtliches Handeln, das auf einer gesetzlichen Grundlage erfolgt ist, jedoch zur Betroffenheit der Persönlichkeitsrechte eines Angeklagten führen kann, herleiten: Wenn schon Handlungen, zu denen durch die zuständige Behörde in Übereinstimmung mit dem Gesetz angewiesen wurde, kein unerlaubtes Eindringen darstelle, können auch Handlungen dieser Behörde selbst kein unerlaubtes Eindringen sein, soweit sie eine gesetzliche Grundlage haben und in Erfüllung und im Rahmen ihrer Aufgaben erfolgen[468].

In Weiterentwicklung dieses Gedankens ist insofern aber auch klar, daß Handlungen der Justizorgane dann Verletzungen der Ehre oder der intimidad darstellen, wenn sie nicht auf einer gesetzlichen Grundlage erfolgen, oder zumindest über eine solche Grundlage hinausgehen[469]. Auf dieser Grundlage ist allerdings weder die Untersuchungshaft[470], noch die Formulierung „de mala conducta informada" in einem Strafurteil[471] als ehrverletzend angesehen worden. Und auch die Tatsache einer Verurteilung stellt als solche keine Verletzung der Ehre dar, denn „die entgegengesetzte Auffassung würde zu dem widersinnigen Schluß führen, daß ein großer Teil strafrechtlich Verurteilter sich auf dieses Recht berufen könnte, um einer Strafe zu entgehen"[472]. Keine Verletzung liegt ferner vor, wenn das Gericht die subjektive Einstellung des Täters im Rahmen einer tatbestandlichen Würdigung oder der Zuweisung des Schuldgehaltes bestimmt[473]. In diesem Zusammenhang ist es übrigens auch nicht als Verletzung der intimidad oder der Ehre anzusehen, wenn der Geschädigte einer Straftat die Verurteilung des Täters publik macht, wenn das Urteil durch das Gericht bereits verkündet wurde[474]; dies wird als Folge des Prinzips der öffentlichen Verkündung, das in Art. 120.3 CE festgelegt ist, verstanden.

b) <u>Verwaltungsorgane</u>
Für das Handeln von Verwaltungsorganen gelten die gleichen Maßstäbe, wie für die Gerichte, d.h. primär ist zu prüfen, ob ihr Handeln rechtmäßig und im Rahmen ihrer Aufgaben war, so daß prinzipiell nicht von einer Verletzung der Ehre ausgegangen werden kann, wenn ein rechtmäßiges Verwaltungsverfahren durchgeführt wurde[475].

Eine wichtige Rolle bei der Frage des Eingreifens der Administration in die Persönlichkeitsrechte Einzelner spielt die Zugriffsmöglichkeit der Steuerbehörde auf Daten der Steuersubjekte, d.h. die Frage, in welchem Umfang sie in diesem Zusammenhang Daten abrufen darf und inwieweit der Einzelne verpflichtet ist, diese zur Verfügung zu stellen. Die Möglichkeit der Einsichtnahme und eine mögliche Verpflichtung zur Preisgabe von Daten kollidiert unzweifelhaft mit der intimidad des Einzelnen. Der Tribunal Constitucional hat

---
[468] Lacruz Berdejo, S. 83, sieht insofern in Art. 8.1 auch einen klaren Fall der Unterordnung der Partikularinteressen unter die Interessen der Öffentlichkeit.
[469] Concepción Rodríguez, S. 142.
[470] ATC 12/81, de 21 de Enero.
[471] ATC 30/1986 de 20 de Febrero.
[472] ATC 18/1981 de 18 de Mayo; vgl. STC 16/1981 de 18 de Mayo 1981 (FJ 10).
[473] STC 2/1981, de 30 de Enero (FJ 7); ATC 425/85 de 3 de Julio 1985 (FJ 3).
[474] STS de 28 de Julio 1995 (FJ 4).
[475] ATC 137/92 de 25 de Mayo.

zweifelhaft mit der intimidad des Einzelnen. Der Tribunal Constitucional hat jedoch grundsätzlich umfangreiche Prüfungsbefugnisse der Steuerbehörde bejaht. Die verfassungsrechtliche Grundlage für diese Befugnisse liegt seiner Ansicht nach zum einen in Art. 31.1 CE[476], zum anderen jedoch auch im Gleichheitsgrundsatz gem. Art. 14 CE. Um zu gewährleisten, daß eine gerechte Beitragsleistung stattfindet und um zu verhindern, daß einige Bürger nicht den ihnen zukommenden Steuerbeitrag leisten, müsse eine besonders effektive Überwachungs- und Kontrollmöglichkeit gewährleistet sein, „auch wenn dies manchmal unangenehm und belästigend" sein könne. Eine Nichtgewährleistung dieser Kontrolle könnte sonst dazu führen, daß eine ungleiche Zahlung durch andere erfolgt, „die mehr Bürgersinn oder weniger Möglichkeiten zum Betrug haben"[477]. Aus diesem Gedanken leitet der Tribunal Constitucional gleichfalls die Pflicht von Banken und anderen Kreditinstituten ab, zur Aufklärung der Sachverhalte beizutragen. Dies alles führt dazu, daß zum Zwecke der Steueraufklärung das Bankgeheimnis sehr eingeschränkt ist[478].

2. Abgeordnete und Senatoren

Durch die LO 3/1985 wurde in Art. 2.2 LO 1/1982 ein Passus eingefügt, nach dem ein Handeln „aufgrund der Bestimmung des Artikels 71[479] der Verfassung, wenn es sich um Meinungen handelt, die von Abgeordneten oder Senatoren in Ausübung ihrer Funktionen geäußert werden" kein unerlaubtes Eindringen in den geschützten Bereich darstellt. In der Exposición de Motivos der LO 3/1985 wird diese Ausnahme der Parlamentarier damit begründet, daß „intimidad und Ehre beeinträchtigt werden können, [...], wenn Abgeordnete und Senatoren Ansichten äußern, die eng mit ihrer parlamentarischen Tätigkeit verbunden sind [...] Unter dem Schutz dieses Gesetzes [der LO 1/1982] könnten sich die Parlamentarier fortwährend

---

[476] Art. 31.1 CE:
„Todos contribuirán al sostenimiento de los gastos públicos de acuerdo con su capacidad económica mediante un sistema tributario justo inspirado en los principios de igualdad y progresividad que, en ningún caso, tendrá alcance confiscatorio."
„Alle tragen zur Unterhaltung der öffentlichen Ausgaben bei, und zwar gemäß ihrer wirtschaftlichen Fähigkeit und mittels eines gerechten Steuersystems, das nach den Grundsätzen der Gleichheit und der Progression ausgerichtet ist, jedoch in keinem Fall konfiskatorischen Charakter haben darf."
[477] STC 110/1984 de 26 de Noviembre (FJ 3).
[478] STC 110/1984 de 26 de Noviembre (FJ 5). Im selben Urteil (FJ 6) sieht der Tribunal Constitucional die umfangreichen Möglichkeiten des Finanzamtes jedoch durch bestimmte Voraussetzungen beschränkt, die seiner Ansicht nach einen ausreichenden Schutz der intimidad gewährleisten sollen. Es handelt sich dabei u.a. um die in Art. 42 LRF (Ley del Régimen Fiscal) angeführten Vorschriften, die nur bestimmte Organe zur Prüfung ermächtigen, die Verpflichtung zur rechtzeitigen Ankündigung einer Prüfung mit der Mitteilung, welche Konten geprüft werden sollen, die Beschränkung, die Daten nur zu Zwecken der Steuerprüfung zu gebrauchen (als Ausnahme nur wenn es sich um öffentliche Delikte handelt), sowie die in Art. 42.3 noch einmal ausdrücklich vorgeschriebenen Schweigepflicht der Beamten.
[479] Art. 71 CE:
1. „Los diputados y Senadores gozarán de inviolabilidad por la opiniones manifestadas en el ejercicio de sus funciones."
2. „Durante el período de su mandato los Diputados y Senadores gozarán asimismo de inmunidad y solo podrán ser detenidos en caso de flagrante delito. No podrán ser inculpados ni procesados sin la previa autorización de la Cámara respectiva."
1. „Die Abgeordneten und Senatoren genießen Indemnität in Bezug auf Äußerungen, die sie in Ausübung ihrer Funktionen getan haben."
2. „Gleichfalls genießen die Abgeordneten und Senatoren während der Zeit ihres Mandats Immunität und können nur bei Begehung der Tat festgenommen werden. Sie dürfen ohne vorherige Ermächtigung der entsprechenden Kammer nicht angeklagt oder gerichtlich verfolgt werden."

mit der Einleitung von Zivilprozessen bedroht sehen, welche ihre für die Ausübung ihrer Funktionen notwendige Freiheit beeinträchtigen könnten."

Das Gesetz begegnete von Anfang an großen Vorbehalten. Bereits die Notwendigkeit eines Schutzes in Bezug auf zivilrechtliche Prozesse erscheint fragwürdig, denn es ist durchaus zweifelhaft, ob eine Partei eines zivilrechtlichen Prozesses die Voraussetzungen des Art. 71.2, S. 2 CE erfüllt. Sinn der Immunität ist es immerhin nicht, dem einzelnen Abgeordneten ein persönliches Privileg zukommen zu lassen, sondern die Funktionsfähigkeit, sowie die Freiheit und Unabhängigkeit des Parlamentes zu schützen[480]. Eine Gefahr für diese Funktionsfähigkeit stellt sicherlich dar, daß der Weg eines Strafverfahrens dazu benutzt wird, das Funktionieren der Kammern zu stören, oder sogar die Zusammensetzung zu ändern[481]. In Bezug auf einen zivilrechtlichen Prozeß ist eine solche Gefahr jedoch nicht ohne weiteres ersichtlich.

Um eine mögliche ungerechtfertigte Privilegierung der Abgeordneten, die in der Regelung der LO 3/1985 lag, zu vermeiden, versuchten die Gerichte in diesem Zusammenhang teilweise scharf zwischen der Eigenschaft als Abgeordneter und der Eigenschaft, in der die verletzende Äußerung getan wurde, zu unterscheiden[482]: So entschied die Audiencia Territorial de Madrid in einem Rechtsstreit zwischen dem damaligen Minister für Transport, Tourismus und Verkehr und der Vereinigung der Fluglotsen ACECA, in dem es um Äußerungen des Ministers über die ACECA ging, die von dieser als ehrverletzend empfunden wurde, daß diese Äußerungen, die zum Teil im Senat getan wurden, in der Eigenschaft als Minister und nicht als Abgeordneter des Kongresses geschahen, und verurteilte den Minister dementsprechend[483]. In einem anderen Verfahren wurde der Präsident des Rechtsausschusses des Deputiertenkongresses wegen Äußerungen in einer Fernsehshow über die Richterschaft verurteilt, indem ihm unterstellt wurde, daß er diese Äußerungen „als Bürger" getan habe, da er in diesem Zusammenhang „nicht in der Ausübung der Funktionen seines Amtes gehandelt" habe.

Dieser Versuch der Umgehung der Konsequenzen der Einfügung in Art. 2.2 wurde aufgrund einer Entscheidung des Tribunal Constitucional überflüssig. Schon in STC 243/1988 de 19 de Diciembre hatte der Tribunal Constitucional geäußert, daß der Wortlaut von Art. 71 CE, die historische Betrachtung der Institution der Immunität sowie eine Wertung ihres Sinnes eine Anwendung auf andere Prozesse als Strafprozesse ausschließe. Schließlich wurde aufgrund dieser Wertung mit Urteil STC 9/1990 de 18 de Enero die Verfassungswidrigkeit der Ergänzung des Art. 2.2 durch die LO 3/1985 erklärt und die Regelung aufgehoben[484].

---

[480] STC 9/1990 de 18 de Enero (FJ 3).
[481] STC 90/1985 de 22 de Julio (FJ 6); STC 243/1988 de 19 de Diciembre.
[482] Nachweise der folgenden Entscheidungen bei Herrero-Tejedor, S. 238 f.
[483] Das Urteil wurde jedoch durch STS de 24 de Octubre 1988 aufgehoben.
[484] Siehe jedoch ATS de 15 de Marzo de 2000 (FJ Único), wo die Klage in einem Verfahren gegen einen Senator unter Hinweis auf Art. 21 del Reglamento del Senado, Texto Refundido de 3 de mayo de 1994 abgelehnt wird.

3. Personenmehrheit von Schädigern

Der Fall einer Personenmehrheit von Schädigern ist in der LO 1/1982 nicht geregelt. Um diese Lücke zu schließen, wird Art. 65.2 des Pressegesetzes vom 18. März 1966 analog herangezogen[485]. Hierauf wird im prozessualen Teil eingegangen[486].

V. Unerlaubtes Eindringen gem. Art. 7 (intromisión ilegítima)

1. Allgemeine Konzeption

Der Begriff des unerlaubten Eindringens ist einer der zentralen Punkte der LO 1/1982. Wie bereits angemerkt paßt er auf den ersten Blick begrifflich nur auf die intimidad und nicht auf die Ehre. Der Gesetzgeber wollte jedoch mit dem Begriff des unerlaubten Eindringens die hinter allen drei Rechten der LO 1/1982 stehende Idee der Einmischung in eine fremde geistige Sphäre und die Würde ausdrücken[487], was u.a. auch durch die Formulierung „Schutzbereich" im ersten Satz von Art. 7 zum Ausdruck kommt.

Die Aufzählung von Handlungen, die nach Ansicht des Gesetzgebers ein unerlaubtes Eindringen darstellen, soll der Form nach vertyptes Verhaltensunrecht sein[488], dessen Erfüllung eine zivilrechtliche Haftung zur Folge haben soll. Die Technik ist dementsprechend auch als „quasi strafrechtlich" (cuasi penal) klassifiziert worden[489]. Aufgrund der strukturellen Ähnlichkeit mit strafrechtlichen Konzeptionen wird in Rechtsprechung und Lehre beim unerlaubten Eindringen auch von einer „zivilrechtlichen Straftat" (delito civil) gesprochen[490].

Zwar steht sie formal im Gegensatz zu der „klassischen" Konzeption der aus Art. 1902 CC entwickelten responsabilidad extracontractual, die von der Verletzung eines Rechtsguts als konstitutivem Element für die Haftung ausgeht, ist jedoch inhaltlich auch eine Weiterentwicklung dieses Rechtsgedankens[491].

2. Numerus clausus von Tatbeständen?

Bei einer enumerativen Aufzählung von Tatbeständen stellt sich die Frage, ob es sich bei dieser Aufzählung um eine abschließende im Sinne eines numerus clausus handelt oder ob es ein offenes System ist, in dem neue Tatbestände entwickelt und vertypt werden können, ohne daß es hierfür der Ergänzung des Gesetzes bedürfte.

Argumente für einen numerus clausus sind Art. 1.1 LO 1/1982, der besagt, daß die Rechte „gemäß der Bestimmungen dieses Organgesetzes zivilrechtlich gegenüber jeder Art von unerlaubtem Eindringen geschützt" sind. Daraus kann gefolgert werden, daß dann auch jede Art

---

[485] STC 172/1990 de 12 de Noviembre (FJ 5); STS de 7 de Marzo 1988 (FJ 6), STS 30 de Abril 1990 (FJ 2); STS de 19 de Marzo 1990 (FJ 5).
[486] Siehe unten Teil 2:E.V.3.d).
[487] López Jacoiste, ADC 1986, S. 1059 (1096 f.)
[488] Anderer Ansicht Rojo Ajuria, ADC 1986, S. 134 (147).
[489] López Díaz, S. 152; Herrero-Tejedor, S. 186.
[490] STS de 24 de Septiembre 1998 (FJ 2); O'Callaghan Muñoz, Libertad, S. 207; zur Vergleichbarkeit der zivilrechtlichen und strafrechtlichen Straftat siehe Herrero-Tejedor, S. 248 ff.

von unerlaubtem Eindringen in Art. 7 beschrieben ist. Dieser Ansicht sind die Gerichte jedoch eindeutig entgegengetreten: Der Tribunal Supremo hat ausdrücklich wiederholt erklärt, daß es sich bei Art. 7 als Weiterentwicklung des Grundsatzes *alterum non laedere* um eine beispielhafte enumerative Aufzählung handelt, die Platz für neue Tatbestände läßt[492].

Weiterhin wird als Argument für einen numerus clausus angeführt, daß nur so eine Definition der Rechte möglich sei: Da Artikel 18.1 CE die in ihm gewährleisteten Rechte nicht definiere, komme diese Funktion notwendigerweise dem die Grundrechte ausgestaltenden Organgesetz zu. Wenn es sich aber bei Art. 7 um ein System von offenen Tatbeständen handele, die jederzeit ergänzbar seien, sei eine Definition nicht möglich, so daß die Ausgestaltung unterblieben wäre. Ferner gehe aus Art. 53.1 hervor, daß die Ausgestaltung und Weiterentwicklung von Verfassungsartikeln nur durch (Organ-) gesetze möglich sei; wenn aber für die Gerichte eine Ergänzung der Tatbestände und damit der Definition der Rechte möglich sei, werde diese Vorschrift, die auf einen erhöhten Konsens innerhalb der verfassungsgebenden Organe ziele, umgangen[493]. Diese Ansicht läßt außer Acht, daß es dem Gesetzgeber auch vorbehalten ist, durch die Schaffung von offenen Tatbeständen und die Benutzung von unbestimmten Rechtsbegriffen, den Gerichten einen weiten Entscheidungsspielraum zu verschaffen, der auch die Schaffung von neuen Tatbeständen mit einschließt[494].

Es bleibt somit weiterhin den Gerichten überlassen, sich den Rechten intimidad und Ehre definitorisch zu nähern. Der Gesetzgeber hat der Verschwommenheit und Wandelbarkeit der beiden Rechtsgüter insofern Tribut gezollt, als er lediglich Rahmenbedingungen für die Gerichte vorgegeben und mit den Tatbeständen des Art. 7 Orientierungshilfen für die Erarbeitung von Fallösungen geschaffen hat[495].

3. Tatbestände
a) Schutz der intimidad, Art. 7, Nr. 1-4 LO 1/1982

Die intimidad ist in den ersten 4 Nummern des Art. 7 geschützt, die in einer Steigerungsform aufgebaut sind: d.h. die Delikte folgen ihrem Inhalt nach einem Schweregrad, der mit Art. 7.4 seine höchste Form erreicht.

(1) Art. 7.1 und 7.2

Die ersten beiden Nummern beschäftigen sich mit den Fällen des Eindringens in den Intimbereich anderer Personen mit Hilfe von technischen Geräten und dem Festhalten von Daten aus diesem Bereich. Beachtenswert ist in Art. 7.1, daß bereits das Aufstellen von den beschriebenen Apparaten ein Eindringen darstellt, eine Handlung, die strafrechtlich als vorbereitende

---

[491] Siehe oben Teil 2:D.I.1.
[492] STS de 4 de Noviembre de 1986 (FJ 4), STS 19 de Junio 1989 (FJ 1), STS 4 de Junio de 1990 (FJ 3).
[493] Herrero-Tejedor, S. 189.
[494] Auch Herrero-Tejedor, der in der Regelungen der LO 1/1982 eine „vertypte Rechtswidrigkeit" sieht, bejaht letztendlich die Möglichkeit von atypischen Schäden (daños atípicos) (S. 194) und meint, daß die Bestimmung der Persönlichkeitsrechte dann durch die Gerichte vorgenommen werden müsse; vgl. Concepción Rodríguez, S. 112 f.
[495] Vgl. STS de 4 de Junio 1990 (FJ 3).

Handlung zu qualifizieren wäre[496]. Demgegenüber stellt Art. 7.2 eine Steigerung dar, die auch den Gebrauch der besagten Geräte sanktioniert.

Die genannten Fälle haben die physische Variante des Eindringens zum Inhalt und sanktionieren bestimmte Formen der Erhebung und Beschaffung von Informationen. Es handelt sich hierbei um die „klassische" Form der Verletzung der intimidad, die sich historisch als die erste herausgebildet hat. Neben dem im Text nicht erwähnten persönlichen, physischen Eindringen[497], ist in den entsprechenden Fällen auch das Hineinblicken in ein Fenster oder Lauschen an der Tür erfaßt[498]. Diese Handlungen stellen noch keinen vollendeten Angriff auf die intimidad dar, und ein Erfolg ist nicht erforderlich. Somit ist schon die abstrakte Gefährdung der intimidad, die die Möglichkeit einer Verletzung beinhaltet, in den Schutzbereich mit einbezogen.

Nicht definiert wird, was unter „intimen Leben" zu verstehen ist. Der Tribunal Supremo definiert die Privatsphäre als „den Bereich von Umständen, die – ohne notwendigerweise geheim zu sein oder einen besonders intimen Charakter zu haben – dennoch von der Gesellschaft respektiert werden müssen und kein Eindringen von außen zulassen"[499]. Diese Definition enthebt jedoch nicht von einer praktischen Würdigung der jeweils vorliegenden Umstände. Hier äußert sich der in Art. 2.1 LO 1/1982 normierte Gedanke, daß der Richter im Einzelfall zu entscheiden hat, ob ein unerlaubtes Eindringen vorliegt oder nicht, indem er bestimmt, ob das Intimleben eines Einzelnen, welches jeweils festgelegt werde muß, betroffen war[500].

(2) Art. 7.3

Noch einen Schritt weiter geht Art. 7.3, der die „Verbreitung von Tatsachen des Privatlebens eines anderen oder seiner Familie, die seinen Ruf oder guten Namen beeinträchtigen, so wie auch die Enthüllung oder Veröffentlichung des Inhalts von Briefen, Memoiren oder anderen persönlichen Schriftstücken intimen Inhalts" sanktioniert.

Während die ersten beiden Absätze von Art. 7 LO 1/1982 sich mit der Erlangung von Daten aus dem Intimleben befassen, hat Art. 7.3 die Verbreitung dieser Daten zum Inhalt. Hierin spiegelt sich auch die Veränderung des Inhalts des Rechtsguts der intimidad wieder: Historisch stellte das Eindringen in die zunächst physische und später auch psychische Sphäre eines anderen die typische Form der Verletzung dar. Dagegen befaßt sich Art. 7.3 mit den modernen Formen der Gefährdung dieses Rechtsguts, da sich – wie oben ausgeführt – die Art der Angriffe auf die intimidad geändert und heutzutage die Kontrolle über die Daten ein sehr starkes Gewicht bekommen hat.

---

[496] Herrero-Tejedor, S. 200, a.A. López Díaz, S. 270.
[497] Ruiz Miguel, S. 293.
[498] López Díaz, S. 270.
[499] STS de 26 de Julio 1995 (FJ 5 und 9).
[500] Vgl. jedoch die Ausführungen im folgenden (2)(b).

(a) Vermischung der Konzepte intimidad und Ehre – kein Recht auf informationelle Selbstbestimmung

Bezüglich Art. 7.3 LO 1/1982 wurde oben bereits auf die Vermischung der Konzepte intimidad (Verbreitung von Tatsachen des Privatlebens) mit Ehre (Beeinträchtigung des Rufs oder des guten Namens) hingewiesen. Die Verbreitung von Daten aus dem Privatleben muß nach dem Wortlaut von Art. 7.3 einhergehen mit einer Minderung des sozialen Ansehens aufgrund der Information. Es scheint also, als sei eine Verbreitung von Daten aus dem Bereich der intimidad nicht ohne eine gleichzeitige Beeinträchtigung der Ehre möglich und ein Recht auf Geheimhaltung von Daten nicht vorhanden. Was im Datenschutzgesetz LO 5/1992 (LORTAD) also selbstverständlich eingeräumt wird, nämlich die Kontrolle über die eigenen Daten, scheint außerhalb des Bereichs der EDV keinen Niederschlag gefunden zu haben.

Ein solches Verständnis läuft jedoch zumindest der allgemeinen Ansicht der Konzeption der intimidad zuwider, da – wie festgestellt – der Kern der intimidad sich als Schutz einer privaten Sphäre darstellt. Die Verletzung dieser Sphäre kann aber prinzipiell auch ohne Beeinträchtigung der Ehre durch die reine Veröffentlichung von Daten aus diesem Bereich möglich sein[501]. In der Tat wird die Regelung des Art. 7.3 LO 1/1982 in dieser Hinsicht von einzelnen Autoren kritisiert[502]. Zur Vergegenwärtigung der Unzulänglichkeit des Schutzes werden folgende Beispiele angeführt:

- Eine bekannte Persönlichkeit hält ihre Adresse und Telefonnummer geheim und tritt immer unter einem Pseudonym in der Öffentlichkeit auf. Eine Zeitung veröffentlicht die richtigen Daten.

- Die Tatsache, daß jemand unter Krebs leidet oder sich einer kosmetischen Operation unterzogen hat, wird veröffentlicht.

Beide Informationen fallen nach Ansicht der diese Beispiele nennenden Autoren nicht unter Art. 7.3, da mit der Veröffentlichung nicht die erforderliche Rufbeeinträchtigung einhergeht. Trotzdem wird für beide nach der Konzeption der intimidad Schutz verlangt und die Nichtregelung zum Anlaß genommen, eine Änderung des Gesetzes zu fordern[503].

(b) Lösungsversuch

Zunächst können aus dem angesprochenen Bereich die Fälle ausgesondert werden, die auch auf anderem Weg gelöst werden können; z.B. bei der Verbreitung von Daten, die für sich genommen zwar keine Beeinträchtigung des Rufs beinhalten, wo jedoch die Beschaffung der Information einen der Fälle des Art. 7.1, 7.2 oder 7.4 LO 1/1982 erfüllt. In diesen Fällen stellt die Verbreitung der unrechtmäßig erlangten Information ein erschwerendes zusätzliches

---

[501] Martínez Sospedra, S. 285; O'Callaghan Muñoz, Libertad, S. 97 f.
[502] López Díaz, S. 274 ff.; Igartua Arregui, PJ n° 5, März 1987, S. 94 f.; Herrero-Tejedor, S. 201 f.
[503] Igartua Arregui, PJ n° 5, März 1987, S. 95; Herrero-Tejedor, S. 202; vgl. Escudero Rodal, La Ley 1996-2, D-108, S. 1433 (1436).

Merkmal dar[504]. Ferner wird auch vorgeschlagen, sämtliche intimen Daten oder Tatsachen analog zur 2. Alternative von Art. 7.3 wie Äußerungen oder private Briefe zu verstehen oder eine weite Auslegung vorzunehmen, indem sämtliche Veröffentlichungen aus dem Bereich der intimidad als Beeinträchtigung der Ehre aufgefaßt werden[505].

Zu der letzten Lösung scheint die Rechtsprechung in STS de 18 de Julio 1988 und die auf dieses Urteil ergangene STC 20/1992 de 14 de Febrero zu tendieren. In diesen Urteilen wurde ein Bericht, in dem es um einen Architekten ging, über dessen Homosexualität und Infizierung mit dem Aids-Virus in der Zeitung so berichtet wurde, daß seine Identität erkennbar war, völlig unproblematisch und ohne speziell auf eine Beeinträchtigung der Ehre einzugehen unter den Tatbestand des Art. 7.3 subsumiert. Ausdrücklich führt der Tribunal Supremo aus: „Die Revisionskläger werden aufgrund des Eindringens und der Verbreitung verurteilt und nicht aufgrund der Diffamierung oder Schmähung[506]". Das Gericht geht jedoch in dieser Entscheidung offenbar trotzdem davon aus, daß die Tatsache, daß eine Person homosexuell ist und an einer Krankheit leidet, geeignet ist, ihren Ruf zu schädigen[507]. Ferner bleibt unklar, worum es sich bei dem Bereich der intimidad handelt.

Andere Urteile bringen die Verletzung der intimidad jedoch nicht mit dem Element der Rufschädigung in Verbindung: In STS de 7 de Diciembre 1995 ging es um den Fall der Adoption zweier Kinder durch eine bekannte Person. Eine Zeitung veröffentlichte in diesem Zusammenhang Daten über ihre Herkunft und ein Interview mit der leiblichen Mutter eines der Kinder. Obwohl die Umstände der Adoption längst bekannt waren, bejahte der Tribunal Supremo ohne weiteres ein Eindringen in die intimidad nicht nur der Kinder, sondern auch ihrer Eltern, mit der einfachen Begründung, daß es sich dabei um Daten aus dem Privatbereich handelte[508].

In dem STS de 19 de Junio 1990 zugrundeliegenden Fall hatte eine Zeitung über einen Therapiekurs berichtet, in dem es um die Überwindung persönlicher Schwächen und Defizite (corrección o superación de ciertas insuficiencias o anomalías personales) ging. Mehrere der Teilnehmer wurden namentlich genannt, wogegen sich eine Anwältin wandte, die mit der Therapie ihr persönliches Auftreten hatte verbessern wollen. Alle drei Instanzen sahen in der namentlichen Nennung der Teilnehmer eine Verletzung der intimidad. Diesbezüglich führte der Tribunal Supremo aus, daß diese gerade durch die Enthüllung des Namens und der persönlichen Gründe desjenigen, der an dem Kurs teilgenommen hatte, beeinträchtigt worden sei. In dem Urteil wird an keiner Stelle erwähnt, daß die Veröffentlichung des Umstandes, daß die Klägerin an der Therapie teilgenommen hatte, eine Rufschädigung zur Folge gehabt hätte, wenn wohl auch davon ausgegangen werden kann, daß hierin etwas Nachteiliges gesehen wurde. Von viel größerer Wichtigkeit scheint in diesem Zusammenhang jedoch für den Tribunal Supremo die Tatsache zu sein, daß die Veröffentlichung der Teilnehmerdaten nicht

---

[504] Vgl. López Díaz, S. 276.
[505] Ruiz Miguel, S. 294; vgl. López Díaz, S. 275.
[506] STS de 18 de Julio 1988 (FJ 2).
[507] Der Tribunal Constitucional bejaht dies in STC 20/1992 de 14 de Febrero (FJ 3) sogar ausdrücklich.
[508] STS de 7 de Diciembre 1995 (FJ 2).

„notwendig" für den objektiven Inhalt (sentido objetivo) und die Qualität der Reportage gewesen sei, was gerade für die Qualifikation als unerlaubtes Eindringen ausschlaggebend war[509].

Dieser Gesichtspunkt führt zu STS de 26 de Julio 1995: In dieser Entscheidung hatte der Tribunal Supremo über den Fall eines Sprachlehrers zu befinden, der des sexuellen Mißbrauchs seiner geistig behinderten Schülerinnen angeklagt worden war, worüber die beklagte Zeitung ausführlich berichtet hatte. In den Artikeln, die insgesamt als ehrverletzend qualifiziert wurden, waren unter anderem auch Informationen über das Privatleben des Klägers enthalten, die mit dem Fall nicht in Verbindung standen und auch keine speziell herabwürdigenden Elemente enthielten (nämlich daß er „mit einer kubanischen Staatsangehörigen verheiratet gewesen war, ein Kind von 7 Jahren besitzt und gegenwärtig getrennt von seiner Frau mit einer anderen Frau zusammenlebt"). Die Veröffentlichung dieser Informationen hatte die Audiencia Provincial als ein Eindringen in die intimidad des Sprachlehrers qualifiziert, wogegen sich die beklagte Zeitung in ihrer Revision ausdrücklich wandte. Der Tribunal Supremo bestätigte jedoch die Auffassung der Vorinstanz. Der Angriff auf die intimidad habe in der „Veröffentlichung von Daten in Bezug auf das Privatleben" bestanden, „die nicht im geringsten mit den untersuchten Tatsachen in Verbindung standen und in keinster Weise für die Fragen, über die informiert werden soll, von Interesse sind, [...] Dabei ist es selbst für den Fall, daß sich die anfänglichen Beschuldigungen [...] gegen den Kläger bestätigt hätten, zweifelhaft, ob die Veröffentlichung bestimmter Aspekte seines Privatlebens, so zum Beispiel mit wem er zusammenlebt, wer Teil seiner Familie ist oder wo er wohnt, rechtmäßig gewesen wäre, da Objekt eines Untersuchungsverfahrens zu sein weder bedeutet, daß er Gegenstand und Objekt von Nachforschungen und genereller Öffentlichkeit in Bezug auf alle Aspekte seines Lebens zu sein hat, noch daß diese Öffentlichkeit einem allgemeinen oder sozialen Interesse unterläge (STS de 30 de Diciembre 1989), was sich aus Art. 8.1 LO 1/1982 «a sensu contrario» ableitet". Die Privatsphäre schließt nach dem Tribunal Supremo in diesem Zusammenhang, „den Bereich von Umständen ein, die, ohne notwendigerweise geheim zu sein oder einen intimen Charakter zu haben, dennoch die Respektierung durch die Gesellschaft genießen"[510].

Unzweifelhaft hatte die Information über relativ harmlose Details aus dem Privatleben in diesem Fall (insbesondere wenn man bedenkt, in welchem Zusammenhang der Bericht stand) keinen speziell herabwürdigenden oder rufschädigenden Charakter. Trotzdem wurde eine Verletzung der intimidad bejaht, so daß sich die Auffassung, der Tribunal Supremo tendiere zu einer extensiven Auslegung des Art. 7.3 LO 1/1982, in diesem Fall bestätigt.

Doch hier zeigt sich wie in STS de 19 de Junio 1990, daß für den Tribunal Supremo der Schwerpunkt der Beurteilung darin liegt, ob die Information wirklich notwendig war. Durch die Bezugnahme auf „Art. 8.1 LO 1/1982 «a sensu contrario»" wird besonders offensichtlich,

---

[509] STS de 19 de Junio (FJ 2).

daß er damit ein Kriterium aufgreift, das eigentlich erst im Rahmen der Prüfung der Rechtswidrigkeit eines bejahten Eindringens relevant wird: Die „öffentliche Bedeutung". Dieses Kriterium wird später unter VII.3.d)(2)(a) genau analysiert werden. Schon im Zusammenhang mit Art. 7.3 LO 1/1982 kann jedoch festgestellt werden, daß die Gerichte in den Fällen der LO 1/1982 immer wieder dazu neigen, die Rechtfertigungs- und Tatbestandsebene miteinander zu vermischen. Zurückzuführen sein dürfte dies auf eine generelle Unsicherheit bei der Bestimmung des in Art. 7.3 geschützten Rechtsguts, welches auch über die Typisierung von Verhaltensunrecht nicht so klar ausgestaltet ist, wie dies eigentlich wünschenswert wäre. Indem die Gerichte das Tatbestandsmerkmal, das eigentlich darüber entscheiden soll, ob eine bestimmte Handlung generell verletzend ist oder nicht, auf die Rechtfertigungsebene hinüberziehen, haben sie die Möglichkeit, in einer allgemeinen Güter- und Interessenabwägung sowohl über das Vorliegen oder Nichtvorliegen der Tatbestandsmerkmale der Handlung als auch über deren Rechtswidrigkeit zu entscheiden. Dies verschafft ihnen zwar auf einen Seite einen verbreiterten Handlungsspielraum, führt jedoch andererseits zu einer Vermischung der Kriterien, was die Gerichte aber davon enthebt, letztere im einzelnen klar zu definieren[511].

Die Formulierung „für die vermittelte Information notwendig" sollte insofern nicht als Kriterium für die Prüfung des Eindringens in die intimidad herangezogen werden, da dies einen Vorgriff auf die Rechtswidrigkeitsprüfung darstellt. Als einziges positives Kriterium bleibt für die Bejahung des unerlaubten Eindringens: Das Eindringen in die Privatsphäre, die den Bereich von Umständen einschließt, die, ohne notwendigerweise geheim zu sein oder einen intimen Charakter zu haben, dennoch die Respektierung durch die Gesellschaft genießen ohne fremdes Eindringen zu gestatten[512]. Der Hinweis auf die „Respektierung durch die Gesellschaft" öffnet dabei einmal mehr einen weiten Beurteilungsspielraum für die Gerichte, wobei immer am jeweiligen Einzelfall entschieden werden muß, ob eine Tatsache, über die berichtet wird, dieses Merkmal erfüllt oder nicht.

Und während im Falle des Sprachlehrers in STS de 26 de Julio 1995 die Veröffentlichung von Daten aus dem Privatleben als Verletzung der intimidad gewertet wurde, verneinte der Tribunal Supremo (entgegen der Auffassung der Vorinstanzen) in STS de 31 de Diciembre 1996 (FJ 1) ein unerlaubtes Eindringen in die intimidad der Klägerin, einer bekannten Person, über deren Haus und persönliche Gewohnheiten eine Zeitung aufgrund von Mitteilungen einer ehemaligen Hausangestellten berichtet hatte. Die Aussagen im Bericht seien zwar zum Teil "beschämend (afrentosos), belästigend (molestosos) oder von einem Standpunkt der sozialen Anerkennung abwertend (desmerecedores de un punto de vista de homologación social)", stellten jedoch keine schweren Angriffe auf die intimidad dar. Nicht einmal die Stellung der Klägerin als öffentliche Person oder ihr bisheriges Auftreten in der Öffentlichkeit wurde

---

[510] STS de 26 de Julio 1995 (FJ 5 und 9).
[511] Auch im Zusammenhang mit Art. 7.7, wo die Gerichte eine „Gesamtbetrachtung" durchführen, findet sich dieses Problem (vgl. unten Teil 2:D.V.3.b)(2)(d))
[512] STS de 26 de Julio 1995 (FJ 5).

in diesem Urteil herangezogen, obwohl hierüber eine Einschränkung der intimidad zumindest denkbar gewesen wäre.

Die betrachteten Urteile zeigen Unterschiede in Bezug auf die Tatbestandsmerkmale, die zum Teil von Fall zu Fall verschieden bewertet werden. Die bessere Methode zur Bestimmung des Schutzbereiches (und damit zur Beurteilung eines Angriffes) liegt nach Ansicht der Gerichte fast immer in der Abwägung der Rechte des Art. 18.1 und 20.1 CE. Auf eine genaue Herausarbeitung der Kriterien auf Tatbestandsebene wird dementsprechend verzichtet.

Was das Kriterium der Rufbeeinträchtigung im Zusammenhang mit der intimidad betrifft, so muß es – wie gesehen – nicht unbedingt eine Rolle spielen, um eine Verletzung bejahen zu können. Es hat jedoch insofern Bedeutung, als es im Einzelfall zur Begründung dafür herangezogen wird, daß nicht jedem subjektivem Geheimhaltungsinteresse eines vermeintlich Beeinträchtigten nachgegeben werden kann[513].

Bei einer genaueren Herausarbeitung von Tatbestandsmerkmalen sollte es auch möglich sein, eine Vielzahl von Fällen über eine der anderen Alternativen von Art. 7 zu lösen, nämlich die Fälle der unrechtmäßigen Erlangung oder im Wege einer extensiven Auslegung von Art. 7.4. Denkbar erscheint es auch, das von den Gerichten für die Rechtfertigung entwickelte Kriterium der „korrekt erlangten Information" (siehe hierzu unten VII.3.d)(2)(b)(i)) heranzuziehen. Danach ist eine Information – grob gesagt – dann nicht gerechtfertigt, wenn sie nicht korrekt erlangt wurde; dieses Argument ließe sich auch auf der Tatbestandsebene schon gebrauchen[514].

(3) Art. 7.4

Art. 7.4 schützt vor der „Enthüllung von privaten Daten einer Person oder Familie, von denen der Enthüllende aufgrund seiner beruflichen oder offiziellen Tätigkeit Kenntnis erlangt hat." Mit der beruflichen Tätigkeit im Sinne des Art. 7.4 sind allerdings nur solche Tätigkeiten gemeint, die diese Regelung in die Nähe der Verletzung des Berufsgeheimnisses rücken, da solche Personen darunter fallen, die im Zusammenhang mit ihrer Tätigkeit Dinge erfahren, zu deren Weitergabe sie nicht befugt sind. Auf Reporter und Journalisten bezieht sich die Vorschrift nicht[515].

---

[513] Vgl. bspw. STS de 4 de Noviembre (FJ 7), wo die Klage der Ehefrau eines Politikers, deren wirtschaftliche Situation und die Tatsache, daß sie nicht regelmäßig mit ihrem Mann zusammenlebte, im Rahmen eines Berichts über einen möglichen Fall von Vetternwirtschaft genannt wurde. Der Tribunal Supremo lehnte eine Verletzung in diesem Zusammenhang unter Hinweis auf das Nichtvorliegen einer Rufschädigung ab. Auch im bereits angeführten Fall STS de 31 de Diciembre 1996 ging die Begründung des Tribunal Supremo letztlich dahin, daß die Informationen, die die Klägerin als peinlich empfunden hatte, es nach Ansicht des Gerichts nicht waren.
[514] Siehe hierzu erneut STS de 31 de Diciembre 1996 (FJ 2): Die (relativ belanglose) Informationen über das Privatleben der Klägerin durch die Aussagen einer ehemaligen Hausangestellten verstießen gegen deren arbeitsrechtliche Treuepflicht gem. Art. 54.2 Estatuto de los Trabajadores (abuso de confianza) (Lete Achirica, RDP, 1998, S. 331 (334)). Hier hätte darauf abgestellt werden können, daß die Information in diesem Sinne nicht korrekt erlangt war.
[515] Igartua Arregui, PJ n° 5, März 1987, S. 89 ff.; vgl. STS de 23 de Febrero 1998 (FJ 6).

b) Schutz der Ehre, Art. 7.7 LO 1/1982

Die Ehre ist unabhängig von der intimidad in Art. 7.7 LO 1/1982 geschützt. Bei dieser Regelung handelt es sich – was die Häufigkeit der Anwendung angeht – um die wichtigste Vorschrift des Art. 7 LO 1/1982: 75 % der erhobenen Klagen stützen sich hierauf[516].

(1) Alte und neue Regelung

Die Formulierung in Art. 7.7 LO 1/1982 wurde mit der LO 10/1995, der Neufassung des Código Penal, geändert. Der ursprüngliche Wortlaut lautete:

„Die Verbreitung von Ansichten oder Tatsachen über eine Person, wenn sie diese diffamieren oder in der Achtung anderer herabsetzen".

Der Gesetzgeber hat mit dem Erlaß des neuen Código Penal auf die in Rechtsprechung und Literatur bezüglich der Ehre und ihrer Verletzung herausgearbeiteten Merkmale reagiert und eine Änderung der Ehrenkonzeption sowohl im straf- wie auch im zivilrechtlichen Bereich vorgenommen. Ein unerlaubtes Eindringen ist nach dem neuen Wortlaut von Art. 7.7 LO 1/1982 gem. Endbestimmung Viertens der Código Penal:

„Die Behauptung von Tatsachen oder die Kundgebung von Werturteilen durch Handlungen oder Äußerungen, die die Würde eines anderen verletzen, indem sie seinen Ruf beeinträchtigen oder einen Angriff auf seine eigene Wertauffassung darstellen."

Mit der Neufassung des Código Penal ist eine weitgehende Parallelisierung des straf- und zivilrechtlichen Ehrenschutzes vorgenommen worden[517]. Der Gesetzgeber hat entsprechend dem Prinzip der geringsten Einmischung[518], den strafrechtlichen Bereich auf die schwereren Ehrbeeinträchtigungen beschränkt und die übrigen Fälle dem Zivilrecht überlassen[519]. Die Angleichung von straf- und zivilrechtlichem Schutz kommt besonders durch den fast identischen Wortlaut von Art. 7.7 LO 1/1982 und Art. 208 CP zum Ausdruck.

Bereits in den Ausführungen zur Konzeption der Ehre im allgemeinen und zum strafrechtlichen Tatbestand der Beleidigung ist darauf verwiesen worden, inwieweit der Gesetzgeber mit den neuen Formulierungen auf Einflüsse aus Rechtsprechung und Lehre reagiert hat und welche Schwierigkeiten sich aus der nunmehr vorgenommenen Konzeption der Ehre als Ausfluß der Würde des Menschen ergibt. Diese Schwierigkeiten gelten auch bei der Anwendung von Art. 7.7 LO 1/1982 entsprechend.

---

[516] López Díaz, S. 106.
[517] Schon vor der Angleichung der beiden Tatbestände wurde der zivilrechtliche Tatbestand des unerlaubten Eindringens in die Ehre – soweit es die Diffamierung betraf – auch als „zivilrechtliche Beleidigung" qualifiziert und daraus geschlossen, daß die für die strafrechtliche Konzeption der Beleidigung herausgearbeiteten Merkmale auch auf den Tatbestand der Diffamierung anzuwenden seien. Das, was strafrechtlich eine Beleidigung darstellt, soll damit auch ein unerlaubtes Eindringen im Sinne der LO 1/1982 sein (Herrero-Tejedor, S. 210 f.; López Díaz, S. 112).
[518] Vgl. STS de 6 de Febrero 1996 (FJ 1).
[519] Ursprünglich gingen die Forderungen während der Ausarbeitung so weit, eine völlige Entpönalisierung der Fälle der Ehrbeeinträchtigung, aufgrund der Schwierigkeiten, die gerade im Strafrecht vorhanden sind, zu fordern. Auch nach der Reform werden diese Forderungen z.T. noch aufrechterhalten (siehe Quintero/Morales, S. 376, López Díaz, S. 118 mwN).

(2) Tatbestandsmerkmale

(a) Behauptung von Tatsachen oder Kundgabe von Werturteilen

Die Unterscheidung zwischen Tatsachen und Werturteilen durch den Gesetzgeber ist als klarer Hinweis auf die Freiheiten des Art. 20 CE zu verstehen, der dort in Absatz 1 zwischen dem Recht auf Meinungsfreiheit (Art. 20.1 a)) und dem Recht auf Information (Art. 20.1 d)) unterscheidet. Und während das Verfassungsrecht der Meinungsfreiheit Gedanken, Ideen und Ansichten zum Gegenstand hat (worunter auch Werturteile zu fassen sind), bezieht sich das Recht auf Information auf Tatsachen[520]. Die Einordnung einer Äußerung als Werturteil oder als Tatsache führt also in der Folge zu dem einen oder dem anderen Recht, was für eine spätere Abwägung zwischen den Verfassungsrechten Ehre und Recht auf Meinungs- oder Informationsfreiheit von erheblicher Bedeutung ist[521].

(b) Handlungen oder Äußerungen

Nach der alten Formulierung des Art. 7.7 LO 1/1982 war auch die Verbreitung der Ansichten oder Tatsachen erforderlich. Dieses Element findet sich in der neuen Fassung des Art. 7.7 LO 1/1982 nicht mehr, sondern ist durch „Handlungen oder Äußerungen" ersetzt worden. Auf das Merkmal des Verbreitens kann jedoch auch heute nicht verzichtet werden: Um die Ehre eines anderen zu verletzen, muß es erforderlich sein, daß die Tatsachenbehauptung oder Kundgabe von Werturteilen überhaupt Gestalt angenommen hat und in den sozialen Verkehr gelangt ist. Bloß ehrkränkende Gedanken über eine andere Person können nicht bestraft werden, und auch was nach Absicht des Handelnden nicht für andere sondern nur ihn selber bestimmt ist (z.B. ein Tagebuch), ist prinzipiell noch nicht ehrverletzend.

Die Verbreitung geschieht durch Veröffentlichung, Ausbreitung und dadurch, daß Dinge der Öffentlichkeit oder Dritten zugänglich gemacht werden[522]. Sie kann in das Merkmal der „Handlung oder Äußerung" mit eingeschlossen betrachtet werden, denn diese können zivilrechtlich nur relevant sein, wenn sie von anderen überhaupt wahrgenommen worden sind[523]. Insofern werden im Zusammenhang mit dem Begriff „Äußerung" alle Beleidigungen verstanden, die mündlich oder schriftlich und über jedwedes Kommunikationsmittel übermittelt werden[524].

---

[520] STC 6/1988 de 21 de Enero.
[521] Vgl. Bernal del Castillo, La Ley 1996-2, D-109, S. 1436 (1438). Zur Abgrenzung zwischen Tatsachen und Werturteilen siehe unten Teil 2:D.VII.3.d)(1).
[522] STS de 14 de Noviembre 1998 (FJ 2); STS de 27 de Abril 2000 (FJ 1); Herrero-Tejedor, S. 204, López Díaz, S. 108; vgl. in diesem Zusammenhang STS de 5 de Mayo 1988 (FJ 2), wo es um Äußerungen in einer Eigentümergemeinschaft ging.
[523] Vgl. López Díaz, S. 108, die das Kriterium „Verbreiten" im Begriff „de cualquier modo" (auf jedwede Art) im Tatbestand des spanischen Gesetzestextes enthalten sieht; STS de 27 de Marzo 1998 (FJ 2); Zur Frage des Versuchs der Beleidigung im Strafrecht siehe Muñoz Conde, S. 137 f.
[524] Bernal del Castillo, La Ley 1996-2, D-109, S. 1436 (1438); vgl. López Díaz, S. 108.

(c) Verletzung der Würde durch Beeinträchtigung des Rufs oder Angriff auf die eigene Wertauffassung

Bereits im Abschnitt über die Konzeption der Ehre und ihre gesetzliche Umsetzung und im strafrechtlichen Teil bezüglich des Tatbestandes der Beleidigung wurde auf die Änderung hingewiesen, die sich durch die Neuformulierung des Art. 7.7 LO 1/1982 und Art. 208 CP technisch ergeben hat. Der Gesetzgeber hat mit dieser Neuformulierung die Entwicklungen in Rechtsprechung und Literatur aufgegriffen und den Ehrenschutz „modernisiert". Zentrales Element und Basis der Ehre ist die Würde des Menschen. Verletzungen dieser Würde äußern sich in den Angriffen auf die objektive Ehre (Beeinträchtigung des Rufs) oder die subjektive Ehre (Angriff auf die eigene Wertauffassung). Die Schwierigkeiten, die sich aus dieser Konzeption ergeben, sind oben (C.II.1.a)(2)) bereits angesprochen worden.

(i) Beeinträchtigung des Rufs

Die Beeinträchtigung des Rufs enthält die im alten Wortlaut von Art. 7.7 LO 1/1982 vorhandenen Kriterien der Diffamierung oder die Herabsetzung in den Augen anderer. Was die Diffamierung betrifft, so existierte im spanischen Código Penal von 1928 in Art. 632 der Tatbestand der difamación:

„Diffamierung ist jede öffentliche Information, die tendenziös ist oder die sich systematisch gegen eine natürliche oder juristische Person richtet, indem Tatsachen des Privatlebens oder solche moralischer oder wirtschaftlicher Natur oder auch über Krankheiten oder sexuelle Eigenschaften enthüllt oder verbreitet werden"

Die difamación entspricht also in etwa dem deutschen Tatbestand der üblen Nachrede. Im Zivilrecht gab es den entsprechenden Tatbestand nicht. Auch im Strafrecht ist die difamación als eigener Tatbestand nicht mehr enthalten, obwohl im Zuge der Neuformung des Código Penal über eine Wiedereinführung nachgedacht worden war. Bis zur Reform des Código Penal war das Art. 7.7 LO 1/1982 ähnlichste Konzept der Tatbestand der Beleidigung des Código Penal, die definiert war als jede „abwertende, geringschätzige oder ehrenrührige Äußerung oder Handlung in Bezug auf eine andere Person". Wie bereits erwähnt, wurde der Tatbestand des unerlaubten Eindringens in die Ehre daher auch – zumindest soweit es das Merkmal der difamación betraf – als „zivilrechtliche Beleidigung" qualifiziert[525]. Diese Qualifizierung hat sich durch die Angleichung der beiden Tatbestände bestätigt.

Obwohl er im Zivilrecht als gesetzlicher Tatbestand nicht existiert, wird die Diffamierung gleichwohl zumindest als Begriff von den Gerichten zur Qualifizierung von Äußerungen herangezogen: In STS de 26 de Julio 1995 (FJ 5) spricht der Tribunal Supremo von "Behauptungen, bei denen der diffamatorische Charakter offensichtlich ist, mit einer Herabsetzung in der öffentlichen Auffassung"[526]. Merkmal der Diffamierung ist im Endergebnis die Rufschädigung oder die Herabsetzung in den Augen anderer[527]. Insofern wurde die ausdrückliche Er-

---
[525] Siehe Fn. 517.
[526] Siehe auch STS de 25 de Junio 1996 (FJ 1); STS de 26 de Junio 1996 (FJ 1 und 2); STS de 15 de Julio 1996 (FJ 2).
[527] López Díaz, S. 111.

wähnung dieses Merkmals im alten Wortlaut des Art. 7.7 zum Teil lediglich als klarstellende Ergänzung zur Diffamierung begriffen. Andere sahen darin einen Hinweis darauf, daß es zur Erfüllung des Tatbestandes nicht auf die Wahrheit oder Unwahrheit der verbreiteten Tatsache ankommen sollte[528].

(ii) Angriff auf die eigene Wertauffassung

In den Ausführungen über den strafrechtlichen Tatbestand der Beleidigung wurde bereits angemerkt, daß der Verweis auf die subjektive Ehre und die Qualifizierung des Angriffs auf die eigene Wertauffassung als Verletzung der Würde der Person die Gefahr eines zu großen Subjektivismus beinhaltet und für eine objektive Erwägung kaum Platz läßt. Insofern wird in der Literatur dafür plädiert, dieses Tatbestandsmerkmal restriktiv nur auf solche Ansichten, Äußerungen, Kritiken oder Informationen anzuwenden, die „das Ehrgefühl oder die eigene Auffassung, die eine Person mit normalem Empfinden hat, und die unnötig und überflüssig für den Zweck der Kritik oder Information sind"[529]. Wie bei Art. 7.3 LO 1/1982 zeigt sich auch hier, daß die Unsicherheit bei der Bestimmung des Tatbestandsmerkmals dazu verführt, die Tatbestands- und Rechtswidrigkeitsebene miteinander zu vermischen, um im Rahmen einer Güter- und Interessenabwägung mit den Rechten des Art. 20.1 CE eine Abgrenzung des Schutzbereichs der Ehre vorzunehmen.

Vorgeschlagen wird aber auch, den Hinweis auf die eigene Wertauffassung lediglich als persönliches einschränkendes Kriterium für eine objektiv als verletzend eingestufte Handlung heranzuziehen[530]. In der Konsequenz heißt das, daß ein Verhalten immer objektiv verletzend sein muß, jedoch überprüft werden soll, ob dies auch im konkreten Fall aufgrund des persönlichen Verhaltens des Beeinträchtigten tatsächlich zu einer Verletzung geführt hat[531].

(d) Gesamtbetrachtung

Insbesondere bei der Beurteilung, ob ein Fernseh- oder Radiobeitrag, oder ein Zeitungs- oder ein Zeitschriftenartikel ein unerlaubtes Eindringen in die Ehre eines anderen darstellt, soll nach Ansicht der Gerichte keine isolierte Betrachtung einzelner Äußerungen vorgenommen werden. Der Tribunal Supremo hat herausgestellt, daß „der veröffentlichte und verbreitete Text in seiner Gesamtheit und als Ganzes interpretiert werden muß, damit auf diese Weise die wahre ehrenrührige Bedeutung beurteilt werden kann [...] ohne daß es zulässig wäre, Äußerungen zu isolieren, die einzeln betrachtet einen anderen Sinn bekommen, als sie im Zusammenhang mit der gesamten Publikation haben"[532].

---

[528] Vgl. Estrada Alonso, S. 103, der auf das Urteil des Juzgado de Primera Instancia n° 19 de Madrid, de 26 de Enero 1985 verweist, wo ausgeführt ist, daß es bei der Behauptung von Tatsachen auf Wahrheit oder Unwahrheit nicht ankomme, während eine difamación immer falsch sein müsse; Igartua Arregui; PJ n° 5, März 1987, S. 89 (98) weist auf mehrere erstinstanzliche Urteile hin, in denen diese Unterscheidung mit der (von ihm kritisierten) Folgerung gemacht wurde.
[529] López Díaz, S. 109.
[530] Quintero Olivares, Libertad, S. 174. Auch López Díaz vertritt diese Ansicht, wenn sie auf „eine Person mit normalem Empfinden" abstellt.
[531] Quintero Olivares, Libertad, S. 174 f.
[532] STS de 15 de Julio 1996 (FJ 2) unter Verweis auf STS de 12 de Mayo 1989.

Unter anderem wird aus diesem Gedanken der Schluß gezogen, daß es nicht zulässig ist, nur einzelne Äußerungen zu werten, die „für sich betrachtet zwar kränkend sein können, die jedoch diesen Charakter verlieren, wenn man die Absicht und den Zweck der ganzen Nachricht, die man weder bruchstückhaft noch verallgemeinernd betrachten soll, berücksichtigt"[533].

Die Idee der Gesamtbetrachtung geht auf die Rechtfertigung durch ein Handeln im Sinne von Art. 20.1 CE zurück, wenn der Handelnde sich auf sein Recht auf Meinungsfreiheit berufen kann und eine Abwägung der im Hintergrund des Konflikts stehenden Grundrechte vorgenommen werden muß. Aber auch Art. 2.1 LO 1/1982 und die diesem zugrundeliegende Idee, eine Abwägung nicht außerhalb eines historischen und sozialen Kontextes vorzunehmen, spielt hier mit hinein[534]. Bestimmte Ausdrücke, die in einer Tageszeitung als abwertend verstanden würden, müssen es also bspw. in einer Satirezeitschrift nicht sein. Und auch aus dem Gesamtton eines Artikels kann auf die Schärfe bzw. Harmlosigkeit einzelner Ausdrücke geschlossen werden.

Auch im Falle des Art. 7.7. LO 1/1982 kommt es zu einem Bezug auf außerhalb des eigentlichen Tatbestandes liegende Kriterien, der aufgrund der Begründung mit der Regelung des Art. 2.1 nicht so offensichtlich wird. Faktisch bedeutet die Idee der Gesamtbetrachtung jedoch nichts anderes, als daß die Rechtswidrigkeitsprüfung implizit bereits bei der Prüfung der Erfüllung des Tatbestands vorgenommen wird. Auch hier dürfte der Grund wie im Falle des Art. 7.3 letzten Endes darin liegen, daß nach wie vor große Unsicherheiten bei der Bestimmung der genauen Grenzen des Rechtsgutes liegen; daher wird auf eine genaue Bestimmung verzichtet und die Frage der Kollision mit den Rechten des Art. 20.1 CE in einer umfassenden Güter- und Interessenabwägung entschieden.

(3) Exceptio veritatis

Entsprechend der im Strafrecht bestehenden Diskussionen wurde und wird auch im Zivilrecht die Frage gestellt, inwieweit eine wahre Berichterstattung ein unerlaubtes Eindringen ausschließen kann. Diese Frage stellt sich in dieser Zweifelhaftigkeit nur in Bezug auf die Ehre, ein Eindringen in die intimidad kann nur mit dem Kriterium der Wahrheit allein unstreitig nicht gerechtfertigt werden[535].

Es muß bei der Diskussion beachtet werden, daß das Kriterium der Wahrheit primär einen verfassungsrechtlichen Aspekt hat: In Art. 20 Abs. 1 d) wird das Recht anerkannt, „wahre Berichterstattung durch jegliches Verbreitungsmedium frei mitzuteilen oder zu empfangen". Aufgrund dieses Verfassungsaspekts prüfen die Gerichte die Wahrheit als Abwägungskriteri-

---

[533] STS de 13 de Octubre 1998 (FJ 5) mit Hinweis auf SSTS de 14 de Marzo und 16 de Septiembre 1996. Dieser Verweis auf den Zweck der Information und die Absicht des Informierenden führt zu einigen in Literatur und Rechtsprechung diskutierten Fragen bezüglich einzelner nicht erwähnter Tatbestandsmerkmale des Art. 7 LO 1/1982, nämlich, ob schuldhaftes Verhalten erforderlich ist, bzw. ob überhaupt auf die subjektive Einstellung des Täters abgestellt werden muß oder darf. Auf diese Fragen wird in eigenen Abschnitten eingegangen werden (siehe das folgende Abschnitt Teil 2:D.VIII.).
[534] Vgl. STS de 15 de Julio 1996 (FJ 2) mit Verweis auf SSTS de 13 de Marzo 1990, 14 de Mayo 1990 und 27 de Noviembre 1991; STS de 6 de Julio 1989 (FJ 2).

um bei der Kollision zwischen Art. 18.1 CE und Art. 20.1 CE, denn im Zusammenhang mit dem Recht auf Information spielt es eine entscheidende Rolle für die Rechtfertigung einer Aussage. Mit Bezug auf die Verfassungsrechtsprechung und die Bedeutung des Kriteriums der Wahrheit im Strafrecht kann dabei festgehalten werden, daß sich die exceptio veritatis nur auf Tatsachenbehauptungen und nicht auf Meinungsäußerungen beziehen kann[536].

Fest steht, daß weder Art. 7.7 alter Fassung, noch die geänderte Form eine Unterscheidung zwischen wahren und unwahren Aussagen machen. In der Literatur ist unter Anführung vieler insbesonders erstinstanzlicher Urteile aufgezeigt worden, daß die Gerichte aus dieser Nichterwähnung den Schluß gezogen haben, daß es auf die Wahrheit oder Unwahrheit einer behaupteten Tatsache nicht ankomme[537]. Unumstritten ist: Eine wahre Aussage kann nicht eine gleichzeitig vorgenommene Formalbeleidigung rechtfertigen, eine Information muß unnötige Beleidigungen oder Erniedrigungen vermeiden und kann auch die Verletzung einer beruflichen Schweigepflicht nicht decken[538].

Aufgrund des primär verfassungsrechtlichen Aspekts und der Tatsache, daß es in der LO 1/1982 nicht erwähnt ist, wird die Wahrheit als Kriterium der Tatbestandsebene in der Regel abgelehnt[539].

(4) Erfordernis einer Verletzungsabsicht

In Art. 7.7 ist nicht ausdrücklich zur Voraussetzung gemacht worden, daß für die Erfüllung des Tatbestandes eine Verletzungsabsicht des Handelnden erforderlich ist. Infolgedessen ist das Erfordernis einer solchen Absicht in Form eines *animus injurandi* oder *animus diffamandi* von der Rechtsprechung in diesem Zusammenhang ausdrücklich abgelehnt worden[540]. Diese Ablehnung stützt sich auf eine Rechtsprechung des Tribunal Constitucional[541], die zwar zum Strafrecht entwickelt wurde, jedoch auch im Zivilrecht angewendet wird[542].

Der Grund für die Ablehnung einer Absicht in Richtung eines *animus injurandi* dürfte zum einen in der zu großen Unsicherheit in der Bestimmung liegen[543], zum anderen jedoch insbesondere in der verfassungsrechtlichen Komponente, die Bestandteil gerade dieses Kriteriums bildet: In der Kollision zwischen den Rechten des Art. 18.1 CE und des Art. 20.1 CE wird sich der Verletzende immer auf sein Recht auf freie Meinungsäußerung oder Recht auf Information berufen und dabei mindestens implizit einen *animus criticandi* geltend machen,

---

[535] STC 172/90 de 5 de Noviembre (FJ 3); Herrero-Tejedor, S. 214.
[536] STC 172/1990 de 12 de Noviembre (FJ 2); vgl. Quintero/Morales, S. 376 f.
[537] Muñoz Machado, PJ n° 1, März 1986, S. 11 (15); vgl. Estrada Alonso, S. 137 ff. mwN; Concepción Rodríguez, S. 158 f. mwN; Herrero-Tejedor, S. 214 ff. mwN.
[538] Osorio Iturmendi in Jiménez Blanco, Comentario, S. 168.
[539] López Díaz, S. 126 mwN; Bernal del Castillo, La Ley 1996-2, D-109, S. 1436 (1439), begründet das Nichterfordernis der Wahrheit damit, daß Schutzgut letztendlich die Würde ist, die unabhängig von persönlichen Umständen geschützt werden soll; a.A. Estrada Alonso, S. 110, der kritisiert, daß dies darauf hinausliefe, daß nicht die tatsächliche Ehre, sondern nur der formale Aspekt bzw. eine scheinbare Ehre geschützt wird.
[540] STS de 30 de Marzo 1988 (FJ 7); STS de 6 de Febrero 1996 (FJ 2 und 3); STS de 20 de Diciembre 1993 (FJ 3).
[541] Siehe STC 107/1988 de 8 de Junio (FJ 2), STC 51/1989 de 22 de Febrero (FJ 2).
[542] Vgl. STS de 23 de Marzo 1987 (FJ 7).
[543] Vgl. López Díaz, S. 102.

d.h. behaupten, Motiv seines Handeln sei in erster Linie eine kritische Darstellung eines Themas von öffentlichen Interesse gewesen, wozu die persönliche Herabwürdigung des Verletzten nur der Zweck gewesen sei, der aufgrund der Höherwertigkeit des Rechts auf Information oder Meinungsfreiheit zurückzutreten habe. Der *animus* stellt dabei ein relatives Kriterium dar, das nur über eine wertende Betrachtungsweise ermittelt werden kann. Dies hat die Gerichte dazu gebracht, ihn als entscheidendes Merkmal für die Beurteilung der Handlung abzulehnen und andere Kriterien zu entwickeln[544].

Trotzdem taucht das subjektive Kriterium eines *animus*, bzw. einer bestimmten Absicht („animus", „intención" oder "finalidad") des Handelnden als Kriterium in vielen Gerichtsentscheidungen auf[545], so daß eine gewisse Inkonsequenz der Gerichte in Bezug auf dieses Merkmal festzustellen ist. Diese Inkonsequenz erklärt sich zum Teil in der oben angeführten Doktrin der Gesamtbetrachtung, die dazu führt, daß die Gerichte eine umfassende Wertung aller Umstände vornehmen, um die Äußerungen in einen sozialen Kontext zu setzen. Der Verweis auf den sozialen Kontext kann nämlich auch als Referenz bezüglich eines *animus* aufgefaßt werden: Bei einer sozialen Betrachtung der unterschiedlichen gesellschaftlichen Gruppen dürfte auffallen, daß in jeder Gruppe andere Umgangsformen üblich und unterschiedliche Ausdrücke an der Tagesordnung sind. In einer verallgemeinernden Betrachtungsweise kommt man zu dem Schluß, daß bei bestimmten Gruppen der Umgangston „rauher" und die Schwelle zu einer Beleidigung oder einem Angriff auf die Selbstauffassung eines anderen höher ist, da unterstellt wird, daß bei bestimmten Gruppen und Schichten „im allgemeinen" ein anderer Maßstab anzulegen ist als bei anderen. Dies bedeutet letztlich jedoch nichts anderes, als in einer ex ante-Betrachtung eine generelle Absicht für bestimmte Fälle festzulegen. Die subjektive Einstellung wird über die Verallgemeinerung objektiviert und vorweggenommen, so daß es in der Regel keiner besonderen Erwähnung mehr bedarf.

Dies heißt jedoch nicht, daß das Merkmal insgesamt überflüssig ist. Der Verweis der Gerichte auf die subjektive Einstellung des Täters findet sich nämlich auch noch in einem anderen Kriterium: Im Rahmen einer eventuellen Rechtfertigung kommt das bereits erwähnte Merkmal der Wahrheit einer Information zum Tragen. Hierbei handelt es sich nach Ansicht der Gerichte nicht nur um eine objektive sondern auch eine subjektive Wahrheit. Dementsprechend wird auf die subjektive Einstellung des Täters abgestellt, indem geprüft wird, ob er die verbreitete Information für wahr gehalten hat und für wahr halten durfte. Ein subjektives Element ist demnach nicht überflüssig und darf nicht völlig außer Acht gelassen werden. Es sollte jedoch nicht bereits auf der Tatbestandsebene zum Tragen kommen. Der Gesetzgeber hat aufgrund seiner verallgemeinernden Betrachtungsweise und dem objektivierten Standpunkt bei der Beurteilung, ob eine Rufbeeinträchtigung vorliegt, zu einer Vorwegnahme und Unterstellung eines bestimmten *animus* entschieden, der zur Bejahung der Tatbestandsmä-

---

[544] Siehe hierzu unten Teil 2:D.VII.
[545] STS de 5 de Mayo 1988 (FJ 2); STS de 6 de Julio 1989 (FJ 2); STS 16 de Marzo de 1990 (FJ 4); STS de 21 de Julio de 1993 (FJ 4); STS de 15 de Julio 1996 (FJ 2); STS 23 de Febrero 1998 (FJ 3); STS de 13 de Octubre 1998 (FJ 5); STS de 15 de Noviembre 1998 (FJ 4).

ßigkeit für den Einzelfall nicht entscheidend sein soll. Die subjektive Tätereinstellung kommt vielmehr bei der Prüfung der Frage zum Tragen, ob eine Handlung, die generell als ehrverletzend qualifiziert wurde, es auch im Einzelfall sein kann. Dies ist dann eine Frage der Rechtswidrigkeit oder der Schuldhaftigkeit[546].

Diese Ansicht wird durch die Entscheidung des Tribunal Constitucional in STC 178/1993 de 31 de Mayo (Antecedente 7) bestätigt. Dort wurde seitens der beklagten Zeitung darauf verwiesen, daß kein *animus injurandi* bestanden habe. In genau diesem Zusammenhang verweist der Tribunal Constitucional in den Entscheidungsgründen auf Art. 1902 CC und dessen Voraussetzung, von denen sich die LO 1/1982 „nicht im wesentlichen" unterscheide. Zwar wird das Erfordernis eines Vorsatzes ausdrücklich ausgeschlossen, im Anschluß jedoch auf die Sorgfaltspflicht des Informierenden verwiesen. Deren Einhaltung wird in den Entscheidungsgründen im Rahmen des Kriteriums der Wahrheit der übermittelten Nachricht geprüft und bejaht.

4. Stellungnahme zur Regelung des Art. 7

Während der Begriff „unerlaubtes Eindringen" und der gesamte Art. 7 der Konzeption nach darauf abzielen, rechtswidrigkeitsindizierende Tatbestände zu schaffen, die eine allgemeine Abwägung auf der Tatbestandsebene überflüssig machen, hat sich in der Praxis gezeigt, daß dieses Ziel tatsächlich nicht erreicht werden konnte. Besonders Art. 7.7 ist inhaltlich so weit gefaßt, daß nahezu jede Äußerung oder Handlung, die die Ehre berührt, als unerlaubtes Eindringen qualifiziert werden kann[547]. Auch die Ausführungen zu Art. 7.3 zeigen, daß die Voraussetzungen des geschützten Rechtsguts mehr als verschwommen sind. Zu Recht ist daher kritisiert worden, daß es sich bei der LO 1/1982 nicht um eine inhaltliche und definitorische Ausgestaltung der Rechte des Art. 18.1 CE handelt[548]. Die Praxis der Rechtsprechung, die aufgrund der Vorgaben der LO 1/1982 keine klaren Tatbestandsmerkmale entwickelt hat, sondern versucht, über eine Gesamtbetrachtung oder die Einbeziehung von Elementen der Rechtswidrigkeitsebene bzw. subjektiven Merkmalen zu Ergebnissen zu gelangen (obwohl – wie aufgezeigt – durchaus Möglichkeiten zur genaueren Ausgestaltung einzelner Kriterien bestünden) verdeutlicht diese Schwäche des Gesetzes.

Bei genauerer Betrachtung zeigt sich somit, daß die LO 1/1982 zumindest auf der Tatbestandsebene nicht das Maß an Klarheit besitzt, wie es auf den ersten Blick den Anschein hat. Die Lösung der Frage, ob das Verhalten des Schädigers tatsächlich gegen die Rechtsordnung verstößt, wird dementsprechend in der Praxis auch nicht auf dieser Ebene vorgenommen sondern verschoben. Dem Anspruch, bereits auf der Tatbestandsebenen zu entscheiden, ob es

---

[546] Vgl. López Díaz, S. 117, die den *animus* in der Schuldhaftigkeit geprüft sehen will. Siehe hierzu unten Teil 2:D.VII.4.c) und Teil 2:D.VIII.
[547] López Díaz, S. 105.
[548] Herrero-Tejedor, S. 189.

sich um ein „unerlaubtes" Eindringen handelt oder nicht, was eine Rechtswidrigkeitsindikation andeutet, wird Art. 7 in der Praxis damit nicht gerecht[549].

VI. Rechtswidrigkeit (antijuricidad)

Die Rechtswidrigkeit soll – infolge des im vorhergehenden Abschnitt abschließend Erwähnten – nach Ansicht bestimmter Autoren das zentrale Element der LO 1/1982 sein[550].

Hierzu läßt sich vorab zunächst einmal feststellen, daß bei der außervertraglichen Haftung gem. Art. 1902 CC prinzipiell eine Rechtswidrigkeitsvermutung besteht[551]. Zwar verstößt eine Handlung oder ein Unterlassen in vielen Fällen nicht direkt gegen eine positive Norm; trotzdem tritt die Rechtswidrigkeit ebenso hervor, obwohl ein entsprechender Verstoß nicht existiert, denn das schädigende Resultat als solches indiziert die Unrechtmäßigkeit[552]. Bei Vorliegen eines Schadens ist damit nur dann davon auszugehen, daß er nicht rechtswidrig verursacht wurde, wenn ein Rechtfertigungsgrund eingreift.

Da bei der LO 1/1982 – wie im vorhergehenden Kapitel festgestellt – aufgrund der zu unbestimmten Tatbestände keine Rechtswidrigkeitsindikation vorliegt, muß die Unrechtmäßigkeit des Handelns positiv festgestellt werden. Dies wird zwar in dieser Deutlichkeit nie gesagt (wie sich später zeigen wird, weisen die untersuchten Urteile der Rechtsprechung in der Regel eine Diskrepanz zwischen Dogmatik und Terminologie auf), in der Praxis wird jedoch eine umfassende Güter- und Interessenabwägung vorgenommen, um zu beurteilen, ob eine bestimmte Handlung im Einzelfall rechtswidrig war. Hierbei kommt es – wie bereits mehrfach angeführt – zu einer Vermischung der Tatbestands- und der Rechtfertigungsebene, und häufig ist nicht eindeutig erkennbar, auf welcher der beiden Ebenen die Unrechtmäßigkeitsbestimmung letztendlich vorgenommen wird.

Der generelle Konflikt bei der Beurteilung der Unrechtmäßigkeit ist die Kollision der Interessen des Einzelnen mit den Interessen der Allgemeinheit. Folgerichtig ist das „entscheidende Kriterium, um die Rechtmäßigkeit von Eindringen zu bestimmen, die öffentliche Bedeutung" [553]. Grundsätzlich sieht die Rechtsprechung ein Eindringen also nur bei einem Handeln, das durch öffentliches Interesse geboten ist (imperativos de interés público), als gerechtfertigt an[554]. Diese Auffassung stimmt mit Abs. 9 der Präambel überein, der die in Art. 8 LO 1/1982 angeführten Fälle als beispielhaft dafür sieht, daß das öffentliche Interesse das private Interesse überwiegt. Zu den Handlungen gem. Art. 8.1 stellt der Tribunal Supremo insofern folgerichtig fest, daß derjenige, der im Sinne der Voraussetzungen dieser Vorschrift handelt, dies

---

[549] Diese Verschwommenheit zeigt sich auch an einem weiteren Merkmal: Klagen, die auf Grundlage der LO 1/1982 erhoben werden, berufen sich häufig nicht auf einen Schutz eines einzelnen Rechts, sondern machen eine „Verletzung des Rechts auf Ehre, persönlich und familiäre intimidad und am eigenen Bild" geltend (vgl. bspw. STS de 23 de Febrero 1989 (FJ 2); STS de 31 de Diciembre 1996 (Hechos), obwohl es ein solches einzelnes umfassendes Recht ja – wie festgestellt – nicht gibt.
[550] Herrero-Tejedor, S. 187 f.
[551] Vgl. Herrero-Tejedor, S. 221, mit Hinweis auf Castán Tobeñas, Derecho civil español, S. 846.
[552] Ribó Durán, S. 81.
[553] STC 197/1991 de 17 de Octubre (FJ 2).
[554] STC 110/1984, de 26 de Noviembre (FJ 8); STS de 29 de Marzo 1996 (FJ 2); vgl. Concepción Rodríguez, S. 164.

nicht als Einzelperson, sondern quasi in Repräsentation der Öffentlichkeit tut (investido de una representación pública)⁵⁵⁵. Sowohl in den Fällen des Art. 8.1, 1. HS wie auch denen des Art. 8.1, 2. HS ist der Grund dafür, daß das Eindringen nicht als unerlaubt erachtet werden kann, Ausdruck des Gedankens, daß das öffentliche Interesse Individualinteressen überwiegen kann, denn als Folge der Tatsache, daß die Rechte auf Ehre und intimidad keine absoluten und unbeschränkten Rechte sind, können Gründe des öffentlichen Interesses es erforderlich machen, daß ein Eindringen in einen ansonsten geschützten Bereich als zulässig erachtet werden muß⁵⁵⁶. In der Präambel ist das öffentliche Interesse in der Erläuterung zu Art. 8 insofern richtigerweise auch als der eigentliche Rechtfertigungsgrund genannt. Diese zentrale Bedeutung dieses Kriteriums kommt im Gesetzestext selber allerdings nicht zum Ausdruck.

1. Gesetzliche Rechtfertigungsgründe

a) Art. 8 LO 1/1982

(1) Ermächtigung oder Anweisung durch eine zuständige Behörde, Art. 8.1, 1. HS

(a) Abgrenzung zu Art. 2.1

Gemäß Art. 2.1 LO 1/1982 kann der Schutz der Ehre und der intimidad durch Organgesetze begrenzt werden. In einem solchen Fall wird der Schutzbereich der Rechte bestimmt, der Grundlage für die Beurteilung ist, ob ein Eingriff in die Rechte vorliegt.

Bei Handlungen, die zwar die Tatbestandsmerkmale eines unerlaubten Eindringens erfüllen, d.h. bei denen in den Schutzbereich eingegriffen wird, zu denen jedoch „durch eine zuständige Behörde [...] ermächtigt oder angewiesen wurde" sagt Art. 8.1 LO 1/1982, daß sie „im allgemeinen" nicht als unerlaubtes Eindringen erachtet werden. Dies indiziert einen Rechtfertigungsgrund; die Formulierung des Gesetzes, daß eine entsprechende Handlung nicht als unerlaubtes Eindringen „erachtet" werden kann, würde in wörtlicher Auslegung einen Ausschluß der Tatbestandsmäßigkeit bedeuten. Gemeint ist aber tatsächlich, daß durch die Erfüllung einer der Tatbestandsvoraussetzungen des Art. 8.1 LO 1/1982 die Rechtswidrigkeit der Handlung entfällt, da auf dieser Ebene der Interessenkonflikt zwischen den Rechten der LO 1/1982 und anderen Rechten, zu deren Schutz die behördliche oder gerichtliche Entscheidung erging, aufgelöst wird⁵⁵⁷.

(b) Anwendungsbereich

Die Regelung in Art. 8.1, 1. HS LO 1/1982 korrespondiert mit den Ausnahmen, die in Art. 18 Abs. 2 (Unverletzlichkeit der Wohnung, Betreten und Durchsuchen nur auf gerichtlichen Beschluß) und Abs. 3 (Post- und Fernmeldegeheimnis, Ausnahme bei gegenteiliger richterlicher Entscheidung) angeführt sind. Wohl unter Bezug auf diese Ähnlichkeit, wird an der Regelung kritisiert, daß es wünschenswert gewesen wäre, sich ausdrücklich nur auf gerichtliche

---

[555] STS de 30 de Diciembre de 1991 (FJ 4); Concepción Rodríguez, S. 164, folgert daraus, daß „jede Art von Rechtfertigung, die sich im Schutz dieser Norm vollzieht, begünstigt und gelenkt vom öffentlichen Interesse ist".
[556] Vgl. STS de 30 de Diciembre (FJ 2); STS de 29 de Marzo 1996 (FJ 2).

Entscheidungen zu beziehen[558], was in Hinsicht auf das Prinzip der Gewaltenteilung (das in diesem Zusammenhang verhindern sollte, daß sich die Exekutive selbst zu Eingriffen in die Freiheitsrechte der Bürger ermächtigt) zwar nachvollziehbar ist, jedoch auch auf der Ebene der Ermächtigungsnormen, wo die Behörde diesbezüglich beschränkt werden kann, lösbar ist.

In den Anwendungsbereich fallen nicht nur Handlungen, zu denen durch gerichtliche oder behördliche Entscheidung ermächtigt wurde, wie Festnahmen oder Hausdurchsuchungen, sondern auch die Entscheidungen selber bzw. deren Veröffentlichung, wie z.B. die Verordnung einer Zahlungssperre (suspensión de pagos), eine Ladung oder Vorladung (citación o emplazamiento) oder Daten aus den Registern, die öffentlich sind[559].

Voraussetzung dafür, daß eine Ermächtigung oder Anweisung auch tatsächlich einen Rechtfertigungsgrund darstellt, ist, daß sie „in Übereinstimmung mit dem Gesetz" vorgenommen wurde. Dies soll sicherstellen, daß tatsächlich auch nur solche Eingriffe eine Rechtfertigung erfahren, die aufgrund von Normen erlassen wurden, die ein Eingreifen aufgrund eines überwiegenden Interesses vorsehen.

In der Literatur wird Art. 8.1 nur als auf die intimidad und das Recht am eigenen Bild zugeschnitten betrachtet, da „eine in Einklang mit dem Gesetz ergangene Maßnahme, die direkt oder indirekt darauf abzielt, Spott oder die Erniedrigung eines anderen hervorzurufen, schwer vorstellbar ist"[560]. Offensichtlich wird in Spanien allein die Tatsache der Einleitung eines Gerichtsverfahrens oder einer anderen Maßnahme, die nach dem Kenntnisstand des jeweiligen öffentlichen Organs unter Beachtung aller Sorgfaltspflichten zwar angezeigt und daher auch rechtmäßig ist, sich aber trotzdem gegen einen Unschuldigen oder eine falsche Person richtet, als nichts ehrenrühriges betrachtet (vgl. Fn. 467).

Einen wichtigen Fall des gerechtfertigten Verwaltungshandelns stellen die Eingriffsermächtigungen der Finanzbehörden im Ley del Régimen Fiscal (LRF) dar. Bereits bei den Ausführungen zur Verwaltung als Handlungssubjekt der LO 1/1982 wurde die Möglichkeit des Eingriffs in das Bankgeheimnis bei der Ermittlung von Steuerdaten erwähnt. Nach verbreiteter Ansicht formen in Spanien Kontokorrentkonten keinen Teil des Bereichs der intimidad, da es nach dieser Ansicht der Anerkennung eines absoluten und unbegrenzten Charakters dieses Rechtes gleichkäme, wenn man immer und auf jeden Fall die wirtschaftlichen Aktivitäten vor den Handlungen der Verwaltung verbergen könne[561]. Diese Haltung nimmt im Zusammenhang mit der Ermittlung von Steuerdaten auch der Tribunal Constitucional in STC 110/1984 de 26 Noviembre (FJ 5-8) ein, wo er das Recht auf intimidad inhaltlich beschränkt auslegt, damit es nicht zu einem Instrument wird, welches die verfassungsmäßige Pflicht vereitelt, sich an den öffentlichen Ausgaben zu beteiligen, vereitelt. Handlungen der Finanzbehörde,

---

[557] Vgl. Herrero-Tejedor, S. 219; Concepción Rodríguez, S. 161.
[558] Herrero-Tejedor, S. 220.
[559] O'Callaghan Muñoz, Honor, S. 588.
[560] Concepción Rodríguez, S. 162; vgl. Estrada Alonso, S. 115.
[561] Vgl. STS de 29 de Julio 1983 (Considerando Nr. 11); Concepción Rodríguez, S. 47.

die in rechtmäßiger Anwendung gem. dem LRF erfolgen, sieht er als gerechtfertigt im Sinne des Art. 8.1 LO 1/1982 an.

(2) Historisches, wissenschaftliches oder kulturelles Interesse, Art. 8.1, 2. HS

Die Rechtfertigung, daß ein überwiegendes historisches, wissenschaftliches oder kulturelles Interesse dazu führen kann, daß eine Handlung nicht als unerlaubtes Eindringen erachtet wird, läßt den Gerichten einen erheblichen Bewertungsspielraum, zumindest soweit es die angesprochenen Interessen betrifft. Diese können sich sowohl aus dem Objekt, auf das sich eine schädigende Handlung bezieht (bspw. verletzende Kritik an einem Buch mit historischem, wissenschaftlichem oder kulturellem Inhalt), oder dem Motiv, aus dem heraus eine Handlung vorgenommen wird, ergeben[562]. Schwieriger ist es jedoch, zu sagen, worum es sich inhaltlich bei den einzelnen Interessen eigentlich handelt. Hierüber können die Gerichte selbst befinden.

Weiterhin findet sich im Gesetz kein Anhaltspunkt dafür, wie ein Überwiegen eines der Interessen bestimmt werden soll. Die Literatur sieht hier als Kriterium „wenn es sich um ein ernsthaftes, bedeutendes Interesse mit einem gewissen Maß an Wichtigkeit handelt, nicht wenn es unwichtig oder unbedeutend ist"[563]. Wann das Interesse ernsthaft und wichtig ist, muß immer im Einzelfall beurteilt werden. Ausschlaggebend dürfte jedoch der Grad des öffentlichen Interesses sein. Der Tribunal Supremo zieht in STS de 7 de Octubre 1996 (FJ 3) als Kriterium für das Überwiegen die Unentbehrlichkeit (imprescindibilidad) des Interesses heran. Ein effektiver Schutz der Persönlichkeitsrechte sei nur gewährleistet, wenn ohne einen Eingriff in diese Rechte der Bürger das notwendige kulturelle Interesse nicht befriedigt werden könne. Im angesprochenen Fall lehnte das Gericht die Verwendung eines Fotos einer Familie ab, das ohne deren Wissen aufgenommen worden war, und mit dem für eine Familienkampagne der Stadt geworben werden sollte. Seiner Argumentation nach war die Verwendung nicht unentbehrlich, denn die Stadt hätte entweder das Einverständnis der Familie einholen oder aber Schauspieler verwenden können.

In Bezug auf das historische Interesse wird vielfach für ein „Recht auf Vergessen" (derecho al olvido) plädiert. Der Grundgedanke hierbei ist, daß ein bei einer Information ursprünglich überwiegendes historisches Interesse im Laufe der Jahre immer stärker zurückweichen kann, bis das Recht der Person an der Nichtveröffentlichung von Daten, die in die Ehre oder intimidad eingreifen, wieder überwiegt, so daß eine Veröffentlichung der Daten, die ursprünglich keine Verletzung dargestellt hätte, nun als eine solche erachtet wird[564].

---

[562] Herrero-Tejedor, S. 222 f.
[563] O'Callaghan Muñoz, Honor, S. 589.
[564] Vgl. Concepción Rodríguez, S. 165 und Herrero-Tejedor, S. 275 f., beide mit Bezug auf das Urteil Sentencia del Juzgado de 1.ª Instancia nº 15 de Madrid de 23 de Septiembre 1986, Magistrado Martínez Ruíz, caso José Pradas Expósito v. RTVE y Pedro Costa. Im zugrundeliegenden Fall ging es um einen Dokumentarfilm über einen Mord und die Gerichtsverhandlung aus den fünfziger Jahren über eine Frau, die nach Ansicht des Richters „ein unglücklicher Mensch und von vielen vergessen" war. Obwohl sich auch das Berufungsgericht in dieser Weise äußerte, wurde das Urteil mit STS de 30 de Diciembre 1989 aufgehoben. Der Tribunal Supremo hat jedoch selber in STS de 24 de Mayo 1994

(3) Art. 8.2

Art. 8.2 LO 1/1982, bei dem es sich nicht um eine abschließende Aufzählung handeln soll[565], bezieht sich seinem Inhalt nach nur auf das Recht am eigenen Bild und wird insofern hier nicht näher erörtert. Immerhin hat der Gesetzgeber, da es in diesem Zusammenhang wohl am offensichtlichsten ist, in Bezug auf dieses Recht zwischen öffentlichen und Privatpersonen unterschieden. Eine ergänzende Anwendung der Vorschriften des zweiten Absatzes scheidet zwar aus, jedoch ist die Unterscheidung zwischen den beiden Personengruppen für die übrigen beiden Rechte von der Rechtsprechung in der Abwägung mit den Rechten auf Meinungs- und Informationsfreiheit übernommen worden.

(4) Kritik an der Regelung des Art. 8

An der LO 1/1982 ist kritisiert worden, daß sie deutlich mehr Rechtfertigungsgründe hätte zulassen müssen, als in dem diesbezüglichen Art. 8 angeführt worden sind[566]. Zum Teil ist für eine Regelung in Form einer Generalnorm plädiert worden, um dem Richter die Möglichkeit zu geben, andere Rechtfertigungsmöglichkeiten zu finden[567]. Als weitere Rechtfertigungsgründe ließen sich bspw. die über Art. 1902 CC herausgearbeiteten allgemeinen Rechtfertigungsgründe anführen. Hierbei handelt es sich um Notwehr (legítima defensa), Notstand (estado de necesidad) oder ein Handeln in rechtmäßiger Ausübung eines eigenen Rechts (obrar en virtud de un derecho, bzw. ejercicio legítimo de un derecho)[568].

Die Rechtsprechung hat in Ermangelung entsprechender Vorgaben eigene Kriterien entwickelt, nach denen ein Handeln, das eigentlich ein unerlaubtes Eindringen darstellt, gerade im Pressebereich gerechtfertigt sein kann. Auf diese Rechtfertigungsgründe wird im folgenden Abschnitt VII ausführlich einzugehen sein. Vorab kann jedoch dazu schon festgestellt werden, daß sich der Konflikt bei Persönlichkeitsverletzungen durch Presseberichte aufgrund der Erkenntnis der Gerichte, daß eine Verletzung der Ehre und intimidad im Hintergrund immer einen Grundrechtskonflikt mit den Rechten des Art. 20.1 CE in sich trägt, auf die Verfassungsebene verschoben hat, da er mangels entsprechender Vorgaben auf einfachgesetzlicher Ebene nicht aufgelöst werden kann. Auch die ordentlichen Gerichte haben damit in einem Zivilprozeß, der anhand einfach- bzw. organgesetzlicher Normen zu entscheiden ist, eine Grundrechtsabwägung vorzunehmen, da es ihnen an den entsprechenden Normen des Zivilrechts ermangelt.

Besonders die Figur des Handelns in rechtmäßiger Ausübung eines eigenen Rechtes hätte jedoch im Bereich der Rechte der LO 1/1982 angewandt werden können, zumal sie als Recht-

---

(FJ 2) in Bezug auf bestimmte Informationen in einem Artikel entschieden, daß es sich dabei um überflüssige „Tatsachen aus vergangenen Zeiten" handelte.
[565] STS de 28 de Diciembre 1996 (FJ 4).
[566] Estrada Alonso, S. 116; López Díaz, S. 140 mwN.
[567] Herrero-Tejedor, S. 220; Estrada Alonso, S. 114.
[568] Herrero-Tejedor, S. 221; López Díaz, S. 140; siehe zu den allgemeinen Rechtfertigungsgründen Lasarte Álvarez, S. 339 und Roca i Trias, S. 493.

fertigungsgrund bei der außervertraglichen Haftung anerkannt ist[569]. Da ein Recht in diesem Sinne jedes Recht im Sinne des Art. 1.1 CC und damit auch ein Grundrecht sein kann, ist hier der Ansatzpunkt für die Frage der Kollision der Rechte auf Ehre und intimidad mit den Rechten auf Meinungsfreiheit und Information gem. Art. 20.1 CE[570]. Für diesen Bereich hat sich gezeigt, daß die Rechtfertigungsgründe des Art. 8.1 LO 1/1982 in der niedergelegten Form völlig unzureichend sind, weshalb Art. 8.1 in den jeweiligen Entscheidungen so gut wie nie eine Rolle spielt[571].

b) Einverständnis des Rechtsinhabers

(1) Dispositionsbefugnis über die Rechtsgüter Ehre und intimidad

Ehre und intimidad sind als Persönlichkeitsrechte unverjährbar, unverzichtbar und unübertragbar. Dies wird in Art. 1.3 LO 1/1982 noch einmal ausdrücklich hervorgehoben. Gleichzeitig wird folgerichtig bestimmt, daß ein trotzdem erfolgter Verzicht nichtig ist. Andererseits geht aus der Regelung der Art. 2.2 ff. LO 1/1982 hervor, daß es die Möglichkeit des Einverständnisses gibt. In der Präambel ist hierzu erklärend ausgeführt, daß dieses Einverständnis nicht den absoluten Verzicht auf die Rechte bedeutet, „sondern lediglich die Nichtwahrnehmung einiger der Befugnisse, die sie ausmachen"[572]. Diese Möglichkeit der Nichtwahrnehmung hat in der Literatur einige Verwirrung und Unverständnis ausgelöst, scheint sie doch dem Charakter der Unverzichtbarkeit zu widersprechen. Die Vereinbarung einer Nichtausübung von Befugnissen – nähme man sie wörtlich – würde ein eigenständiges Rechtsgeschäft im Rahmen der Privatautonomie über die Nichtgeltendmachung eines an sich entstandenen Anspruchs darstellen und hätte nicht unbedingt im Gesetz selber geregelt werden müssen[573]. Dies ist aber vom Gesetz nicht gemeint, sondern der Anspruch soll aufgrund des Einverständnisses überhaupt nicht zur Entstehung gelangen.

Eine andere Schwierigkeit ergibt sich aus dem Umstand, daß die gesetzlich vorgesehene Möglichkeit des Einverständnisses umfassend und ohne Differenzierung für alle drei Rechte geregelt ist, während in der Lehre bereits vor Erlaß der LO 1/1982 Einigkeit darüber herrschte, daß für jedes der Persönlichkeitsrechte eine unterschiedliche Regelung getroffen werden müsse, da dem Rechtsinhaber aufgrund ihrer jeweiligen Natur unterschiedliche Dispositionsmöglichkeiten eingeräumt wurden: Das Recht am eigenen Bild wurde als unbeschränkt dispositionsfähiges Recht angesehen, während dies für die intimidad nur eingeschränkt und bei der Ehre als kaum vorstellbar galt[574].

---

[569] Santoz Briz, S. 35.
[570] Vgl. López Díaz, S. 140; Herrero-Tejedor, S. 222
[571] Estrada Alonso, S. 120, meint sogar, daß Art. 8.1 in dieser Form eine unzulässige Beschränkung der Rechte auf freie Meinungsäußerung und Information darstelle.
[572] So auch STS de 7 de Octubre 1996 (FJ 6).
[573] In der Tat wurden vor Erlaß der Regelung der LO 1/1982 auch „Dispositionsvereinbarungen" (acuerdos dispositivos) angenommen, deren Wirksamkeit sich nach den allgemeinen Regelungen des Código Civil (Art. 1255, 1271 u.a.) richten sollte (Clavería Gosálbez, ADC 1983-2, S. 1243 (1253)).
[574] Clavería Gosálbez, ADC 1983-2, S. 1243 (1253); vgl. Concepción Rodríguez, S. 122.

(2) Problem der Vereinbarkeit der Konzeption als Nichtvermögenswerte mit der faktischen Dispositionsbefugnis

Die faktische Dispositionsmöglichkeit widerspricht der Natur der Persönlichkeitsrechte. Während der Gesetzgeber in der LO 1/1982 in Art. 1.3 und der Präambel jedoch ihren Charakter der Unverzichtbarkeit, Unübertragbarkeit und Unverjährbarkeit ausdrücklich betont hat, ist dies in Bezug auf den Nichtvermögenscharakter unterblieben. Grund hierfür könnte eine zunehmende Tendenz der Gesellschaft zur Patrimonialisierung (patrimonialización) der Rechte Ehre und intimidad sein, der auch dem Gesetzgeber bewußt gewesen ist: Um das Interesse der Öffentlichkeit in den heutigen Medienkulturen zu befriedigen, sind alle Anbieter bemüht, immer neue berichtenswerte Informationen zu finden, wozu in nicht unerheblichen Maße auch Informationen über Personen gehören. Insofern hat sich aufgrund der Nachfrage so etwas wie ein Markt für diese Art von Informationen gebildet und es ist eine Tatsache, daß es dabei Menschen gibt, die „etwas" auf diesem Markt anzubieten haben und in Bezug auf deren „Waren" es einen Handel mit den Kommunikationsmedien gibt. Bei Personen des öffentlichen Lebens können es kleinere Details aus dem Privatleben sein, bei unbekannten Personen die Teilnahme an Ereignissen, an denen die Öffentlichkeit ein Interesse hat. In vielen dieser Fälle erstreckt sich das Interesse dabei auf solche Informationen, die mit der Ehre oder der intimidad der Personen, über die berichtet wird, verbunden sind und die zumindest potentiell geeignet sind, die Persönlichkeitsrechte der Betroffenen zu schädigen.

Es dürfte aber auch eine Tatsache sein, daß ein sehr großer Teil der Betroffenen bei entsprechendem finanziellen Anreiz gerne bereit ist, die mit der Berichterstattung verbundenen Beeinträchtigungen hinzunehmen, zumal bei der Fülle der Informationen die Wahrscheinlichkeit, daß – wenn die Informationen negativen Inhalt haben – die Öffentlichkeit diese schnell wieder vergißt, relativ groß ist. Eine Regelung, die diese Tatsachen berücksichtigen will, muß die Möglichkeit beinhalten, daß unter bestimmten Voraussetzungen eine beeinträchtigende Berichterstattung keine Verletzung der Persönlichkeitsrechte darstellt.

Insofern scheint es, als habe sich der Gesetzgeber mit der Möglichkeit des Einverständnisses den sozialen tatsächlichen Gegebenheiten anpassen wollen und sich offenbar dafür entschieden, die Rechte der LO 1/1982 quasi als Vermögensrechte zu betrachten[575]. Dogmatisch wird die Verfügungsmöglichkeit damit erklärt, daß nicht die Rechte selber abgetreten werden, sondern nur ihre Äußerungsformen und Befugnisse. Denn auch wenn die Rechte selbst den Charakter des Nichtvermögenswertes haben, soll das nicht für ihre konkrete Erscheinungsformen gelten: So verkauft ein Modell bspw. ihr Gesicht oder ihren Körper, während das Recht am eigenen Bild selbst jedoch einen Nichtvermögenswert bildet[576]. Und die Vereinbarung der Nichtausübung der aus einer Verletzung der Persönlichkeitsrechten herrührenden Ansprüche (der in der Regel zeitlich oder sachlich begrenzt ist) soll kein Verzicht auf das Recht selbst sein.

---

[575] Vgl. Rojo Ajuria, ADC 1986, S. 134 (144); vgl. Estrada Alonso, S 80 ff.
[576] O'Callaghan Muñoz, RAC 1986-2, X, S. 1885 (1888); vgl. Crevillén Sánchez, S. 24.

Während dieser Gedanke aber in Bezug auf die Rechte intimidad und besonders am eigenen Bild[577] nachvollziehbar erscheint, stößt er bei der Ehre doch auf dogmatische Schwierigkeiten. Die Ehre als soziale Erscheinungsform ist ein direkter Ausfluß der Würde des Menschen, die jeder Person von Geburt an in gleichem Maße innewohnt. Lediglich in ihrer objektiven Erscheinung als Ruf oder Ansehen besteht ein Unterschied zwischen den Personen, der aus ihrer gesellschaftlichen Stellung oder ihrem sozialen Verhalten resultiert. Dies hat zur Konsequenz, daß auch jeder Mensch ein unterschiedliches Maß an Ehre zu „bieten" hat. Verfassungsrechtlich geschützt ist jedoch nicht die Ehre jedes Einzelnen in ihrer sozialen Erscheinungsform, sondern die Ehre in Form der Würde als beständiger Wert gem. der normativen Konzeption. Anzunehmen, daß der Mensch über diesen absoluten Wert verfügen und auf ihn verzichten könne, wenn auch nur für kurze Zeit, liefe der verfassungsrechtlichen Idee zuwider.

Die Einbeziehung der Ehre in Art. 2 der LO 1/1982, der für sie eine solche Verfügbarkeit nahelegt, wirft insofern große Bedenken auf. In der Lehre wird sie damit erklärt, daß das Gesetz ursprünglich nur für die intimidad und das Recht am eigenen Bild geschaffen worden war[578].

(3) Lösungsmöglichkeit

Um die dogmatischen Schwierigkeiten, die sich im Zusammenhang mit dem Einverständnis des Rechtsinhabers und der faktischen Dispositionsbefugnis ergeben, zu vermeiden, sollte entgegen dem Wortlaut von Art. 2.2 LO 1/1982 davon ausgegangen werden, daß bei einem Eingriff mit Einverständnis des Rechtsinhabers der Tatbestand einer unerlaubten Handlung zwar erfüllt ist, jedoch aufgrund des Einverständnisses die Rechtswidrigkeit dieser Handlung entfällt[579]. Wie bei der anderen Alternative des Art. 2.2, in dem das Handeln aufgrund eines Gesetzes erlaubt ist, handelt es sich damit bei dem Einverständnis nicht – wie bei Art. 2.1 – um eine Einschränkung des Schutzbereiches sondern um einen Rechtfertigungsgrund.

Indem auf den Unrechtsgehalt der Eingriffshandlung abgestellt wird und nicht auf die Rechte, in die eingegriffen wird, entfällt die Problematik einer faktischen Dispositionsmöglichkeit. Ein Handeln, das einen der Tatbestände von Art. 2.2 erfüllt, stellt dann zwar einen Eingriff in die Rechte dar, aufgrund des Einverständnisses des Rechtsinhabers entfällt jedoch die Unrechtmäßigkeit dieses Eingriffs.

Sinnvollerweise hätten beide Tatbestände des Art. 2.2 dann aber nicht an dieser Stelle, sondern in Art. 8.1 zusammen mit den anderen Rechtfertigungsgründen geregelt werden sollen. Bezeichnenderweise unterscheiden sich letztere vom Wortlaut her („als unerlaubtes Eindringen werden [...] nicht erachtet") nicht von der Formulierung in Art. 2.2.

---

[577] Vgl. STC 117/1994 de 25 de Abril (FJ 3).
[578] Herrero-Tejedor, S. 240; López Díaz, S. 60 f. mwN.
[579] Concepción Rodríguez, S. 123; Herrero-Tejedor, S. 239.

(4) Erteilung des Einverständnisses und Folgen

Nach überwiegender Auffassung muß das Einverständnis ausdrücklich erteilt werden[580]. Hierzu soll nach Auffassung einzelner Autoren jedoch auch der Fall gehören, daß das Einverständnis konkludent erteilt wird, bspw. in dem Fall, daß der Rechtsinhaber bewußt toleriert, wenn Journalisten oder Fotografen in seinen Privatbereich (sein Haus oder eine private Feier) eindringen oder darin verweilen[581].

An der gesetzlichen Regelung ist kritisiert worden, daß sie zuviel und gleichzeitig zuwenig schütze[582]: Zuviel, weil über die Möglichkeit des Widerrufs die Interessen anderer Personen gefährdet würden, die zum Teil auch schützenswert seien, und zuwenig, weil bspw. versäumt worden sei, die Verfügungsmöglichkeit über die Ehre sehr eng zu fassen, die Dispositionen zeitlich zu begrenzen oder die Verfügung auf eine bestimmte Anzahl von Personen zu beschränken, wie dies vor Einführung der LO 1/1982 bei Verfügungen über Persönlichkeitsrechte erforderlich war.

Was den Widerruf betrifft, so ist derjenige, demgegenüber das Einverständnis erteilt wird, insoweit geschützt, als im Falle des Widerrufs Schadensersatz geleistet werden muß, der auch die sicheren Erwartungen mit einschließt. Das heißt, der Schadensersatz soll sowohl den entstandenen Schaden im Sinne von frustrierten Aufwendungen etc. (*damnum emergens*) wie auch den entgangenen Gewinn (*lucrum cessans*) einschließen.

(5) Einverständnis Minderjähriger und Geschäftsunfähiger

Bezüglich des Einverständnisses Minderjähriger und Geschäftsunfähiger stellt das Gesetz in Art. 3.1 den Grundsatz auf, daß sie selbst es erteilen können, „wenn ihre Reife dies erlaubt" und bezieht sich auf die entsprechenden zivilrechtlichen Bestimmungen. Die zivilrechtliche Reife bestimmt sich im jeweiligen Zusammenhang unterschiedlich: Während bei einer Adoption Minderjährige ab 12 Jahren gehört werden, sie ab 14 Jahren testierfähig und ab 16 Jahren heiratsfähig sind, wird im Zusammenhang mit den Persönlichkeitsrechten zumindest seitens der Staatsanwaltschaft von Madrid von hinreichender Reife ab dem 15. Geburtstag ausgegangen[583]. Sollte diese Voraussetzung noch nicht vorliegen, muß das Einverständnis durch die Erziehungsberechtigten erteilt werden, die hiervon die zuständige Staatsanwaltschaft benachrichtigen müssen, welche die Möglichkeit hat, dagegen vorzugehen, woraufhin durch den Richter entschieden wird.

Durch die LO 1/1996 de 15 de Enero, de Protección Jurídica del Menor haben sich für den Bereich des Einverständnisses Minderjähriger oder ihrer gesetzlichen Vertreter Neuerungen ergeben. Diese gelten für die Fälle, in denen die Handlung, für die das Einverständnis erteilt

---

[580] STS de 29 de Marzo 1996 (FJ 2); STS de 7 de Octubre 1996 (FJ 6); Sempere Rodríguez in Alzaga Villaamil, Constitución, Band II, S. 461.
[581] O'Callaghan Muñoz, Honor, S. 588.
[582] Clavería Gosálbez, ADC 1983-2, S. 1243 (1254).
[583] El País, sábado 20 de Febrero de 1999, S. 26.

wurde, gegen ihre Interessen geht. Hierauf wurde an entsprechender Stelle bereits eingegangen (siehe oben III.1.d)).

(6) Vertragliche Vereinbarung der Nichtwahrnehmung von Persönlichkeitsrechten
Das Einverständnis ist ein einseitiges Rechtsgeschäft. Darüber hinaus gibt es auch noch die andere Möglichkeit über seine Persönlichkeitsrechte vertraglich zu verfügen[584]. Zwar sieht das Gesetz diese Möglichkeit nicht vor, sie verbietet sie jedoch auch nicht. Inhaltlich kann ein solcher Vertrag unwiderruflich ausgestaltet werden[585], was nur dann keine Nichtigkeit gem. Art. 1.3 S. 2 LO 1/1982 zur Folge hätte, wenn der Schutz des Rechtsinhabers ausreichend gewährleistet ist. Um dies zu beurteilen, wird auf die ursprünglichen Dispositionsgrundsätze zurückgegriffen. Ausreichender Schutz soll dann selbst bei einem Verzicht auf Widerruf gewährleistet sein, wenn die Disposition zeitlich begrenzt und auf einen bestimmten Personenkreis beschränkt ist[586].

2. Ungeschriebene Rechtfertigungsgründe
Der Vollständigkeit und Systematik halber seien an dieser Stelle noch einmal die bereits erwähnten zu Art. 1902 CC entwickelten Rechtfertigungsgründe angeführt, zu denen Notwehr (legítima defensa), Notstand (estado de necesidad) oder ein Handeln in rechtmäßiger Ausübung eines eigenen Rechts gehören (obrar en virtud de un derecho, bzw. ejercicio legítimo de un derecho). Sobald die Voraussetzungen eines dieser Fälle vorliegen, entfällt die Rechtswidrigkeit der Handlung.

VII. Konflikt zwischen Art. 18.1 und Art. 20.1 CE

1. Problem der Datenkontrolle in der Informationsgesellschaft
Wie in der Präambel des Datenschutzgesetzes LO 5/1992 ausgeführt ist, kann durch die Kenntnis von Daten über einen Menschen ein bestimmtes Profil oder ein bestimmtes Ansehen oder ein Ruf (nach-) gezeichnet werden, die Teil der Ehre dieses Menschen sind. Das so erzeugte Profil oder das Ansehen kann für die jeweilige Person – zu ihrem Vor- oder ihrem Nachteil – in Bezug auf öffentliche oder private Belange von Wichtigkeit sein. Demjenigen, der diese Daten kontrolliert, kommt ein hohes Maß an Macht und Einfluß zu.

Ein sehr wesentliches Element in der heutigen Informationsgesellschaft stellt dabei die Kontrolle nicht nur von Informationen und Daten im datenrechtlichen Sinne dar. Zeitungen, Radio und Fernsehen verbreiten heute in einem vorher nicht bekannten Maß Informationen in ungeheurer Menge und können sich dabei auf das ihnen in jeder Demokratie per Verfassung garantierte Recht auf Meinungs- und Informationsfreiheit, das in Spanien in Art. 20.1 CE gewährleistet ist, berufen. Dabei wird jedoch z.T. in sehr hohem Maße in die Persönlichkeits-

---

[584] Vgl. hierzu ausführlich Clavería Gosálbez, ADC 1983-2, S. 1243 (1255 f.); Sempere Rodríguez in Alzaga Villaamil, Constitución, Band II, S. 460 f.
[585] Clavería Gosálbez, ADC 1983-2, S. 1243 (1257, Fn. 14) geht sogar davon aus, daß allein die Ausgestaltung der Verfügung durch einen Vertrag zur Folge hat, daß die Verfügung nicht einseitig widerruflich sein soll.
[586] Clavería Gosálbez, ADC 1983-2, S. 1243 (1256); vgl. Herrero-Tejedor, S. 242.

rechte einzelner Personen eingegriffen. Der Bereich der Kollision verfassungsrechtlicher Werte hat sich als der wichtigste Punkt bei der Frage des Persönlichkeitsrechtsschutzes erwiesen, was sich in der Praxis darin zeigt, daß in den Urteilen des Tribunal Supremo in der Regel die Abwägung zwischen Art. 18.1 CE und Art. 20.1. CE für die Entscheidung ausschlaggebend ist, aber auch darin, daß die entsprechenden Prozesse in sehr hoher Anzahl und unter Rüge ebendieser Abwägung zur Entscheidung vor den Tribunal Constitucional kommen.

2. Verfassungsrechtliche Konzeption der Rechte auf Meinungs- und Informationsfreiheit

Verfassungsrechtlich ist die Meinungs- und Informationsfreiheit in Art. 20 CE geregelt:

Art. 20
1. Se reconocen y protegen los derechos:

a) A expresar y difundir libremente los pensamientos, ideas y opiniones mediante la palabra, el escrito o cualquier otro medio de reproducción.
[...]
d) A comunicar o recibir libremente información veraz por cualquier medio de difusión. [...]
[...]
4. Estas libertades tienen su límite en el respeto a los derechos reconocidos en este Título, en los preceptos de las leyes que lo desarrollen y, especialmente, en el derecho al honor, a la intimidad, a la propia imagen y a la protección de la juventud y de la infancia.

1. Es werden die Rechte anerkannt und geschützt:

a) frei seine Gedanken, Ideen und Meinungen in Wort, Schrift oder jedem anderen Medium frei zu verbreiten.
[...]
d) wahre Information durch jedes Verbreitungsmedium frei mitzuteilen oder zu empfangen. [...]
[...]
4. Diese Freiheiten haben ihre Grenze in der Achtung der in diesem Titel anerkannten Rechte, in den Normen der sie regelnden Gesetze und im besonderen in dem Recht auf Ehre, auf Intimität, am eigenen Bild und auf den Schutz der Jugend und der Kinder.

Hinsichtlich der Ausübung der Rechte des Art. 20 gilt es zwischen zwei Rechten zu unterscheiden: Dem Recht auf Meinungsfreiheit gem. Art. 20.1 a) (derecho de la libertad de expresión) und dem Recht auf Informationsfreiheit (derecho de la libertad de información, auch Recht auf Information (derecho de información) genannt) gem. Art. 20.1 d). Im Falle eines Grundrechtskonflikts muß nämlich zunächst festgestellt werden, welche Rechte genau im Widerstreit liegen, um exakt abwägen zu können[587].

a) Art. 20.1 a) CE, Recht auf freie Meinungsäußerung

Dieses Grundrecht wird als das wesentliche Recht gesehen, das sich seiner ursprünglichen Konzeption nach zunächst gegen den Staat richtet[588], letztlich jedoch ein Fundamentalwert ist, der die Anerkennung und Gewährleistung der freien öffentlichen Meinung bedeutet, die untrennbar mit dem politischen Pluralismus verbunden ist und so zum Funktionieren des demo-

---

[587] Zum Teil wird auf eine Unterscheidung der beiden Rechte unter Verweis auf die Ähnlichkeit ihrer Konzeption verzichtet, was allerdings nur dazu dient, bei der Behandlung einzelner Fragen Verwirrung zu stiften; siehe zu dieser Frage ausführlich Muñoz Lorente, S. 34 ff.
[588] Berdugo Gómez de la Torre, S. 64.

kratischen Staates beiträgt[589]. Das Recht auf freie Meinungsäußerung beinhaltet dabei nicht nur Gedanken, Ideen und Meinungen, sondern auch Ansichten und Werturteile[590].

b) Art. 20.1 d) CE, Recht auf Informationsfreiheit

Das Recht auf Informationsfreiheit ist aus dem Recht auf freie Meinungsäußerung abgeleitet. Es soll dazu dienen, durch eine objektive Berichterstattung die freie Bildung einer Meinung, die man dann äußern kann, überhaupt erst zu ermöglichen. Der sachliche Anwendungsbereich erstreckt sich ausschließlich auf Tatsachenmitteilungen, da nur solche dem Kriterium „wahr" zugänglich sind. Abzugrenzen sind insofern solche Berichte, die Äußerungen oder Verbreitung von Gedanken, Ideen oder Meinungen enthalten.

c) Unterscheidung zwischen dem Recht auf freie Meinungsäußerung und dem Recht auf Information

Bei dem Recht auf freie Meinungsäußerung auf der einen und dem Recht auf Information auf der anderen Seite handelt es sich um zwei verschiedene Rechte. Argumente hierfür sind zum einen die Nennung in zwei verschiedenen Punkten des Art. 20.1 CE[591], insbesondere aber die Tatsache, daß sie einen unterschiedlichen Inhalt haben bzw. sich auf den Schutz unterschiedlicher Rechtsgüter beziehen[592]. Dies sind – wie ausgeführt – Werturteile im weitesten Sinne auf der einen und Tatsachenmitteilungen auf der anderen Seite. Diese gilt es voneinander abzugrenzen[593].

Dagegen wird eingewandt, daß eine Unterscheidung unmöglich sei, da die Übermittlung einer Tatsache immer auch schon eine subjektive Wertung beinhalte[594]. Diese Meinung geht allerdings von der Idee einer totalen Objektivität in der Kommunikation aus, die es als solche nicht geben kann, da schon in dem Entschluß einer Person, etwas zu übermitteln, ein subjektives Element enthalten ist, das die totale Objektivität entfallen läßt. Ausgehend von der Prämisse, daß ein gewisses Maß an Subjektivität in jeder Kommunikation enthalten ist, gilt es, rein auf den Gegenstand einer Übermittlung abzustellen, um zu entscheiden, welcher Art der Inhalt einer Information ist.

Auch die oberste Rechtsprechung geht von der Notwendigkeit einer Abgrenzung aus: Der Tribunal Supremo führt in STS 5 de Febrero 1998 (FJ 1) aus: Es „sind die Freiheit der Meinungsäußerung und der Information untrennbar miteinander verknüpft, aber das heißt nicht, daß die Unterscheidung der freien Meinungsäußerung [...] und der Informationsfreiheit [...] keinen Sinn hätte". Er bezieht sich dabei auf die Rechtsprechung des Tribunal Constitucional. Während dieser ursprünglich der Ansicht war, daß das Recht auf Information lediglich eine

---

[589] STC 46/1998 de 2 de Marzo (FJ 3) unter Hinweis auf STC 12/1982; STS de 5 de Febrero 1998 (FJ 1); Osorio Iturmendi in Jiménez Blanco, Comentarios, S. 159.
[590] STC 6/1988 de 21 de Enero (FJ 5); STC 107/1988 de 8 de Junio (FJ 2); STS de 5 de Febrero 1998 (FJ 1); Escudero Rodal, La Ley 1996-2, S. 1433 (1434).
[591] STC 6/1988 de 21 de Enero (FJ 5).
[592] STC 6/1988 de 21 de Enero (FJ 5); Muñoz Lorente, S. 54 f. und 58 ff. mwN.
[593] Vgl. Bustos Pueche, S. 10 f. und S. 12.
[594] Solozabal Echavarria, RDC 1988, n° 23, S. 139 (144).

Facette des Rechts auf freie Meinungsäußerung darstellt[595], hat er diese Ansicht seit STC 105/1983 de 23 de Noviembre (FJ 11) aufgegeben. Er geht inzwischen davon aus, daß es sich um zwei verschiedene Rechte handelt und es erforderlich ist, zu bestimmen auf welches der Rechte sich die betroffene Partei berufen kann[596].

Diese Bestimmung ist jedoch im Einzelfall höchst schwierig. Zum Wesen von Meinungen oder Gedanken, die die Grundlage eines Werturteils bilden, und von Tatsachen, die die Grundlage einer Tatsachenbehauptung bilden, kann dabei zunächst festgehalten werden, daß beide auf dem subjektiven Bild des Menschen von seiner Umwelt basieren. Doch während die Tatsachenbehauptung eine Beschreibung des Menschen von diesem Bild darstellt, setzt die Äußerung eines Werturteils noch eine zusätzliche, intellektuell wertende Umsetzung voraus, die sie zu einer subjektiven Darstellung der Reaktion auf Ereignisse und des inneren Zustandes machen[597]. Das wesentliche Entscheidungskriterium zwischen den beiden Äußerungsformen ist dabei, daß das Werturteil, d.h. die subjektive Reaktion auf ein Ereignis zwar geteilt werden kann, daß jedoch nur die Tatsachenbehauptung überprüfbar, d.h. einem Beweis zugänglich ist[598].

Das sicherste Unterscheidungskriterium dürfte daher sein, ob der Inhalt einer Äußerung einem Beweis zugänglich ist oder nicht[599]. Hierfür spricht außerdem, daß diese Auffassung aus dem Text der Verfassung abzuleiten ist, da sich diese in Art. 20.1 d) auf „wahre" Informationen bezieht. Diese Ansicht bestätigt STC 107/1988 de 8 de Junio (FJ 2): „Während Tatsachen aufgrund ihres materiellen Charakters einem Beweis zugänglich sind, sind Gedanken, Ideen, Meinungen oder Werturteile wegen ihrer abstrakten Natur nicht geeignet, genau bewiesen zu werden, und dies führt dazu, daß es nicht möglich ist, von demjenigen, der sich auf die Meinungsfreiheit beruft, einen Nachweis der Wahrheit oder der Sorgfalt bei der Recherche zu verlangen."

Darüber hinaus werden noch weitere Unterscheidungskriterien vorgeschlagen, die in Zweifelsfällen ergänzend herangezogen werden können: Die Art und Weise, in der die in Frage stehenden Äußerungen getan werden, die Stelle, an der sie getan werden (in einer Zeitung bspw. der Nachrichtenteil oder eine Kolumne) oder wie sie von der Zuhörerschaft oder Leserschaft verstanden werden[600].

Problematisch sind die Fälle, bei denen Werturteile mit Tatsacheninformationen zusammenfallen, so daß nicht eindeutig festgestellt werden kann, worum es sich handelt. Um trotzdem zu einer Entscheidung zu gelangen, stellt der Tribunal Constitucional fest, welches der beiden

---

[595] STC 6/1981 de 16 de Marzo (FJ 4).
[596] Siehe STC 165/1987 de 27 de Octubre (FJ 10); STC 6/1988 de 21 de Enero (FJ 5); STC 20/1992 de 14 de Febrero (FJ 2).
[597] Vgl. Muñoz Lorente, S. 88 f.; Espin in López Guerra, Derecho Constitucional, S. 226.
[598] STC 204/1997 de 25 de Noviembre (FJ 2) spricht von der Möglichkeit des „Nachweises ihrer Richtigkeit".
[599] Vgl. Muñoz Lorente, S. 91 ff. und 113 ff.
[600] Siehe im einzelnen Muñoz Lorente, S. 88 ff mwN.

Elemente in dem in Frage stehenden Bericht oder der Aussage überwiegt[601]. Schwierig ist dies in den Fällen, in denen bspw. eine wahre Nachricht verbreitet wird, deren Informationsgehalt eindeutig im Vordergrund steht, die jedoch auch eine Beleidigung enthält oder ein Werturteil, das auch unwahre Informationen enthält. Hier bleibt dem Tribunal Constitucional nichts anderes übrig, als beide Äußerungen getrennt auf ihre Rechtmäßigkeit zu untersuchen, indem zunächst geprüft wird, ob die Information als solche durch Art. 20.1 d) CE gedeckt ist, und wenn dies bejaht werden kann, ob die in der Information enthaltene Meinungsäußerung ihren Schutz in Art. 20.1 a) CE findet[602].

3. Art. 20.4 CE, Grenzen der Meinungs- und Informationsfreiheit

Wie aus Art. 20.4 CE hervorgeht, sind Meinungs- und Informationsfreiheit keine unbeschränkten Rechte. Diese Vorschrift ist Ausdruck des allgemein geltenden Grundsatzes, daß kein Recht und keine Freiheit unbegrenzt sein kann, sondern die Grenze in den Rechten anderer und in anderen durch die Verfassung geschützten Gütern und Rechten findet[603].

Generell wird in den entsprechenden Konfliktfällen eine „Abwägungsdoktrin" (doctrina de balanza) verfolgt, um im konkreten Einzelfall unter Einbeziehung der im Konflikt zum Tragen kommenden sozialen Werte und Interessen, zu einem ausgewogenen Ergebnis zu gelangen[604]. Diese Abwägung findet mit großer Häufigkeit gerade in den Fällen der Verletzung von Ehre und intimidad statt, die in Art. 20.4 CE ausdrücklich als beschränkende Rechte aufgeführt sind. In einer wörtlichen Auslegung des Abs. 4 wurde diese Vorschrift ursprünglich dahingehend interpretiert, daß Ehre und intimidad bei korrektem „Gebrauch" (abgestellt wurde im wesentlichen auf den *animus* des Handelnden) eine äußere Grenze für das Recht auf Meinungs- und Informationsfreiheit darstellten[605]. Seit der Entscheidung STC 104/1986 de 17 de Julio herrscht jedoch eine differenziertere Betrachtungsweise:

a) Verletzung der Ehre und intimidad als Grundrechtskonflikt

Bei dem größten Teil der Fälle, die den Schutz von Ehre oder intimidad zum Inhalt haben, handelt es sich um vermeintliche Verletzungen durch Presseberichte. Dies bedeutet, daß dem Recht der Ehre und der intimidad des Verletzten das Recht der Meinungs- oder Informationsfreiheit des Berichtenden gegenübersteht. In Bezug auf die in Widerstreit stehenden Rechte ist zu beachten, daß Ehre und intimidad nicht nur beschränkende Rechte im Sinne des Art. 20.1 CE darstellen, sondern selbst Grundrechte sind, die in Art. 18.1 CE ausdrücklichen Schutz erfahren haben. In der Konsequenz heißt das, daß mit der Kollision dieser Rechte ein echter Grundrechtskonflikt vorliegt, in dem nicht ohne weiteres einem Recht der Vorzug ge-

---

[601] STC 6/1988 de 21 de Enero (FJ 5); STC 105/1990 de 6 de Junio (FJ 7); STC 232/1993 de 12 de Julio (FJ 1).
[602] STC 105/1990 de 6 de Junio (FJ 7 und 8); STC 232/1993 de 12 de Julio (FJ 1); vgl. STC 172/1990 de 12 de Noviembre (FJ 3).
[603] STC 104/1986 de 17 de Julio (FJ 5); STC 181/1990 de 15 Noviembre (FJ 3 mwN); vgl. STC 37/1989 de 15 de Febrero (FJ 7).
[604] Osorio Iturmendi in Jiménez Blanco, Comentarios, S. 175.
[605] Zum Beispiel STC 120/1983 de 15 de Noviembre oder STC 88/1985 de 19 de Julio; vgl. Concepción Rodríguez, S. 215 f.

geben werden darf, sondern in dem die in Widerstreit stehenden Rechte gegeneinander abgewogen werden müssen[606].

b) Prinzipielles Überwiegen der Meinungs- und Informationsfreiheit als Kollektivwerte
In dieser Abwägung findet zwar Beachtung, daß Ehre und intimidad ausdrücklich als beschränkende Rechte in Art. 20.4 CE aufgeführt sind, was durchaus als Argument für ein Überwiegen über die Rechte des Art. 20.1 CE genommen werden kann; letztere haben jedoch neben ihrer ursprünglichen Funktion als individuelle Abwehrrechte gegenüber dem Staat noch eine weitergehende Dimension. Sie verkörpern die Anerkennung und Gewährleistung einer für jeden demokratischen Staat essentiellen Institution: der freien öffentlichen Meinung, die unverzichtbar für einen politischen Pluralismus und damit letztendlich ein unerläßlicher Wert für das Funktionieren des demokratischen Staates ist[607]. In dieser Funktion kommt ihnen ein überragender Wert oder auch eine ausstrahlende Wirkung (eficacia radiante) zu[608].

Den Rechten Ehre und intimidad, die typische reine Individualwerte darstellen, fehlt diese Dimension der Rechte auf Meinungs- und Informationsfreiheit. Sie haben keine gesamtgesellschaftliche Funktion als Kollektivwert des demokratischen Staates inne. Aus dieser weitergehenden Dimension der Rechte des Art. 20.1 CE wird daher auf ein prinzipielles Überwiegen über die Rechte des Art. 18.1 CE geschlossen[609].

c) Einzelfallabwägungsgebot der Rechte des Art. 18.1 CE mit denen des Art. 20.1 CE
Trotz des prinzipiellen Überwiegens der Meinungs- und Informationsfreiheit darf jedoch nicht außer Acht gelassen werden, daß die Rechte des Art. 20.4 CE keine absoluten, unbeschränkten Werte sind, und daß auch die Rechte des Art. 18.1 CE Grundwerte darstellen. Alle diese Werte stellen Teile einer einzigen Gesamtrechtsordnung dar, die von ihnen inspiriert ist. Soweit möglich, müssen die Werte daher in ein ausgewogenes Gesamtverhältnis gebracht werden, denn als Teile der Summe von Individualwerten in einem Ordnungssystem beeinflussen sich sämtliche Grundrechte im Sinne einer Wechselwirkung untereinander, indem sie alle gemeinsam die Basis für die politische Ordnung und den sozialen Frieden darstellen[610].

Dies führt dazu, daß die Gerichte im Falle eines Konflikts der Grundrechte nicht von einer diesbezüglichen Abwägung enthoben sind, denn hinter dem jeweiligen Einzelfall haben auch die ordentlichen Gerichte den Grundrechtskonflikt zu erkennen und zu würdigen. Nach der Rechtsprechung des Tribunal Constitucional haben die ordentlichen Gerichte dabei nicht nur die „Bereiche der im Widerstreit stehenden Recht abzuwägen [...], sondern auch zu beachten,

---

[606] Osorio Iturmendi in Jiménez Blanco, Comentarios, S. 177; vgl. STC 159/1986 de 12 de Diciembre (FJ 6).
[607] STC 214/1991 de 11 de Noviembre (FJ 6); STC 204/1997 de 25 de Noviembre(FJ 2); STC 46/1998 de 2 de Marzo (FJ 3).
[608] STC 219/1992 de 3 de Diciembre (FJ 3).
[609] SSTC 165/1987 de 27 de Octubre (FJ 10); 107/1988 de 8 de Junio (FJ 2); 20/1990 de 15 de Febrero (FJ 4); 219/1992 de 3 de Diciembre (FJ 3).
[610] SSTC 159/1986 de 12 de Diciembre (FJ 6), 20/1990 de 15 de Febrero (FJ 4 und 5).

daß besagte Abwägung [...] im Einklang mit der Ausgestaltung dieser Rechte vorgenommen wird"[611].

Dogmatisch ist diese Einbeziehung von Grundrechten in einen Zivilrechtsstreit zwischen Privaten jedoch problematisch. Es handelt sich auch hierbei um einen Fall der oben unter C.I.5 angeführten Drittwirkung der Grundrechte, denn in den entsprechenden Fällen werden für eine Entscheidung, die sich auf Normen des Zivilrechts stützt, Grundrechte in den Entscheidungsprozeß direkt miteinbezogen, so daß sie dort Wirkung entfalten.

Eine Begründung findet sich für diese Einbeziehung nur indirekt[612]. Ansatz ist der unbestimmte Begriff der „sozialen Gebräuche" in Art. 2.1 LO 1/1982, der laut Tribunal Supremo „ein Schlüsselbegriff ist, um klar festzustellen, ob an einem bestimmten Ort und Zeitpunkt ein unerlaubtes Eindringen in die persönliche und familiäre intimidad stattgefunden hat oder ob die Ehre einer Person angegriffen wurde"[613]. Da es unmöglich ist, vorab die Grenzen der kollidierenden Grundrechte festzusetzen, soll es nach Ansicht des Tribunal Supremo erforderlich sein, die Persönlichkeit und die mit ihr in Beziehung stehende intimidad jeder einzelnen Person in jedem einzelnen Fall entsprechend der Umstände, die bei der Anwendung der Norm auf den konkreten Fall entscheidend wirken sollen, zu bestimmen. „Diese Norm wird durch oder über diese näheren Umstände, von denen der Richter [...] die wichtigsten auswählt, ausgestaltet, charakterisiert und individualisiert. Auf diese Weise soll jede Art von Automatismus ausgeschlossen und dem Richter, der vorab und vorrangig dafür zuständig ist, die Subsumtion des Sachverhaltes unter die Norm vorzunehmen, [...] (unter Berücksichtigung der Regeln, auf die das Gesetz sich in seinem Art. 2.1 beruft) ein erweiterter Beurteilungsspielraum zugestanden werden. Und die Sphäre der intimidad ist entscheidend durch die zum jeweiligen Zeitpunkt in der Gesellschaft vorherrschenden Ansichten und durch die persönliche Auffassung, die jeder Mensch entsprechend seinem eigenen Verhalten diesbezüglich hat und die durch seine Verhaltensregeln bestimmt wird, geprägt: Formulierungen des Gesetzes selbst, aufgrund derer dem Richter die sorgfältige Bestimmung des Schutzbereichs mittels unterschiedlicher Kriterien entsprechend den Zeiten und Personen gem. des bereits angesprochenen Art. 2.1 überantwortet ist. Für die Bestimmung der Grenzen der intimidad, die gerichtlich geschützt werden soll, ist es also ausschlaggebend, die sozialen Gebräuche und (ganz besonders und entscheidender) das eigene Verhalten und die frei gewählten und übernommenen Verhaltensregeln jeder Person zu berücksichtigen"[614].

---

[611] STC 20/1992 de 14 de Febrero (FJ 2).
[612] Sowohl der Tribunal Supremo wie auch der Tribunal Constitucional nehmen die Einbeziehung seit den ersten diesbezüglichen Entscheidungen selbstverständlich vor, ohne diesen Punkt explizit hervorzuheben. Als einzige Entscheidung, in der die Drittwirkung ausdrücklich genannt und ihre Nichterörterung kritisiert wird, ist STC 231/1988 de 2 de Diciembre zu nennen, wo jedoch lediglich in einem Einzelvotum ausgeführt ist: „Es erscheint uns andererseits, daß die verfassungsrechtliche Würdigung, die die Mehrheit in diesem Fall vornimmt, es nicht vermeidet, andere schwere und heikle Probleme aufzuwerfen, unter anderem das der Verletzungen vermeintlicher Grundrechte zwischen Privaten und das ihrer gerichtlichen Behandlung und Wirksamkeit (Drittwirkung)."
[613] STS de 4 de Noviembre 1986 (FJ 5).
[614] STS de 28 de Octubre 1986 (FJ 7).

In der Entscheidung STC 171/1990 de 12 de Noviembre (FJ 4) wird diese Auffassung unterstützt, nach der die Ermächtigung des Richters, im Einzelfall den Schutzbereich der Rechte festzulegen, dazu führt, daß er alle entscheidungserheblichen Faktoren (und damit auch die Grundrechte) in den Festlegungsprozeß einführen soll: „In einem Zivilverfahren zum Schutz der Rechtsgüter Ehre oder intimidad gegenüber den Rechten in Art. 20 CE muß sich die gerichtliche Entscheidung notwendigerweise auf eine genau bestimmte Konzeption dieser Güter und Rechte und ihr wechselseitiges Verhältnis stützen. [...] Der ordentlichen Gerichtsbarkeit steht nicht nur die Feststellung der Tatsachen, sondern auch der Folgen zu, die diese Tatsachen in der rechtlich geschützten Sphäre derjenigen, die sich als verletzt betrachten, gehabt haben sollen; nicht nur die Veröffentlichung von Informationen und Meinungen [...] sondern auch die Feststellung der Auswirkung dieser Veröffentlichung in der persönlichen oder familiären intimidad oder in der Ehre anderer Personen. Intimidad und Ehre sind unantastbare Realitäten deren Ausmaße sich in der jeweiligen Gesellschaft und zum jeweiligen historischen Zeitpunkt bestimmen, und deren wesentlicher Kern in pluralistischen und ideologisch heterogenen Gesellschaften von den Gerichten bestimmt werden müssen. Diese Bestimmung der Tatsachen und ihrer Auswirkungen ist der Ausgangspunkt für das Urteil dieses Gerichtes."

d) Abwägungsgesichtspunkte

Bei der Abwägung sind in einzelnen Schritten folgende Gesichtspunkte zu beachten:

(1) Hinter der verletzenden Handlung stehendes Grundrecht

Zunächst ist das Grundrecht festzustellen, auf das sich der Berichtende berufen kann. Das heißt es ist zu qualifizieren, ob die Berichterstattung im Rahmen des Art. 20.1 a) oder Art. 20.1 d), als Ausübung des Rechts auf Meinungsfreiheit oder Informationsfreiheit, erfolgte. Diese Qualifizierung ist entscheidend für die Bestimmung der Grenzen, d.h. für die Anforderung, die an die jeweiligen Äußerungen gestellt werden können. Die Kriterien der Unterscheidung und ihre Problematiken wurden oben unter 2.c) bereits erläutert.

(2) Innere Grenzen des Rechte des Art. 20.1 a) und d)

In einem zweiten Schritt gilt es, die inneren Grenzen des Rechts, auf das sich der Eindringende beruft, festzustellen, denn wie gesehen, sind die Rechte der Meinungs- und Informationsfreiheit nicht unbeschränkt. Nur innerhalb ihrer Grenzen ist die Ausübung dieser Rechte rechtmäßig. Soweit es sich dabei um die Äußerung von Gedanken, Ideen und Ansichten, d.h. um die Ausübung des Rechtes auf Meinungsfreiheit handelt, sind die Grenzen sehr weit, während sie bei Berichten und Mitteilungen von Tatsachen, also bei Wahrnehmung des Rechtes auf Information, enger zu ziehen sind.

(a) Öffentliche Bedeutung

Beide Rechte haben als Grenze das Kriterium der öffentlichen Bedeutung (relevancia pública). Da sie der Bildung der öffentlichen Meinung dienen, fallen nur solche Äußerungen in ihren sachlichen Anwendungsbereich, die für diese Bildung wesentlich sind[615].

Die öffentliche Bedeutung kann an dem allgemeinen Interesse (interés general) bzw. dem öffentlichen Interesse (interés público), die an einer Tatsachenbehauptung oder Meinungsäußerung bestehen, festgemacht werden. Der Begriff des öffentlichen Interesses findet sich auch in der Präambel der LO 1/1982, wo in einer Erläuterung zu Artikel 8 ausgeführt ist: „Es gibt jedoch Fälle, in denen solches Eindringen oder Einmischen aus Gründen des öffentlichen Interesses, die eine Beschränkung der Rechte des Einzelnen gebieten, nicht als unerlaubt erachtet werden kann." Das öffentliche Interesse ist also sowohl verfassungsrechtlich wie auch zivilrechtlich das Gegengewicht zu den Interessen, die hinter den Persönlichkeitsrechten stehen und die immer Individualinteressen sind.

Was jedoch das öffentliche Interesse eigentlich ist, ist nicht definiert. Es wird allgemein davon ausgegangen, daß es sich dabei um Interessen mit „politischem, sozialem oder wirtschaftlichem Charakter"[616] handelt.

Für eine genauere Bestimmung kann man in einer Negativabgrenzung zunächst das „öffentliche" oder „allgemeine Interesse" vom „Interesse der Öffentlichkeit" oder der „Allgemeinheit" trennen. Die Gerichte sind sich in ihrer Rechtsprechung zum Recht auf Information immer bewußt gewesen, daß es neben dem verfassungsrechtlichen öffentlichen Interesse auch eine „Neugier der öffentlichen Meinung gibt" und daß die Öffentlichkeit einer Massengesellschaft prinzipiell immer alles wissen will[617]. Dieses Interesse darf jedoch nur bis zu einem bestimmten Punkt bedient werden[618]. Insoweit kann nur eine „allgemeine Bedeutung (relevancia comunitaria) und nicht die einfache Befriedigung der Neugier anderer, die häufig in eine falsche Richtung orientiert (mal orientada) und ungebührlich (indebidamente formada) ist, das einzige sein, was [...] Störungen und Belästigungen, die sich aus der Verbreitung einer bestimmten Nachricht ergeben, rechtfertigen kann"[619]. Insofern darf bei der Bestimmung des öffentlichen Interesses das Objekt der Information nie außer Acht gelassen werden, da Tatsachen bezüglich einer Person oder einer Sache nicht unter allen Umständen einem öffentlichen Interesse unterliegen müssen (Einzelheiten des Ehelebens eines Politikers bspw. sollten nur dann in der Öffentlichkeit eine Rolle spielen, wenn sie einen Bezug zu seinem Amt aufweisen)[620].

---

[615] STC 20/1992 de 14 de Febrero (FJ 3).
[616] STS de 4 de Junio 1990 (FJ 1).
[617] STS de 7 de Diciembre 1995 (FJ 3) spricht in diesem Zusammenhang von einem „krankhaften sozialen Interesse bestimmter Teile der Gesellschaft".
[618] Vgl. STC 172/1990 de 12 de Noviembre (FJ 4); Clavería Gosálbez, ADC 1983-2, S. 1243 (1247): „Das öffentliche Interesse muß unterschieden werden vom Interesse vieler".
[619] STC 20/1992 de 14 de Febrero (FJ 3); STS de 23 de Febrero 1998 (FJ 3).
[620] Clavería Gosálbez, ADC 1983-2, S. 1243 (1246 f.).

Dieser Argumentation folgend sind für eine positive Bestimmung zwei Kriterien ausschlaggebend: Als subjektbezogenes Kriterium der öffentliche Charakter einer Person und als objekbezogenes Kriterium der öffentliche Charakter einer Angelegenheit, in deren Zusammenhang eine Äußerung oder ein Bericht über eine Person abgegeben werden[621]. Im Abschnitt III.1. wurde bereits auf die Unterschiedlichkeit des Schutzes zwischen öffentlichen und Privatpersonen verwiesen. Dort wurde ausgeführt, daß an beiden Personengruppen ein unterschiedlich starkes öffentliches Interesse besteht. Hieraus ergibt sich der unterschiedliche Schutzumfang, da den öffentlichen Personen unterstellt wird, sie hätten sich teilweise eines Schutzes von vornherein begeben, so daß ein „legitimeres" öffentliches Interesse bestehe[622]. In Bezug auf die öffentliche Bedeutung heißt das, daß für ihr Vorliegen und ihre Stärke ausschlaggebend ist, ob eine öffentliche oder eine Privatperson in das Geschehen verwickelt ist und welcher Grad von öffentlichem Interesse am Geschehen selbst besteht. Auch eine Privatperson kann damit öffentlichem Interesse unterliegen, wenn an dem Geschehen selbst ein solches besteht, ohne daß die Privatperson dadurch allerdings zu einer öffentlichen Person wird.

Die beiden Kriterien für die Bestimmung des öffentlichen Interesses sind jedoch Kritik ausgesetzt[623], da die Problematik letzten Endes nur verschoben wird. Auch die Frage, ob es sich um eine öffentliche Person oder um ein öffentliches Ereignis handelt, muß nämlich letzten Endes von den Gerichten im jeweiligen Einzelfall bestimmt werden. Für die Bestimmung des öffentlichen Interesses sind deshalb weitere Kriterien vorgeschlagen worden, die Anhaltspunkte für die Entscheidung der Gerichte sein können: So kann u.a. auch auf das Medium, in dem über die entsprechenden Tatsachen berichtet wird, abgestellt werden, um mindestens die Stärke des öffentlichen Interesses zu bestimmen[624], denn die Medien, für deren Erfolg der Absatz ausschlaggebend ist, orientieren sich genau an diesem Kriterium. Bei Berichten in einer überregionalen Tageszeitung kann insofern von einem größeren öffentlichen (nämlich einem überregionalem) Interesse ausgegangen werden, als bei einer Ortszeitung. Entsprechend könnte auch auf die Häufigkeit, in der über eine Sache berichtet wird, und die Dauer abgestellt werden, da auch diese Faktoren auf ein unterschiedlich hohes öffentliches Interesse hindeuten.

(i) Recht auf Meinungsfreiheit

Vom Recht auf Meinungsfreiheit sind entsprechend des soeben Ausgeführten nur solche Aussagen gedeckt, die eine ausreichend hohe öffentliche Bedeutung haben. In Bezug auf dieses Recht können dies unter Berücksichtigung des vorab Gesagten nur Äußerungen sein, die eine Meinung ausdrücken, die sich auf eine öffentliche Person oder ein Geschehnis mit öffentlicher Relevanz bezieht.

---

[621] STC 171/1990 de 12 de Noviembre (FJ 5 und 6); STS de 15 de Julio 1996 (FJ 6); Osorio Iturmendi in Jiménez Blanco, Comentarios, S. 180 f.
[622] STC 172/1990 de 12 de Noviembre (FJ 2).
[623] Muñoz Lorente, S. 160 ff.
[624] Muñoz Lorente, S. 163 f.

Aussagen, die eine Verachtung oder Kränkung beinhalten, sind dann nicht durch das Recht auf Meinungsfreiheit gedeckt, wenn sie keine bedeutende Kritik darstellen oder nicht zur Bildung der öffentlichen Meinung beitragen[625]. Letztere ist zwar auch auf eine öffentliche Kritik angewiesen, so hart und unangenehm sie auch sein mag, andererseits haben herabwürdigende Aussagen und demütigende, schikanöse Ausdrücke ohne direkten und vor allem notwendigen Bezug zur Information keinen ausreichenden Zusammenhang mit dem Ziel der Meinungsbildung und sind konsequenterweise nicht von der Verfassung geschützt[626]. Dies ist bspw. bei der Formalbeleidigung der Fall, da, wie der Tribunal Constitucional dies ausdrückt, die Verfassung ein „Recht auf Beleidigung" nicht kennt[627]. Eine Formalbeleidigung im zivilrechtlichen Sinne liegt laut Tribunal Supremo dann vor, wenn es sich um Ausdrücke handelt, die „unmißverständlich beleidigend oder demütigend" sind[628]. Auch „Äußerungen, Ausdrücke oder Kampagnen mit rassistischem oder fremdenfeindlichem Charakter" sind dementsprechend vom Recht auf freie Meinungsäußerung nicht umfaßt[629]. Die letzte Grenze findet sich laut Tribunal Constitucional diesbezüglich in den Bestimmungen des Código Penal[630].

(ii) Recht auf Informationsfreiheit

Auch hier muß eine öffentliche Bedeutung vorliegen, da nur solche Informationen, die zur Bildung der öffentlichen Meinung beitragen, durch Art. 20 gedeckt sein können[631]. Dies ist gemäß der oben genannten Kriterien, die hier entsprechend herangezogen werden können, der Fall bei Berichten über ein Geschehen oder über Personen, die als Basis für eine freie Meinungsbildung dienen.

In diesem Zusammenhang wird auf das Kriterium „mitteilenswerte Tatsachen"[632] verwiesen, das jedoch aufgrund seiner mangelnden inhaltlichen Bestimmtheit nicht besonders aussagekräftig erscheint.

(b) Wahrheit [Wahrhaftigkeit] (veracidad)

Die zweite innere Grenze für die Rechte auf Information und auf Meinungsfreiheit ist die Wahrheit. Die Wahrheitsfrage stellt sich dabei – wie oben an der entsprechenden Stelle bereits erwähnt – nur in Bezug auf die Ehre, da ein Eindringen in die intimidad auch bei einer

---

[625] STC 204/2001 de 15 de Octubre de 2001 (FJ 5-7); Martínez Sospedra, S. 300 f.; Osorio Iturmendi in Jiménez Blanco, Comentarios, S. 179.
[626] Martínez Sospedra, S. 303 (mit Hinweis auf STC 105/1990, 107/1988, 55/1989, 20/1990 und 172/1990), vgl. STC 105/1990 de 6 de Junio (FJ 8); STS de 26 de Junio 1996 (FJ 1); Osorio Iturmendi in Jiménez Blanco, Comentarios, S. 179.
[627] STC 107/1988 de 8 de Junio (FJ 2); STC 105/1990 de 6 de Junio (FJ 8).
[628] STS de 6 de Junio 1998 (FJ 4).
[629] STC 214/1991 de 11 de Noviembre (FJ 3).
[630] STC 223/1992 de 14 de Diciembre (FJ 2 und 4); diese Auffassung wird kritisiert von Alomillo Domingo, La Ley 1994-3, S. 958 (961), und ihm ist sicherlich insoweit zuzustimmen, als sie sich zumindest in ihrer Pauschalität nicht halten läßt, da sich das Abwägungsgebot des Tribunal Constitucional auch auf Strafrechtsfälle bezieht.
[631] Vgl. bspw. STS de 15 de Diciembre 2000 (FJ 2).
[632] STC 107/1988 de 8 de Junio (FJ 2); Osorio Iturmendi in Jiménez Blanco, Comentarios, S. 166; Escudero Rodal, La Ley 1996-2, S. 1433 (1434).

wahren Berichterstattung so nicht gerechtfertigt werden kann. Dort kommt es vielmehr ausschließlich auf die öffentliche Bedeutung an[633].

(i) Recht auf Information

Das Recht auf Information unterscheidet sich vom Recht auf Meinungsfreiheit wie gesagt insofern, als es sich auf Tatsachen bezieht. Im Gegensatz zu Gedanken und Werturteilen sind diese prinzipiell einem Beweis zugänglich. Insofern kann zwischen wahren und unwahren Tatsachen unterschieden werden. Und da das Recht auf Information darauf abzielt, die Bildung einer (objektiven) öffentlichen Meinung zu ermöglichen, können von vornherein solche Informationen nicht darunter fallen, die nicht der Wahrheit entsprechen, da eine Verbreitung zu einer Fehlinformation der Öffentlichkeit führen würde. Der Wortlaut von Art. 20.1 d) hat dies insofern berücksichtigt, als nur das Recht „wahre Information" anerkannt und geschützt wird. Insofern kommt neben der Grenze der öffentliche Bedeutung ein weiteres Kriterium hinzu: Die Wahrheit der behaupteten Tatsache.

Aufgrund der Schwierigkeit, festzustellen, ob eine behauptete Tatsache wahr ist, wird zwischen der objektiven und der subjektiven Wahrheit unterschieden. Während eine objektiv wahre Information die Dinge so wiedergibt, wie sie tatsächlich sind und diesbezüglich auf den Inhalt einer Information abgestellt wird, kommt es bei der subjektiven Wahrheit einer Information auf die Wahrnehmung des Berichtenden an[634]. Unter diesem Gesichtspunkt liegt eine wahre Information schon dann vor, wenn es sich um eine nach professionellen Maßstäben (profesionalidad informativa) überprüfte Information handelt[635]. Eine solche profesionalidad informativa erlegt dem Berichtenden bezüglich seiner Berichte eine spezielle Sorgfaltspflicht auf, die zu „einer angemessenen Überprüfung ihres Wahrheitsgehaltes" führen soll. Dies begründet sich damit „daß eine korrekt erlangte und verbreitete Information schutzwürdig ist, obwohl ihre vollständige Richtigkeit umstritten sein mag oder sie mit [...] Fehlern behaftet ist, die jedoch nicht den wesentlichen Inhalt der Information betreffen. Andererseits muß der verfassungsrechtliche Schutz denjenigen verweigert werden, die mit Geringschätzung der Wahrheit oder Unwahrheit des Mitgeteilten handeln, indem sie fahrlässig und unverantwortlich einfache, unbestätigte Gerüchte oder bloße Erfindungen oder hinterlistige Andeutungen als wahre Tatsachen übermitteln und so alle um das Recht auf wahre Berichterstattung bringen"[636]. Der Berichtende muß aufgrund dieser sorgfältigen Vorgehensweise (und des durch sie erlangten Materials) den Eindruck gewonnen haben, daß das Berichtete wahr ist.

Eine weiteres Kriterium für die Bejahung der Wahrheit hat der Tribunal Supremo hinzugefügt: In STS de 5 de Febrero 1998 (FJ 1) macht er die Möglichkeit, sich zur Rechtfertigung

---

[633] STC 172/90 de 5 de Noviembre (FJ 3); Herrero-Tejedor, S. 214.
[634] SSTC 6/1988 de 21 de Enero (FJ 7) und 143/1991 de 1 de Julio (FJ 6) sprechen in diesem Zusammenhang davon, daß die Wahrheit sich an einer *ex ante* Betrachtung meße. Aufgrund der im folgenden dargestellten Weiterentwicklung des Kriteriums wird auf diesen Punkt nicht mehr eingegangen, auch wenn er sicherlich ein Ausgangspunkt für die Idee der „subjektiven Wahrheit" ist.
[635] STS de 23 de Febrero 1998 (FJ 3); Osorio Iturmendi in Jiménez Blanco, Comentarios, S. 179.

auf eine wahre Information im Sinne des Art. 20.1 d) zu berufen, von der Beachtung einer noch weitergehenderen Sorgfaltspflicht abhängig: Im zugrundeliegenden Fall war eine wahre Information unter Verletzung des gerichtlichen Aktengeheimnisses erlangt worden. Unter Bezug auf die verfassungsrechtliche Rechtsprechung, nach der eine „korrekt erlangte Information (información rectamente obtenida) geschützt werden muß, obwohl sie sich als unexakt herausstellt", bestimmt der Tribunal Supremo, daß eine Information nur dann als wahr erachtet werden kann, wenn sie „a) korrekt erlangt wurde und b) die angemessenen Nachprüfungen mit Professionalität durchgeführt wurden." Aufgrund der Verletzung des Aktengeheimnisses verneinte der Tribunal Supremo im zur Entscheidung vorgelegten Fall folgerichtig die Wahrheit der Information.

In einer neueren Entscheidung hat er das Kriterium der korrekt erlangten Information erneut angewandt. Eine Zeitung hatte aufgrund von Informationen, die sie aus einer strafrechtlichen Ermittlungsakte hatte, die Folgerung gezogen, daß die Kläger (Anwälte einer Anwaltskanzlei) Kontakte zur Drogenmafia hätten. Dies stellte nach Meinung des Tribunal Supremo eine Verletzung der Ehre der Kläger dar, da die Information nicht korrekt erlangt worden sei und daher nicht als wahr iSd Art. 20.1 CE gelten könne. Fälle der Verletzung eines Aktengeheimnisses müßten als Verletzung gewertet werden, „unabhängig davon, ob das endgültige Ergebnis der strafrechtlichen Untersuchung den Inhalt der Information bestätigt oder nicht"[637].

Der Tribunal Constitucional hat zu diesem Kriterium bisher noch nicht Stellung genommen. Es dürfte jedoch mindestens daran zu kritisieren sein, daß es zu einer Unschärfe des Begriffs „subjektive Wahrheit" führt. Darüber hinaus vermischt die Rechtsprechung – wie in anderen Fällen auch – Kriterien des Schutzes der intimidad und der Ehre. Zwar dient der Bereich, der den Fällen zugrundelag (strafrechtliche Ermittlungsverfahren) zugegebenermaßen nicht der Entwicklung der Identität und der Persönlichkeit; das der intimidad zugrundeliegende Element des Geheimhaltungsinteresses ist jedoch auch hier vorhanden. Der Tribunal Supremo hat dieses Recht in keiner der beiden Entscheidungen erwähnt. Da es nach seiner Beurteilung ausdrücklich nicht auf die tatsächliche Wahrheit der erlangten Information ankommt, wäre es sinnvoll gewesen, auch eine Verletzung der intimidad zu prüfen, denn das Aktengeheimnis einer Ermittlungsakte dient gerade auch dem Schutz eines Beschuldigten davor, daß strafrechtliche Ermittlungen, die sich möglicherweise als grundlos herausstellen, nicht öffentlich gemacht werden.

Darüber hinaus sieht sich aber auch das gesamte Merkmal der „subjektiven Wahrheit" als solches starker Kritik ausgesetzt. Wie ebenfalls die betrachteten Entscheidungen des Tribunal Supremo zeigen hat es sich aufgrund der Interpretationen der Rechtsprechung von seinem ursprünglichen Wortlaut entfernt: Art. 20.1 d) CE spricht von „wahrer Information" und nicht von einer „sorgfältig recherchierten (möglicherweise falschen) Information". Die inzwischen entwickelte Doktrin hat insofern nicht mehr viel mit dem klaren objektiven Merkmal zu tun,

---

[636] STC 171/1990 de 12 de Noviembre (FJ 8).

sondern stellt auf eine subjektive Einstellung des Berichtenden ab. Insbesondere wird kritisiert, daß das Merkmal der subjektiven Wahrheit möglicherweise drastische Ergebnisse zur Folge haben kann, indem bei einer objektiv unwahren Information, die jedoch sorgfältig genug recherchiert worden ist, eine kaum zu vertretende Rechtfertigung vorliege[638], wenn Dinge der Öffentlichkeit preisgegeben werden, die sich nachher als unrichtig herausstellen[639]. Wie auch die vorab erwähnten Fälle SSTS de 5 de Febrero und 15 de Noviembre 1998 zeigen, bedarf es in Bezug auf diese Fälle bereits der Korrektur des Kriteriums der subjektiven Wahrheit.

Als Konsequenz der Unsicherheiten wird gefordert, eine Korrektur der Rechtsprechung dahingehend vorzunehmen, daß als wahre Information nur noch eine objektiv wahre Information anerkannt wird und einer objektiv unwahren Information keinen verfassungsrechtlichen Schutz zukommen zu lassen[640]. Eine andere Frage ist dabei eine exorbitante Bestrafung der unwahren Informationen: Die Grundidee des Schutzes von Berichten, Reportagen und Meinungsäußerungen ist, einen möglichst ungehinderten Informationsfluß zu schaffen, der der freien Bildung einer unabhängigen öffentlichen Meinung dienen soll. Dieses Ziel könnte bedroht sein, wenn sich Zeitungen und Verlage der Gefahr von Schadensersatzklagen ausgesetzt sehen für Informationen und Berichte, bei denen es sich (noch) nicht eindeutig erkennen läßt, ob sie wahr oder falsch sind (oder die möglicherweise nicht beweisbar richtig sind). Bei einer zu hohen Gefahr der Verurteilung zu hohen Schadensersatzsummen würden solche Informationen von vornherein nicht verbreitet, was die Bildung einer unabhängigen öffentlichen Meinung tatsächlich hemmen würde. Als Lösung dieses Problem wird vorgeschlagen, zwischen dem Anspruch auf Zahlung von Schadensersatz und einem bloßen Widerrufs- und Berichtigungsanspruch zu unterscheiden und bezüglich eines Schadensersatzanspruchs erhöhte Anforderungen an das Verhalten des Schädigers zu stellen[641].

In der Tat vereinigt im zivilrechtlichen Bereich die LO 1/1982 eine beträchtliche Menge an möglichen Ansprüchen, von denen der Schadensersatz der schwerste und mit Abstand am häufigsten geforderte ist. Wenn man bedenkt, daß nach Ansicht der Gerichte auch ein Widerruf oder eine Berichtigung zur Behebung des daño moral, der durch eine falsche Information entstanden ist, weitgehend ausreichen kann, so daß sich der Schadensersatz auf eine symbolische Summe reduziert[642], dann liegt eine Trennung der Voraussetzungen für die Geltendmachung der verschiedenen Ansprüche in der Tat nicht fern.

Unabhängig von der Frage der subjektiven oder objektiven Wahrheit steht fest, daß sie nicht in jedem Fall rechtfertigend wirken kann: Auch eine wahre Aussage bewegt sich dann nicht

---

[637] STS de 15 de Noviembre 1998 (FJ 5).
[638] Pantaleón Prieto, La Ley 1996-2, D-162, S. 1689 f.
[639] Vgl. bspw. STS de 26 de Julio 1995 (Fall eines Logopäden, dem der sexuelle Mißbrauch seiner Schülerinnen vorgeworfen wurde).
[640] Pantaleón Prieto, La Ley 1996-2, D-162, S. 1689 (1690).
[641] Pantaleón Prieto, La Ley 1996-2, D-162, S. 1689 (1690); vgl. Salvador Coderch, Libertad, S. 75 ff., der zwischen einer Schadensersatzklage und einer Feststellungsklage unterscheiden will.
[642] STS de 4 de Febrero 1993 (FJ 7).

im Rahmen des Art. 20.1 d), wenn sie aufgrund der Wortwahl einen beleidigenden Inhalt hat. In diesem Fall wird man auf das Merkmal der öffentlichen Bedeutung zurückgreifen und von einem Nichtvorliegen derselben ausgehen müssen. Da das öffentliche Interesse sich nur auf die Tatsachen selber und nicht auf die Herabwürdigung der an diesen Tatsachen beteiligten Personen bezieht, ist diese persönliche Herabwürdigung in der Regel bei einer Information, die der Bildung der öffentlichen Meinung dienen soll, nicht von Interesse[643].

Ein weiteres Problem im Zusammenhang mit der Wahrheit einer Information ist die Frage der Beweislast. Hier gilt der Grundsatz *onus probandi qui dicit*, d.h. die Beweislast liegt bei demjenigen, der eine Tatsache behauptet[644]. Dies gilt auch für den Fall der subjektiven Wahrheit, wo der Berichtende entsprechend die ausreichend sorgfältige Recherche der vermittelten Information nachweisen muß[645]. Die Anforderungen an den Wahrheitsbeweis sind in letzterem Fall jedoch gering: Es handelt sich dabei nicht um einen Beweis im prozessualen Sinne. Der Behauptende muß lediglich nachweisen, daß er bei der Ermittlung der Tatsachen "etwas mehr getan hat, als die Wahrheit oder Unwahrheit seiner Information geringzuschätzen"[646]. Worin dieses "etwas mehr" besteht, wird allerdings nicht angedeutet. Hierbei ist zu beachten, daß es sich bei den Entscheidungen, die die Anforderungen an die Beweislast derart herabsetzen, um Strafrechtsfälle handelte. Für das Zivilrecht wird durchaus eine differenziertere Lösung vorgeschlagen: Teilweise soll hier die Beweislast – zumindest in Fällen des öffentlichen Interesses – ganz auf den Kläger verlagert werden[647]. Es wird dann aber auch gefordert, dem Behauptenden eine prozessuale Mitwirkungspflicht (carga de colaboración) aufzuerlegen, die ihn dazu verpflichtet, seine Quellen offenzulegen[648]. Auch die auf dem Kläger liegende Beweislast soll – wohl entsprechend der Rechtsprechung für den umgekehrten Fall – keine strenge sein. Für den Fall, daß das dem Gericht vorgelegte Material zwar die Unwahrheit der Behauptung nicht beweist, andererseits aber auch nicht deren Wahrheit stützt, soll eine entsprechende gerichtliche Feststellung veröffentlicht werden[649].

Sämtliche vorhergehende Äußerungen zeigen, daß die Wahrheit ein entscheidendes Kriterium im Konflikt zwischen Ehre und intimidad mit der Meinungs- und Informationsfreiheit darstellt. Obwohl diesem Merkmal in der spanischen Rechtsordnung traditionell keine entscheidende Bedeutung zukommen soll (was dazu führte, daß sie in der LO 1/1982 nicht und im Código Penal nur am Rande erwähnt ist) ist sie über die Rechtsprechung des Tribunal Constitucional in den Mittelpunkt der Betrachtungen gerückt. Die Rechtsprechung zur subjektiven Wahrheit und zur Beweislast zeigt jedoch auch, daß es dabei nicht einmal zwangsläufig um

---

[643] STC 107/1988 de 8 de Junio (FJ 2); vgl. STS de 6 de Noviembre de 2000 (FJ 2).
[644] STC 143/1991 de 1 de Julio (FJ 6); STC 15/1993 de 18 de Enero (Antecedente 7); STC 123/1993 de 19 de Abril (FJ 5); Concepción Rodríguez, S. 160; Herrero-Tejedor, S. 217; Salvador Coderch, Libertad S. 80; a.A. O'Callaghan Muñoz, Honor, S. 560 f., der meint, der Kläger habe die Unwahrheit der behaupteten Tatsache zu beweisen. Anders ist seiner Ansicht nach die Meinungsfreiheit durch Prozesse zu leicht zu beschneiden.
[645] STS de 5 de Julio 1996 (FJ 3).
[646] STC 123/1993 de 19 de Abril (FJ 5); vgl. STC 143/1991 de 1 de Julio (FJ 6).
[647] Salvador Coderch, Libertad, S. 80, Fn 123, mwN.
[648] Pantaleón Prieto, La Ley 1996-2, D-162, S. 1689 (1690).
[649] Ebenda.

die objektive Wahrheit geht, sondern um das Verhältnis des Berichtenden dazu, d.h. es wird in einen relativen Bezug zu der Frage gesetzt, inwieweit man in einem konkreten Fall noch davon sprechen kann, daß der Berichtende seinem Verfassungsauftrag auf objektive Berichterstattung nachgekommen ist und sich infolgedessen auf den Schutz des Art. 20.1 CE berufen kann.

Die Erkenntnis, daß die Wahrheit als Kriterium für das unerlaubte Eindringen nicht unbeachtet bleiben darf, hat auch zu dem Vorschlag geführt, sie zur Beurteilung der Schwere und Stärke der verursachten Verletzung und damit für die Bestimmung der Höhe des Schadensersatzes heranzuziehen[650].

(ii) Recht auf Meinungsfreiheit
Beim Recht auf Meinungsfreiheit ist die innere Grenze des Kriteriums der Wahrheit nicht anwendbar, da die bei diesem Recht ausgedrückten Gedanken, Ideen und Meinungen ihrer Natur nach einem Beweis gar nicht zugänglich sein können[651].

(iii) Reportaje neutral
Ein besonderer Fall im Zusammenhang mit dem Wahrheitsgehalt einer Information ist die sogenannte „reportaje neutral", bei der der Informierende eine fremde Meinung lediglich wiedergibt oder eine Information aus einer Drittquelle mitteilt, so daß nicht das Medium sondern der Dritte als Urheber gilt[652]. Hier gilt es zwischen dem Kriterium der Wahrheit und dem der öffentlichen Bedeutung zu unterscheiden: Bei der Wiedergabe fremder Äußerungen gilt in Bezug auf die Wahrheit prinzipiell, daß sich die Sorgfaltspflicht des Informationsmediums nicht auf den Inhalt der Information selber bezieht, sondern nur darauf daß die entsprechende Äußerung tatsächlich so getan wurde[653]. In diesem Zusammenhang ist ausschließlich das Kriterium der objektiven Wahrheit und nie das der subjektiven Wahrheit entscheidend[654]. Das heißt, ein Dritter muß genauso zitiert werden, wie er sich geäußert hat: „Das Kommunikationsmedium muß sich für die Wahrheit der Tatsache verbürgen, daß eine bestimmte Person eine bestimmte Äußerung getan hat, wobei es nicht ausreicht, lediglich ein Minimum an Sorgfalt bei der Informationserlangung einzuhalten, wie das normalerweise bei der Wiedergabe von Tatsachen der Fall ist [...] Man kann außerdem eine perfekte Anpassung an die Wirklichkeit, d.h. mit der Tatsache der Aussage selbst, verlangen"[655]. Der Wahrheitsgehalt der Aussage selbst soll zumindest für die Haftung des berichtenden Mediums nicht ausschlaggebend sein[656]. Auch wenn diese unterschiedliche Handhabung von zwei Aussagen, die letzten Endes den gleichen verletzenden Inhalt haben („X hat eine Straftat begangen" und „Z hat

---

[650] Menéndez Alzamora, RGD XLIII, 1987, S. 4859 (4873 f.).
[651] Concepción Rodríguez, S.210 f. mwN; vgl. Osorio Iturmendi in Jiménez Blanco, Comentarios, S. 179.
[652] STC 41/1994 de 15 de Febrero (FJ 6); STS de 31 de Diciembre 1996 (FJ 1); STS de 5 de Febrero 1999 (FJ 1).
[653] STC 41/1994 de 15 de Febrero (FJ 5); STS de 5 de Febrero 1999 (FJ 1) mit Hinweis auf SSTC 232/1993, 22/1995 und 52/1996; STS de 16 de Febrero 1999 (FJ 4).
[654] Muñoz Lorente, S. 203, unter Bezug auf STC 232/1993 de 12 de Julio (FJ 3).
[655] STC 232/1993 de 12 de Julio (FJ 3).
[656] STC 232/1993 de 12 de Julio (FJ 3); STS de 5 de Febrero 1999 (FJ 1).

gesagt, daß X eine Straftat begangen hat"), kritisiert wird[657], so erscheint eine Ungleichbehandlung mit einer gewissen Bevorzugung für das berichtende Medium zumindest deswegen berechtigt, weil dem Zitat einer fremden Aussage ein geringeres Maß an Glaubwürdigkeit zukommt.

Nach dieser Rechtsprechung ist eine Berufung auf anonyme Quellen nicht möglich („eine bestimmte Person")[658]. Außerdem dürfte die Sorgfaltspflicht des Kommunikationsmediums in bestimmten Fällen auch die Glaubhaftigkeit der Quelle umfassen, da der Berichtende nicht einfach auf eine Quelle Zugriff nehmen darf, sondern seine Sorgfalt soweit gehen muß, ein Minimum an Anstrengungen in Richtung der Bestätigung des Wahrheitsgehaltes seiner Information aufzuwenden[659], so daß nicht jede aus der Luft gegriffene und von einer Zeitung aufgenommene Behauptung diese entlasten kann.

Eine Einschränkung ergibt sich auch aus dem Kriterium der öffentlichen Bedeutung. Sowohl für die Wiedergabe einer (im Sinne der Anforderungen an die reportaje neutral) wahren Information, wie auch der Wiedergabe von fremden beleidigenden Äußerungen und Werturteilen, bspw. in einem Interview, trifft das berichtende Medium eine Sorgfaltspflicht, deren Verletzung zur Haftung führt. Wie oben ausgeführt, sind weder beleidigende Meinungsäußerungen, noch Informationen, die einen bestimmten Grad an Indiskretion oder Herabsetzung in Bezug auf denjenigen enthalten, über den berichtet wird, ausreichend von Art. 20.1 CE gedeckt. Dies haben die hierfür Verantwortlichen zu beachten und zu überprüfen, ob die herabsetzenden Äußerungen wirklich für die Vermittlung der Information notwendig sind. Sind sie dies nicht, muß darauf hingewirkt werden, daß sie nicht getan werden und die Verbreitung unterlassen werden. Bei Nichtbeachtung dieser Sorgfaltspflicht kann sich das Medium nicht darauf berufen, nur der Übermittlung gedient zu haben[660].

Um die formalen Erfordernisse einer reportaje neutral zu erfüllen, ist es erforderlich, daß die Information „nichts weiter als eine Aufzählung von Tatsachen darstellt, mit einem Titel, der sich gleichfalls auf den Bericht von Tatsachen in der üblichen kurzen Art von Überschriften beschränkt"[661]. Diese Anforderung ist bereits dann nicht erfüllt, wenn eine Überschrift etwas andeutet, was sich im Text (der ansonsten neutral ist) nicht bewahrheitet[662].

(3) Äußere Grenzen - Güter- und Interessenabwägung

Die aufgezeigten inneren Grenzen sind die Kriterien dafür, zu bestimmen, ob eine Information oder Meinungsäußerung in den Anwendungsbereich von Art. 20.1 CE fällt oder nicht. Hierzu bedarf es noch nicht der Abwägung mit anderen Grundrechten.

---

[657] Siehe Muñoz Lorente, S. 204 f.
[658] Vgl. STC 172/1990 de 12 de Noviembre (FJ 3): „An diesem Punkt dürfen wir hinzufügen, daß die Sorgfaltspflicht bei einer angemessenen Überprüfung der Wahrheit der Information sich nicht in dem bloßen und allgemeinen Verweis auf unbestimmte Quellen (fuentes indeterminadas), der den Autor keinesfalls von der Erfüllung besagter Pflicht enthebt, erschöpfen darf."; vgl. jedoch auch STC 123/1993 de 19 de Abril (FJ 5).
[659] Vgl. STC 123/1993 de 19 de Abril (FJ 5 und 6); 41/1994 de 15 de Febrero (FJ 5).
[660] STS de 27 de Marzo 1998 (FJ 2, Nr. 5–7).

Sobald die Rechte des Art. 20.1 CE in Konflikt mit den Rechten des Art. 18.1 CE treten, ist zunächst ihre prinzipielle hierarchische Höherrangigkeit aufgrund ihrer Eigenschaft als Kollektivwert anzunehmen. Die Abwägungen und Beschränkungen, die dem Recht auf Meinungs- oder Informationsfreiheit aufgrund der Abwägungen auferlegt werden können, dürfen auf keinen Fall ihren Wesensgehalt verändern[663]. Jedoch soll generell im Sinne einer allgemeinen Vermutung (como regla general) davon ausgegangen werden, daß das Recht auf Meinungs- und Informationsfreiheit überwiegt, wenn es von öffentlichem Interesse ist und es sich um eine wahre Information handelt. In diesem Fall erreicht es „sein höchstes Niveau an Wirksamkeit gegenüber dem Recht auf Ehre, welches sich als äußere Grenze [...] proportional abschwächt"[664].

Das heißt aber nicht, daß Ehre und intimidad als Grenzen wirkungslos sind, da sonst Art. 20.4 CE außer Kraft gesetzt wäre. Nach Ansicht des Tribunal Constitucional schränken sie die Rechte des Art. 20.1 CE permanent ein und bilden dabei eine flexible Grenze, die sich proportional abschwächt oder verstärkt. Ihre Gewichtung hängt davon ab, inwieweit die jeweilige Information oder Meinungsäußerung im Rahmen ihres „Verfassungszwecks" bleibt, d.h. inwieweit sie tatsächlich notwendig ist und dazu dient, die ihr prinzipiell unterstellte Aufgabe zu erfüllen, die Bildung einer unabhängigen und objektiven öffentlichen Meinung zu fördern[665]. Dieses Kriterium erfüllen solche Informationen nicht, die maßlos und übertrieben (desmesurada y exorbitante) sind, sowie Behauptungen, Äußerungen oder Werturteile, die in diesem Zusammenhang nicht von speziellem öffentlichen Interesse sind[666]. Letztendlich muß also immer geprüft werden, ob die jeweilige Information für die Bildung der öffentlichen Meinung tatsächlich unerläßlich war, so daß das Persönlichkeitsrecht eines einzelnen davor zurückweichen mußte.

(a) Abwägungskriterien

Um die äußeren Grenzen zu ermitteln, ist der Zweck der Information festzustellen. Dies stellt genau genommen keine rechtliche Abwägung dar, sondern ist eine auf den Einzelfall bezogenen Wertung und Gewichtung von hinter den jeweiligen Rechten stehenden Interessen[667]. In dieser Abwägung müssen die Gerichte den Inhalt des Berichts, journalistische Stilmittel, den Kontext, in dem die vermeintlich verletzenden Äußerungen getan wurden, einen evtl. humoristischen Ton, eine kritische Absicht in Bezug auf die Bildung der öffentlichen Meinung oder das Vorliegen oder Nichtvorliegen von *animus injurandi* oder *diffamandi* (d.h. letzten Endes die Absicht des vermeintlichen Schädigers) berücksichtigen[668]. Das heißt, nachdem

---

[661] STC 178/1993 de 31 de Mayo (FJ 3).
[662] STS de 5 de Febrero 1998 (FJ 1).
[663] STC 172/1990 de 12 de Noviembre (FJ 5).
[664] STC 107/1988 de 8 de Junio (FJ 2); STC 171/1990 de 12 de Noviembre (FJ 5); STS 30 de Diciembre 1991 (FJ 4); STS de 24 de Mayo 1990 (FJ Unico, 2.).
[665] Vgl. STC 172/1990 de 12 de Noviembre (FJ 5); Bustos Pueche, S. 11, sieht als letztlich hinter diesem Merkmal stehendes Kriterium die innere Sicherheit des Staates.
[666] STC 172/1990 de 12 de Noviembre (FJ 5).
[667] Vgl. Bustos Pueche, S. 11.
[668] Osorio Iturmendi in Jiménez Blanco, Comentarios, S. 178.

bereits die Erfüllung des Tatbestandsmerkmals des unerlaubten Eindringens im Rahmen einer Gesamtbetrachtung untersucht wurde, wird an dieser Stelle erneut eine Gesamtwürdigung vorgenommen, in die die Gerichte alle ihnen relevant entscheidenden Kriterien aufnehmen können.

Es ist zu beobachten, daß dabei die Unterscheidung zwischen innerer und äußerer Grenze von den Gerichten nicht genau eingehalten wird: Zum Teil gehen sie schon im Rahmen der Bestimmung der inneren Grenzen der Meinungs- und Informationsfreiheit auf die Ehre oder intimidad ein, wenn geprüft wird, ob eine Meinungsäußerung aufgrund ihrer Wortwahl zu weitgehend ist oder eine Information zu sehr die intimidad eines anderen betrifft[669], so daß sie nicht mehr in den Schutzbereich des Art. 20.1 CE fallen.

Diese Vorgehensweise dürfte aus der Erkenntnis resultieren, daß die Grenzen zwischen innerer und äußerer Grenze verschwommen sind, was darauf zurückzuführen ist, daß für die Bestimmung der inneren Grenze relative Kriterien wie öffentliche Bedeutung und (subjektive) Wahrheit ausschlaggebend sind, die der Einzelfallbeurteilung durch die Gerichte unterliegen. Bei diesen scheint die Erkenntnis zu herrschen, daß die Unterscheidung zwischen innerer und äußerer Grenze Züge eines überflüssigen Formalismus aufweist. Grund dafür könnte der Gedanke sein, daß die Grundrechte prinzipiell keinen inneren Grenzen unterliegen sollten: Jede Meinungsäußerung muß von ihrer Grundkonzeption her unbeschränkt sein und auch das Interesse der Öffentlichkeit, alles erfahren zu dürfen, ist per se legitim. Beide erfahren nur eine Beschränkung durch ihre Kollision mit anderen Verfassungswerten. Insofern dürfte jede Meinungsäußerung und fast jede Information in den Schutzbereich des Art. 20.1 CE fallen. Ehre und intimidad stellen dann aber nichts anderes dar als das, was in der deutschen Rechtsordnung als Grundrechtsimmanente Schranken bezeichnet wird[670].

Die sogenannten äußeren Grenzen bezeichnen damit einen Bereich, in dem die Gerichte eine umfassende Güter und Interessenabwägung unter Beachtung aller Umstände des jeweiligen Einzelfalles vorzunehmen haben, um zu bestimmen, ob der Verfassungszweck der ausgeübten Meinungsfreiheit oder der vermittelten Information auch konkret erfüllt ist. Nur dann kann das generelle Überwiegen des Rechts auf Informations- der Meinungsfreiheit auch im konkreten Fall bejaht werden. Diese umfassende Güter- und Interessenabwägung führt u.a. auch dazu, daß Tatbestandsmerkmale wie Vorsatz und Verschulden, die nach dem Wortlaut der LO 1/1982 eigentlich keine Rolle spielen, über einen Umweg zu entscheidungsrelevanten Kriterien erhoben werden.

---

[669] Vgl. STS de 26 de Junio 1996 (FJ 1); in STC 46 de 2 de Marzo 1998 (FJ 2) wird zur Unterscheidung zwischen innerer und äußerer Grenze auf die Subjektsqualität des Angegriffenen abgestellt: Wenn es sich um öffentliche Personen handelt oder solche, die ein öffentliches Amt bekleiden oder mit Aufgaben betraut sind, die eine öffentliche Bedeutung haben, ist die Ehre keine innere sondern nur äußere Grenze der Meinungs- und Informationsfreiheit, da solche Personen verpflichtet sind, das Risiko zu tragen, daß ihre Persönlichkeitsrechte durch Meinungen oder Berichte an denen ein allgemeines Interesse besteht, berührt werden. Diese Begründung für die Unterscheidung scheint jedoch m.E. nicht nachvollziehbar.

[670] Auch im Rahmen dieser Darstellung wurden die Prüfungsschritte an den entsprechenden Stellen aufgeführt, wie an der Gliederung der obigen Abschnitte zu erkennen ist.

(b) Einzelne Kriterien

Obwohl bei jeder Entscheidung auf den Einzelfall abgestellt werden soll, lassen sich bestimmte Kriterien erkennen, die für die Entscheidung ausschlaggebend sein können:

Was Berichte über öffentliche Personen angeht, so sind diese erlaubt, soweit Leben und Lebenswandel der Personen einem öffentlichen Interesse unterliegen. Eine Verletzung kann allerdings trotzdem vorliegen, wenn im Bericht „beleidigende Ausdrücke, hinterlistige Anspielungen und verletzender Spott gebraucht werden, die nur als bloße Beleidigungen oder Abqualifizierungen aufgefaßt werden können"[671]. Bei Privatpersonen ist dies aufgrund ihrer prinzipiell höheren Schutzwürdigkeit schon dann der Fall, wenn bei einer Verwicklung in ein Vorkommnis von öffentlichem Interesse „Tatsachen mitgeteilt werden, die ihre Ehre oder intimidad verletzen und deren Kenntnis in Bezug auf das öffentliche Interesse an dem Bericht unnötig und unwichtig ist"[672].

Auch wenn wahre Informationen prinzipiell schutzwürdig sind und aufgrund des Verfassungskontextes über die Ehre und intimidad einzelner Personen überwiegen, soll einschränkend auch geprüft werden, ob die einzelnen Umstände (Namensnennung, bestimmte Details etc.), die das unerlaubte Eindringen ausmachen, „unvermeidlich" gewesen sind[673]. Insofern kommt es auch diesbezüglich auf die Art der Darstellung an, die Beleidigungen, Spott und andere Unnötigkeiten vermeiden soll[674].

Darüber hinaus ist bei dem Gebrauch des Rechts auf freie Meinungsäußerung unnötige *persönliche* Kritik zu vermeiden. Wie bereits angeführt, sind Aussagen, die eine Verachtung oder Kränkung beinhalten, dann nicht durch das Recht auf Meinungsfreiheit gedeckt, wenn sie keine bedeutende Kritik darstellen oder nicht zur Bildung der öffentlichen Meinung beitragen[675]; die Bildung der öffentlichen Meinung ist auch auf eine öffentliche Kritik angewiesen, so hart und unangenehm sie auch sein mag[676]. Andererseits sind herabwürdigende Aussagen und demütigende, schikanöse Ausdrücke, die keinen direkten und notwendigen Bezug zur Kritik aufweisen, nicht von der Verfassung geschützt[677]. Die Kritik ist daher möglichst offen und frei von persönlichen Attacken zu halten. Entsprechend zu der deutschen Diskussion im Zusammenhang mit der Aussage „Soldaten sind Mörder" beschäftigen sich die spanischen Gerichte immer wieder mit Fällen, in denen es um die Kritik an Richtern oder deren Entscheidungen geht. Dabei gilt auch hier: Solange die Kritik sich nicht so weit konkretisiert,

---

[671] STC 171/1990 de 12 de Noviembre (FJ 5).
[672] STC 171/1990 de 12 de Noviembre (FJ 5); STS de 26 de Junio 1996 (FJ 1).
[673] STS de 15 de Noviembre 1998 (FJ 2, 3).
[674] STC 105/1990 de 6 de Junio (FJ 8); STC 171/1990 de 12 de Noviembre (FJ 5); vgl. STS de 6 de Noviembre de 2000 (FJ 2).
[675] Martínez Sospedra, S. 300 f.; Osorio Iturmendi in Jiménez Blanco, Comentarios, S. 179.
[676] Martínez Sospedra, S. 303 (mit Hinweis auf STC 107/1988, 55/1989 und 20/1990))
[677] Martínez Sospedra, S. 303 (mit Hinweis auf STC 105/1990, 172/1990), vgl. STC 105/1990 de 6 de Junio (FJ 8); STS de 26 de Junio 1996 (FJ 1); Osorio Iturmendi in Jiménez Blanco, Comentarios, S. 179.

daß sie daß Maß einer überzogenen *persönlichen* Herabsetzung erreicht, ist sie durch Art. 20.1 CE gedeckt[678].

4. Kritik und Bewertung

a) Unzulänglichkeit der gesetzlichen Rechtfertigungsregeln

Im vorangegangenen Abschnitt ist klar zu erkennen, daß in den Entscheidungen der ordentlichen Gerichte in den Prozessen, die mit dem Argument erhoben werden, daß einer der Tatbestände des Art. 7 der LO 1/1982 erfüllt worden sei und in denen sich der vermeintliche Verletzer auf sein Recht auf Meinungs- oder Informationsfreiheit beruft, immer der Grundrechtsaspekt dieser Auseinandersetzung betont wird.

Die Rechtsprechung hat in ihrer Würdigung der Fälle richtigerweise erkannt, daß die Regelungen der LO 1/1982 in Bezug auf Informationsmitteilungen durch die Presse unzureichend sind, da die Wahrnehmung der Rechte auf Meinungs- und Informationsfreiheit dort keinen Niederschlag gefunden haben. Eine Nichtkorrektur hätte ein zu starkes Überwiegen der Rechte der LO 1/1982 und die Möglichkeit einer Informationskontrolle durch Einzelne zur Folge gehabt, die in der Konsequenz den verfassungsrechtlichen Informationsanspruch der Gesellschaft in zu hohem Maße hätte begrenzen können.

Daß Grundrechte in diesen Rechtsstreitigkeiten ausdrücklich in die Entscheidungsfindung mit einbezogen werden, ist formellrechtlich auf die Ley 62/1978 LPJDF, die den Grundrechtsschutz vor ordentlichen Gerichten gewährleistet, zurückzuführen. Über dieses Gesetz (auf das oben unter C.I.5.b)(2) im Zusammenhang mit der Drittwirkung von Grundrechten bereits eingegangen wurde) haben die Bürger die Möglichkeit, vor den ordentlichen Gerichten die Verletzung von Grundrechten geltend zu machen. Entsprechend können Klagen zum Schutz der Ehre oder der intimidad auf Grundlage dieses Gesetzes erhoben werden, und die Gerichte haben im Prozeß die Stellung dieser Rechte als Grundrechte zu berücksichtigen. Dieser Grundrechtsaspekt der Auseinandersetzung bezieht sich jedoch nicht nur auf die Rechte Ehre und intimidad, die die Grundlage für den Klageanspruch bilden, sondern auch auf die Einwände der Beklagten, die sich zur Rechtfertigung auf ihr Recht auf freie Meinungsäußerung oder Informationsfreiheit berufen. In dem Moment, in dem sie dieses Argument im Rechtsstreit vorbringen, tritt ein zweites Grundrecht in den Prozeß mit ein, dessen Auswirkung gleichfalls Beachtung zu finden hat. Insofern wird in diesem Zusammenhang auch von einer impliziten Widerklage (reconvención implícita) gesprochen, mit der ein zweiter Schutzanspruch in den Zivilprozeß zum Grundrechtsschutz eingeführt wird[679].

Systematisch und dogmatisch ist diese Einführung jedoch nur unbefriedigend zu erklären: Das Prinzip des ordentlichen Grundrechtsschutzes gemäß der Ley 62/1978 LPJDF basiert auf der Voraussetzung, daß die Grundrechte eine Ausgestaltung auf der Ebene des einfachen Rechts erfahren haben, denn nur diese Normen sind für die Zivilgerichte direkt bindend und

---

[678] STC 107/1988 de 8 de Junio (FJ 3); STC 46/1998 de 2 de Marzo (FJ 4 – 7).

ausschlaggebend[680]. Diese Umsetzung ist zwar in Bezug auf Ehre und die intimidad mit der LO 1/1982 erfolgt, bei den Rechten des Art. 20.1 CE wurde eine entsprechende zivilrechtliche Verankerung jedoch unterlassen. Zwar ging während der Ausarbeitungen des Gesetzes ein Vorschlag auch dahin, das öffentliche Interesse als Rechtfertigungsgrund in Art. 8.1 aufzunehmen. Dem Vorschlag zufolge sollten „die in Kommunikationsmedien veröffentlichten Informationen, die auf Befriedigung legitimer kollektiver Interessen abzielen" kein unerlaubtes Eindringen darstellen[681]. Die Umsetzung unterblieb jedoch.

Nur im Strafrecht besteht mit Art. 20.7 CP eine entsprechende Regelung, über die Art. 20.1 CE als Rechtfertigungsgrund in Strafprozesse eingeführt werden kann[682]. Er besagt: „Von der strafrechtlichen Verantwortung ist ausgenommen [...], wer in Erfüllung einer Pflicht oder in rechtmäßiger Ausübung eines Rechts, eines Amts oder einer Aufgabe handelt"[683].

Die unzulängliche Einführung einer adäquaten Rechtfertigungsvorschrift ist in der Literatur bemängelt worden, da eine solche von mehreren Autoren für die Entscheidung der entsprechenden Fällen als notwendig und für die Bestimmung des Inhalts der subjektiven Rechte als wünschenswert angesehen wird[684]. Um die Rechtfertigung als Regelung auf einfachgesetzlicher (bzw. organgesetzlicher) Ebene zu verankern, greifen die entsprechenden Autoren auf die Figur des Handelns in rechtmäßiger Ausübung eines eigenen Rechts zurück[685], die als ungeschriebener Rechtfertigungsgrund bereits vor Einführung der LO 1/1982 existierte.

In diesem Zusammenhang wird auf die geplante Rechtfertigungsregelung des Art. 211 des „Proyecto de 1992" (Ein Gesetzesvorschlag für die Neufassung des Código Penal, der so letzten Endes nicht umgesetzt wurde) verwiesen[686]:

Art. 211 CP:
1. El acusado del delito de injuria, descrito en el art. 208.2.1.° de este Capítulo, quedará exento de pena probando la veracidad del hecho imputado siempre que sea legítima su difusión.
2. Se presume legítima la difusión cuando los hechos se refieran a personas que tengan algún tipo de relevancia pública, y su difusión satisfaga la función del libre flujo de la información en una sociedad democrática, salvo que afecte a hechos protegidos por su derecho a la intimidad personal o familiar.

1. Der einer Beleidigung gem. Art. 208.2.1. dieses Kapitels Angeklagte bleibt unbestraft, wenn er die Wahrheit der behaupteten Tatsache beweist, vorausgesetzt ihre Verbreitung war rechtmäßig.
2. Die Verbreitung wird als rechtmäßig erachtet, wenn die Tatsachen sich auf Personen mit öffentlicher Bedeutung beziehen und wenn die Verbreitung dem freien Informationsfluß einer demokratischen Gesellschaft dient, es sei denn sie bezieht sich auf Tatsachen, die durch das Recht auf persönliche und familiäre Intimität geschützt sind.

---

[679] Gimeno Sendra in Cortés Domínguez u.a., Procesos Civiles Especiales, S. 121.
[680] Siehe oben Teil 2:C.I.5.b)(2).
[681] Enmienda n° 58, BOC (Senado) de 18.2.1982, S. 17.
[682] Diese Regelung entspricht Art. 8.11 des alten CP. Für diese Regelung: STC 104/1986 de 17 de Julio (FJ 6).
[683] „Están exentos de responsabilidad criminal [...] el que obre en cumplimiento de un deber o en el ejercicio legítimo de un derecho, oficio o cargo"
[684] Estrada Alonso, S. 119 ff.; López Díaz, S. 140 f.
[685] López Díaz, S. 140; Bernal del Castillo, La Ley, 1996-2, D-109, S. 1436 (1439); Herrero-Tejedor, S. 222; vgl. auch STS de 22 de Marzo 1991 (FJ 3) und STS de 10 de Abril 1991 (FJ 1), in denen im Zusammenhang mit der Rechtfertigung auf „die Ausübung bestimmter Rechte" verwiesen wird, die allerdings nicht näher spezifiziert werden. Für das Strafrecht: STC 104/1986 de 17 de Julio (FJ 6).
[686] Bernal del Castillo, La Ley 1996-2, D-109, S. 1436 (1439).

geschützt sind.

Wie zu erkennen ist, nimmt die Vorschrift zum Teil auf die entsprechenden vom Tribunal Constitucional entwickelten Kriterien Bezug.

Die Figur des Handelns in rechtmäßiger Ausübung eines eigenen Rechtes als Rechtfertigungsgrund besitzt den Vorteil, daß sie im Bereich der außervertraglichen Haftung bereits anerkannt ist. Da ein Recht in diesem Sinne jedes Recht im Sinne des Art. 1.1 CC und damit auch ein Grundrecht sein kann, ist hier der Ansatzpunkt für die Frage der Kollision der Rechte auf Ehre und intimidad mit den Rechten auf Meinungsfreiheit und Information gem. Art. 20.1 CE.

Die gerichtliche Praxis hat gezeigt, daß der Konflikt zwischen den Rechten des Art. 18.1 CE und denen des Art. 20.1 CE den weitaus häufigsten Fall der Prozesse der LO 1/1982 darstellt, die vielfach Pressemeldungen und -berichte zum Gegenstand haben. Für diesen Bereich sind die Rechtfertigungsgründe des Art. 8.1 LO 1/1982 in der niedergelegten Form unzureichend, was die Entwicklung eines umfangreichen reinen Richterrechts zu dieser Problematik zur Folge hatte, während Art. 8.1 LO 1/1982 in den entsprechenden Entscheidungen so gut wie nie eine Rolle spielt.

b) Probleme der Zivilrechtsprechung

Die Zivilrechtsprechung hat die bestehende Lücke durch eine eigene Doktrin geschlossen, mit dem Argument, daß ansonsten die Rechte des Art. 20.1 CE und damit eine der Grundlagen der Demokratie gefährdet seien[687]. Wie ausgeführt, werden im Zuge dieser Rechtsprechung Grundrechte direkt in die Abwägung einbezogen. In keiner der im Zuge dieser Arbeit angeführten Entscheidungen ist jedoch eine ausreichende Begründung für diese Vorgehensweise vorgenommen worden, was selbst in den Reihen des Tribunal Constitucional Kritik hervorgerufen hat[688].

Wie gleichfalls ausgeführt, handelt es sich um einen Fall der Drittwirkung von Grundrechten. Obwohl eine solche Wirkung in der spanischen Doktrin nur über die Figur der mittelbaren Drittwirkung bei der Anwendung und Interpretation offener Rechtsbegriffe bejaht wird, werden die Grundrechte in sämtlichen entsprechenden Prozessen der LO 1/1982 durch die Gerichten in den Entscheidungsgründen direkt benannt, abgewogen und sind letztendlich für die Entscheidung ausschlaggebend.

Systematisch besteht in diesem Zusammenhang das Problem, daß, obwohl es eigentlich um die Entscheidung über die Rechtswidrigkeit der verletzenden Handlung gehen sollte, die Gerichte die Grundrechtsabwägung häufig auf der Tatbestandsebene vornehmen. Der Hauptgrund hierfür sind die nicht ausreichenden Vorgaben des Gesetzes: Wie bereits aufgezeigt, kann die LO 1/1982 den Anspruch „quasi strafrechtliche" Tatbestände und Typen des „zivil-

---

[687] López Díaz, S. 140; Bustos Pueche, S. 9.

rechtlichen Delikts" geschaffen zu haben nicht erfüllen. Würde es sich tatsächlich um die strafrechtliche Technik handeln, dann hätte die Erfüllung des Tatbestandes zwangsläufig eine Rechtswidrigkeitsindikation zur Folge. Der Tribunal Supremo hat jedoch mehrfach entschieden, daß es sich bei den Tatbeständen des Art. 7 lediglich um eine beispielhafte Aufzählung handelt, die die Bildung von neuen Tatbeständen zuläßt[689]. Hinzu kommt die mangelnde Möglichkeit, die Rechte des Art. 20.1 CE über eine entsprechende Rechtfertigungsvorschrift (entsprechend Art. 8 LO 1/1982) als Rechtfertigungsgründe heranziehen zu können. So wird über Art. 2.1 vorgegangen und schon bei der Bestimmung des Schutzbereichs der intimidad und der Ehre gefragt, ob er im entsprechenden Fall so weit geht, daß er auch die verletzende Handlung erfaßt, wobei alle möglichen Aspekte in diese Betrachtung miteinbezogen werden. Ungeachtet der Tatsache, daß es sich dabei genaugenommen um die Festsetzung des Tatbestandes handelt, sprechen die Gerichte in diesem Zusammenhang offen von dem Recht auf Meinungsfreiheit und Information als rechtfertigendem Element gegenüber einer Handlung, die anhand eines der Tatbestände des Art. 7 LO 1/1982 als verletzend qualifiziert wurde[690]. Über diesem terminologischem und dogmatischem Auseinanderfallen wird das Dilemma der Rechtsprechung deutlich: Es ist offensichtlich, daß es der Möglichkeit einer Rechtfertigung über eine Rechtfertigungsregel bedarf, doch gibt zum einen die gesetzliche Grundlage der LO 1/1982 eine solche nicht her[691], und zum anderen sind auch die gesetzlichen Tatbestände zu unbestimmt, um von einem System des Regel-Ausnahme-Verhältnisses ausgehen zu können.

Kritikwürdig daran ist, daß aufgrund dieser Vorgehensweise das System des vertypten quasi-strafrechtlichen Verhaltensunrechts und der zivilrechtlichen unerlaubten Handlung (ilícito civil[692]) ausgehebelt wird, um auf diese Art und Weise zu einem System der sich auf den Einzelfall konzentrierenden umfassenden Güter- und Interessenabwägung zu kommen. Es ist zu vermuten, daß ein zentraler Beweggrund hierfür die Sorge ist, durch ein zu starres Festhalten an den Vorgaben des Gesetzes (die wie gesehen in der Tat lückenhaft sind) bei bestimmten Arten von Persönlichkeitsverletzungen, die bei der Schaffung des Gesetzes vergessen wurden oder sich erst später durch die technische Entwicklung ergeben haben, irgendwann nicht in der Lage sein zu können, flexibel auf solche Verletzungen zu reagieren.

---

[688] Vgl. STC 231/1988 de 2 de Diciembre (Einzelvotum).
[689] Bspw. in STS de 4 de Noviembre 1986 (FJ 4). Diese Ansicht hat nach der Reform des Código Penal die paradoxe Folge, daß trotz identischer Formulierung, von Art. 208 CP und Art. 7.7 LO 1/1982 ersterer die Rechtswidrigkeit indiziert, während es bei letzterem einer Abwägung bedarf.
[690] STC 107/1988 de 8 de Junio (FJ 2); STC 51/1989 de 22 de Febrero (FJ 2); STC 15/1993 de 15 de Enero (FJ 1); SSTS de 4 de Noviembre 1986 (FJ 5), de 18 de Julio 1988 (FJ 3), de 24 de Octubre 1988 (FJ 5), de 19 de Marzo 1990 (FJ 3), de 30 de Diciembre 1991 (FJ 4), de 18 de Marzo 1992 (FJ 2), 3 de Marzo 1989 (FJ 3), 26 de Julio 1995 (FJ 8), 23 de Febrero 1998 (FJ 3). Vgl. auch STS de 22 de Marzo 1991 (FJ 3) und STS de 10 de Abril 1991 (FJ 1), bei denen eine Rechtfertigung aus Art. 8.1 heraus begründet wird.
[691] Deswegen wird in der großen Mehrzahl der Entscheidungen dieser Punkt auch stillschweigend übergangen und nicht weiter problematisiert. In STS de 18 de Julio 1988 (FJ 2) schließlich ist die Wahrheit nicht als Rechtfertigungs- sondern als Entschuldigungsgrund genannt, was die dogmatische Unsicherheit noch unterstreicht; vgl. STS de 23 de Marzo 1987 (FJ 8).
[692] STS de 15 de Julio 1996 (FJ 2).

c) Vermischung von Abwägungsgesichtspunkten

Im Zusammenhang mit dem Verweis auf das Kriterium der Intention des vermeintlichen Schädigers kann auch darauf verwiesen werden, daß die Doktrin der Rechtsprechung dazu führt, daß auf der Rechtfertigungsebene aufgrund der umfassenden Güter- und Interessenabwägung eine Vielzahl von Kriterien aufgrund der „Gestaltungsfreiheit" der Gerichte mit einfließen, die zumindest teilweise auf einer anderen Ebene zu prüfen wären, bzw. wenigsten nach Wortlaut des Gesetzes überhaupt nicht für die Entscheidungsfindung ausschlaggebend sein sollen.

Dies wird wiederum besonders bei dem Merkmal der subjektiven Wahrheit deutlich. Wie oben angesprochen, hat sich die Rechtsprechung mit der Einführung dieses Kriteriums, das im Gesetz nicht vorgesehen ist, von dem originär streng objektiven Merkmal „Wahrheit" entfernt, um auf diese Weise einer relativierenden Betrachtung der Handlungen und subjektiven Einstellung des Handelnden Platz zu machen, was aufgrund der diesbezüglich bestehenden Interpretationsmöglichkeiten zu nicht unerheblichen Unsicherheiten führt.

VIII. Verschulden

Die LO 1/1982 stellt die Fortsetzung und Weiterentwicklung einer Dogmatik dar, die zum System der außervertraglichen Haftung des Art. 1902 CC entwickelt wurde. Während dort jedoch der Schaden als maßgebliches Element ausschlaggebend ist, ist durch den Gesetzgeber in der LO 1/1982 eine Schadensvermutung eingeführt worden, so daß es zur Beurteilung der Verantwortlichkeit nur noch auf das Handeln des Schädigers anzukommen scheint.

Ferner war bei Art. 1902 CC das Verschulden unabdingbare Voraussetzung, um eine Haftung für einen hervorgerufenen Schaden zu begründen. Auch wenn die neuere Rechtsprechung für viele Fälle eine Verschuldensvermutung und Beweislastumkehr entwickelt hat, ist diese Voraussetzung damit unstreitig noch nicht hinfällig geworden, sondern bleibt für die Bestimmung der Rechtswidrigkeit ausschlaggebend[693]. Aufgrund der Beschränkung auf die Handlung als ausschlaggebendes Kriterium in der LO 1/1982 und der Tatsache, daß der Wortlaut des Gesetzes ein vorsätzliches und schuldhaftes Handeln nicht ausdrücklich zur Voraussetzung der Haftung macht, ist es die Ansicht mehrerer Stimmen in der Literatur, daß in diesem Gesetz ein System der objektiven Haftung (responsabilidad objetiva) festgelegt worden ist, bei dem es auf ein Verschulden nicht mehr ankommt[694].

Es ist jedoch nicht ohne weiteres einzusehen, wieso bei der LO 1/1982 als Fortentwicklung des Art. 1902 CC und damit auch des Grundsatzes *neminem laedere* nur aufgrund des Umstandes, daß sich im Gesetzestext keine diesbezüglichen Referenzen finden, vom durch die Rechtsprechung entwickelten System abgewichen werden soll. Auch bei den Ausführungen zum Vorsatz war darauf verwiesen worden, daß dieser (in Folge der Nichterwähnung im Gesetzestext) zwar prinzipiell nicht für die Beurteilung einer Tatbestandsmäßigkeit der Hand-

---

[693] Herrero-Tejedor, S. 247 f.; vgl. oben Teil 2:D.I.1.a).

lung ausschlaggebend sein soll, da er in der LO 1/1982 nicht zur Voraussetzung gemacht worden ist; trotzdem taucht das subjektive Kriterium eines *animus*, bzw. einer bestimmten Absicht des Handelnden häufig in den Entscheidungserwägungen der Gerichte auf[695].

Spätestens aber bei der Abwägung der Grundrechte werden über das Kriterium der subjektiven Wahrheit Elemente eingeführt, die auf die subjektive Einstellung des vermeintlichen Schädigers und damit auch auf Vorsatz- oder Verschuldensindikatoren abstellen[696]. Bejaht man bei der Prüfung des Merkmals der subjektiven Wahrheit die Einhaltung einer Sorgfaltspflicht (und verneint entsprechend ein Verschulden), dann führt dies zum Ausschluß der Haftung. Obwohl also das vorsätzliche Element des Handelns oder Unterlassens als konstitutives Element für die Tatbestandsmäßigkeit eigentlich prinzipiell ausgeschlossen wird, scheinen die Gerichte der Ansicht zu sein, daß es für die Bestimmung der Unrechtmäßigkeit des Handelns trotzdem entscheidend sein kann. Dieser Umstand führt dazu, daß in der Literatur in diesem Zusammenhang auf das Element der Schuldhaftigkeit hingewiesen wird, die „in höherem oder geringerem Maße" für die Bestimmung der Unrechtmäßigkeit unerläßlich sein soll[697].

Tatsächlich kann die subjektive Einstellung des vermeintlichen Schädigers bei der Bewertung seiner Handlungen nicht außerhalb der Betrachtungen bleiben. Das von den Gerichten entwickelte Kriterium der subjektiven Wahrheit widerspricht der Theorie der objektiven Haftung. Auch wenn dieses Kriterium seiner gegenwärtigen Konzeption nach und in der Form seiner Einbringung in das Haftungssystem der LO 1/1982 nicht unproblematisch ist, kann konstatiert werden, daß sich eine Verantwortlichkeit, die völlig unabhängig von subjektiven Faktoren ist, nicht konstruieren läßt. Allerdings muß eingeräumt werden, daß dieses Merkmal, so wie es von den Gerichten entwickelt worden ist, sich nicht auf der Schuldebene bewegt, sondern auf der Ebene der Rechtswidrigkeit der Handlung, indem es die Grundlage für die Rechtfertigung durch Art. 20.1 CE bildet. Mit der Idee einer speziellen Sorgfaltspflicht des Informierenden ist dort das ursprünglich objektive Kriterium der Wahrheit aufgeweicht worden und hat einen relativen Charakter bekommen, der einer weitgehend freien Bewertung der Gerichte unterliegt.

In STC 232/1993 de 12 de Julio (Antecedentes 3 und 10) war zwischen den Parteien genau der Punkt streitig, ob es bei einem unerlaubten Handeln im Sinne der LO 1/1982 auf ein Verschulden des Handelnden ankommt oder nicht. In den Entscheidungsgründen geht der Tribunal Constitucional jedoch darauf nicht ein. Für ihn allein ausschlaggebend waren in diesem Fall lediglich die Wahrheit und die öffentliche Bedeutung der verbreiteten Information. Zwar verwies der Tribunal Constitucional auf eine gewisses Maß an Sorgfalt, insgesamt spielte

---

[694] Estrada Alonso, S. 189; Crevillén Sánchez, S. 71; O'Callaghan Muñoz, Libertad, S. 202.
[695] Vgl. oben Teil 2:D.V.3.b)(4).
[696] Vgl. z.B. STS de 15 de Febrero de 2000 (FJ 5).
[697] López Díaz, S. 117.

jedoch ein *animus* oder eine bestimmte Absicht keine entscheidende Rolle. Hieraus ließe sich schließen, daß es tatsächlich nicht auf ein Verschulden im Handeln ankäme.

Auch in STC 178/1993 de 31 de Mayo (Antecedente 7) wurde seitens der beklagten Zeitung darauf verwiesen, daß kein *animus injurandi* bestanden habe. In genau diesem Zusammenhang verweist der Tribunal Constitucional auf Art. 1902 CC und dessen Voraussetzung, von denen sich die LO 1/1982 „nicht im wesentlichen" unterscheide. Zwar wird das Erfordernis eines Vorsatzes ausdrücklich ausgeschlossen, im Anschluß jedoch auf das Erfordernis der Sorgfaltspflicht des Informierenden verwiesen. Deren Einhaltung wird in den Entscheidungsgründen im Rahmen des Kriteriums der Wahrheit der übermittelten Nachricht geprüft und bejaht. Zum einen läßt sich diesem Urteil klar entnehmen, daß der Tribunal Constitucional das Element der Schuldhaftigkeit nicht mit der gleichen Ausdrücklichkeit ausschließt, wie das des Vorsatzes, zum anderen jedoch, daß er es nicht zu einem eigenständigen Element erhebt.

In den meisten Abhandlungen, die sich mit der LO 1/1982 beschäftigen, wird das Verschulden des Handelnden nicht als eigenständiges Element behandelt und häufig nur beiläufig am Rande erwähnt. Viele Autoren sehen den Grad des Verschuldens immerhin als Kriterium an, um die Höhe des Schadensersatzes bzw. die Schwere des daño moral zu bestimmen[698]. Es entspricht damit wohl der herrschenden Auffassung, daß die Schuldhaftigkeit zwar als Kriterium nicht außerhalb der Betrachtung bleiben darf, und die entsprechenden Referenzen in der Rechtsprechung sind als eindeutige Bezüge hierauf zu verstehen[699]; als eigenständiges Element, das eine Haftung nach bejahter Rechtswidrigkeit (d.h. nach Ablehnung einer Rechtfertigung durch Art. 20.1 CE) ausschließt, dürfte sie jedoch kaum eine Rolle spielen. Immerhin schließen Zufall (caso fortuito) und höhere Gewalt (fuerza mayor) ein Verschulden aus[700], doch sind entsprechende Fälle nur schwer vorstellbar und bisher in der Rechtsprechung noch nicht vorgekommen.

IX. Schaden

1. Schadensbegriff
Schaden ist – wie oben zu Art. 1902 CC bereits ausgeführt – definiert als jede materielle oder immaterielle Minderung, die eine Person durch das Zuwiderhandeln gegen eine rechtliche Norm erleidet und für die ein anderer verantwortlich ist.

2. Art. 9.3 LO 1/1982
Entgegen der ursprünglichen Konzeption des Código Civil, die einen Ausgleich für immaterielle Schäden nicht vorsah, hatte die Rechtsprechung auch hierfür eine Ausgleichspflicht

---

[698] Herrero-Tejedor, S. 250; López Díaz, S. 102; vgl. Igartua Arregui, PJ n° 5, März 1987, S. 89 (93); Menéndez Alzamora, RGD, XLIII, 1987, S. 4859.
[699] Auch im Zusammenhang mit der Haftung des Herausgebers und Verlegers einer Zeitung wird von den Gerichten auf ein Überwachungs- und Auswahlverschulden verwiesen (STC 171/1990 de 12 de Noviembre (FJ 3); STC 172/1990 de 12 de Noviembre (FJ 5); STS de 27 de Marzo 1998 (FJ 6)), welches auch in Art. 1903 CC präsent ist.

entwickelt. Mit den Regelungen der Ley 62/1978 und LO 1/1982 war diese Pflicht dann auch durch den Gesetzgeber anerkannt worden, der damit die entwickelte Doktrin normierte.

a) Schadensvermutung

In Art. 9.3 LO 1/1982 ist eine wesentliche Neuerung hinsichtlich des über Art. 1902 CC entwickelten Systems des Schadensausgleichs mit seinen in I.1.a) aufgezählten Voraussetzungen enthalten, indem ein Schaden „immer vermutet wird, wenn das unerlaubte Eindringen nachgewiesen wird".

Fraglich ist, ob sich die Vermutung des Art. 9.3 nur auf den immateriellen oder auch auf den materiellen Schaden bezieht. Die diesbezüglichen Auffassungen sind unterschiedlich: Während die einen behaupten, daß die Vermutung für alle Arten von Schäden gilt[701], wird auf der anderen Seite vertreten, daß es wenig Sinn mache, das Vorliegen von Vermögensschäden zu vermuten[702], denn typischerweise sind nur immaterielle Schäden bei Verletzungen der Persönlichkeitsrechte in Form einer Beeinträchtigung der immateriellen psychischen Sphäre schwer nachzuweisen[703], während dies bei Vermögensschäden nicht der Fall ist, da diese sich in Vermögensminderungen, entgangenem Gewinn, frustrierten Aufwendungen o.ä.[704], die alle einem Nachweis zugänglich sind, äußern. Insofern ist nicht ohne weiteres ersichtlich, warum der Gesetzgeber dem Verletzten eine solche Erleichterung hätte ermöglichen sollen. Folgerichtig wird zum Teil die Anwendung der Schadensvermutung der LO 1/1982 auf materielle Schäden verneint[705]. Dagegen wird argumentiert, daß man nicht unterscheiden müsse, wenn das Gesetz selbst, das ohne Unterscheidung zwischen materiellen und immateriellen allgemein von Schäden spricht, dies nicht tue[706].

Die Frage des Umfangs der Schadensvermutung ist eng mit der weitergehenden Frage verknüpft, ob die Vermutung einem Gegenbeweis zugänglich ist oder nicht, und die Meinungen gehen auch hier auseinander. Bei der Einführung des Gesetzes sagte der damals zuständige Justizminister Pío Cabanillas Gallas: „Es wird immer einen Schaden immaterieller Art geben und daher jene Vermutung [...] und diese soll *iuris et de iure* sein, aber es wird andere Schäden materieller Art geben, wenn die Aggression mittelbare Auswirkungen auf das Vermögen des Angegriffenen hat und dann soll die Vermutung lediglich *iuris tantum* sein[707]."

Die Absicht des Gesetzgebers weist also darauf hin, daß die Schadensvermutung auch für materielle Schäden gilt, wobei er dies in Abs. 10 der Präambel noch einmal ausdrücklich festgestellt hat; mindestens für materielle Schäden muß man aber dann wohl auch einen Gegenbeweis zulassen. Hierfür spricht auch Art. 1251.1 CC, der bestimmt, daß „vom Gesetz

---

[700] Herrero-Tejedor, S. 158 f.
[701] María de la Valgoma, ADH 1983, n° 2, S. 647 (670); Concepción Rodríguez, S. 171.
[702] Herrero-Tejedor, S. 293.
[703] Vgl. López Jacoiste, ADC 1986, S. 1059 (1097).
[704] Vgl. Art. 1106 ff. CC.
[705] Bellón Molina, RAC 1998-2, XVIII, Rz. 391 (395 ff.) mwN; Rodríguez Guitián, honor, S. 3339, 3342; González Poveda, RAC 1995-1, VI, Rz. 115 (129 f.).
[706] Concepción Rodríguez, S. 170.

aufgestellte Vermutungen durch einen Gegenbeweis vernichtet werden können, außer in den Fällen, in denen das Gesetz es ausdrücklich untersagt". Eine solche Untersagung findet sich in der LO 1/1982 nicht[708]. Mit diesem Argument läßt sich allerdings auch für immaterielle Schäden die Möglichkeit des Gegenbeweises begründen[709], auch wenn dies den Absichten des Gesetzgebers zuwiderläuft. Zu bedenken ist bei dieser Diskussion, daß es um so leichter fällt, dem Beklagten dieses Recht zuzugestehen, da der Gegenbeweis so gut wie nie geführt werden können dürfte. So schwer wie es dem Verletzten fällt, die Beeinträchtigung seiner immateriellen Sphäre darzulegen und nachzuweisen, ist es für den potentiellen Schädiger noch schwieriger darzulegen, daß keine Verletzung vorliegt.

Die Vermutung bezieht sich dabei unstreitig nicht auf die Höhe des Schadens[710]. Diese muß mittels einer Würdigung des Falles durch den Richter festgelegt werden und der Kläger ist nicht seiner diesbezüglichen Darlegungs- und Beweispflicht enthoben (die sich jedoch im Falle eines immaterielle Schadens auf die Tatsache der Darlegung, daß ein solcher geltend gemacht werden soll, reduzieren dürfte).

Unter Beachtung dieser Situation und genauer Betrachtung des Wortlauts zeigt sich, daß es nicht so sehr um den Schaden selber geht, sondern um das Problem des Nachweises der Kausalität zwischen Rechtsgutverletzung und Schaden, der – wie gesagt – besonders bei immateriellen Schäden nur sehr schwer zu erbringen ist. Die gesamte Regelung des Art. 9.3 LO 1/1982 muß so verstanden werden, daß der Gesetzgeber diese Problematik auf die Tatbestandsebene verlagert hat, wo das Merkmal „unerlaubtes Eindringen" einem Beweis leichter zugänglich ist. Er hat in Art. 7 typische Fälle aufgelistet, und in Verbindung mit Art. 9.3 zeigt sich, daß genau diese Handlungen seiner Ansicht nach in aller Regel einen Schaden nach sich ziehen. Derjenige, der Opfer einer Aggression wird, soll nicht auch noch den Beweis dafür führen müssen, daß die Aggression kausal für einen Schaden war. Andererseits sind diese Fälle eben nur typisch und die Tatsache eines realen Schadens steht nicht fest, sondern wird – wie das Gesetz selber einräumt – lediglich „vermutet"[711]. Es darf dem unerlaubt Eindringenden dann aber nicht verwehrt sein, den Gegenbeweis zu führen, wenn ein Schaden in Wirklichkeit nicht eingetreten ist. Die Gegenmeinung übersieht, daß die LO 1/82 nicht zu einem objektivierten Haftungssystem im Sinne einer Gefährdungshaftung geführt hat[712], sondern daß auch in diesem Gesetz noch der Grundsatz des *alterum non laedere* fortwirkt. Unter diesem Aspekt würde es eine gegen diesen Grundsatz verstoßende Privilegierung des Opfers eines

---

[707] Nachweis bei Bellón Molina, RAC 1998-2, XVIII, Rz. 391 (393).
[708] Herrero-Tejedor, S. 294 f.; a.A. Plaza Penadés, S. 83 f.
[709] so auch Herrero-Tejedor, S. 294 f.; a.A. STS de 25 de Abril 1989 (FJ 3); Concepción Rodríguez, S. 170 f.; Garrido-Falla-Serrano Alberca, S. 362; González Poveda, RAC 1995-1, VI, Rz. 115 (130); López Díaz, S. 36 und 152; O'Callaghan Muñoz, Libertad, S. 208.
[710] Concepción Rodríguez, S. 171; López Díaz, S. 36 f.
[711] Anderer Ansicht López Díaz, S. 152, die von einer gesetzlichen Festlegung (imposición legal) spricht.
[712] Dies wird auch von denjenigen anerkannt, die keinen Gegenbeweis zulassen wollen, vgl. López Díaz, S. 151; Concepción Rodríguez, S. 169 f.; Sempere Rodríguez in Alzaga Villamil, Constitución, Band II, S. 455 mwN; a.A. allerdings O'Callaghan Muñoz, RAC 1990-1, I, S. 1 (9).

unerlaubten Eindringens darstellen, unterstellte man ihm einen Schaden dort, wo nachweislich keiner entstanden ist[713].

Die Schadensvermutung offenbart sich insofern letzten Endes als eine Form der Darlegungs- und Beweislastverteilung[714]. Im Prozeß genügt es für das Opfer eines unerlaubten Eindringens, dieses Eindringen nachzuweisen. Ist der Beweis geführt, muß das Gericht aufgrund der Schadensvermutung annehmen, daß das Handeln einen Schaden ausgelöst hat und es obliegt dem Beklagten, zu beweisen, daß dies tatsächlich nicht so war. Unter Zugrundelegung dieses Gedankens läßt sich dann aber auch vertreten, daß sich die Schadensvermutung auch auf die materiellen Schäden beziehen soll[715]: Wenn überhaupt, so wird es in diesem Bereich einmal zu der Möglichkeit eines Gegenbeweises kommen, da er einem solchen – wie ausgeführt – weitaus eher zugänglich ist (Wenn z.B. ein Kläger geltend macht, durch eine unwahre Nachricht einen wichtigen Kunden verloren und dadurch Umsatzeinbußen erlitten zu haben, könnte die Zeugenaussage dieses Kunden, daß etwas anderes der Grund für die Trennung war, zu einer Verneinung des Schadens führen).

Obwohl diese Auslegung der Absicht des Gesetzgebers entsprechen dürfte, hat sie sich in der Rechtsprechung nicht durchgesetzt: In Bezug auf immaterielle Schäden gehen die Gerichte von einer Vermutung *iuris et de iure* aus[716]. Aufgrund mehrerer Entscheidungen dürfte davon auszugehen sein, daß die Gerichte in bezug auf materielle Schäden zu der Auffassung zu neigen, daß diese bewiesen werden müssen[717]

Diese Haltung der Gerichte dürfte zum Teil vom Gedanken der Prozeßökonomie geleitet sein. Wenn bei immateriellen Schäden ein Gegenbeweis erst gar nicht zugelassen wird, brauchen entsprechende Anträge (die wie ausgeführt fast nie zum Erfolg führen dürften) gar nicht erst zugelassen zu werden. Es zeigt jedoch auch, daß die Gerichte bisher nicht gewillt sind, von

---

[713] Zu beachten ist schließlich noch, daß im spanischen zwischen „daños" und „perjuicios" unterschieden wird. Während unter „daños" direkte Schäden im Sinne eines (ökonomisch) meßbaren Resultates verstanden werden, sollen „perjuicios" Schädigungen oder Beeinträchtigungen im Sinne von nicht unbedingt ökonomisch meßbaren Nachteilszufügungen sein (vgl. auch oben Fn. 315). Der Wortlaut von 9.3 LO 1/1982 spricht von „perjuicios". Sempere Rodríguez in Alzaga Villaamil, Constitución, Band II, S. 455 kritisiert bei denjenigen, die bei der Regelung in Art. 9.3 nicht die Möglichkeit eines Gegenbeweises sehen wollen, daß sie diesen Unterschied nicht beachteten.
[714] Herrero-Tejedor, S. 295; Sempere Rodríguez in Alzaga Villaamil, Constitución, Band II, S. 455 f.; Gómez Orbaneja, S. 302.
[715] Sempere Rodríguez in Alzaga Villaamil, Constitución, Band II, S. 456: „[...] die Schadensvermutung bezieht sich, wenn das unerlaubte Eindringen glaubhaft gemacht worden ist, sowohl auf die immateriellen wie auf den materiellen Schaden."; ebenso Herrero-Tejedor, S. 294 und López Díaz, S. 37.
[716] STS de 25 de Abril 1989 (FJ 3).
[717] Bellón Molina, RAC 1998-2, XVIII, Rz. 391 (398). In der Tat hat der Tribunal Supremo für materielle Schäden bereits mehrfach einen Beweis gefordert und bei Nichtvorliegen des Beweises die Klage zumindest bezüglich der materiellen Schäden abgewiesen: STS de 11 de Febrero 1992 (FJ 5) („Da es nicht erwiesen scheint, daß die Klägerin aufgrund der streitgegenständlichen Publikation ökonomische Nachteile erlitten hat [...]"); STS de 31 de Julio 1992 (FJ 5) („Da die Existenz eines materiellen Schadens nicht bewiesen wurde [...]"); ebenso SAP de Barcelona, Sec. 15ª de 20 de Abril 1998 (FJ 11), Aranzadi AC 1998/876. Die Rechtsprechung an diesem Punkt erscheint allerdings nicht ganz eindeutig: In zwei anderen Entscheidungen (STS de 23 de Marzo 1987 (FJ 24) und STS 19 de Marzo 1990 (FJ 4)) führte der Tribunal Supremo aus, daß „der Angriff auf die Ehre prinzipiell ausgleichsfähige Schäden hervorruft – sowohl immaterielle wie auch materielle stricto sensu-", so daß diesbezüglich die Ansicht vertreten werden könnte, daß er materielle Schäden doch in die Schadensvermutung miteingeschlossen sieht. Und auch die Entscheidungen, die einen Schadensersatz für materielle Schaden abwiesen, da dieser nicht bewiesen war, führten nicht eindeutig aus, ob der Nichtbeweis sich auf die Tatsache der Existenz des Schadens oder seine Höhe bezog.

der gem. Art. 1902 CC praktizierten Rechtsprechung abzuweichen, nach der materielle Schäden zu beweisen sind, obwohl dies dem Willen des Gesetzgebers eindeutig widerspricht. In der Tat können sich in der Praxis auch Härten aus einer Schadensvermutung bei materiellen Schäden ergeben, bspw. bei einem Umsatzrückgang bei einem Verletzten, der im Zuge einer wirtschaftlichen Konjunkturschwäche erfolgt und nicht auf die Verletzung zurückzuführen ist. Dieses Beispiel zeigt zumindest, daß die Schadensvermutung nicht zu ausufernden Ergebnissen führen darf, indem sie sich auf alle (nicht in Verbindung mit der Verletzung stehenden) Umsatzeinbußen und Gewinnrückgänge erstreckt, die einer Verletzung zeitlich nachfolgen. Denkbar wäre diesbezüglich aber auch eine enge zeitliche Begrenzung der Geltendmachung eines Schadensersatzes für materielle Schäden durch den Gesetzgeber gewesen.

Exaktere und in diesem Punkt ausführlichere Entscheidungen, die zu diesem Punkt Klärung bringen könnten, sind bisher nicht ergangen. So sollte prinzipiell von der aufgezeigten Ansicht der Gerichte ausgegangen werden.

b) Bestimmung der Schadensersatzhöhe

Bezüglich der Schadensersatzhöhe bestimmt Art. 9.3 LO 1/1982: „Es wird immer das Vorliegen eines Schadens vermutet, wenn ein unerlaubtes Eindringen glaubhaft gemacht wird. Die Wiedergutmachung erstreckt sich auf den immateriellen Schaden, dessen Bewertung unter Berücksichtigung der Umstände des Falles und der Schwere der tatsächlich verursachten Verletzung, wobei gegebenenfalls die Art und Weise der Verbreitung und der Verbreitungsgrad des Mediums, mittels dessen sich die Verletzung verwirklicht hat, zu beachten ist. Auch der Nutzen, den der Verletzer aus der Verletzung gezogen hat, ist zu bewerten".

Ziel eines Schadensersatzes soll es sein, tatsächlich erlittene Schäden wiedergutzumachen und den Zustand wiederherzustellen, der vor dem schädigenden Ereignis bestand (Prinzip der Naturalrestitution). Das zu Art. 1902 CC entwickelte System der außervertraglichen Haftung hat insofern als zentrales konstitutives Element den Schaden, ohne den keine Ausgleichspflicht entsteht. Dies gilt auch für die immateriellen Schäden. Hier besteht jedoch die besondere Schwierigkeit, daß eine Meßbarkeit des Schadens in Geld unmöglich erscheint, zumal er auch relativ ist, da jede Person eine Beeinträchtigung ihrer Persönlichkeit unterschiedlich empfinden mag.

Auch wenn die LO 1/1982 eine Schadensvermutung aufstellt, ist damit noch nichts über die Höhe dieses Schadens gesagt. Was den materiellen Schaden betrifft, so muß er mindestens der Höhe nach dargelegt und bewiesen werden[718]. Der immaterielle, seelische Schaden muß vom Richter im jeweiligen Einzelfall bestimmt werden. Bereits vor Einführung der LO 1/1982 waren für diese Bestimmung Kriterien entwickelt worden. Prinzipiell waren danach die Umstände des Falles ausschlaggebend, wobei zu beachten waren: Schwere der erlittenen Beeinträchtigung, Schwere der Handlung, die den Schaden herbeigeführt hat, persönli-

---

[718] López Díaz, S. 37; O'Callaghan Muñoz, Libertad, S. 208; folgt man der Rechtsprechung in der Ansicht, daß der materielle Schaden den üblichen Beweisregeln folgt, so ist auch ein Beweis bezüglich der Kausalität erforderlich.

che Umstände (Geschlecht, Alter, Beruf etc.) und soziale Stellung des Geschädigten[719]. Diese Kriterien sind auch nach der Einführung der LO 1/1982 noch anwendbar[720].

In der LO 1/1982 sind daneben eine Reihe von Kriterien angeführt, die zum Teil die durch die Rechtsprechung entwickelten Elemente jedoch auch neue Ansätze des Gesetzgebers enthalten:

(1) Umstände des Falles

Dieses Merkmal ausdrücklich zu erwähnen scheint überflüssig, da der Richter selbstverständlich eine umfassende Würdigung des Falles vornehmen sollte. Andererseits unterstreicht es die Ungebundenheit des Richters und seinen weiten Beurteilungsspielraum, der sich nicht auf einige wenige Kriterien beschränkt. Insofern sollte es als Hinweis verstanden werden, daß die Gerichte im Einzelfall sämtliche nach ihrer Ansicht entscheidungsrelevanten Kriterien heranziehen können.

(2) Schwere der Verletzung

Die Schwere der Verletzung soll sich nach dem Grad des unerlaubten Eindringens beurteilen[721]. Obwohl es sich hierbei um ein subjektives Kriterium handelt, soll es doch über objektive Kriterien berechenbarer gemacht werden. In den entsprechenden Urteilen ist jedoch meist unter Hinweis auf die Umstände des jeweiligen Falles nur davon die Rede, daß es sich um eine „besondere Schwere" oder „weniger schwere Verletzung" handelt, ohne in der Regel hierfür genaue Begründungen anzugeben[722].

(3) Verbreitungsgrad

Eines der objektiven Kriterien zur Bestimmung der Schwere der Verletzung ist der Verbreitungsgrad, denn je größer das Publikum ist, das von verletzenden Tatsachen erfährt, um so schlimmer ist dies für den Einzelnen. Umgekehrt heißt dies bei einem geringen Verbreitungsgrad, daß keine besondere Schwere vorliegt. So wurde in STS de 25 de Abril 1989 (die zweite Entscheidung des Tribunal Supremo im Falle des Toreros Paquirri, dessen letzte Lebensminuten im Behandlungszimmer der Stierkampfarena aufgenommen und ausgestrahlt wurden) die Schadensersatzhöhe der Vorinstanzen von 20.000.000,- Ptas. auf 250.000,- Ptas. reduziert, weil Streitgegenstand nur der Vertrieb von Videokassetten mit der entsprechenden Szene war, von denen maximal 55 Stück in Umlauf gelangten[723].

---

[719] Igartua Arregui, PJ n° 5, März 1987, S. 89 (92).
[720] Vgl. insbesondere zum letzten Kriterium STS de 5 de Febrero 1998 (FJ 1).
[721] O'Callaghan Muñoz, Libertad, S. 209.
[722] SSTS de 17 de Noviembre 1992 (FJ 7), 18 de Mayo 1994 (FJ 8, 9), 15 de Julio 1995 (FJ 9) und 7 de Diciembre 1995 (FJ 3).
[723] Andere Fälle, die auf dieses Merkmal abstellen, sind bspw. SSTS de 16 de Diciembre 1988, 23 de Marzo 1987, 27 de Octubre 1989, 7 de Diciembre 1995, de 18 de Octubre 1999 (FJ 3).

(4) Aus der Verletzung gezogener Nutzen

Bei diesem Kriterium handelt es sich um eine völlige Neuerung, die durch die LO 1/1982 im Bereich des Schadensersatzes für immaterielle Schäden eingeführt wurde. Dabei wird ausdrücklich auf ein Element abgestellt, daß nicht direkt mit dem verursachten Schaden in Verbindung steht, was in der Literatur zum Teil Zustimmung und zum Teil Kritik geerntet hat[724].

Soweit diesbezüglich kritisiert wird, daß große Probleme dabei bestehen, den Gewinn des Schädigers zu beweisen (inwieweit kann man davon ausgehen, daß ein bestimmter Bericht in einer Zeitschrift deren Auflage gesteigert hat? etc.)[725], kann diesen Bedenken entgegengehalten werden, daß der Richter in der Würdigung *sämtlicher* Umstände des Falles frei sein soll. STS de 23 de Julio 1990 (FJ 8) führt diesbezüglich aus: „Die Bewertung der Schäden durch den Richter sind nach Billigkeitsgesichtspunkten vorzunehmen, da die Nichtbestimmung der Geldentschädigung kein Grund für eine Abweisung der Klage sein kann. Die Bewertung kann beliebig vorgenommen werden, ohne daß der Richter von objektiven Beweisen abhängig wäre, und unter Beachtung allein der Umstände des konkreten Falls." Insofern ist mehr von einem Beweis im Sinne einer ausreichenden Glaubhaftmachung auszugehen, indem die Parteien dazu aufgefordert sind, Daten vorzulegen, die dem Gericht eine einigermaßen vernünftige Sicherheit bei der Bestimmung eines eventuellen Gewinns bieten können[726].

Trotzdem ist dadurch, daß zur Bestimmung nicht auf den Geschädigten sondern auf den Schädiger abgestellt wird, ein kritisches Element eingeführt worden[727].

(5) Weitere Kriterien

Die Gerichte sind frei, bei der Bewertung der Höhe auf jedes Kriterium zurückzugreifen, daß Ihnen sinnvoll erscheint. So wird auch auf das Medium selber, mit dem die Verletzung begangen oder durch das sie verbreitet wird, miteinbezogen oder das soziale Umfeld in dem die Verletzung geschieht[728]. In Bezug auf den Geschädigten lassen sich noch weitere Kriterien heranziehen, wie die bereits vorher von der Rechtsprechung zu Art. 1902 CC entwickelten: So kann die Schadensersatzhöhe auch vom öffentlichen Ansehen (estimación pública) abhängig sein[729] und bei Personen mit zweifelhaftem Lebenswandel kann sie sich in einigen Fällen auf einen symbolischen Betrag reduzieren[730]. In Bezug auf den Schädiger dagegen kann hier

---

[724] Bellón Molina, RAC 1998-2, XVIII, Rz. 391 (401).
[725] Bellón Molina, RAC 1998-2, XVIII, Rz. 391 (401 ff.) mwN; vgl. González Poveda, RAC 1995-1, VI, Rz. 115 (130); siehe jedoch STC 186/2001 de 17 de Septiembre (FJ 5) mit Hinweis auf das Oficina de Justificación de la Difusión (OJD).
[726] Bellón Molina, RAC 1998-2, XVIII, Rz. 391 (405).
[727] Vgl. hierzu unten Teil 2:D.IX.2.c)(1).
[728] Siehe STS de 18 de Octubre 1999 (FJ 3); STC 49/2001 de 26 de Febrero (FJ 6); STC 204/2001 de 15 de Octubre (FJ 3 ff.).
[729] Vgl. auch STS de 24 de Septiembre 1999: In der Vorinstanz waren den Geschädigten, zwei Militärs unterschiedlichen Rangs unterschiedliche Schadensersatzhöhen zugesprochen worden. Der Tribunal Supremo hob dies auf, da die Ehre (in diesem Umfeld) bei beiden Klägern als gleichwertig erachtet wurde und nicht vom militärischen Rang abhängen dürfe (FJ 2).
[730] Estrada Alonso, S. 84, mit Hinweis auf STS de 25 de Mayo 1972.

noch einmal auf das Element der Schuldhaftigkeit zurückgegriffen und der *animus* für die Bestimmung des Schadensersatzes herangezogen werden[731].

Die Bestimmung der Schwere des moralischen Schadens orientiert sich auch daran, inwieweit eine Wiedergutmachung evtl. schon vorab erfolgt ist oder auch auf anderem Wege erreicht werden kann (bspw. durch die Verurteilung des Beklagten und damit durch das Urteil selbst oder durch eventuelle Handlungen des Beklagten[732]).

In jedem Fall soll vermieden werden, daß durch den Schutz der Persönlichkeit ein ökonomischer Nutzen aus der Verletzung gezogen werden kann. Dies haben die Gerichte bei der Bemessung der Höhe des Schadensersatzes zu beachten[733]

c) Kritik

(1) Merkmal des Schädigernutzens

Mit dem Kriterium des Nutzens, den der Schädiger aus der Verletzung gezogen hat, ist im Bereich der Persönlichkeitsrechte ein völlig neues Element in das System des zivilrechtlichen Schadensersatzes eingefügt worden. Ein solcher Verweis läßt unweigerlich sofort an das Bereicherungsrecht denken, das auch in Spanien dogmatisch und systematisch vom Schadensersatzrecht zu unterscheiden ist. In diesem Zusammenhang wird das Kriterium des Schädigernutzens von einzelnen Autoren als „störendes Element" gesehen[734]. Seine Einführung führt jedoch zu der Frage, ob es sich hierbei um eine neue und zulässige Funktion des Schadensersatzrechts bei Schädigungen an immateriellen Gütern handelt.

Im Zuge des Gedankens der Naturalrestitution kommt dem Geldersatz im Bereich der materiellen Schäden eine Ersatzfunktion (función resarcitoria) zu. Bei immateriellen Schäden hat er dagegen eine Ausgleichs- oder Genugtuungsfunktion (función compensatoria o satisfactoria)[735], da diese Art von Schäden ihrer Natur nach eigentlich nicht zu quantifizieren ist und es daher nicht möglich erscheint, eine Summe zu bestimmen, die dem entspricht, was der Geschädigte durch den Schaden eingebüßt hat. Indem für die Bemessung des Schadensersatzes bei der Verletzung von Ehre oder intimidad auf den Schädigernutzen abgestellt wird, soll nach vielfacher Ansicht verhindert werden, daß der Schädiger einen Vorteil aus der unerlaubten Handlung ziehen kann[736]. Dies deutet auf eine Sanktionsfunktion des Schadensersatzes hin.

Schon lange vor Einführung der LO 1/1982 wurde bezüglich des zivilrechtlichen Schadensersatzes ausgeführt, daß „im modernen Recht eine Sanktionsfunktion der Zivilgesetze nicht

---

[731] López Díaz, S. 102; Igartua Arregui, PJ n° 5, März 1987, S. 89 (93); Menéndez Alzamora, RGD XXIII, 1987, S. 4859 (4882). Letzterer schlägt auch die Wahrheit als mitentscheidendes Element vor (S. 1273 f.).
[732] STS de 4 de Febrero 1993 (FJ 7): Schadensmildernd wurde hier eingeräumt, daß in einer späteren Auflage eines Buches noch vor dem Urteil die ehrkränkende Behauptung berichtigt wurde.
[733] Vgl. STS de 18 de Octubre 1999 (FJ 3).
[734] Igartua Arregui, PJ n° 5, März 1987, S. 89 (92).
[735] Concepción Rodríguez, S. 172; Pantaleón Prieto, Comentario, S. 1971 f.; Angel Yagüez, S. 60; vgl. Roca i Trias, S. 476. Dabei wird zwischen der Ausgleichs- und Genugtuungsfunktion nicht getrennt.
[736] Concepción Rodríguez, S. 173; González Poveda, RAC 1995-1, VI, Rz. 115 (130 f).

erstaunen" darf[737]. Viele Autoren meinen, daß mit der Einführung der LO 1/1982 bezüglich des Schadensersatzes bei Persönlichkeitsrechtsverletzungen durch die Einfügung des bereicherungsrechtlichen Elements der klassischen Kompensationsfunktion auch eine Straf- oder Sanktionsfunktion hinzugefügt worden sei, die Charakter einer Privatstrafe (pena civil) habe, und damit in Richtung der im anglo-amerikanischen Rechtsraum bekannten „punitive damages" zu gehen scheint[738]. Dies ist auch deshalb nicht so fernliegend, weil die LO 1/1982 – wenn sie auch die strafrechtlichen Mittel zur Sanktionierung von Persönlichkeitsrechten nicht ersetzt hat (obwohl in Spanien schon mehrfach die Abschaffung des Tatbestandes der Beleidigung gefordert wurde) – doch eingeführt wurde, um Strafrechtslücken zu schließen (vgl. oben I.2.a)). Daß hierdurch dem Zivilrecht auch ein Strafcharakter innewohnt, wäre eigentlich nur folgerichtig.

Ein Sanktionscharakter des Schadensersatzes ist jedoch von der Rechtsprechung immer abgelehnt worden[739]. In STS de 7 de Diciembre 1995 (FJ 3) wird der Meinung eines „wichtigen Teils der Doktrin", wonach abschreckende Schadensersatzsummen festzusetzen seien, um Gewinne der Sensationspresse, die Schadensersatzzahlungen in ihre Kalkulationen von vornherein mit einbeziehe, zu verhindern, ausdrücklich widersprochen. Nichtsdestotrotz wird in dem Urteil gleich anschließend ausgeführt: „Es besteht kein Zweifel, daß man dem besagten Nutzen die erforderliche Bedeutung zukommen lassen muß, indem man mittels der Gewährung einer angemessenen Entschädigung verhindert, daß der Verlag [...] einen wirtschaftlichen Gewinn erzielt (unabhängig davon, ob ihn dies ermutigt oder nicht, in Zukunft gleichermaßen zu verfahren, ein Faktor, der außer Betrachtung zu bleiben hat, da ja der zuerkannte Schadensersatz keinen Sanktionscharakter hat, sondern einfach den moralischen Schaden beheben soll), wodurch eine ungerechtfertigte Bereicherung durch den Schädiger ausgeschlossen wird."

Die Rechtsprechung spricht dem Schadensersatz also Sanktionscharakter ab und stellt unter Verleugnung eines präventiven Charakters und Hinweis auf die ungerechtfertigte Bereicherung auf die Funktion der Abschöpfung eines unrechtmäßig erlangten Gewinns ab. Es ist jedoch äußerst zweifelhaft, ob die in diesem Fällen betroffenen Verlage nicht die entsprechenden Schlüsse ziehen: Wenn es Ziel der Prozesse ist, die Gewinne abzuschöpfen, lohnen sich Persönlichkeitsrechtsverletzungen für die Verlage (die Schadensersatzsummen bis zu einer gewissen und Prozeßkosten von vornherein mit einkalkulieren[740]) nicht mehr, so daß sie zumindest vorsätzliche Schädigungen unterlassen würden. Insofern wird man nicht umhin können, zu konstatieren, daß die Rechtsprechung einen prinzipiellen Sanktions- und auch einen Präventivcharakter trotz gegenteiliger Beteuerungen de facto doch anerkennt und billigt.

---

[737] Castro y Bravo, ADC 1959, S. 1237 (1271).
[738] Bellón Molina, RAC 1998-2, XVIII, Rz. 391 (418 ff.); Carreras Serra, S. 119; González Poveda, RAC 1995-1, VI, Rz. 115 (130); Herrero-Tejedor, S. 304, O'Callaghan Muñoz, Libertad, S. 202; Royo Jara, S. 176.
[739] STS de 8 de Mayo 1999 (FJ 2); Bellón Molina, RAC 1998-2, XVIII, Rz. 391 (414 ff.) mwN.
[740] Vgl. STS de 7 de Diciembre 1995 (FJ 3).

Doch selbst soweit nur die Gewinnabschöpfung in den Vordergrund gestellt wird, wird die Anerkennung des vom Gesetzgeber eingefügten Merkmals als bedauerliche Vermischung von außervertraglicher Haftung und ungerechtfertigter Bereicherung kritisiert. Zumindest beim Recht auf Ehre könne das gesetzgeberische Element keine Anwendung finden, da ihm ein entsprechender Zuweisungsgehalt fehle[741]. In der Tat hätte der Gesetzgeber auch gleich direkt auf die ungerechtfertigte Bereicherung verweisen können, wenn es tatsächlich um die Abschöpfung der Gewinne gegangen wäre. Hierbei käme es jedoch zu schweren Beweisproblemen, da es so gut wie unmöglich sein dürfte, nachweisen zu können, inwieweit im Einzelfall bspw. ein erfundenes Interview mit einer bekannten Persönlichkeit in einer Zeitschrift zu einer erhöhten Auflage geführt hat[742].

Bei einem Rückgriff auf das Bereicherungsrecht besteht aber auch ein Problem, das sich aus dem Verständnis der drei in der LO 1/1982 geregelten Rechte als Nichtvermögenswerte ergibt: Die Persönlichkeitsrechte gelten in Spanien als rein immaterielle Werte, die dem Schutz der geistigen Sphäre des Menschen dienen, und denen kein meßbarer und in Geld ausdrückbarer Wert innewohnt; die Theorie der immateriellen Persönlichkeitsgüter wird mehrheitlich abgelehnt. Aufgrund dieser Betrachtungsweise besteht eine große Reserviertheit, den Rechten einen Zuweisungsgehalt zuzuerkennen. Darüber hinaus handelt es sich nach allgemeiner Auffassung bei den Persönlichkeitsrechten um dem Menschen inhärente und so eng mit ihm verbundene Rechte, daß er über sie nicht einmal selber verfügen kann. Insofern verwundert es nicht, wenn jeglicher kommerzieller Wert geleugnet wird[743]. Die einzige Rechtsfolge, die bei dieser der LO 1/1982 zugrundeliegenden Konzeption einen geldlichen Ausgleich schaffen kann, ist der Schadensersatz. Der Rückgriff auf das Bereicherungsrecht ist eigentlich verstellt, da man den Rechten keinen kommerziellen Wert zurechnen möchte.

Die Lösung der Rechtsprechung in STS de 7 de Diciembre 1995 (FJ 3) deutet dagegen auf eine veränderte Sichtweise hin: Wenn hier auf Elemente der ungerechtfertigten Bereicherung zurückgegriffen wird, dann scheint sich insofern die Erkenntnis durchzusetzen, daß den Rechten durchaus vermögenswerte Elemente innewohnen. Hierfür spricht im übrigen auch, daß in der LO 1/1982 die Verletzung der Vermögensrechte nach dem Tode des Rechtsinhabers einen Schadensersatzanspruch zugunsten seiner Erben zur Folge haben kann. Was die hiermit zusammenhängende Vermischung von außervertraglicher Haftung und ungerechtfertigter Bereicherung angeht, so ist auch in der Literatur vereinzelt darauf hingewiesen worden, daß in diesem Bereich ein Wandel einsetze und daß es Fälle gäbe, in denen beide Rechtsfiguren miteinander vereint operierten: Dies seien die Fälle der Eingriffskondiktion (condictio por

---

[741] Pantaleón Prieto, La Ley 1996-2, D-162, S. 1694, Fn. 24.
[742] Siehe jedoch STC 186/2001 de 17 de Septiembre (FJ 5) mit Hinweis auf das Oficina de Justificación de la Difusión (OJD).
[743] Eine andere Betrachtungsweise, die dem praktisch vorkommenden Phänomen Rechnung trägt, daß in der heutigen Gesellschaft vielfach durch Einwilligung der Betroffenen Details aus dem persönlichen Bereich „verkauft" werden (Enthüllungen aus dem Privatleben, der „exklusive" Bericht eines verurteilten Straftäters o.ä.) und daß es offenbar hierfür einen sehr großen und lukrativen Markt gibt (vgl. oben Teil 2:D.VI.1.b)(2)), kann jedoch sehr wohl zum Schluß führen, daß nicht nur eine Verletzung der Rechte möglich ist, sondern auch eine kommerzielle Ausnutzung.

intromisión bzw. intromisión en un derecho ajeno)[744]. Deren Voraussetzungen seien bspw. in Art. 66.2, b) und c) des Ley de Patentes (Patentgesetz) oder Art. 125 des Ley de la Propiedad Intelectual (Urhebergesetz) gegeben[745].

Insgesamt kann jedoch konstatiert werden, daß obwohl das Element der ungerechtfertigten Bereicherung als ein beachtenswertes Kriterium erkannt worden zu sein scheint, in der Rechtsprechung allein die Rechtsfolge des Schadensersatzes für die Wiedergutmachung herangezogen wird und der Gewinn des Schädigers nur in diesem Zusammenhang eine Rolle spielt. Der Forderung, direkt auf die Rechtsfolge der ungerechtfertigten Bereicherung zu erkennen[746], wurde bisher noch nicht nachgekommen, so daß zum Teil eine Gesetzesänderung gefordert wird[747]. Es ist jedoch fraglich, ob bei der Sichtweise, die in Spanien in Bezug auf die drei Rechte herrscht, eine entsprechende Veränderung vorgenommen werden kann, bzw. ob sich überhaupt eine Mehrheit findet, die eine solche Änderung befürwortet.

(2) Subjektivismus in der Bestimmung der Schadenshöhe

Den Gerichten ist hinsichtlich der Voraussetzungen der Verletzungen der Persönlichkeitsrechte ein weiter Beurteilungsspielraum eingeräumt worden, der sie dazu ermächtigt, den Umfang der geschützten Rechtsgüter selber festzulegen und die Rechtswidrigkeit anhand selbstgewählter Kriterien zu überprüfen. Diese Freiheit setzt sich auch auf der Rechtsfolgenseite fort.

An diesem starken Subjektivismus, der die schadensersatzpflichtige Partei der „Logik" und dem „gesunden Urteilsvermögen" (buen criterio)[748] des jeweils entscheidenden Gerichts unterwirft, ist in der Literatur Kritik geübt worden[749]. Und der Tribunal Supremo hat wohl nicht zuletzt aus Unbehagen hierüber seinen ursprünglichen Standpunkt aufgegeben, nach dem die Bestimmung der Höhe des Schadensersatzes einer Revision nicht zugänglich war[750]. Heute überprüft er in der Revision, ob die unteren Instanzen die vom Gesetz vorgegebenen Kriterien ausreichend berücksichtigt haben[751].

Es sind jedoch keine Vorgaben zu erkennen, anhand derer sich klare Grundsätze für die Zuerkennung des Schadensersatzes herausarbeiten lassen ließen. Vielmehr differieren die Urteile der einzelnen Instanzen teilweise in einem äußerst drastischen Verhältnis, so daß sich z.T. der Eindruck einer gewissen Beliebigkeit in der Anerkennung der Schadensersatzhöhen ergibt: In STS de 18 de Mayo 1994 (FJ 9), wo es um den Fall eines ehemals bekannten Fuß-

---

[744] Bellón Molina, RAC 1998-2, XVIII, Rz. 391 (421) mit Hinweis zur Vertiefung bei Cámara/Díez-Picazo, Dos estudios sobre el enriquecimiento sin causa, S. 116 ff.
[745] Martín i Casals in El Mercado de las ideas, S. 399.
[746] Igartua Arregui, PJ n° 5, März 1987, S. 89 (92).
[747] Bellón Molina, RAC 1998-2, XVIII, Rz. 391 (425).
[748] STS 15 de Julio 1995 (FJ 9); STS de 27 de Marzo 1998 (FJ 3).
[749] Almagro Nosete in Cortés Domínguez u.a., Derecho Procesal, S. 173.
[750] Siehe STS de 23 de Marzo 1987 (FJ 25); STS de 18 de Julio 1988 (FJ 4); STS de 27 de Marzo 1998 (FJ 3).
[751] In STS de 6 de Noviembre de 2000 (FJ 4) sieht der Tribunal Supremo die Nichtüberprüfbarkeit als „regla general" an, auch wenn in der Entscheidung selbst die Festsetzung der Schadenshöhe durch die unteren Instanzen als „angemessen" bewertet wird; vgl. STS de 13 de Octubre 2000 (FJ 5).

ballspielers und späteren Anwalts ging, der von einer Zeitung mit der Terrororganisation ETA und der Vermittlung bei Lösegeldzahlungen, an denen auch er sich bereichert haben sollte, in Verbindung gebracht wurde, sprach der Tribunal Supremo den Klägern 2.500.000,- Ptas. zu, nachdem in der 1. Instanz auf 25.000.000,- Ptas. und in der 2. Instanz auf 15.000.000,- Ptas. erkannt worden war. In der Begründung beschränkte sich der Tribunal Supremo darauf, die Summe der vorhergehenden Instanz für den Schadensersatz, der in diesem Fall dem Ausgleich der „ofensa moral" dienen sollte, als „exzessiv" und die eigene Summe als „mehr mit dem Recht übereinstimmend" (más acorde al derecho) zu bezeichnen.

In STS de 15 de Julio 1995 (FJ 9) wurde den 3 Klägern, die von der beklagten Zeitung als Verursacher von Sabotageakten im Zusammenhang mit der Bürgermeisterwahl einer Gemeinde hingestellt worden waren, in der 1. Instanz jeweils 10.000.000,- Ptas., in der 2. Instanz 100.000,- Ptas. und in der 3. Instanz 500.000,- Ptas. zugesprochen, wobei durch die Gerichte lediglich die Schwere des Vorwurfs unterschiedlich gewichtet wurde und der Tribunal Supremo die Gewichtung des daño moral durch die Vorinstanz als „völlig unangemessen und unlogisch" wertete.

In STS de 5 de Febrero 1998 ging es um eine Klage auf Schadensersatz in Höhe von 200.000.000,- Ptas., die von einem ehemaligen Minister gegen eine Zeitung erhoben wurde, die ihn in einem Artikel der Korruption und Einflußnahme bezichtigt hatte, was sich später als haltlos herausstellte. Die entsprechenden Informationen der Zeitung stützten sich auf die Aussage eines Rauschgifthändlers, die unter Verletzung des Aktengeheimnisses durch Zugriff auf die Ermittlungsakte erlangt worden waren. Nachdem die beiden Vorinstanzen die Klage abgewiesen hatten, verurteilte der Tribunal Supremo die Zeitung zur Zahlung eines Schadensersatzes in Höhe von 50.000.000,- Ptas. Die Begründung hierfür lautete: "Die besagte Schadensersatzsumme bestimmt sich unter Berücksichtigung nicht nur der Art des Angriffs, der unter einem ethisch-sozialen Gesichtspunkt äußerst schwerwiegend ist, sondern auch der zu Unrecht angegriffenen Persönlichkeit, wie es die eines Ex-Ministers ist, sowie des sozialen Umfeldes, in dem sich besagter Angriff abgespielt hat. Dies führt in diesem Fall zu einer vernünftigen Festsetzung der Summe auf 50.000.000,- Ptas." In dieser Begründung fällt neben der verblüffenden Kürze auch auf, daß der Tribunal es für ausreichend hält, auf die Persönlichkeit des Verletzten und das soziale Umfeld zu verweisen, um die Festsetzung einer besonders hohen Schadensersatzsumme als „vernünftig" zu begründen. Dies ist unter dem Aspekt des Gleichheitsgrundsatzes kritikwürdig: Der Schadensersatz für die Verletzung von Persönlichkeitsrechten soll einen Ausgleich für den daño moral gewähren. Auch wenn bezüglich des Umfangs der Rechte selber soziale Unterschiede bestehen, dürfen diese sich nicht in der Bemessung der Schadensersatzsummen niederschlagen. Anders gerät diese Art des Rechtsschutzes in den Verdacht, ein Schutz für Reiche und Berühmte zu sein.

Beispielshalber seien im Folgenden einige Fälle mit teilweise hohen Schadensersatzsummen genannt, um einen groben Eindruck der in Spanien zuerkannten Summen zu vermitteln, wobei bezüglich der Einzelheiten und Begründungen auf die jeweiligen Entscheidungen verwiesen sei:

- STS de 18 de Julio 1988 (Eine Zeitung hatte über einen Architekten mit AIDS berichtet, dessen Krankheit und Homosexualität so dargestellt wurde, daß seine Identität erkennbar war): 1. Instanz: 5.000.000,- Ptas., 2. und 3. Instanz: 10.000.000,- Ptas.

- STS de 25 de Abril 1989 (Fall des Toreros Paquirri, dessen letzte Lebensminuten in der Ambulanz einer Stierkampfarena auf einem Videoband zu sehen waren): Gefordert wurden 40.000.000,- Ptas., 1. und 2, Instanz: 20.000.000,- Ptas., 3. Instanz: 250.000,- Ptas.

- STS de 19 de Junio 1990 (Veröffentlichung der Daten einer Teilnehmerin (Anwältin) an einem Kurs, mit dem sie persönliche Schwächen im Auftreten überwinden wollte): 650.000,- Ptas. in allen Instanzen.

- STS de 26 de Julio 1995 (Zeitungsbericht, daß ein Logopäde der Vergewaltigung seiner minderjährigen Schülerinnen verdächtigt wurde, wobei die Darstellung seine Schuld fälschlicherweise als sicher feststellte): Gefordert wurden 50.000.000,- Ptas., 2. und 3. Instanz: 10.000.000,- Ptas.

- STS de 5 de Diciembre 1995: (Adoption zweier Kinder durch eine bekannte Sängerin und Schauspielerin, was in diesem Zusammenhang von verschiedenen Zeitungen in Verbindung mit gewerblicher Kindervermittlung gebracht wurde; Veröffentlichung von Daten der Kinder und Bericht über ihre leibliche Mutter): 3. Instanz: 10.000.000,- Ptas.

- STS de 15 de Julio 1996 (Bericht einer Zeitung, Mitglieder der baskischen Nationalpartei PNV seien an finanziellen Unregelmäßigkeiten in einer Firma beteiligt gewesen): 2. und 3. Instanz: Jeweils 500.000,- Ptas. für einen Teil der Kläger.

- STS de 22 de Octubre 1996 (Unter Berufung auf „Gerüchte" wurde der Kläger (ein höherer Bankangestellter) beschuldigt, an Geldwäsche, Betrug und Rauschgiftschmuggel beteiligt zu sein): Gefordert wurden 50.000.000,- Ptas., alle Instanzen erkannten auf 5.000.000,- Ptas.

- STS de 20 de Junio 1997 (Der Bürgermeister einer Gemeinde wurde in einer Zeitung und einem Radiointerview der Vetternwirtschaft und Unterschlagung von Geldern beschuldigt): 1.000.000,- Ptas in allen Instanzen.

- STS de 27 de Marzo 1998 (Radiointerview, in dessen Verlauf beleidigende und abwertende Äußerungen über einen der Kläger (einen Teilnehmer an den olympische Winterspielen) fielen): Gefordert wurden 10.000.000,- Ptas., alle Instanzen erkannten auf 250.000,- Ptas.

- STS de 6 de Julio 2000 (Artikel in einer Zeitung, in dem dem Dekan einer Universität „favoritismo" unterstellt wurde): Gefordert wurden 25.000.000,- Ptas.; 1. und 2. Instanz: 15.000.000,- Ptas., 3. Instanz: 1.000.000,- Ptas.

Die zuerkannten Summen lassen in manchen Fällen eine gewisse Großzügigkeit der Gerichte erkennen, was insbesondere unter Bezug auf die Schadensersatzsummen, die bei der Tötung eines Menschen gezahlt werden, kritisiert wird[752]. Dies erstaunt nicht, wenn man bedenkt, daß

---

[752] Estrada Alonso, S. 190; Bellón Molina, RAC 1998-2, XVIII, Rz. 391 (420), mwN.

20 Millionen Peseten Schadensersatz bei Verletzung der Ehre oder der intimidad keine Seltenheit sind, während der Schadensersatz für die Tötung eines anderen 10 Millionen Peseten wohl nicht übersteigt[753].

Die Unsicherheiten der Rechtsprechung bei der Bestimmung der Schadensersatzhöhe hat mit dem Urteil des Tribunal Constitucional STC 186/2001 de 17 de Septiembre im „Caso Preysler" eine neue Steigerung erfahren, die den Konflikt nun auch auf die verfassungsrechtliche Ebene verlagert hat: Dem Urteil zugrunde lag die Klage einer Person des öffentlichen Lebens, die durch die in einer Zeitschrift abgedruckten Enthüllungen eines ehemaligen Kindermädchens mit Details des Privatlebens und persönlich herabsetzenden Äußerungen eine Verletzung der intimidad sah. Zum Ausgleich des immateriellen Schadens forderte sie eine Summe von 50.000.000.- Ptas. Das Gericht der ersten Instanz erkannte zunächst auf 5.000.000.- Ptas.; dieser Betrag wurde in der zweiten Instanz auf 10.000.000.- Ptas. angehoben. In der Revision hob der Tribunal Supremo diese stattgebenden Urteile zunächst auf und wies die Klage ab, da nach seiner Ansicht keine Verletzung der Rechte der Klägerin vorlag[754]. Dieses Urteil wiederum wurde vom Tribunal Constitucional aufgehoben und die Sache an den Tribunal Supremo zurückverwiesen[755], der daraufhin mit Urteil STS de 20 de Julio 2000 auf eine Verletzung der Rechte der Klägerin erkannte und ihr einen Schadensersatzanspruch in Höhe von 25.000.- Ptas. zubilligte.

Nach einer erneuten Verfassungsbeschwerde der Klägerin annullierte der Tribunal Constitucional dieses Urteil, soweit es die Bemessung des Schadensersatzes betraf. In der Begründung führten die Richter aus, daß das Urteil des Tribunal Supremo „gesetzliche Anforderungen, die das Gericht zur Bemessung des durch das unerlaubte Eindringen verursachten immateriellen Schadens berücksichtigen muß (Art. 9.3 Ley Orgánica 1/1982), nicht beachtet hat, insbesondere bezüglich der Umstände des Falles und der Art und Weise der Verbreitung und des Verbreitungsgrades [...]"[756]. Dies begründeten die Richter wie folgt: Die Klägerin habe in den Vorinstanzen eine Bescheinigung des Oficina de Justificación de la Difusión vorgelegt, die gezeigte habe, daß die Auflage der beklagten Zeitschrift in der fraglichen Zeit zwischen April und August 1989 von 331.934 auf 435.716 Exemplare angestiegen war; ferner habe die Zeitschrift auch in anderen Medien für die Reportage geworben, die Reportage über mehrere Ausgaben verteilt veröffentlicht, und die Klägerin sei in hervorgehobener Form auf der Umschlagseite erschienen.

Überraschenderweise verwies der Tribunal Constitucional die Sache nicht an den Tribunal Supremo zurück, sondern hob dessen Urteil vom 20. Juli 2000 als erneute Verletzung der Persönlichkeitsrechte der Klägerin in Bezug auf die ausgeurteilte Schadensersatzsumme einfach auf. Damit erlangte diesbezüglich das Urteil der Vorinstanz Rechtskraft, dessen Begrün-

---

[753] Herrero-Tejedor, S. 141; López Díaz, S. 141; vgl. STS de 20 de Febrero 1989: 2.000.000,- Ptas. für die Tötung einer Person an einem Bahnübergang.
[754] STS de 31 de Diciembre 1996.
[755] STC 115/2000 de 5 de Mayo.
[756] STC 186/2001 de 17 de Septiembre (FJ 6).

dung der Schadensersatzsumme nach Ansicht des Tribunal Constitucional „in Übereinstimmung mit den Anforderungen des betroffenen Grundrechts" stand. Diese Vorgehensweise, die in der Literatur und auch innerhalb des Richterkollegiums selbst (das Urteil enthält ein Minderheitsvotum zweier Richter) auf Kritik gestoßen ist, wurde damit begründet, daß das Urteil des Tribunal Supremo mit der auf Verkennung gesetzlicher Bestimmungen beruhenden Zuerkennung einer zu geringen Schadensersatzsumme nicht nur das Grundrecht auf effektiven Rechtsschutz gem. Art. 24 Abs. 1 CE verletze, sondern insbesondere auch eine erneute Verletzung des ursprünglich betroffenen Grundrechts (der intimidad) darstelle[757]. Da weiterer Verzug bei der Beseitigung der Verletzung nicht mehr zumutbar sei, machte der Tribunal Constitucional von der ihm nach eigener Ansicht aus Art. 55 Abs. 1 LOTC zustehenden Möglichkeit der teilweisen Aufhebung ohne Rückverweisung Gebrauch.

Indem der Tribunal Constitucional im Stile einer Superrevisionsinstanz eigene Erwägungen an die Stelle der Erwägungen des Tribunal Supremo setzte, hat er es jedoch versäumt, Kriterien festzusetzen, die es den Gerichten ermöglichen, unterschiedliche Sachverhalte nach gleichen Maßstäben zu beurteilen und so zu vergleichbaren Ergebnissen zu gelangen.

Insgesamt muß damit konstatiert werden, daß die Rechtsprechung trotz der Vorgaben der LO 1/1982 bisher keine abstrakten Maßstäbe für eine objektive Bestimmung der Schadensersatzhöhe entwickeln konnte, so daß es immer zu einer subjektiven Bestimmung im Einzelfall kommt.

E. P*ROZESSUALE* G*ELTENDMACHUNG*

Als Konkretisierung der „allgemeinen" Rechtsschutzgarantie in Art. 24.1 CE enthält Art. 53.2 CE[758] eine besondere Garantie bezüglich der verfassungsrechtlichen Grundrechte und Grundfreiheiten. Danach soll ein Verfahren geschaffen werden, „das auf Grundsätzen der Priorität und der Schnelligkeit beruht". Dem Verfassungsauftrag nach muß es sich dabei um ein Gesetz handeln, das einen schnellen und effektiven Rechtsschutz für den Fall der Verletzung eines Grundrechtes gewährleisten kann, was durch die Abkürzung von Verfahrensschritten und einer besonderen Priorität bei der Abwicklung erreicht werden müßte[759].

I. Verweisung in der LO 1/1982

Die LO 1/1982 enthält bezüglich der prozessualen Geltendmachung der in ihr enthaltenen Rechte an zwei Stellen Verweise. Zunächst ist die Übergangsbestimmung Zweitens zu beachten, die auf die Ley 62/1978 und deren Abschnitte II und III, die den gerichtlichen Schutz der Grundrechte auf verwaltungsrechtlichem und zivilrechtlichem Wege regeln, verweist. Der

---

[757] STC 186/2001 de 17 de Septiembre (FJ 7) unter Bezugnahme auf STC 24/2000 de 15 de Febrero (FJ 4).
[758] Art. 53.2: „Jeder Bürger kann durch ein Verfahren vor den ordentlichen Gerichten, das auf den Grundsätzen der Priorität und der Schnelligkeit beruht, sowie gegebenenfalls durch eine Verfassungsbeschwerde vor dem Tribunal Constitucional den Schutz der in Art. 14 und dem ersten Abschnitt des zweiten Kapitels anerkannten Freiheiten und Rechte erreichen. Die Verfassungsbeschwerde ist auf die in Art. 30 anerkannte Wehrdienstverweigerung aus Gewissensgründen anwendbar."

zweite Verweis findet sich in Art. 9.1 dessen Satz 1 besagt: „Der gerichtliche Schutz gegenüber einem unerlaubten Eindringen in die Rechte, auf die sich das vorliegende Gesetz bezieht, kann über den ordentlichen Gerichtsweg oder das in Art. 53.2 der Verfassung vorgesehene Verfahren erreicht werden".

II. Verfassungsrechtlicher Schutz

Bezüglich des Schutzes der Ehre und der intimidad vor dem Tribunal Constitucional bestimmt die Übergangsbestimmung Zweitens LO 1/1982, daß Verfassungsklage unter den Voraussetzungen der LOTC möglich ist. Wie oben unter C.I.5.b)(1) ausgeführt wurde, ist diese Verfassungsklage gem. Art. 41.2 LOTC nur bei einem Vorgehen gegen „Verfügungen, Rechtsakte oder einfache Realakte der öffentlichen Gewalten" vorgesehen, so daß eine Geltendmachung von Verletzungen durch Privatpersonen direkt nicht möglich ist; zunächst muß gem. Art. 43.1 und 44.1.a) LOTC der ordentliche Rechtsweg beschritten werden und erschöpft sein. Erst dann kann der Kläger gegen die Gerichtsurteile im Wege der Verfassungsklage vorgehen, wenn diese nach seiner Ansicht keinen ausreichenden Grundrechtsschutz gewähren bzw. selber Grundrechte verletzen (in der Regel handelt es sich hier um das Grundrecht auf effektiven Rechtsschutz gem. Art. 24. Abs. 1 CE). Dabei gibt es für den Fall der Geltendmachung der Rechte eines Verstorbenen eine Komplikation hinsichtlich der Klagelegitimierung von Verwandten vor dem Tribunal Constitucional: Da die Rechte von Art. 18.1 CE nicht über den Tod hinaus andauern, können sie auch nicht verletzt werden. Die Ausnahme, die in der LO 1/1982 gewährt ist, gilt lediglich für die zivilrechtliche Geltendmachung[760]. Nur für das Recht auf intimidad gibt es ggf. trotzdem die Möglichkeit einer Verfassungsklage: Da es nicht nur ein persönliches Recht ist, sondern auch als Recht auf familiäre intimidad in der Verfassung gewährleistet ist, ist für Verwandte in Fällen der Verletzung der intimidad – wenn man von der gleichzeitigen Verletzung der familiären intimidad ausgehen kann – die Legitimation gegeben[761]. In anderen Fällen müßte sie verneint werden.

III. Verwaltungsrechtlicher Schutz

Abschnitt II Ley 62/1978 LPJDF, auf den die Übergangsbestimmung Zweitens LO 1/1982 u.a. verweist, regelt den gerichtlichen Schutz der Grundrechte auf verwaltungsrechtlichem Weg. Aus dem etwas verwirrenden Hinweis auf die Verwaltungsgerichtsbarkeit in einem Gesetz, das gem. seinem Art. 1.1 ausdrücklich den „zivilrechtlichen Schutz" der in ihm geregelten Rechte zum Inhalt hat, kann abgeleitet werden, daß die Vorschriften der LO 1/1982 – was die Voraussetzungen eines unerlaubten Eindringens angeht – analog auch für die Verwal-

---

[759] Almagro Nosete in Cortés Domínguez u.a., Derecho Procesal, S. 164 (zur Kritik der Begriffe "preferencia" und sumariedad" siehe dort S. 166).
[760] STC 231/1988 de 2 de Diciembre (FJ 3).
[761] STC 231/1988 de 2 de Diciembre (FJ 4).

tung gelten[762]. Im Falle eines Konflikts sind jedoch vorrangig die entsprechenden Verwaltungsrechtsnormen heranzuziehen und die LO 1/1982 nur subsidiär anzuwenden[763].

Voraussetzung für den Verwaltungsrechtsweg ist, daß die Verletzung durch einen Verwaltungsakt erfolgt ist (Art. 6.1 LPJDF). Die Verfahrensart, auf die die Ley 62/1978 verweist, ist das einfache Verwaltungsstreitverfahren gem. der Ley reguladora de la Jurisdicción Contencioso-Administrativa (LRJCA) (Art. 6), die durch die Ley 62/1978 insoweit modifiziert wird, als das Verfahren gestrafft wird. Rechtsfolge eines erfolgreichen Verwaltungsstreitverfahrens ist die Feststellung der Verletzung des Grundrechts und die Aufhebung des streitigen Verwaltungsaktes. Ein Schadensersatz kann im Verwaltungsstreitverfahren nicht gefordert werden[764].

IV. Strafrechtlicher Schutz

Was die Frage des Rechtsweges bei gleichzeitiger Verletzung von Zivil- und Strafrechtsnormen angeht, lag es nahe, ursprünglich eine prinzipiellen Vorrangigkeit des Strafrechts anzunehmen, da dies in der Präambel ausdrücklich festgelegt ist. Nach einer anderen Ansicht hätte man den Rechtsweg davon abhängig machen können, ob die Ehre im engeren Sinne betroffen ist (Strafrechtsweg) oder ob lediglich eine Verletzung der Ehre im weiteren Sinne vorliegt (Zivilrechtsweg)[765]. Der ursprüngliche Wortlaut von Art. 1.2 LO 1/1982[766] war zumindest nicht eindeutig.

In den Entscheidungen, die sich mit der Frage des Rechtsweges befaßten, wurde eine Subsidiarität des Zivilweges zumindest dann angenommen, wenn Ehrverletzungen als Straftaten vorlagen, die von Amts wegen zu verfolgen waren (delitos perseguibles de oficio), z.B. in Form eines delito de desacato (Beleidigung der Staatsgewalt[767]) oder Beamtenbeleidigung (injurias a agentes públicos). Dies wurde über Art. 112, 114 LECrim. und Art. 44 LOPJ hergeleitet. Dagegen hatte der Verletzte die freie Wahl des Rechtsweges, soweit es sich um Straftaten handelte, die nur auf Betreiben des Verletzten zu verfolgen waren (delitos perseguibles a instancias del perjudicado), wie z.B. Verleumdung und Beleidigung[768].

Gegen diese Subsidiarität, die wenigstens nach dem Wortlaut des alten Art. 1.2 LO 1/1982 nicht unbedingt naheliegend war und z.T. auch als „merkwürdige Interpretation" kritisiert wurde[769], entschied mit Urteil STC 241/1991 de 16 Diciembre der Tribunal Constitucional:

---

[762] Herrero-Tejedor, S. 310. Immerhin ist die Voraussetzung des Tatbestandes Art. 8.1, 1. HS gerade auf eine Verletzung durch Verwaltungsorgane zugeschnitten, was zeigt, daß es sich bei dem Verweis nicht um ein Versehen handelt, sondern daß der Gesetzgeber das Handeln der Verwaltung in den Anwendungsbereich des Gesetzes eingeschlossen sieht.
[763] O'Callaghan Muñoz, Libertad, S. 226.
[764] O'Callaghan Muñoz, Libertad, S. 198.
[765] Vgl. STC 185/1989 de 13 de Noviembre (FJ 4).
[766] Siehe Fn. 2 in der deutschen Fassung der LO 1/1982 im Anhang.
[767] Im neuen Código Penal LO 10/1995 nicht mehr enthalten, da der Gesetzgeber der Ansicht war, daß in einem demokratischen Staat die Ehre von Ministern, Militärs und Beamten nicht höher sein sollte, als die des einfachen Bürgers (López Díaz, S. 145).
[768] Sempere Rodríguez in Alzaga Villaamil, Constitución, Band II, S. 392 f.; Rodríguez Guitián, S. 47 mwN; Lacruz Berdejo, S. 94; Crevillén Sánchez, S. 60 ff.
[769] Salvador Coderch, S. 88.

Die Zivilgerichte können sich seitdem nicht für unzuständig erklären, auch wenn es sich um ein Amts wegen zu verfolgendes Delikt handelt, vorausgesetzt, bei Klageerhebung ist noch kein Strafprozeß anhängig und der Zivilrichter bedarf für die Beurteilung der Ungesetzlichkeit nicht der strafrechtlichen Beurteilung[770]. Der Tribunal Supremo schloß sich dieser Haltung an[771]. Auch der Gesetzgeber hat die Ansicht der Rechtsprechung inzwischen umgesetzt, und der Streit darf mit der Verabschiedung des neuen Código Penal als abgeschlossen betrachtet werden: Der neue durch die LO 10/1995 de 23 de Noviembre eingeführte Wortlaut von Art. 1.2 LO 1/1982 lautet: „Der strafbarkeitsbegründende Charakter des Eindringens verbietet nicht die Inanspruchnahme des in Art. 9 dieses Gesetzes vorgesehenen Rechtsschutzverfahrens. In jedem Fall sind die Kriterien dieses Gesetzes für die Bestimmung der aus der Straftat abgeleiteten zivilrechtlichen Haftung anwendbar."

V. Zivilrechtlicher Schutz

1. Verfahrensart

Aus Art. 9.1 LO 1/1982 ergibt sich, daß zum Schutz der Rechte der LO 1/1982 zwei Arten von prozessualem Vorgehen möglich sind: Der ordentliche Gerichtsweg oder das in Art. 53.2 der Verfassung vorgesehene Verfahren. Beide Vorgehensweisen sind parallel nebeneinander anwendbar[772].

Bis zum Inkrafttreten der neuen Zivilverfahrensordnung[773] wurde als das von der Verfassung vorgesehene beschleunigte Verfahren die Ley 62/1978 (LPJDF) angesehen[774]. Dieses Gesetz über den gerichtlichen Rechtsschutz der Grundrechte der Person, das einen Tag vor Inkrafttreten der Verfassung verabschiedet wurde, sollte eigentlich nur provisorisch sein. Durch eine entsprechende Auslegung der Übergangsbestimmung Zweitens. 2. der LO 2/1979 LOTC gilt es jedoch für alle Grundrechte und -freiheiten[775], und bildete lange Zeit die Grundlage der Prozesse zum Schutz der Ehre und intimidad. Vor Inkrafttreten der LEC n.F. konnte danach Klage auf zivilrechtlichen Schutz gegen ein unerlaubtes Eindringen entweder nach den Vorschriften über den Juicio Declarativo Ordinario gem. Art. 481-740 LEC a.F.[776] oder über die Vorschriften des Procedimiento Incidental der Art. 741 ff. LEC a.F. [777], mit den ~~Besonderheiten, die sich aus~~ Art. 13 der Ley 62/1978 LPJDF ergeben, erhoben werden. In der

---

[770] Rodríguez Guitián, S. 48; vgl. Almagro Nosete in Cortés Domínguez u.a., Derecho Procesal, S.174 f.
[771] Vgl. SSTS de 26 de Febrero (FJ 2), 4 de Abril de 1992 (FJ 3) und de 6 de Febrero 1996 (FJ 1).
[772] SSTS de 30 de Diciembre 1991 (FJ 1) und de 9 de Julio 1992; González Poveda, RAC 1995-1, VI, Rz. 115 (116 und 126).
[773] Ley 1/2000, de 7 de Enero, de Enjuiciamiento Civil (BOE n° 7, de 8 de Enero); im folgenden LEC n.F.
[774] Almagro Nosete in Cortés Domínguez u.a., Derecho Procesal, S. 172, kritisierte zwar immer schon, daß nicht ersichtlich sei, ob wenn das in Art. 53.2 CE vorgesehene Verfahren überhaupt nicht besteht, der Schluß gezogen werden könne, daß die Ley 62/1978 angewendet werden soll. SSTS de 30 de Diciembre 1991 (FJ 1) und de 9 de Julio 1992 erklärten allerdings das entsprechende Verfahren für anwendbar. Diese Frage ist mit Inkrafttreten der LEC n.F. hinfällig geworden.
[775] Siehe hierzu im einzelnen Almagro Nosete in Cortés Domínguez u.a., Derecho Procesal, S. 163 ff. Was die in der LO 1/1982 enthaltenen Rechte betrifft, so wurden diese erst nachträglich durch das Real Decreto Legislativo 342/1979, de 20 de Febrero (BOE de 22.2.1979, núm. 50) eingefügt; die Verfassungsmäßigkeit dieses Dekrets ist insofern zweifelhaft, als es aufgrund der Bestimmung der zeitlich zwischen ihm und dem Gesetz 62/1978 LPJDF in Kraft getretenen Verfassung eigentlich einen Bereich berührte, der für die Organgesetze reserviert ist, jedoch nicht in der entsprechenden Form erlassen wurde.
[776] Siehe bspw. SAP Jaen de 14 de Abril 2000 (Aranzadi 2000, 3501).
[777] Siehe bspw. STS de 18 de Abril 2000, SAP Pontevedra de 5 de Mayo de 2000 (Aranzadi 2000, 3581).

ten, die sich aus Art. 13 der Ley 62/1978 LPJDF ergeben, erhoben werden. In der LEC n.F. ist nunmehr der in Art. 249 Abs. 1 1° der Juicio Ordinario ausdrücklich als das Verfahren bestimmt, das für Klagen zum Schutz der Ehre und der intimidad einschlägig ist. Gleichzeitig wurden die Art. 11-15 Ley 62/1978 aufgehoben[778].

2. Zuständigkeit

a) örtliche Zuständigkeit

Gemäß Art. 52 Abs. 1 6° LEC n.F. ist das Gericht des Wohn- oder Geschäftssitzes der geschädigten Person zuständig. Liegt dieser nicht in Spanien, ist es das Gericht des Ortes „an dem das Ereignis eingetreten ist, welches das betreffende Grundrecht verletzt hat".

Die Formulierung entspricht der des ursprünglich anwendbaren, durch die LEC n.F. aufgehobenen Art. 11.1 LPJDF, wonach die „Juzgados de Primera Instancia" des Ortes zuständig waren, „an dem das schädigende Ereignis eingetreten ist". Die zu Art. 11.1 LPJDF von der Rechtsprechung entwickelten Kriterien dürften aufgrund des übereinstimmenden Wortlautes auch auf Art. 52 Abs. 1 6° LEC n.F. anwendbar sein.

Die Bestimmung des Ortes der schädigenden Handlung in der Rechtsprechung war jedoch zunächst nicht eindeutig: So sollte eine Schädigung im Falle der Verletzung durch einen Zeitungsartikel dann eintreten, wenn die Zeitung dem Leser zur Verfügung steht und er Kenntnis von ihrem Inhalt nehmen kann. Der Ort der schädigenden Handlung sollte dabei dort liegen, wo die Vertriebsfirma (empresa distribuidora) ihren Firmensitz hat und nicht etwa an dem Ort des Verlages (empresa editora), da die eigentliche Verletzung nicht durch das Schreiben eines schädigenden Artikels, sondern durch die Verteilung eintrete[779]. Es wurde also nicht auf die konkrete Einsichtnahmemöglichkeit des Lesers im Moment des Kaufs abgestellt, sondern auf eine abstrakte Einsichtnahmemöglichkeit.

Von dem Grundsatz des Ortes der Verteilerfirma wurden allerdings Ausnahmen gemacht: Zum Beispiel sollte der Sitz des Verlages ausschlaggebend sein, wenn das Auseinanderfallen von Verlag und Vertriebsfirma aus technischen Gründen bloß zufällig erscheint, mindestens jedoch, wenn die tatsächliche Verteilung überhaupt nicht am Sitz der Vertriebsfirma stattfindet, sondern am Sitz des Verlags[780]. Auch eine „Zuständigkeit der meisten Anknüpfungspunkte" (concurrencia del mayor número de puntos de conexión), die nicht am Ort der Verteilerfirma lagen, wurde in einem Fall bejaht[781].

---

[778] Disposición Derogatoria Única Abs. 2 3° LEC n.F.
[779] STS de 11 de Noviembre 1995 (FJ 1); vgl. Beschluß vom 1.3.1993 der Audiencia Provincial de Madrid (FJ 2), Aranzadi AC 718/1993.
[780] Beschluß vom 1.3.1993 der Audiencia Provincial de Madrid (FJ 2), Aranzadi AC 718/1993. Im zugrundeliegenden Fall wurde die Zeitung zwar in Barcelona gedruckt, die (Haupt-) Verteilung fand jedoch in Madrid und Umgebung statt.
[781] STS de 11 de Noviembre 1995 (FJ 1): Die Staatsanwaltschaft hatte die Annahme der Zuständigkeit des Juzgado de Primera Instancia de Madrid gerügt und vorgebracht, zuständig sei der Juzgado de Primera Instancia de Barcelona. Diese Rüge wies der Tribunal Supremo zurück. Das stillschweigende Einverständnis der Beklagten zur Klage in Madrid, die Tatsache, daß die Zeitschrift sowohl in Madrid als auch Barcelona verteilt wurde, sowie daß der Verlagssitz und der Wohnsitz der meisten Beklagten in Madrid lag, führte zu der Annahme einer „Zuständigkeit der meisten Anknüpfungs-

Mit STS de 22 de Junio 2000 entschied der Tribunal Supremo jedoch, daß entgegen dem Wortlaut von Art. 11.1 Ley 62/1978 die Zuständigkeit immer am Wohn- bzw. Geschäftssitz der geschädigten Person begründet sein solle: Aufgrund der „besonderen Natur der Angriffe auf die Ehre durch Zeitungsartikel" komme der Verbreitung der Nachricht besondere Bedeutung zu. Diese habe jedoch ihre höchste Intensität am Aufenthaltsort (punto de residencia) der betroffenen Person, da sie dort den größten Schaden verursache.

b) sachliche Zuständigkeit

Die sachliche Zuständigkeit fällt gem. Art. 45 LEC n.F. in den Bereich des Juzgado de la Primera Instancia, ohne daß den Parteien hierüber eine Dispositionsbefugnis zusteht[782].

3. Legitimation

a) Aktivlegitimation

Die Übergangsbestimmung Zweitens LO 1/1982 macht bei ihrem Verweis auf die Ley 62/1978 ausdrücklich einen Vorbehalt bezüglich der Regelungen über die Legitimation der Parteien. Diese Regelungen finden sich in den Art. 4, 5 und 6 LO 1/1982. Grundsätzlich gilt – obwohl nicht ausdrücklich geregelt –, daß legitimiert zunächst einmal der Inhaber des verletzten Rechts ist[783]. Dies ist in Bezug auf die Ehre derjenige, dessen Ansehen oder guter Ruf angegriffen, und bei der intimidad derjenige, in dessen Sphäre eingedrungen wird; wenn die familiäre intimidad betroffen ist, ist jedes Mitglied der Gruppe legitimiert, soweit es zu der Rechtsausübung befähigt ist (Vgl. Art. 2 LEC).

(1) Versterben des Rechtsinhabers

Wenn der Rechtsinhaber verstirbt, finden die Art. 4 ff. Anwendung. Die Problematik des Rechtsschutzes von verstorbenen Personen wurde bereits oben erörtert (vgl. oben D.III.3). Der Rechtsinhaber kann testamentarisch eine natürliche[784] oder juristische Person dazu bestimmen, nach seinem Tod den Schutz seiner Rechte wahrzunehmen. Es soll sich insoweit um einen besonderen Fall der Legitimierung durch Nachfolge (legitimación por sustitución) handeln[785].

Art. 5 stellt klar, daß es sowohl durch Gesetz wie auch durch das Testament zu einer Legitimation von mehreren Personen kommen kann. Der Normalfall ist die „legitimación solidaria", d.h. jeder Einzelne kann Klage erheben[786]. Eine mögliche testamentarische Bestimmung ist aber auch eine quasi gesamthänderische Klageausübung. In diesem Fall müssen die hierfür

---

punkte" die – da andere Kriterien für die Bestimmung nicht vorlagen – die Bestätigung der Zuständigkeit des Juzgado de Primera Instancia de Madrid zur Folge hatten.

[782] Vor Inkrafttreten der LEC n.F. nach Art. 11.1 Ley 62/1978 (siehe STS de 24 de Octubre 1988 (FJ 2); vgl. STS de 20 de Enero 1992).

[783] González Poveda, RAC 1995-1, VI, Rz. 115 (120).

[784] Auch eine noch nicht geborene Person soll hierfür bestimmt werden können (Estrada Alonso, S. 101, mit Hinweis auf Art. 901 CC „mandato post mortem")

[785] Oliva/Fernández, S. 194, Fn. 3.

[786] González Poveda, RAC 1995-1, VI, Rz. 115 (121).

bestimmten Personen die Klage gemeinsam ausüben; kommen sie nicht zu einer Einigung, gilt die Bestimmung als abgelehnt und es tritt die gesetzliche Regelung in Kraft[787].

(2) Versterben oder Ablehnung des Bevollmächtigten

Das Gesetz setzt als Grundfall die Bestimmung einer Person zur Ausübung der Rechte zum Schutze des Verstorbenen voraus. Für den Fall, daß die bevollmächtigte Person verstirbt[788], bestimmt Art. 4.2, daß in diesem Fall die Verwandten des ursprünglichen Rechtsinhabers an die Stelle der testamentarisch bestimmten Person treten. Gleiches muß gelten, wenn der Bevollmächtigte die Bevollmächtigung ablehnt[789]; da dieser Fall im Gesetz nicht geregelt ist, kann als ergänzende Regelung Art. 4.1 CC angewandt werden.

b) Legitimation bei Minderjährigen

Die LO 1/1982 iVm der LO 1/1996 de 15 de Enero, de Protección Jurídica del Menor, de modificación parcial del Código Civil y de la Ley de Enjuiciamiento Civil (Gerichtlicher Schutz von Minderjährigen) bezweckt einen umfangreichen Schutz der Persönlichkeitsrechte von Minderjährigen, der vielfach von der zuständigen Staatsanwaltschaft wahrgenommen werden soll. Dies geht soweit, daß die Staatsanwaltschaft nach eigenem Ermessen immer zur Ausübung der Klage berechtigt ist, selbst wenn der Minderjährige oder dessen gesetzliche Vertreter diese gar nicht beabsichtigen (Vgl. hierzu die Ausführungen zur LO 1/1996 oben unter D.III.1.d)).

c) Ministerio Fiscal

Auf den angesprochenen Ministerio Fiscal soll an dieser Stelle nur kurz verwiesen werden[790]. Es handelt sich bei ihm um eine in der LOPJ[791] erwähnte Einrichtung, die weitestgehend der deutschen Staatsanwaltschaft entspricht. Gemäß Art. 435.1 LOPJ soll der Ministerio Fiscal als Vertreter der Rechtsordnung auf der einen Seite die Rechte der Bürger und das öffentliche Interesse in den Prozessen wahren und auf der anderen Seite die Unabhängigkeit der Gerichte absichern, sowie darauf achten, daß das soziale Interesse befriedigt wird. Genaueres legt die Ley 50/1981[792] fest. Nach deren Art. 12.1 sind die Organe des Ministerio Fiscal die Staatsanwaltschaften der jeweiligen Gerichte.

Gem. Art. 249 Abs. 1 2° LEC n.F.[793] ist der Ministerio Fiscal immer Partei in den Verfahren zum Schutz von Persönlichkeitsrechten. Wie gesehen hat er dabei besonders bei der Verletzung der Persönlichkeitsrechte von Minderjährigen eine besondere Aufgabe. Auch bei Versterben des Rechtsinhabers kann er tätig werden: Falls keine Verwandten des Verstorbenen

---

[787] Ebenda.
[788] Handelt es sich um eine juristische Person, so gilt für diese entsprechend das Erlöschen ihrer Existenz (González Poveda, RAC 1995-1, VI, Rz. 115 (122)).
[789] González Poveda, RAC 1995-1, VI, Rz. 115 (122).
[790] Ausführlicher im Zusammenhang mit der LO 1/1982: Herrero-Tejedor, S. 341 ff.
[791] Libro V – Del Ministerio Fiscal y demás personas e instituciones que cooperan con la administración de Justicia y de los que la auxilian –, Titulo I: Del Ministerio Fiscal.
[792] Ley 50/1981 de 30 de Diciembre por la que se regula el Estatuto Orgánico del Ministerio Fiscal, BOE de 13.1.1982, núm. 11.

vorhanden sind, kann er gegen den Verletzer vorgehen, und zwar von Amts wegen oder auf Betreiben eines der Beteiligten. Der Ministerio Fiscal soll allerdings nur eingreifen, wenn zum Todeszeitpunkt keine der in Art. 4.1 und 2 bezeichneten Verwandten vorhanden sind, die das Recht geltend machen können.

d) Passivlegitimation

In den Fällen, in denen die Verletzung über einen Zeitungsbericht stattgefunden hat, wird meist nicht nur der Autor des Berichts, sondern auch der verantwortliche Redakteur sowie die Zeitung selber (das heißt die Gesellschaft, die für die Herausgabe verantwortlich ist) verklagt. Dies begründet sich mit Art. 65.2 der Ley 18 Marzo 1966, núm 13/66 (Pressegesetz)[794], der bestimmt:

Art. 65.2
La responsabilidad civil por actos u omisiones ilícitos, no punibles, será exigible a los autores, directores, editores, impresores e importadores o distribuidores de impresos extranjeros con carácter solidario.

Für nicht strafbares, rechtswidriges Handeln oder Unterlassen haften zivilrechtlich die Verfasser, Herausgeber, Verleger, Drucker und Importeure oder Vertreiber ausländischer Druckerzeugnisse gesamtschuldnerisch.

Der Anwendung von Art. 65.2 ist jedoch in der Literatur teilweise mit der Begründung widersprochen worden, daß diese Regelung aufgrund der später ergangenen Verfassung verfassungswidrig geworden und daher nicht mehr anzuwenden sei. Die zu umfangreiche Haftung schränke die Meinungsfreiheit in verfassungswidrigem Maße ein und darüber hinaus sei in der LO 1/1982 festgelegt, daß ausschließlich der tatsächliche Urheber haften solle[795]. Dieser Ansicht ist durch die Gerichte eine klare Absage erteilt worden. Die weiterbestehende Verfassungsmäßigkeit des Art. 65.2 ist vom Tribunal Constitucional bestätigt worden, und der Tribunal Supremo wendet ihn regelmäßig zur Begründung der Haftung von anderen Personen neben dem Verfasser eines Berichts an[796]. Die Haftung des Herausgebers und des Verlegers wird damit begründet, daß dem Herausgeber ein Vetorecht bezüglich des Inhalts der verbreiteten Information zukäme; diese sei insofern vorher auf eventuelle verletzende Äußerung zu prüfen. Die Verantwortlichkeit des Verlegers resultiert aus seiner ihm zustehenden freien Auswahl des Herausgebers[797].

4. Urteil - Mittel der Wiedergutmachung und der Prävention

Die Urteile, die aufgrund der Ley 62/1978 zum Schutz der Grundrechte ergehen, weisen einen Doppelcharakter auf: Sie sind zum einen ausdrücklich feststellend, soweit es die Verletzung der Grundrechte betrifft, und leistungsverurteilend, soweit es darum geht, die Verletzung zu beenden und dem Geschädigten die Wiedereinsetzung in seine Rechte zu gewäh-

---

[793] Früher nach Art. 12.1 Ley 62/1978 LOPJDF.
[794] BOE de 19.3.1966, núm. 519.
[795] O'Callaghan Muñoz, RAC 1990-1, I, S. 1 (9).
[796] Siehe STC 172/1990 de 12 de Noviembre (FJ 5); STS de 7 de Marzo 1988 (FJ 6), STS 30 de Abril 1990 (FJ 2); STS de 19 de Marzo 1990 (FJ 5); STS de 15 de Febrero de 2000 (FJ 5).
[797] STC 172/1990 de 12 de Noviembre (FJ 5); STS 27 de Marzo 1998 (FJ 2); STS de 12 de Junio 1998 (FJ 2).

ren[798]. Die Gerichte stellen danach im Falle eines klagestattgebenden Urteils fest, daß ein bestimmtes Grundrecht durch den Beklagten verletzt wurde, und sprechen gleichzeitig die dadurch verursachte Rechtsfolge aus.

Gem. Art. 9.2 LO 1/1982 umfaßt der gerichtliche Schutz „das Ergreifen aller Mittel, die erforderlich sind, um das unerlaubte Eindringen zu beenden und dem Geschädigten den vollen Genuß seiner Rechte wiedereinzuräumen, sowie weiterem Eindringen vorzubeugen oder es zu verhindern." Dies räumt den Gerichten ein relativ freies Ermessen bei der Wahl der Mittel ein, die in Bezug auf das Rechtsschutzziel nützlich und angemessen (convenientes y adecuadas) sein müssen[799]. Im Gesetz sind in allgemein gehaltener Form die möglichen Arten, zivilrechtlichen Rechtsschutz zu gewährleisten, beschrieben. Dies sind Maßnahmen zur:

- Beendigung des unerlaubten Eindringens,
- Wiedereinräumung des vollen Genusses der Rechte des Geschädigten und
- Verhütung weiteren unerlaubten Eindringens.

Zu den am häufigsten verhängten Sanktionen gehören dabei in der Praxis:

a) Schadensersatz (indemnización de perjuicios)

(1) Bestimmung der Schadensersatzhöhe

Auf den Schadensersatz, seine Funktionen und Probleme im Zusammenhang mit den in Art. 9.3 enthaltenen Bestimmungskriterien wurde oben unter D.IX.2.b) bereits ausführlich eingegangen. Er ist mit Abstand die wichtigste Rechtsfolge, die das Opfer eines unerlaubten Eindringens geltend machen kann . Im Zusammenhang mit einer vielfach befürchteten Kommerzialisierung der Persönlichkeitsrechte ist er – wie gesehen – auch Kritik ausgesetzt.

Die Bestimmung der Schadenshöhe steht dem Gericht „a quo" zu und ist, wie bereits ausgeführt, fallabhängig und anhand der Kriterien, welche die LO 1/1982 vorgibt, nach einem relativ freien Ermessen zu bestimmen.

(2) Überprüfbarkeit der Bestimmung durch höhere Gerichte

Wohl aufgrund der Unsicherheit, die sich aus dem freien Ermessen ergibt, ist der Tribunal bezüglich der Schadenshöhe von seiner ursprünglichen Haltung abgerückt, nach der die Bestimmung durch das Gericht „a quo" in der Revision nicht überprüfbar sei, worauf bei den Ausführungen zum Schaden bereits eingegangen worden ist. Inzwischen wird eine Überprüfung der Schadenshöhe doch zugelassen. Prinzipiell ist dies dann der Fall, wenn der Tribunal Supremo – vor dem als Revisionsinstanz keine weitere Beweisaufnahme stattfindet – bei einer Überprüfung des Falles zu der Erkenntnis gelangt, daß das erkennende Gericht die ihm zur Verfügung stehenden Fakten falsch gewürdigt oder die vom Tribunal Supremo entwickelten Beurteilungsregeln (pautas valorativas) nicht oder falsch angewandt hat. Eine Überprüf-

---

[798] Beispiel für den Urteilstenor: STC 172/1990 de 12 de Noviembre (Antecedente 2); STS de 14 de Octubre 1988 (Texto).
[799] STS de 14 de Junio 1995 (FJ 2).

barkeit der Schadenshöhe und die Möglichkeit der Kassation sind demnach dann gegeben, wenn das erkennende Gericht die vom Gesetz in Art. 9.3 vorgesehenen Richtlinien für die Beurteilung des daño moral nicht ausreichend berücksichtigt hat oder wenn Entscheidung „völlig willkürlich, unangemessen oder unvernünftig" (totalmente arbitraria, inadecuada o irracional) erscheint[800]; weiterhin auch, wenn die Schadensersatzsumme übertrieben (excesivo) bzw. zu weitgehend (extralimitado) scheint[801].

Letztendlich kommt es nach Ansicht des Tribunal Supremo darauf an, daß die Bestimmung der Schadenshöhe immer mit „Logik, guter Begründung und den Umständen des Falles angepaßt, vernünftig und abgewogen" (hecha con lógica, buen criterio y acomodada a las circunstancias del caso, razonable y ponderada) erscheint[802]. Daß diese Kriterien des Tribunal Supremo keine sicheren Maßstäbe für die Bestimmung sind und zu teilweise großen Differenzen in der Zuerkennung führen, ist offensichtlich[803].

Es müssen auch nicht alle im Gesetz angeführten Kriterien vorliegen und bei der Schadensbestimmung berücksichtigt werden. So kann ein Nichtvorliegen eines Merkmals des Art. 9.3 LO 1/1982 nicht als Argument dafür benutzt werden, daß ein geringerer Schaden entstanden sei[804].

b) Veröffentlichung des Urteils

Die Veröffentlichung des Urteils stellt zum einen eine entschädigende Maßnahme (medida reparadora) dar, die über die Genugtuungsfunktion eine Wiedergutmachung des moralischen Schadens des Verletzten beinhaltet[805], zum anderen jedoch auch in der Öffentlichkeit ein möglicherweise falsches Bild vom Verletzten richtigstellen soll[806]. Veröffentlicht werden muß nicht das gesamte Urteil mit Sachverhalt und den Entscheidungsgründen, sondern es kann auch die Veröffentlichung des Urteilstenors ausreichen[807].

c) Anerkennung des Erwiderungsrechts

Über die Unterschiedlichkeit zwischen dem Richtigstellungsrecht (derecho a rectificación) und dem Erwiderungsrecht (derecho a replicar) wurde bereits oben ausführlich eingegangen (siehe oben B.II.3). Während das Richtigstellungsrecht ein Mittel zu einer schnellen Erwiderung auf verletzende Tatsachenberichte darstellt, zielt das Erwiderungsrecht auf eine morali-

---

[800] SSTS de 27 de Marzo 1998 (FJ 3) und de 15 de Julio 1995 (FJ 9) mit Verweis auf STS de 23 Marzo 1987, STS de 27 Octubre 1989 und STS de 15 de Julio 1995.
[801] SSTS de 27 de Marzo 1998 (FJ 3) und de 15 de Julio 1995 (FJ 9) mit Verweis auf STS de 18 de Mayo 1994 und STS de 25 de Junio 1996.
[802] STS de 27 de Marzo 1998 (FJ 3); STS de 15 de Julio 1995 (FJ 9).
[803] Auch der Tribunal Constitucional hat jedoch die Chance, im Urteil STC 186/2001 de 17 de Septiembre die Maßstäbe für die Bestimmung der Höhe des Schadensersatzes zu konkretisieren, nicht genutzt, sondern lediglich eigene fallbezogene Erwägungen vorgenommen. Hierauf wurde in den Ausführungen zum Schadensersatz (Teil 2:D.IX.2.c)(2)) bereits eingegangen.
[804] STS de 27 de Marzo 1998 (FJ 3); im zugrundeliegenden Fall war von den Beklagten eingewendet worden, daß sie keinen Gewinn erzielt hätten und daß dies bei der Bestimmung der Schadenshöhe ausdrücklich hätte berücksichtigt werden müssen.
[805] O'Callaghan Muñoz, Libertad, S. 200.
[806] González Poveda, RAC 1995-1, VI, Rz. 115 (133).
[807] Ebenda.

sche Wiedergutmachung von Schäden ab, die durch Tatsachenberichte oder die Äußerung von Werturteilen verursacht wurden.

Soweit bereits eine Richtigstellung erfolgt ist, dürfte das Rechtsschutzbedürfnis für den Erwiderungsanspruch entfallen, da der mit Richtigstellung und Erwiderung bewirkte Effekt (Korrektur der ursprünglichen Information) derselbe ist. Wurde andererseits bereits eine Richtigstellung vorgenommen (egal, ob auf Betreiben des Beeinträchtigten oder freiwillig), entfällt damit noch nicht das Rechtsschutzbedürfnis für die Geltendmachung des Schadensersatzanspruches, denn die Unterschiedlichkeit der beiden Rechtsschutzziele (Korrektur und Wiedergutmachung) führt dazu, daß die beiden Ansprüche unabhängig voneinander geltend gemacht werden können[808]. Der Schadensersatzanspruch ist also nicht subsidiär zur Ausübung des Richtigstellungsrechts[809].

Anders als der Wortlaut dies vermuten läßt, muß der Inhalt der Erwiderung schon bestimmt sein, da lediglich eine freie Anerkennung eines Erwiderungsrechts dem Gebot der Klarheit und Genauigkeit von gerichtlichen Entscheidungen gem. Art. 359 LEC widersprechen würde[810]. Die Erwiderung muß in derselben Form erscheinen, wie die Äußerung, welche die Verletzung enthielt, und zwar auf Kosten des Beklagten.

d) <u>Weitere Mittel</u>
Die Gerichte sind nach freiem Ermessen grundsätzlich befugt, alle Maßnahmen zu ergreifen, die sie im Rahmen des Rechtsschutzes für erforderlich halten. Hierzu gehört sicherlich auch ein Widerrufsanspruch, der in Spanien bisher jedoch keine besondere Rolle spielt. Wird ein solcher jedoch im Rahmen einer Klage verlangt, liegt es im Ermessen des Richters, ihn zuzulassen.

Beispiele für nicht im Gesetz genannte Maßnahmen können z.B. sein: Herausschneiden der Szenen eines Videobandes, die eine Verletzung der intimidad darstellten[811], Verurteilung eines Geschäftsführers, der Briefe an Firmenkunden mit verletzendem Inhalt über einen Handelsvertreter der Firma verschickt hatte, zu Schadensersatz und Zusendung einer Kopie des Urteils an dieselben Kunden[812], Vernichtung eines Videobandes, dessen Aufnahme einen Eingriff in die intimidad darstellte[813]

Bei sämtlichen in den Punkten a) bis d) angeführten Maßnahmen, die auf eine Genugtuungsfunktion wegen des erlittenen moralischen Schadens abzielen, ist zu beobachten, daß zwar prinzipiell alle Maßnahmen kumulativ verhängt werden können, die Gerichte jedoch häufig auf eine Maßnahme abstellen und damit den moralischen Schaden als ausgeglichen anse-

---

[808] STS de 4 de Noviembre 1986 (FJ 4); STS de 23 de Marzo 1987 (FJ 20).
[809] STS de 3 de Marzo 1989 (FJ 5); vgl. STS de 4 de Febrero 1993 (FJ 5).
[810] Gonzalo Poveda, RAC 1995-1, VI, Rz. 115 (134).
[811] STS de 25 de Abril 1989 (FJ 3).
[812] SAP de Toledo de 11 de Febrero 1998 (FJ 4), Aranzadi AC 1998/345.
[813] STS de 14 de Mayo 2001 (Antecedentes de Hecho 4).

hen[814]. Mit der Verhängung der Mittel müssen die Gerichte dafür Sorge tragen, daß das mit dem Urteil zu erreichende Ziel gewährleistet ist. Andererseits gilt es ein Übermaß zu vermeiden; so ist beispielsweise die Möglichkeit der Anerkennung des Erwiderungsrechts in Konkurrenz mit der Veröffentlichung des Urteils abzuwägen, da sich die mit der Erwiderung angestrebten Ziele normalerweise auch durch letzteres erreichen lassen[815].

e) Vorbeugende Maßnahmen

Die vorbeugenden Maßnahmen (medidas cautelares) sollen den Zweck haben, einen bestimmten status quo zu gewährleisten, während ein Prozeß rechtshändig ist. So soll vermieden werden, daß bestimmte Geschehnisse während des Prozesses nicht wiedergutzumachende Schäden hervorrufen[816]. Im Bereich der Pressefälle dürfte die zweckmäßigste Maßnahme hierfür die Beschlagnahme von Veröffentlichungen (secuestro de las publicaciones) gem. Art. 20.5 CE sein[817]. In diesen Fällen kann über Art. 1428 LEC vorgegangen werden, der das erforderliche Prozeßsicherungsinstrument für diese Fälle bildet, und bei dem der entsprechende Anspruch auch noch vor Erhebung der Klage geltend gemacht werden kann. Für die Geltendmachung ist dabei zum einen eine Glaubhaftmachung durch Schriftsatz erforderlich. Ferner bedarf es einer Bürgschaft durch einen Bankaval, eine Hypothek o.ä.. Die Höhe der Hypothek wird durch den Richter festgelegt, der sich daran orientieren soll, welche Schäden durch dieses Mittel entstehen können[818]. Gerade aufgrund dieser Voraussetzung, die im Falle einer großen Zeitung eine horrende Summe erforderlich machen würde, ist es zumindest bisher noch nicht zu einem entsprechenden Fall gekommen.

5. Verjährungsfristen

Art. 9.5 LO 1/1982 setzt eine Verjährungsfrist von vier Jahren fest und zwar ab dem Zeitpunkt „nachdem der Berechtigte zum erstenmal die Möglichkeit der Ausübung hatte". Es wird damit nicht auf den objektiven Zeitpunkt der Entstehung des Rechts, sondern subjektiv auf den Berechtigten abgestellt. „Möglichkeit der Ausübung" ist dabei in der Regel mit Kenntnisnahme des vermeintlichen Angriffs auf die Ehre oder intimidad gleichzusetzen[819].

Demgegenüber ist die in Art. 4.3 LO 1/1982 bestimmte, objektiv mit dem Todeszeitpunkt einsetzende Frist von achtzig Jahren keine Verjährungsfrist, sondern sie bestimmt vielmehr, bis zu welchem Zeitpunkt eine Erfüllung des Tatbestandsmerkmals „unerlaubtes Eindringen" überhaupt noch vorliegen kann[820]. Die Regelung dürfte für den hypothetischen Fall gedacht sein, daß das Andenken lange Zeit nach dem Tod des Rechtsinhabers geschädigt wird, wenn es keine ihm nahestehenden engen Verwandten mehr gibt, die zu seinem Todeszeitpunkt lebten (nur diese sind klageberechtigt) und die die Verteidigung seiner Rechte wahrnehmen

---

[814] Siehe z.B. STS de 31 de Julio 1992 (FJ 5).
[815] González Poveda, RAC 1995-1, VI, Rz. 115 (134).
[816] González Poveda, RAC 1995-1, VI, Rz. 115 (125).
[817] Gimeno Sendra in Cortés Domínguez u.a., Procesos Civiles Especiales, S. 127; O'Callaghan Muñoz, S. 194.
[818] O'Callaghan Muñoz, S. 194.
[819] Siehe STS de 28 de Mayo 1990 (FJ 3); vgl. STS de 31 de Julio de 2000.
[820] Oliva/Fernández, S. 196 f.; a.A. Estrada Alonso, S. 100.

könnten[821]. Der Gesetzgeber ging dabei offensichtlich davon aus, daß nach achtzig Jahren die „Erinnerung" an den Verstorbenen, die ja letzten Endes geschützt werden soll (Abs. 8 der Präambel), weit genug verblaßt ist, da zu diesem Zeitpunkt alle, die ihn persönlich kannten, verstorben sein dürften. Liegt jedoch ein unerlaubtes Eindringen innerhalb dieses Zeitraums vor, bestimmt sich die Frist zur Geltendmachung wieder nach Art. 9.5.

F. THESENARTIGE ZUSAMMENFASSUNG DES SPANISCHEN TEILS

Die Darstellungen des spanischen Teils können in folgenden Thesen zusammengefaßt werden:

1. Die Konzeption eines allgemeinen Persönlichkeitsrechts wird in Spanien abgelehnt. Die Kodifizierung von Ehre und intimidad in Form von namentlich einzelnen Rechten in Art. 18.1 CE und der LO 1/1982 spiegelt die traditionelle Ansicht wieder, daß es sich dabei um voneinander unabhängige Rechte der Persönlichkeit handelt, die sich zwar in Teilbereichen überschneiden, letztlich jedoch unterschiedliche Äußerungsformen der Persönlichkeit schützen.

2. Bei den Rechten des Art. 18.1 CE und der LO 1/1982 handelt es sich um besondere Persönlichkeitsrechte, die als wesentliche und dem Rechtsträger inhärente Rechte zu verstehen sind. Sie verleihen diesem eine direkte und unmittelbare Macht über die Persönlichkeit und sind prinzipiell unverzichtbar, unübertragbar und unverjährbar.

3. Die Ehre äußert sich ihrer Konzeption nach in einem objektiven und einem subjektiven Aspekt und leitet sich inhaltlich primär aus dem Verfassungsprinzip der Würde ab. Die intimidad besitzt historisch bedingt einen defensiven Aspekt, der sich als Schutz einer Sphäre äußert, die der Entwicklung der Persönlichkeit dienen soll und ein „Recht zum Alleinsein" beinhaltet. In der neueren historischen Entwicklung ist ein weiterer Aspekt hinzugekommen, der in einem Kontrollrecht über die eigenen Daten besteht. Dieser Aspekt ist ausdrücklich bisher nur im Datenschutzgesetz LO 5/1992 LORTAD berücksichtigt worden. In der LO 1/1982 ist der Schutz der Verbreitung von Informationen über eine Person demgegenüber nur unzureichend geregelt. Dem Kontrollrecht ist im Gesetz insofern nicht eindeutig genug Rechnung getragen worden, als Verletzungen der intimidad gem. Art. 7.3 dem Wortlaut nach immer mit einer Rufbeeinträchtigung einhergehen müssen.

4. Gemeinsam lassen sich Ehre und intimidad als Persönlichkeitsrechte aus den Verfassungswerten Würde – die jedem Menschen von Natur aus innewohnt – und Recht auf moralische Unversehrtheit ableiten. Hieraus resultiert auch das ihnen gemeinsam innewohnende Schutzgut der privacidad, das einen Schutz des Menschen in seiner Identität und Erscheinung zum Ziel hat.

---

[821] Díez-Picazo/Gullón, S. 359.

5. Mit der LO 1/1982 sollte ein Instrument geschaffen werden, das die Entwicklung der Rechtsprechung zu Art. 1902 CC abschließen und eine gesetzliche Grundlage des zivilrechtlichen Persönlichkeitsschutzes schaffen sollte. Mit der Kodifizierung ist die Abwendung von der These, Persönlichkeitsrechtsverletzungen seien nur strafrechtlich zu sanktionieren, vollendet worden. In der gegenwärtigen Form besteht ein parallelisiertes Schutzsystem insbesondere in Bezug auf die Ehre, das sich u.a. äußerlich in einer gleichlautenden Definition von Art. 7.7 LO 1/1982 und Art. 208 CP äußert.

6. Durch den Schutz der drei Rechte Ehre, intimidad und am eigenen Bild vollzog der Gesetzgeber gleichzeitig eine Abwendung von dem auf den Gedanken des Deliktsrechts basierenden System, das den Schaden in den Mittelpunkt stellte, und rückte die Persönlichkeitsrechte selber in den Mittelpunkt.

7. Keines der für intimidad und Ehre entwickelten Erklärungsmodelle reicht aus, um ausreichend deutliche Definitionen formulieren zu können, die für eine Kodifizierung in Form von subjektiven Rechten dienen könnten. Sie liefern lediglich eine annäherungsweise Beschreibung. Als Konsequenz dieser Unmöglichkeit, Ehre und intimidad ausreichend deutlich definieren zu können, wurde in der LO 1/1982 in Form der Aufzählung von Verhaltensunrecht eine Festlegung von Verhaltensweisen vorgenommen, die nach Ansicht des Gesetzgebers typischerweise eine Verletzung der geschützten Rechte zur Folge haben.

8. Die Aufzählung von Verletzungshandlungen in der LO 1/1982 ist nicht abschließend; es handelt sich um keinen numerus clausus von Tatbeständen. Die einzelnen Nummern von Art. 7 stellen offene Tatbestände dar, die einer konkretisierenden Abwägung im Einzelfall bedürfen, um feststellen zu können, ob eine bestimmte Handlung tatsächlich ein unerlaubtes Eindringen darstellte. Die Aufzählungen des Art. 7 LO 1/1982 bilden damit keine Tatbestände, die als vertyptes Unrecht begriffen werden können, so daß ihre Verletzung die Rechtswidrigkeit nicht indiziert.

9. Die Offenheit der Tatbestände führt dazu, daß die Gerichte unter Berufung auf Art. 2.1 LO 1/1982 den Unrechtstatbestand im Einzelfall durch eine Güter- und Interessenabwägung ermitteln. Als positive Konsequenz gibt dieses System der Rechtsprechung die Möglichkeit, auch auf neue Bedrohungen der geschützten Rechtsgüter reagieren zu können. Es kann jedoch beanstandet werden, daß der von der Verfassung nach Art. 18.1 CE iVm Art. 81.1 CE eigentlich vorgegebene Auftrag an den Gesetzgeber, mit einem Organgesetz die Grundrechte Ehre und intimidad genauer auszugestalten, nicht erfüllt worden ist. Insbesondere Art. 7.3 und 7.7 LO 1/1982 sind zu unpräzise, um tatsächlich als Konkretisierung der Rechte begriffen werden zu können. Die Folge sind Ungenauigkeiten und Schwankungen der Gerichte bei der Bestimmung der Tatbestandsmerkmale, weshalb darauf im Zuge der Güter- und Interessenabwägung – die insofern generell als ausreichend und im Einzelfall als zweckmäßiger erachtet wird – häufig verzichtet wird. Eine genaue Bestimmung des Inhalts der Rechte ist so nicht möglich.

10. Die LO 1/1982 enthält keine ausreichende Rechtfertigungsregelung. In der Praxis hat sich gezeigt, daß der Hauptkonfliktfall bei Eingriffen in die Ehre und intimidad die Kollision der Rechte des Art. 20.1 CE mit denen des Art. 18.1 CE ist. Der als Rechtfertigungsregelung konzipierte Art. 8.1 LO 1/1982 bietet dabei keinen Spielraum, um die Grundrechte der Informations- und Meinungsfreiheit in den Zivilrechtsbereich einführen zu können. Die diesbezüglich bestehende Lücke ist von der Rechtsprechung über die direkte Anwendung von Art. 20.1 CE und eine Abwägung mit Art. 18.1 CE geschlossen worden.

11. In der Abwägung zwischen den Rechten des Art. 18.1 CE und 20.1 CE ist für die Rechtfertigung einer Äußerung in Wahrnehmung des Rechts auf freie Meinungsäußerung die öffentliche Bedeutung entscheidend. Bei der Wahrnehmung des Rechts auf Information durch eine Tatsachenbehauptung kommt es zusätzlich auf die Wahrheit der Behauptung an. Wahrheit bedeutet dabei nicht ausschließlich objektive sondern auch subjektive Wahrheit, d.h. entscheiden ist das, was der Informierende bei Beachtung einer Sorgfaltspflicht für wahr halten durfte.

12. In der LO 1/1982 wird eine Schadensvermutung für Schäden aufgestellt, die durch die Persönlichkeitsverletzung entstehen. Sobald ein unerlaubtes Eindringen nachgewiesen ist, wird vermutet, daß dieses auch einen Schaden nach sich gezogen hat. Dieser muß jedoch seiner Höhe nach dargelegt werden. Für den immateriellen Schaden sind im Gesetz bestimmte Bewertungskriterien vorgegeben. Insgesamt ist den Gerichten bei der Schadensbeurteilung ein großer Bewertungsspielraum eingeräumt worden, der in der Praxis teilweise zu Bewertungsdifferenzen führt.

13. Bei den Rechten des Art. 18.1 CE und der LO 1/1982 soll es sich um klassische Nichtvermögenswerte handeln, die dem Schutz einer immateriellen Sphäre des Menschen dienen, die geldlich nicht bestimmbar ist. Hieraus ergeben sich Probleme in Bezug auf die Rechtsfolgen. Die Beschränkung auf die Rechtsfolge des Schadensersatzes allein stellt dabei eine sehr enge Fixierung auf die Persönlichkeitsrechte als reine Abwehrrechte dar. Eine „modernere" Auffassung der Persönlichkeitsrechte sollte berücksichtigen, daß sie in der Praxis nicht nur einen rein ideellen Wert darstellen, sondern daß ihnen auch ein vermögensäquivalenter Aspekt innewohnt.

14. Die in der LO 1/1982 vorgegebenen Kriterien für die Bestimmung des immateriellen Schadens haben sich in der Praxis als nicht ausreichend für die Entwicklung objektiver Maßstäbe erwiesen. Hierdurch kommt es in der Praxis zu einem großen Subjektivismus bei der Bemessung von Schadensersatzhöhen durch die Gerichte.

15. Bei der Bemessung des Schadensersatzes für Persönlichkeitsrechtsverletzungen im Pressebereich wird durch die Rechtsprechung de facto in verstärktem Maße ein Sanktionscharakter anerkannt, um die durch die Verletzungen erzielten Gewinne abzuschöpfen. Einem Rückgriff auf das Bereicherungsrecht steht die Auffassung von den Persönlichkeitsrechten als Nichtvermögenswerte ohne kommerziellen Charakter entgegen.

Teil 3: EHREN- UND PERSÖNLICHKEITSSCHUTZ IM DEUTSCHEN RECHT

A. HISTORISCHE ENTWICKLUNG

I. Anerkennung durch die Rechtsprechung

Wie in Spanien war es in Deutschland ursprünglich allgemein herrschende Auffassung, daß der Personen- und Persönlichkeitsschutz dem Strafrecht zugewiesen sein müsse und es eines zivilrechtlichen Schutzes nicht bedürfe. Beim Erlaß des BGB wurde daher auf eine Einfügung des Persönlichkeitsschutzes verzichtet[1]. In folgerichtiger Anerkennung der Entscheidung des Gesetzgebers, der den Richtern kein Ermessen zur Ausformung bezüglich Inhalt und Umfang eines Persönlichkeitsrechtes und zur Entwicklung von Fallgruppen einräumen wollte[2], wurde ein allgemeines Persönlichkeitsrecht durch das Reichsgericht nicht anerkannt, mit der Begründung, daß eine entsprechende Konstruktion dem geltenden bürgerlichen Recht fremd sei und daß darüber hinaus keine ausreichende Möglichkeit für eine hinreichend scharfe Definition des schützenswerten Bereichs bestehe[3].

Nach der Einführung und dem Inkrafttreten des Grundgesetzes wurde durch den BGH im „Schacht-Brief-Urteil"[4] eine Kehrtwendung zu der Rechtsprechung des Reichsgerichts vollzogen, indem erstmals ein allgemeines Persönlichkeitsrecht als sonstiges Recht gem. § 823 I BGB anerkannt wurde. In der Entscheidung verurteilte der BGH die Verfälschung des Persönlichkeitsbildes des Klägers, dem als Verfasser eines Briefes, der bewußt mißverständlich wiedergegeben worden war, das Recht eingeräumt wurde, darüber zu entscheiden, ob und in welcher Form seine Aufzeichnungen der Öffentlichkeit zugänglich gemacht werden[5]. Die Abwendung von der Rechtsprechung des Reichsgerichts wurde vom BGH mit den inzwischen bestehenden Art. 1 und 2 GG begründet[6].

In den darauffolgenden Jahren und Jahrzehnten wurde das damit als prinzipiell schützenswert anerkannte Persönlichkeitsrecht auch in Bezug auf die schadensersatzrechtlichen Folgen kontinuierlich spezifiziert und ausgeweitet: Im „Herrenreiterfall"[7] wurde eine Durchbrechung des aus dem Prinzip der Naturalrestitution hervorgegangenen Grundsatzes vorgenommen, daß immaterielle Schäden aufgrund ihrer Nichtmeßbarkeit einer Geldentschädigung nicht zugäng-

---

[1] Siehe hierzu Coing, JZ 1958, S. 558 f.; Schlechtriem, DRiZ 1975, S. 65 mwN.
[2] Vgl. Ehmann in Erman, Anh. § 12, Rn. 2.
[3] RGZ 69, 401 (403).; Wieruszowski, DRiZ 1927, S. 225. Anerkannt waren jedoch besondere, gesetzlich geregelte Persönlichkeitsrechte, wie das Namensrecht, Warenzeichenrecht, Recht am eigenen Bild und die persönlichkeitsrechtlichen Bestandteile des Urheberrechts. Darüber hinaus wurde aber auch in einer Reihe von Entscheidungen ein deliktischer Persönlichkeitsschutz – zumeist über § 826 BGB – gewährt (siehe z.B. RGZ 51, 369 ff.; 69, 401 ff.; 79, 397 ff.; 94, 1 ff.; 102, 134 ff.; 113, 413 ff.; 123, 312 ff.).
[4] BGHZ 13, 334 ff.
[5] BGHZ 13, 334 (338).
[6] Erstaunlich ist jedoch in diesem Zusammenhang die Bescheidung auf einen Satz: „Nachdem nunmehr das Grundgesetz das Recht des Menschen auf Achtung seiner Würde (Art. 1 GG) und das Recht auf freie Entfaltung seiner Persönlichkeit auch als privates, von jedermann zu achtendes Recht anerkennt [...], muß das allgemeine Persönlichkeitsrecht als ein verfassungsmäßig gewährleistetes Grundrecht angesehen werden" (S. 338).
[7] BGHZ 26, 349 ff.

lich sein sollen. Dies wurde mit einer Analogie zu § 847 BGB begründet[8]. Und obwohl kritische Stimmen aus der Literatur für eine Analogiebildung und die faktisch damit vorgenommene Durchbrechung des Grundsatzes des § 253 BGB keine rechtliche Möglichkeit sahen[9], hielt der BGH an dieser Rechtsprechung fest[10]. Die Rechtsprechung entgegen dem Wortlaut der Vorschrift wurde mit der richterlichen Rechtsfortbildung begründet, da effektiver Persönlichkeitsschutz, der nach dem Wertesystem des Grundgesetzes zu gewährleisten sei, in bestimmten Fällen nur durch die Zuerkennung eines Schmerzensgeldanspruches für immaterielle Schäden erfolgen könne. Die Zubilligung von Schmerzensgeld sollte aufgrund der „generalklauselartigen Weite und Unbestimmtheit des allgemeinen Persönlichkeitsrechts" jedoch nur bei schwerer Schuld oder objektiv erheblich ins Gewicht fallenden Beeinträchtigungen erfolgen[11].

Grund für die Ausdehnung des Persönlichkeitsschutzes war letzten Endes neben den Erfahrungen in der Zeit des Nationalsozialismus – wie auch in Spanien – die Erkenntnis, daß die liberalistischen Ordnungsvorstellungen des ausgehenden 19. Jahrhunderts, die bei der Entscheidung gegen die Aufnahme des Persönlichkeitsrechts in das BGB ausschlaggebend gewesen waren, keinen Persönlichkeitsschutz in den Massengesellschaften des 20. Jahrhunderts gewährleisten konnten[12]. Die immer stärkere Durchdringung des Privatbereiches durch die Öffentlichkeit machten einen umfassenderen Schutz notwendig als ihn das BGB in seiner ursprünglichen Konzeption gewähren wollte, da für den damaligen Gesetzgeber die heutigen Möglichkeiten der Persönlichkeitsverletzung unvorstellbar gewesen waren[13]. Hinzu kam ein Wertungswandel innerhalb der Gesamtrechtsordnung, der durch die Einführung des Grundgesetzes sichtbar geworden war, in dem das Persönlichkeitsrecht in Art. 1 I und Art. 2 I in demonstrativer Weise an die Spitze gestellt wurde[14].

II. Gesetzesinitiativen

Die Entscheidung des BGH im „Schacht-Brief-Fall" und die darauf folgenden Entscheidungen verhalfen dem allgemeinen Persönlichkeitsrecht zum endgültigen Durchbruch in der Rechtsprechung und Rechtswirklichkeit. Der Streit hat sich inzwischen darauf verlagert, ob es zur endgültigen Absicherung dieses Rechts nicht auch einer Normierung durch den Gesetzgeber bedürfe. In der Tat hat es mehrere entsprechende Anläufe gegeben, die jedoch allesamt scheiterten.

---

[8] BGHZ, 26, 349 (355).
[9] Zum Beispiel Larenz, NJW 1958, S. 827 ff. (828).
[10] Vgl. das „Ginseng-Urteil", BGHZ 35, 363 ff.
[11] BGHZ 35, 363 (369).
[12] Vgl. Ulrich, S. 13; Bar, Gutachten, S. 1688.
[13] Vgl. BGHZ, 39, 124 ff. (131 f.); Brossette, S. 113 ff.; Ehmann, AcP 188 (1988), S. 230 ff. (244 f.); Wasserburg, S. 33 und S. 48 f.
[14] Larenz/Canaris, S. 492.

1. Referentenentwurf eines Gesetzes zur Neuordnung des zivilrechtlichen Persönlichkeits- und Ehrenschutzes von 1959

In den fünfziger Jahren arbeitete die Bundesregierung erstmals einen Gesetzesentwurf zur Neuordnung des zivilrechtlichen Persönlichkeits- und Ehrenschutzes aus[15], der vom Bundeskabinett verabschiedet, vom Bundesrat für unbedenklich erklärt und als Drucksache III/1237 am 18.8.1959 dem Bundestag zugeleitet wurde. Auf Druck der Presse, die gegen den Entwurf Sturm lief und das geplante Gesetz als „Maulkorb"[16] bezeichnete, da eine Einschränkung der Pressefreiheit befürchtet wurde, gelangte der Entwurf jedoch nicht einmal auf die Tagesordnung des Bundestages[17]. Nach dem Entwurf selber sollte § 823 I BGB folgende Fassung erhalten:

„Wer vorsätzlich oder fahrlässig einen anderen in seiner Persönlichkeit oder wer vorsätzlich oder fahrlässig das Eigentum oder ein sonstiges Recht eines anderen widerrechtlich verletzt, ist ihm zum Ersatz des daraus entstehenden Schadens verpflichtet."

Darüber hinaus sollte § 847 BGB um eine Regelung über das Schmerzensgeld bei Persönlichkeitsrechtsverletzungen ergänzt werden. Als Kernstück der Reform sollten jedoch §§ 12 ff. BGB zu persönlichkeitsrechtsschützenden Vorschriften modifiziert werden, und zwar nach dem Muster einer Grundnorm mit nachfolgenden Regelbeispielen. § 12 I BGB sollte folgenden Wortlaut erhalten:

„Wer widerrechtlich einen anderen in seiner Persönlichkeit verletzt, ist ihm zur Beseitigung der Beeinträchtigung verpflichtet; dies gilt insbesondere in den Fällen der §§ 13 bis 19. Sind weitere Beeinträchtigungen zu besorgen, so kann der Verletzte auch auf Unterlassung klagen. Beeinträchtigungen, die nach verständiger Auffassung im menschlichen Zusammenleben hinzunehmen sind, bleiben außer Betracht."

Die darauffolgenden §§ zählten anschließend auf, was im einzelnen als persönlichkeitsrechtsverletzende Handlung aufgefaßt werden sollte. Nach § 13 I BGB sollte ein Handeln, durch das „jemand unbefugt das Leben, den Körper, die Gesundheit oder die Freiheit eines anderen verletzt" als widerrechtlich qualifiziert werden. Außerdem wurden Regelungen getroffen bezüglich der Beleidigung „durch Kundgabe der Mißachtung" und über „ehrenrührige Behauptungen tatsächlicher Art, deren Wahrheit er [der Behauptende] nicht zu beweisen vermag" (§ 14 I BGB), Fällen von Behauptungen über das Privat- und Familienleben anderer (§ 15 I BGB), dem Schutz vertraulicher Aufzeichnungen (§ 15 II BGB), des Namensrechts (§ 16 BGB), des Rechts am eigenen Bild (§ 17 BGB) und des nichtöffentlich gesprochenen Wortes (§§ 18 und 19 BGB). In §§ 14 und 15 BGB war eine Rechtfertigung vorgesehen, wenn die Tat der „angemessenen Wahrnehmung eines berechtigten öffentlichen oder privaten Interesses diente".

---

[15] Abgedruckt in Ufita 29 (1959), S. 39 ff.
[16] Reinhardt, JZ 1959, S. 41 ff. (41).
[17] Einzelheiten hierzu bei Gottwald, S. 261 ff., und Bar, S. 1752 ff.

2. Referentenentwurf eines Gesetzes zur Änderung und Ergänzung schadensersatzrechtlicher Vorschriften von 1967[18]

Anders als im ersten Entwurf sollte hier nicht explizit der Persönlichkeits- und Ehrenschutz gesetzlich geregelt, sondern das System der schadensersatzrechtlichen Vorschriften insgesamt einer Neuregelung unterzogen werden[19].

§ 823 BGB sollte lauten:

„Wer vorsätzlich oder fahrlässig das Leben, den Körper, die Gesundheit oder die Ehre eines anderen oder in sonstiger Weise einen anderen in seiner Persönlichkeit widerrechtlich verletzt, ist dem anderen zum Ersatz des daraus entstehenden Schadens verpflichtet. [...]"

§ 847 BGB sollte folgende Fassung erhalten:

„Wer in anderer Weise in seiner Persönlichkeit verletzt wird, kann eine Entschädigung nur verlangen, wenn die Verletzung nach den Umständen als schwer anzusehen ist"

Auf die Aufstellung einzelner persönlichkeitsrechtlicher Tatbestände sollte jedoch verzichtet werden. Auch gegen diesen Entwurf gab es ausgedehnte Kritik, die sich diesmal jedoch nicht an der geschützten Rechtsgutmaterie sondern an der umfassenden schadensersatzrechtlichen Regelungsmaterie entzündete[20]. Auch die Verwirklichung dieses Entwurfes unterblieb.

3. Schuldrechtsreform

In der bereits am 25.1.1978 im Bundestag angekündigten Schuldrechtsreform ist erneut eine gesetzliche Regelung zum Persönlichkeitsrecht geplant. Ein Entwurf liegt jedoch bis heute nicht vor, sondern lediglich ein Gutachten, das auch Gesetzesvorschläge für Änderungen im Bereiche des Deliktsrechts und dort auch zum Persönlichkeitsrecht enthält[21]. Der Vorschlag zum Persönlichkeitsrecht beschränkt sich auf eine generalklauselartig gefaßte Regelung des Persönlichkeitsschutzes[22]:

„§ 825 (Persönlichkeitsverletzung)
(1) Wer vorsätzlich oder fahrlässig einen anderen widerrechtlich in seiner Persönlichkeit beeinträchtigt, ist ihm zum Ersatz des daraus entstehenden Schadens verpflichtet.
(2) ¹Die Persönlichkeitsbeeinträchtigung ist nur widerrechtlich, wenn eine Güter- und Interessenabwägung dies ergibt. ²Bei der Abwägung sind Art, Anlaß und Beweggrund des Eingriffs sowie das Verhältnis zwischen dem mit ihm verfolgten Zweck und der Schwere der Beeinträchtigung zu berücksichtigen."

Da dieser Tatbestand keine Rechtswidrigkeitsindikation („... ist nur widerrechtlich wenn ...") enthält, soll ein eigener Tatbestand geschaffen werden, da eine Aufnahme in das System des

---

[18] Gedruckt im Bundesministerium für Justiz, Auslieferung beim Verlag Versicherungswirtschaft e.V., Karlsruhe.
[19] Siehe im einzelnen Kübler, JZ 1968, S. 542 ff.
[20] Gottwald, S. 313.
[21] Bar, Deliktsrecht. Empfiehlt es sich, die Voraussetzungen der Haftung für unerlaubte Handlungen mit Rücksicht auf die gewandelte Rechtswirklichkeit und die Entwicklung in Rechtsprechung und Lehre neu zu ordnen? S. 1681 ff.
[22] Bar, S. 1764.

§ 823 BGB so nicht möglich wäre. Die Grundsätze der Güterabwägung sollen den von der Rechtsprechung entwickelten Kriterien folgen und die wirtschaftliche und gesellschaftliche Stellung des Opfers soll außer Betracht bleiben.

4. Gutachten und Referate zum 58. Deutschen Juristentag

Für die medienrechtliche Abteilung des 58. Deutschen Juristentages in München, der sich des Persönlichkeitsrechtsschutzes annahm, wurden in einem Gutachten neue Vorschläge zu einer Kodifikation des Persönlichkeitsrechts gemacht[23], die nach dem Gutachten in den §§ 12 ff. und den §§ 823 und 847 BGB erfolgen soll. In einem § 13 BGB soll zunächst eine persönlichkeitsrechtliche Generalklausel normiert werden:

„(I) Wer widerrechtlich in sonstiger Weise die Persönlichkeit eines anderen beeinträchtigt, ist zur Beseitigung der Beeinträchtigung verpflichtet. Der Verletzte kann bei bevorstehender Beeinträchtigung auf Unterlassung klagen.
(II) Die Persönlichkeitsbeeinträchtigung ist nur widerrechtlich, wenn eine Güter- und eine Interessenabwägung dies ergibt. Bei der Abwägung sind Art, Anlaß und Beweggrund des Eingriffs sowie das Verhältnis zwischen dem mit ihm verfolgten Zweck und der Schwere des Eingriffs zu berücksichtigen. Dabei sind berechtigte Interessen, wie sie sich aus den verfassungsmäßigen Freiheitsrechten ergeben können, angemessen zu würdigen, insbesondere auch die öffentliche Aufgabe von Presse, Funk und Film, die Öffentlichkeit zu unterrichten und Kritik zu üben."

Des weiteren sind persönlichkeitsrechtliche Sondertatbestände vorgesehen, die dem „Schutz gegen ansehensmindernde Werturteile", „Schutz der Anonymität und Vertraulichkeit" und auch dem „Schutz der persönlichen Identität" gegen „unrichtige Tatsachenbehauptungen" dienen sollen. Unter anderem soll in § 14 BGB festgelegt werden:

„(I) Eine Persönlichkeitsbeeinträchtigung im Rahmen einer Äußerung oder Berichterstattung ist insbesondere gegeben, wenn jemand durch die Behauptung oder Verbreitung unrichtiger Tatsachen das Persönlichkeitsbild in erheblicher Weise verfälscht.
(II) Die Beeinträchtigung ist als rechtswidrig zu beurteilen, falls nicht der behauptende oder verbreitende Teil die Richtigkeit beweist. Handelt der behauptende oder verbreitende Teil in Wahrnehmung berechtigter Interessen erfüllt er dabei insbesondere die öffentliche Aufgabe der Medien zur Unterrichtung der Öffentlichkeit, so ist die Beeinträchtigung erst als rechtswidrig zu beurteilen, wenn er nähere Umstände für die Richtigkeit der Tatsache nicht ausreichend darlegt oder wenn der beeinträchtigende Teil die Unrichtigkeit des dargelegten Sachverhalts beweist. Auf die Wahrnehmung berechtigter Interessen kann sich nur berufen, wer die Richtigkeit einer Tatsache vor ihrer Behauptung oder Verbreitung mit der nach Umständen gebotenen Sorgfalt auf Wahrheit, Inhalt und Herkunft geprüft hat."

Zum Schutz der Anonymität und Vertraulichkeit heißt es in § 16 BGB, daß eine Beeinträchtigung gegeben ist, wenn „persönliche Lebenssachverhalte, das Bild oder gesprochene Wort eines anderen veröffentlicht oder verbreitet" werden.

---

[23] Siehe zum Folgenden: Stürner, S. A 1 ff.

In zwei Referaten wurde zu den Vorschlägen des Gutachtens Stellung genommen: Nach dem ersten Referat[24] sollen sich die Änderungen auf die §§ 823 und 847 BGB beschränken. § 823 soll nur insoweit geändert werden, als „die Persönlichkeit", die inhaltlich als Identität, Selbstbestimmung und Ehre verstanden wird, als geschütztes Rechtsgut eingefügt werden sollte. Von einer weitergehenden Regelung wird wegen „der Vielfältigkeit und Entwicklungsfähigkeit der Begehungsvarianten einschließlich technischer Entwicklungen" abgeraten.

Das zweite Referat[25] sieht die bloße Einfügung „Persönlichkeitsrecht" in die Aufzählung der Rechtsgüter des § 823 BGB als nicht ausreichend an, sondern befürwortet eine Einzelregelung, wobei die Rechtsfolgenregelung ins Recht der unerlaubten Handlungen gehöre. Was das Persönlichkeitsrecht selber betrifft, so soll es entsprechend der traditionellen Zivilrechtsdogmatik zunächst definiert und umschrieben werden. Hierzu wird eine persönlichkeitsrechtliche Generalklausel vorgeschlagen, für die auf Art. 1 und 2 GG zurückgegriffen wird:

„Das Persönlichkeitsrecht ist das Recht auf Achtung und freie Entfaltung der Persönlichkeit, soweit nicht das Gesetz oder Rechte anderer entgegenstehen."

Desweiteren werden in einem § 13 BGB Vorschriften vorgeschlagen, die aus drei Fallgruppen abgeleitet werden, welche eine gesetzliche Regelung nahelegten: Die Verfehlung der Wahrheit, die Beeinträchtigung der Ehre und die Verletzung des der Person zuzubilligenden Geheimbereichs, also der erforderliche Diskretionsschutz.

Dem Schutz vor Verfehlung der Wahrheit soll § 13 I c) BGB dienen:

„Das Persönlichkeitsrecht umfaßt insbesondere
... c) den Schutz gegen unwahre oder entstellende Behauptungen, die den Rechtsinhaber individuell betreffen und geeignet sind, seine berechtigten persönlichen Belange zu beeinträchtigen"

Dem Ehrenschutz soll unter Berücksichtigung auf die Zivilrechtsprechung über einen Rückgriff auf die Merkmale des § 186 StGB (Üble Nachrede) gedient werden. Einem Diskretionsschutz und dem Schutz sonstiger Interessen soll § 13 I d) BGB dienen:

„d) den Schutz gegen Darstellungen, die geeignet sind, den Rechtsinhaber verächtlich zu machen oder in der öffentlichen Meinung herabzuwürdigen oder die geeignet sind, berechtigte Geheimhaltungs- oder sonstige berechtigte Interessen zu verletzen."

Eine Rechtfertigung der beeinträchtigenden Handlung soll möglich sein; Abs. II des neu zu schaffenden § 13 BGB soll lauten:

„Eingriffe, durch die überwiegende Informationsinteressen wahrgenommen werden, sind nicht rechtswidrig. Hängt die Rechtswidrigkeit einer verächtlich machenden oder herabwürdigenden Darstellung vom fehlenden Wahrheitsgehalt ab, trägt der Behauptende oder Verbreitende die Beweislast, es sei denn, daß er berechtigte Interessen wahrnehmen wollte und er dabei die zu stellen-

---

[24] Herrmann, S. K 8 ff.
[25] Wenzel, S. K 57 ff.

den Sorgfaltsanforderungen erfüllt hat."

III. Argumente in der Diskussion um eine gesetzliche Normierung des Persönlichkeitsschutzes

Insgesamt scheint nach den in den fünfziger Jahren gemachten Erfahrungen und der seither fortgeschrittenen Entwicklung der Rechtsprechung die Mehrheit von einer detaillierten Fallgruppenregelung im Bereiche des Persönlichkeitsrechts abgekommen zu sein[26]. Sofern eine gesetzliche Regelung überhaupt befürwortet wird, zielt sie in Richtung einer Generalklausel[27].

Die Argumentation gegen eine detaillierte Regelung des Persönlichkeitsrechts läuft dabei im wesentlichen darauf hinaus, daß die Persönlichkeit des Menschen zu vielschichtig sei, um ihre schutzwürdigen Erscheinungsformen im einzelnen beschreiben zu können[28]. Um das Persönlichkeitsrecht auf immer neue Bedrohungen auszurichten, müsse eine generelle Regelung geschaffen werden, die es erlaube, flexibel zu reagieren[29]

Andererseits scheint jedoch die Zeit reif für eine Kodifizierung. Rechtsprechung und Lehre haben hinreichende Arbeit auf dem Weg zur Konkretisierung von einzelnen Tatbeständen geleistet, die es möglich machen sollten, in diesem Bereich gesetzgeberisch tätig zu werden. In der Debatte um die Frage der Notwendigkeit oder die Vorteile einer Systematisierung und Kodifikation finden sich vor allem folgende Argumente:

1. Argumente für eine gesetzliche Normierung und Systematisierung

Im Referentenentwurf wurde betont, daß „das deutsche Recht in erster Linie am Gesetz und nicht am Fallrecht orientiert ist[30]". Und sowohl dieser Entwurf, wie auch der von 1967 betonten, daß es auf die Dauer nicht erträglich sein, wenn durch die ausbleibende Kodifikation wirkliches Recht und geschriebenes Recht in einer so grundlegend wichtigen Frage wie der des Persönlichkeitsrechts auseinandergingen. Das Kodifikationsinteresse ist seitdem aufgrund einer fortschreitenden Vermassung und einem immer stärkeren Wandel zur Informationsgesellschaft eindeutig gestiegen.

Hinzu kommen die dem Rechtsstaatsprinzip entspringenden Grundsätze der Rechtsklarheit und Rechtssicherheit. Gerade für den juristischen Laien hätte die Kodifikation in diesem Zusammenhang den Vorteil, daß er sich leichteren Zugang zu diesem Recht verschaffen könnte (als Journalist bspw. über die Grenzen seiner Äußerungsfreiheit oder als Betroffener über die

---

[26] Vgl. Schwerdtner in MüKo, § 12, Rn. 156: „Die lange Zeit bestehenden Bestrebungen, den zivilrechtlichen Persönlichkeits- und Ehrenschutz gesetzlich neu zu regeln, haben sich in der Hauptsache erledigt."
[27] Repräsentativ hierfür auch das Beschlußergebnis des 58. Deutschen Juristentages (Verhandlungen 58. DJT, II, S. K 218 ff.), bei der eine Mehrheit der Sitzungsteilnehmer dafür votierte, den Schutz der Persönlichkeit im BGB ausdrücklich zu regeln (44:25:4) und zwar durch die Einführung der Wörter „die Persönlichkeit" in § 823 I BGB (53:9:15). Eine knappe Mehrheit stimmte jedoch dagegen, zusätzlich zu einer Generalklausel einzelne Ausformungen des Persönlichkeitsrechts in besonderen Tatbeständen mit Abwägungsmerkmalen zu regeln (37:41:2). Vgl. Herrmann, S. K 40 f.; Weitnauer, Der Betrieb 1976, S. 1413 (1418).
[28] Herrmann, Verhandlungen, S. K 42 f.
[29] Bar, S. 1754; Deutsch, JZ 1963, S. 385; vgl. Nipperdey, NJW 1967, S. 1985 (1987).
[30] Ufita 29 (1959), S. 39 (48); vgl. Wenzel, S. K 57 („das unserer Rechtstradition entsprechende Gesetzesrecht").

Schutzmöglichkeiten). Eine solche Zugänglichkeit hätte den Effekt der stärkeren Verankerung der Persönlichkeitswerte im allgemeinen Rechtsbewußtsein[31]. Schließlich darf nicht vergessen werden, daß das im Gesetz verkörperte Recht nicht in erster Linie dem Fachmann sondern der gesamten Gesellschaft dienen sollte. Ein leichtes Verständnis, zu dem man durch den Blick in das Gesetz gelangt und das nicht über ein mühevolles Studium der betreffenden Rechtsprechung oder Fachliteratur erarbeiten muß, ist deshalb sicherlich wünschenswert.

Ferner wird auch in Bezug auf die gegenwärtig angewandten und durch die Rechtsprechung entwickelten Lösungswege beklagt, daß der unter dem Stichwort „allgemeines Persönlichkeitsrecht" gewährte Persönlichkeitsschutz in eine Fülle von Rechten, Rechtsgütern, Schutzbereichen, Verhaltensregeln und Abwägungskriterien zerfasert ist, die nicht nur kein gemeinsames System mehr erkennen lassen, sondern auch zueinander im Widerspruch stehen, was sich z.T. in den einzelnen Entscheidungen niederschlägt[32]. Kritik wird auch an der These der Rechtsprechung geübt, daß Verletzungen immer über eine einzelfallbezogene Güter- und Interessenabwägung geprüft werden sollen, was zu einer Abwägungshypertrophie geführt habe[33].

Die Nichtkodifizierung ist weiterhin auch vor dem Hintergrund des Kodifikations- bzw. Gewaltenteilungsprinzips (Art. 20 II 2 GG) bedenklich[34], da der Gesetzgeber, der eigentlich die gesetzlichen Grundlagen schaffen sollte, um regelnd und lenkend tätig zu sein, diese Aufgabe der Rechtsprechung überlassen hat.

2. Argumente gegen eine Systematisierung und Kodifizierung

Dem Referentenentwurf von 1959 wurde in der sachlichen Kritik entgegengehalten, daß in dogmatischer Hinsicht das Nebeneinander von Generalklausel und Einzeltatbeständen zu bemängeln sei[35]. Das Verhältnis zwischen der Grundregel und den Einzeltatbeständen sei zu unklar, so daß nicht eindeutig sei, ob die Spezialtatbestände für ihr Gebiet abschließend sein sollten[36]. Ferner seien die relativ geschlossenen Grundtatbestände mit zu unbestimmten Rechtsbegriffen gefüllt gewesen, so daß hierin eine große Inkonsequenz gelegen habe[37].

In Bezug auf eine Fallgruppenbildung wird auch heute noch eingewandt, daß sich das Persönlichkeitsrecht hierfür nicht eigne, da es flexibel gestaltet sein müsse, um auf immer neue Bedrohungen ausgerichtet werden zu können. Eine Regelung mit Regelbeispielen stünde immer unter dem Eindruck eines bestimmten Zeitgeists und müßte relativ schnell veralten, so daß es dann nicht mehr klar genug sei[38]. Insofern sei eine abschließende Präzisierung der Verlet-

---

[31] Ulrich, S. 235 f.; vgl. Reinhardt, JZ 1959, S. 41.
[32] Ulrich, S. 2; vgl. Stürner, S. A 62.
[33] Helle, S. 8; vgl. Larenz/Canaris, S. 519.
[34] Gounalakis/Rösler, S. 80.
[35] Reinhardt, JZ 1959, S. 41; Bar, S. 1753 f.; vgl. Deutsch, JZ 1963, S. 385.
[36] Bar, S. 1753 f.
[37] Nipperdey, NJW 1967, S. 1985 (1987 f.).
[38] Bar, S. 1754; vgl. Deutsch, JZ 1963, S. 385.

zungsmöglichkeiten wegen der Fülle der Verletzungsformen nicht möglich[39]. Einer Generalklausel wird entgegengehalten, daß sie zu undeutlich sei und das Risiko beinhalte, von der Rechtsprechung zu sehr ausgeweitet zu werden[40].

B. GRUNDLAGEN DES PERSÖNLICHKEITSRECHTS

I. Verfassungsrechtliche Grundlagen des zivilrechtlichen Persönlichkeitsschutzes

1. Bestätigung der Rechtsprechung des BGH durch das BVerfG

Das Bundesverfassungsgericht hat die Rechtsprechung des Bundesgerichtshofs bestätigt: In der „Soraya-Entscheidung" vom 14.2.1974[41] nahm das Bundesverfassungsgericht erstmals zu der Persönlichkeitsrechtsprechung des BGH Stellung. Es ging um eine Verfassungsbeschwerde gegen ein Urteil, das der iranischen Prinzessin Soraya eine Geldentschädigung für einen immateriellen Schaden, den sie durch ein erfundenes Interview erlitten hatte, zusprach[42]. Die Verfassungsrichter erhoben dabei weder gegen die Anerkennung des allgemeinen Persönlichkeitsrechts als sonstiges Recht gem. § 823 I BGB noch gegen den prinzipiellen Schmerzensgeldanspruch des Verletzten gem. den in BGHZ 35, 363 erhobenen Grundsätzen Bedenken. Sie bestätigten die Auffassung des BGH, daß sich aus dem Grundgesetz die Grundlage für einen zivilrechtlichen Persönlichkeitsschutz ableiten ließe. Die freie Entfaltung der menschlichen Persönlichkeit bilde den Mittelpunkt des Wertesystems des Grundgesetzes nach den Prinzipien des Art. 1 I iVm Art 2 I GG, was sich im Privatrecht über die Rechtsfigur des Allgemeinen Persönlichkeitsrechts auswirke[43]. Auch die Zuerkennung von Schmerzensgeld entgegen der gesetzlichen Regelung der §§ 253, 847 BGB sah das Bundesverfassungsgericht nicht als verfassungswidrig an: Ein reiner Gesetzespositivismus, der die Richter streng an den Gesetzeswortlaut binde, sei wegen Art. 20 III GG abzulehnen. Daher dürften ältere Kodifikationen, insbesondere wenn einzelne Regelungen schon bei ihrer Einführung umstritten gewesen seien, bei „tiefgreifend gewandelten Lebensverhältnissen und Rechtsanschauungen" verfassungskonform gemäß den geltenden Gerechtigkeitsvorstellungen interpretiert werden.

2. Allgemeines Persönlichkeitsgrundrecht

Das Bundesverfassungsgericht hat in einer Reihe von Entscheidungen ein verfassungsrechtliches allgemeines Persönlichkeitsrecht entwickelt[44]. Art. 1 I GG garantiert die Würde des Menschen und Art. 2 I GG das Recht auf freie Entfaltung der Persönlichkeit. Aus diesen beiden Grundsätzen wird ein verfassungsrechtliches allgemeines Persönlichkeitsrecht abgeleitet, das als Grundrecht die Persönlichkeit des Bürgers vor Eingriffen des Staates schützen soll[45].

---

[39] Schwerdtner, JuS 1978, S. 289 (290).
[40] Deutsch, JZ 1963, S. 385.
[41] BVerfGE 34, 269 ff.
[42] BGH, NJW 1965, S. 685 ff.
[43] BVerfGE 34, 269 (281).
[44] BVerfGE 27, 1 (6); BVerfGE 27, 344 (350 f.); vgl. im übrigen die Nachweise bei Jarass/Pieroth, Art. 2, Rn. 25 ff.
[45] BVerfGE 27, 1 ff.; Jarass, NJW 1989, S. 857 ff.

In einem sehr weiten Sinn wird dieses Recht als ein Recht auf Selbstbestimmung verstanden, das dem Bürger eine ureigene Intimsphäre garantiert, die der Staat zu achten hat[46]. Insoweit wird dem Gedanken der „natürlichen Freiheit" des Bürgers Rechnung getragen[47], der dem einzelnen einen Bereich garantieren soll, in dem er frei von Einflüssen des Staates Entscheidungen treffen kann[48].

Das verfassungsrechtliche allgemeine Persönlichkeitsrecht ist jedoch nicht identisch mit dem vom BGH entwickelten zivilrechtlichen und entfaltet nach Meinung des BVerfG und der herrschenden Meinung in der Literatur auch keine unmittelbare Drittwirkung im privatrechtlichen Bereich[49]. Es wirkt aber insoweit auf das Verhältnis zwischen den Bürgern ein, als die bürgerliche Rechtsordnung von den Verfassungswerten, die dem allgemeinen Persönlichkeitsgrundrecht zugrunde liegen, mitgeprägt sein muß[50]. Darüber hinaus stellt es über die allgemeine Schutzgebotsfunktion der Grundrechte[51], durch die dem Staat die Pflicht auferlegt wird, dieses Recht durch eine entsprechende Ausgestaltung des Privatrechts zu schützen, die verfassungsdogmatische Grundlage für den Persönlichkeitsschutz dar[52].

3. Voraussetzungen mit Folgen für das zivilrechtliche allgemeine Persönlichkeitsrecht

Der Inhalt des verfassungsrechtlichen allgemeinen Persönlichkeitsrechts bestimmt sich entsprechend der herrschenden Grundrechtsdogmatik[53] durch die Definition eines Schutzbereiches, der nicht durch ungerechtfertigte staatliche Eingriffe beeinträchtigt werden darf. Dieser Schutzbereich wiederum ist durch zwei Funktionen gekennzeichnet: Einer statischen, die sich ausdrückt in dem „Recht, in Ruhe gelassen zu werden"[54], sowie einer dynamischen, die mit einem Recht auf Selbstbestimmung der Sicherung der „aktiven Entfaltung" der Persönlichkeit dienen soll[55]. Wie weit diese Selbstbestimmung geht, soll nach der Rechtsprechung des Bundesverfassungsgerichts jeder Einzelne für sich selber entscheiden, da grundsätzlich jeder Bürger in Bezug auf sich selbst eine unbegrenzte „natürliche" Freiheit genießt, die nur in den Rechten der anderen ihre Schranken findet[56]. Im Bereich des Verfassungsrechts besteht somit ein „natürliches Selbstbestimmungsrecht", Die bürgerliche Handlungs- und Selbstbestimmungsfreiheit wird weitgehend dadurch geschützt, daß sie darin resultiert, daß der Staat stets die Rechtfertigungslast trägt, wenn er in ein entsprechendes Recht des Bürgers eingreifen

---

[46] Dürig in Maunz/Dürig, Art. 1 I, Rn. 37.
[47] Ehmann in Erman, Anh. § 12, Rn. 28.
[48] BVerfGE 65, 1 (41): „Im Mittelpunkt der grundgesetzlichen Ordnung stehen Wert und Würde der Person, die in freier Selbstbestimmung als Glied einer freien Gesellschaft wirkt".
[49] Stark, S. 39 mwN.
[50] Ehmann in Erman, Anh. § 12, Rn. 77; Jarass, NJW 1989, S. 857 (862).
[51] Vgl. BVerfGE 35, 202 (221); 73, 118 (201). Grundsätzlich zur Schutzgebotsfunktion: Canaris, Grundrechte und Privatrecht, AcP 184 (1984), S. 201 ff. (in Bezug auf das allgemeine Persönlichkeitsrecht, S. 231 f.)
[52] BVerfGE 73, 18 (201); BVerfGE 97, 125 (126); BVerfGE NJW 1999, S. 1323.
[53] Siehe Jarras-Pieroth, Vorb. vor Art. 1, Rn. 12 ff.
[54] BVerfGE 27, 1 (6); Schmitt-Glaeser, § 129, Rn. 18 mwN.
[55] BVerfGE 54, 148 (153).
[56] Ehmann in Erman, Anh. § 12, Rn. 28 f., mit Rechtsprechungsnachweisen zu Entscheidungen, in denen dieser Grundgedanke für unterschiedliche Bereiche konkretisiert worden ist.

will, da er darzulegen und zu beweisen hat, daß der Eingriff in die umfassend geschützte Sphäre des Bürgers nicht übermäßig war[57].

Die Übertragung dieser Struktur auf das privatrechtliche Verhältnis Bürger-Bürger ist jedoch direkt nicht möglich, da hier dem Freiheitsinteresse des Einzelnen auch auf der Gegenseite Rechte der anderen Bürger gegenüberstehen, deren Handeln gleichfalls eine Freiheitsvermutung zukommt[58]. Hier liegt die Hauptschwierigkeit des zivilrechtlichen allgemeinen Persönlichkeitsrechts, und der Grund für das häufig anzutreffende Unbehagen, das immer wieder Konkretisierungsversuche hervorgerufen hat. Aufgrund der unterstellten Unschärfe und Weiträumigkeit besteht die Befürchtung eines ausufernden Persönlichkeitsschutzes, der einschränkend in die Freiheitsinteressen der anderen Bürger eingreift[59]. Der Schwerpunkt des Streits in den Abhandlungen über das Persönlichkeitsrecht liegt dementsprechend auch darin, es zu konkretisieren und durch eine genauere Erfassung berechenbarer zu machen.

Aus der verfassungsrechtlichen Gewährleistung des allgemeinen Persönlichkeitsrechts leitet sich eine Pflicht des Gesetzgebers bzw. der Rechtsprechung ab, ein wirksames System zum Schutz dieses Verfassungsrechts auf einfachgesetzlicher Ebene zu schaffen. Dieser Schutz ist zur Zeit in der Anerkennung des allgemeinen Persönlichkeitsrechts als sonstiges Recht im Sinne des § 823 I BGB und der hierzu entwickelten Rechtsprechung zu sehen.

4. Vergleich mit den spanischen Verfassungsvoraussetzungen

Während in Spanien Ehre und intimidad als Grundrechte ausdrücklich in einem Verfassungsartikel anerkannt sind, ist die Herleitung in Deutschland über die in Art. 1 II, 2 I GG verkörperte Idee vom grundsätzlichen Wert der Persönlichkeit erfolgt, deren Schutz besondere Aufmerksamkeit zukommen müsse.

Das allgemeine Persönlichkeitsrecht als solches oder seine einzelnen Aspekte sind im Grundgesetz jedoch nicht gewährleistet. Die Ehre ist anders als in Spanien nur als Begriff in Art. 5 II GG erwähnt. In diesem Zusammenhang wird ihr jedoch nicht der Sinn einer eigenständigen grundrechtlichen Gewährleistung zugemessen[60]. Ihre Bedeutung erhält sie nur im Rahmen des allgemeinen Persönlichkeitsrechts und des hierauf basierenden Persönlichkeitsschutzes. Verfassungsbeschwerden können sich daher in Deutschland – anders als in Spanien, wo dies selbst in ordentlichen Prozessen möglich ist – nie auf eine Verletzung der Ehre sondern nur des allgemeinen Persönlichkeitsrechts stützen[61]. Was die intimidad betrifft, so finden sich die aus Spanien bekannten Konzeptionselemente im Gedanken des natürlichen Selbstbestim-

---

[57] Ehmann in Erman Anh. § 12, Rn. 29 und 72.
[58] Ehmann, AcP 188 (1988), S. 230 (335 ff.).
[59] Palandt-Gramm, 16. Aufl., Anm. A 6 i, fürchtete nach der erstmaligen Anerkennung durch den BGH eine „uferlose Ausweitung" des Persönlichkeitsrechts; vgl. auch Ehmann in Erman, Anh. § 12 Rn. 24 ff. und Rn. 69 ff., der - obwohl prinzipiell Befürworter eines Persönlichkeitsrechtsschutzes - der Ansicht ist, daß sich das APR zu einer „Informationsordnung" entfalte, die „derzeit auf Grund des übersteigerten Selbstbestimmungsprinzips von einer Tendenz zu Unterdrückung der Wahrheit gekennzeichnet ist"; vgl. Kübler, NJW 1999, S. 1281 ff.
[60] Kübler, NJW 1999, S. 1281 ff. (1285).
[61] Vgl. bspw. BVerfG NJW 1999, 1322 ff.

mungsrechts wieder, und zwar sowohl was die statische wie auch die dynamische Komponente betrifft. Daß es sich aber um ein von der Ehre zu unterscheidendes Recht handelt, wird in Deutschland nicht angenommen. Vielmehr stellt die Idee eines Schutzbereiches mit einer aktiven und dynamischen Funktion die Grundlage für den Gedanken des Allgemeinen Persönlichkeitsrechts und damit des gesamten Persönlichkeitsschutzes dar.
Die inhaltliche Ausgestaltung des zivilrechtlichen Persönlichkeitsschutzes ist in Deutschland aufgrund der mangelnden Spezifizierung einzelner Rechte – anders als in Spanien, wo beim Entwurf der LO 1/1982 aufgrund der namentlichen Erwähnung in Art. 18.1 CE relativ enge Voraussetzungen für den Schutz in Form dreier besonderer Persönlichkeitsrechte bestanden – ohne feste Vorgaben. Da das Grundgesetz das allgemeine Persönlichkeitsrecht nicht als ein verfassungsmäßig gewährleistetes Grundrecht aufführt, ist der Gesetzgeber nicht gehalten, zivilrechtlich den Persönlichkeitsschutz durch die Normierung eines allgemeinen Persönlichkeitsrechts zu gewährleisten; das Privatrecht ist insoweit in weitem Umfang undeterminiert[62], so daß der Schutz auch über die Anerkennung besonderer Persönlichkeitsrechte oder die Normierung von Schutzbereichen erfolgen kann.

II. Stellung des Allgemeinen Persönlichkeitsrechts im BGB

Eine Ausgestaltung des allgemeinen Persönlichkeitsrechts auf zivilrechtlicher Ebene ist durch den Gesetzgeber nicht erfolgt. Um trotzdem den gebotenen Schutz zu gewähren, hat der BGH das allgemeine Persönlichkeitsrecht in einer möglichen Interpretation von Art. 1 II, 2 I GG als „sonstiges Recht" iSd § 823 I BGB anerkannt[63] und es damit auf eine Stufe mit den ausdrücklich genannten Rechtsgütern Leben, Körper, Gesundheit, Freiheit und dem absoluten Recht Eigentum gestellt. Diese Einordnung ist zwar begrifflich möglich[64], jedoch aufgrund mehrerer Gründe problematisch und Gegenstand fortwährender Kritik[65]: Zum einen sind klassicherweise sowohl dem Eigentum wie auch den Rechtsgütern eine „gegenständliche Verkörperung"[66] bzw. „sozialtypische Offenkundigkeit"[67] inhärent, die es möglich machen, den Inhalt zu erkennen. An eben dieser Offenkundigkeit ermangelt es jedoch aufgrund seiner begrifflichen Unbestimmtheit dem allgemeinen Persönlichkeitsrecht, und insofern ist es nicht klar abgrenzbar[68]: Entstehung und Untergang sowie Inhalt und Umfang des allgemeinen Persönlichkeitsrechts werden hier nicht durch das Gesetz bestimmt wie beim Eigentum, aber auch nicht durch die „Natur" wie bei Leben, Körper, Gesundheit und Freiheit[69]. Deshalb wird kriti-

---

[62] Larenz/Canaris, S. 493.
[63] BGHZ 13, 334 ff.; BGHZ 24, 72 (77).
[64] Larenz/Canaris, S. 491.
[65] Zum Beispiel Brox, Schuldrecht BT, Rn. 449; Ehmann in Erman, Anh. § 12, Rn. 14 ff.; Zeuner in Soergel, § 823, Rn. 66; Herrmann, S. K 8 ff.; Nipperdey, NJW 1967, S. 1987; Medicus, BR, Rn. 615, bezeichnet es gar als „juristische Mißgeburt".
[66] Ehmann in Erman, Anh. § 12, Rn. 15.
[67] Larenz/Canaris, S. 491.
[68] Medicus, BR, Rn. 615.
[69] Ehmann in Erman, Anh. § 12, Rn. 14; für die Freiheit gilt dies bezüglich § 823 I insofern, als sie gerade in diesem Zusammenhang aufgrund des Erfordernisses der sozialtypischen Offenkundigkeit auf den Bedeutungsgehalt der „körperlichen Bewegungsfreiheit" beschränkt wird (Palandt-Thomas, § 823, Rn. 6)

siert, daß durch die Anerkennung als sonstiges Recht die Funktion des gesetzlichen Tatbestandes aufgehoben sei[70].

Darüber hinaus steht das allgemeine Persönlichkeitsrecht in vielen seiner Formen in ständigem Konflikt mit dem allgemeinen Persönlichkeitsrecht anderer Menschen; die Verwirklichung der eigenen Persönlichkeit bedingt daher geradezu die permanente Beeinträchtigung anderer in ihrer Persönlichkeit. Für die „klassischen" Rechte und Rechtsgüter des § 823 I BGB gilt dies grundsätzlich nicht[71], was gleichfalls gegen eine Einordnung in diese Vorschrift spricht.

Durch die Entscheidung des Bundesverfassungsgerichts im „Sorayabeschluß" ist dem Streit jedoch viel an Brisanz genommen worden, da dort entschieden wurde, daß die Anerkennung als sonstiges Recht, zumindest nicht verfassungswidrig sei[72]. Insofern bleibt nichts anderes übrig, als die so entstandenen dogmatischen und systematischen Unzulänglichkeiten hinzunehmen, denn man wird nicht umhin können, das allgemeine Persönlichkeitsrecht mindestens als gewohnheitsrechtlich anerkannt und die Rechtsprechung als abgesichert zu sehen[73], so daß die Existenz das allgemeinen Persönlichkeitsrechts sicherlich nicht mehr in Frage steht[74]. Wegen der mangelnden praktischen Konsequenzen erscheint eine andere Begründung nicht nötig[75], solange sich der Gesetzgeber nicht entschließen kann, das Persönlichkeitsrecht auch gesetzlich anzuerkennen.

III. Struktur und Inhalt des allgemeinen Persönlichkeitsrechts
Es gibt verschiedene Möglichkeiten, um die Struktur und den Inhalt des allgemeinen Persönlichkeitsrechts zu beschreiben, die Grundlage für eine Normierung sein können.

1. Methoden der Unrechtsbestimmung
Wie auch im spanischen Teil zu sehen war, besteht beim Persönlichkeitsrecht in besonderem Maße die Schwierigkeit die Unrechtmäßigkeit eines Eingriffs zu bestimmen, um so beurteilen zu können, wann im Einzelfall tatsächlich eine Verletzung vorliegt. Hierfür gibt es verschiedene Ansätze.

a) <u>Erfolgsunrecht</u>
Inhaltlich besteht in Bezug auf das allgemeine Persönlichkeitsrecht die große Problematik seiner generalklauselartigen Weite und Unbestimmtheit. Unstreitig offenbart es eine Differenz, die es von den anderen in § 823 I BGB geregelten Rechten Leben, Körper, Gesundheit

---

[70] Larenz, NJW 1955, S. 521 (523); vgl. auch Deutsch, JZ 1963, S. 388 f.; Stürner, S. A 62 f.
[71] Larenz/Canaris, S. 491.
[72] Larenz/Canaris, S. 496.
[73] Vgl. Ehmann in Erman, Anh. § 12, Rn. 14, „[...] auf dem Weg zur Entwicklung dieser Rechtssätze war das APR als ‚sonstiges Recht' eine jener ‚hilfreichen Krücken', auf denen die Rechtsentwicklung sich fortschleppen konnte".
[74] Hubmann, Persönlichkeitsrecht, S. 152 mwN: „Man kann ohne zwingende dogmatische Gründe ein solches Recht privatrechtlich nicht verneinen".
[75] Vgl. Schäfer in Staudinger, § 823, Rn. 210; siehe auch Wenzel, S. K 58, der in den Unzulänglichkeiten lediglich einen „Schönheitsfehler" sieht.

unterscheidet, und die dazu führt, daß das für diese Rechte geltende System der Rechtswidrigkeitsindikation in der gegenwärtigen Regelung für das allgemeine Persönlichkeitsrecht nicht angewendet werden kann[76]. Während bei der Verletzung der übrigen Rechte davon auszugehen ist, daß ihre Verletzung prinzipiell rechtswidrig ist, da sie als subjektive Rechte absolute Rechtspositionen darstellen, deren Beeinträchtigung nur in Ausnahmefällen gestattet sein kann, ist für das allgemeine Persönlichkeitsrecht eine solche absolute Rechtsposition nicht festzustellen[77].

b) Verhaltensunrecht

Nach vielfacher Ansicht soll aufgrund der Schwierigkeit, das Persönlichkeitsrecht als Erfolgsunrecht zu definieren, das Verhalten des Schädigers für die Beurteilung der Unrechtmäßigkeit von Eingriffen ausschlaggebend sein. Gemäß der Ansicht des BGH, daß die Rechtswidrigkeit erst „aus der mißbilligten Art der Schädigung abzuleiten sei"[78], wird sie damit auf die Verletzung von Verhaltensnormen, die sich aus moralischen Regeln herleiten lassen, zurückgeführt[79], und das allgemeine Persönlichkeitsrecht läßt sich als Schutzrecht vor bestimmten Handlungen begreifen[80]. Diese Betrachtungsweise rückt es in die Nähe strafrechtlicher Haftungstatbestände.

Tatsächlich lassen sich selbst die vom Gesetzgeber zu Gesetzen erhobenen Tatbestände als Normierung moralischer Verhaltensregeln begreifen und die Rechtsfolge als Konsequenz der Verletzung dieser Verhaltensregeln. So sanktioniert das Urhebergesetz die unbefugte Ausnutzung der Leistung anderer, und insbesondere die Tatbestände des StGB, die sich mit persönlichkeitsrechtlichen Schutzpositionen befassen (§§ 201 ff. oder die §§ 186 ff., die über § 823 II BGB in das Zivilrecht Eingang finden) stellen Normierungen von Verhaltensregeln dar[81].

Ein solches Verständnis erklärt auch, wieso nicht erst die Persönlichkeitsrechtsverletzung Schutzansprüche auslöst, sondern bereits die Gefährdung, denn viele moralische und gesetzliche Regeln gewähren diese Ansprüche schon im Falle einer abstrakten Gefährdung des allgemeinen Persönlichkeitsrechts, welche die Möglichkeit einer Verletzung beinhaltet[82].

Einschränkend muß jedoch vor allem im Blick behalten werden, daß es sich bei den Verhaltensnormen um unbestimmte Regeln handelt, mit denen nicht für jeden Fall eine Entscheidung herbeizuleiten ist, und die im Einzelfall mit anderen Regeln und Interessen kollidieren können. Insofern bietet die Festlegung von Verhaltensvorschriften prinzipiell noch keine sichere Methode zur Unrechtmäßigkeitsbestimmung, sondern es bedarf mindestens einer spezi-

---

[76] Vgl. Schiemann in Erman, § 823, Rn. 1 ff.
[77] BGHZ 45, 296 (307); BGHZ 50, 133 (143); Larenz/Canaris, S. 498; Ehmann in Erman, Anh. § 12, Rn. 54; Schäfer in Staudinger, § 823, Rn. 208.
[78] BGHZ 45, 296 (307).
[79] Ehmann in Erman, Anh. § 12, Rn. 56; vgl. Nipperdey, NJW 67, S. 1985 (1993 f.).
[80] Vgl. Ulrich, S. 28.
[81] Ehmann in Erman, Anh. § 12, Rn. 56.
[82] Ehmann in Erman, Anh. § 12, Rn. 57.

fizierten Verrechtlichung einzelner Verhaltensregeln oder zusätzlicher Kriterien, um im Einzelfall die Unrechtmäßigkeit einer Handlung zu bestimmen.

c) Güter- und Interessenabwägung
Nach herrschender Ansicht soll die Bestimmung der Unrechtmäßigkeit erst über eine am Einzelfall vorzunehmende Güter- und Interessenabwägung erfolgen können[83]. Sie stellt den Kern der deutschen Zivilrechtsdogmatik in Bezug auf den Schutz des allgemeinen Persönlichkeitsrechts dar, und gebietet, die Beurteilung der Verletzung nicht unabhängig von Art und Zweck des jeweiligen Eingriffs vorzunehmen.

Bei dieser Abwägung stehen sich auf der einen Seite die statischen und dynamischen Persönlichkeitsinteressen des Einzelnen, die letzten Endes prinzipiell auf ein Schutzinteresse an einer ungestörten Privatsphäre hinauslaufen, und auf der anderen Seite als Gegeninteressen die Meinungs- und Pressefreiheit sowie die Wahrheit gegenüber[84]. Auch das Recht auf Meinungsfreiheit oder das Recht, die Wahrheit zu sagen, dienen dabei der freien Entfaltung der Persönlichkeit und sind insofern Ausflüsse des Allgemeinen Persönlichkeitsrechts. Die Interessenabwägung stellt damit eine Kollision zweier Rechtsgüter dar, die beide dem Bereich des allgemeinen Persönlichkeitsrechts entstammen. In dieser Erkenntnis offenbart sich, daß das allgemeine Persönlichkeitsrecht nicht nur ein Abwehrrecht ist, sondern auch eine Eingriffsfunktion besitzt. Damit handelt es sich bei der Interessenabwägung letzten Endes um eine Präferenzentscheidung zweier Persönlichkeitsgüter, das eine in seiner Eingriffs- das andere in seiner Abwehrfunktion[85].

Die Güter- und Interessenabwägung als grundsätzlich vorzunehmende Maßnahme zur Bestimmung der Unrechtmäßigkeit einer Handlung kann allerdings im Extremfall zu einer „Abwägungshypertrophie"[86] führen und zu einer Tendenz, sich von einem allgemeinen System der abstrakten Betrachtung fortzubewegen, indem nur noch der jeweilige Einzelfall im Auge behalten und bewertet wird. Dies kann dazu führen, daß Übersicht und Klarheit verlorengehen, da für jede einzelne Schutzposition des Persönlichkeitsrechts eigene Abwägungsregeln gelten, die man aus einer „großen Rechtsmasse herausdestillieren" muß[87].

2. Dogmatische Struktur und Einteilungsmöglichkeiten
Wenn auch die Stellung des allgemeinen Persönlichkeitsrechts als sonstiges Recht iSd § 823 BGB trotz dogmatischer Kritik generell nur selten in Frage gestellt wird, so existiert doch

---

[83] Seit BGHZ 13, 334 (338) ständige Rechtsprechung (bspw. BGHZ 24, 80; BGHZ 45, 296 (307); BGHZ 50, 133 (143); BGHZ 62, 331 (334)); BVerfG NJW 1999, S. 1324; Adomeit, JZ 1970, S. 495 (496); Larenz/Canaris, S. 498; Ehmann in Erman, Anh. § 12, Rn. 56, 58; Medicus, BR, Rn. 615; Schwerdtner in MüKo, § 12, Rn. 188, 203; Zeuner in Soergel, § 823, Rn. 67; Schäfer in Staudinger, § 823, Rn. 208.
[84] Ehmann in Erman, Anh. § 12, Rn. 24.
[85] Adomeit, JZ 1970, S. 495 (500); vgl. Hubmann, Inhalt S. 16 ff.
[86] Helle, S. 8; Larenz/Canaris, S. 519 spricht von einer „Hypertrophie einzelfallbezogenen und nahezu völlig ungebundenen ‚Abwägens'."
[87] Stürner, S. A 62.

hinsichtlich der Struktur und des Inhalts eine große Anzahl von Lösungsansätzen und etliche Strukturierungs- und Systematisierungsversuche[88].

Grundsätzliche Einigkeit scheint nur dahingehend zu bestehen, daß es sich bei dem allgemeinen Persönlichkeitsrecht um ein generalklauselartiges Recht handelt, dessen Grenzen unbestimmt und nur schwer definierbar sind. Darüber hinaus wird jedoch insbesondere die Frage diskutiert, ob es sich um ein einheitliches Recht handelt, welches alle besonderen Persönlichkeitsrechte mit umfaßt, oder um eine theoretische unendliche Anzahl von besonderen (oder auch speziellen) Persönlichkeitsrechten, die jeweils selbständige subjektive Rechte im Sinne von § 823 BGB sind.

a) Allgemeine und besondere Persönlichkeitsrechte

Für eine solche Einteilung spricht, daß in Deutschland einzelne Persönlichkeitsrechte bereits durch Gesetz anerkannt sind, wie das Namensrecht, das Urheberpersönlichkeitsrecht und das Recht am eigenen Bild[89]. Diese Rechte stellen eindeutig besondere Persönlichkeitsrechte dar, die einem Rückgriff auf das allgemeine Persönlichkeitsrecht allerdings nicht entgegenstehen[90].

Bezüglich der Einteilung der einzelnen Arten von besonderen Persönlichkeitsrechten kann zwischen Zuweisungsrechten, Schutzrechten und Innominatrechten unterschieden werden[91]: Die erste Gruppe der Zuweisungsrechte (auch Zuordnungs- oder Ausschließlichkeitsrechte genannt) setzt sich aus solchen Rechten zusammen, die Rechte *an* etwas darstellen. Hierzu gehören die soeben erwähnten gesetzlich festgelegten besonderen Persönlichkeitsrechte, bei denen es sich um besonders wichtige und vor allem klar faßbare Rechte handeln soll[92].

Die zweite Gruppe besteht aus einer Anzahl von Rechten, die inhaltlich nicht so genau erfaßbar wie die der ersten Gruppe sind. Sie sind dadurch gekennzeichnet, daß es bei ihnen schwerpunktmäßig um den Schutz vor bestimmten die Persönlichkeit verletzenden Verhaltensweisen geht[93]. Es handelt sich dabei letzten Endes um Fallgruppen, in denen typische Arten der Persönlichkeitsrechtsverletzungen zusammengefaßt werden. Aus den erfaßten verletzenden Verhaltensweisen werden indirekt einzelne Schutzpositionen abgeleitet[94]:

---

[88] Diese Ansätze, die sich teilweise nur marginal voneinander unterscheiden, haben sich in einer enormen Anzahl von verschiedenen Begriffen niederschlagen: Das allgemeine Persönlichkeitsrecht wird dabei als „Rahmenrecht" (Schwerdtner in MüKo § 12, Rn. 203), „Quellrecht" oder „Muttergrundrecht" (BGH NJW 1987, S. 2667, BGHZ 24, 72 (78)); und die vorgenommenen Unterteilungen als „Konkretisierungen" (Zeuner in Soergel, § 823, Rn. 68), „Ausstrahlungen" (Weitnauer in Erman, Anh. § 12, Rn 5), „Ausformungen" (BVerfG NJW 1980, S. 2070 (2071), „Seiten" (Hubmann, Persönlichkeitsrecht, S. 2), „Teile" (Bussmann, S. 60), „Fallgruppen" (Gernhuber, S. 171), „Persönlichkeitswerte" (Reinhardt, AcP 153 S. 548 (555)) oder „besondere Persönlichkeitsrechte" (Neumann-Duesberg, S. 1342 ff.) bezeichnet.
[89] Larenz/Canaris, S. 491; Schwerdtner in MüKo, § 12, Rn. 159 ff.; Helle, S. 21; Schäfer in Staudinger, § 823, Rn. 207; Wenzel, S. K 61 ff; vgl. BGH NJW 1971, S. 885; zweifelnd: Ehmann in Erman, Anh. § 12, Rn. 22. In Spanien wird das deutsche System daher auch als „gemischtes System" bezeichnet (Lacruz Berdejo, S. 45).
[90] BGHZ 24, 200 (208); BGHZ 30, 7 (11); BGHZ 49, 288; BGHZ 80, 311 (319).
[91] Nach Ulrich, S. 26 ff. mwN.
[92] Ulrich, S. 26 f.
[93] Ulrich, S. 27.
[94] Nach Ulrich, S. 28 ff.; vgl. auch Larenz/Canaris, S. 517; Wenzel, S. K 65 ff.; Brossette, S. 132 f.; Pawlowski, JuS 1988, S. 441 (442 f.); Steindorff, S. 56 f.

- Das Recht auf körperliche Integrität soll Schutz vor physischen Substanzverletzungen bieten.
- Das Recht auf Ehre schützt vor persönlichkeitskränkenden Diskriminierungen.
- Das Recht auf Diskretion schützt das Interesse einer Person, nicht gegen oder ohne ihren Willen an die Öffentlichkeit gezerrt zu werden.
- Das Recht auf Identität schützt vor Verfälschungen des Persönlichkeitsbildes.
- Das Recht auf Freiheit, das in diesem Zusammenhang weit zu verstehen ist, soll die Entfaltung der Persönlichkeit absichern.
- Ein Recht auf Kommerzialisierung soll seinem Inhaber einen Schutz vor gewerblicher Nutzung vergegenständlichter Persönlichkeitsmerkmale bieten und ihm selber eine ausschließliche Nutzung dieser Merkmale ermöglichen.

Die Schutzpositionen, deren Aufzählung nicht als abschließend erachtet werden kann, sind neben der Unsicherheit bei ihrer Abgrenzung inhaltlich nicht eindeutig bestimmt, was dazu führt, daß ihre Bezeichnung variieren kann.

Auf einer dritten Ebene muß für die Möglichkeit, daß weder die Zuweisungs- noch die Schutzrechte für den Schutz der Persönlichkeit in einem Einzelfall als ausreichend erachtet werden, zu gewährleisten sein, daß auch für diese Position ein Recht „gefunden" wird. Das entsprechende besondere Persönlichkeitsrecht wird dabei als eine in dem Gattungsbegriff „allgemeines Persönlichkeitsrecht" enthaltene Schutzposition erachtet[95]. Neben den Positionen, die inhaltlich so feststehen, daß sie als eigene besondere Persönlichkeitsrechte angesehen und definiert werden können, existieren nach dieser Ansicht also eine Vielzahl weiterer Positionen, die alle als selbständig nebeneinander bestehende Rechte im Gattungsbegriff allgemeines Persönlichkeitsrecht enthalten sind und von denen einzelne über die Eingriffshandlungen, vor denen sie schützen, beschrieben werden können.

Das Verhältnis der einzelnen Zuordnungs-, Schutz- und Innominatrechte zueinander und untereinander ist jedoch nicht befriedigend geklärt. Aufgrund dieser mangelnden inhaltlichen Bestimmtheit und der Schwierigkeit, sie untereinander abzugrenzen, ist es problematisch, den Terminus „Rechte" zumindest für die Positionen der zweiten Gruppe im Sinne von subjektiven Rechten zu verstehen. Insofern wird vorgeschlagen, sie nicht als selbständige Rechte, sondern als Fallgruppen zu erfassen[96].

b) Sphärentheorie

Eine andere Vorgehensweise bei der Strukturierung des allgemeinen Persönlichkeitsrechts besteht darin, einzelne Sphären zu unterscheiden. Ausgangspunkt hierfür ist die Idee, daß das durch das allgemeine Persönlichkeitsrecht geschützte Rechtsgut ein Bereich ist, dessen der

---

[95] Ulrich, S. 31; vgl. Schäfer in Staudinger, § 823, Rn. 207; vgl. zum Verhältnis allgemeines Persönlichkeitsrecht und besondere Persönlichkeitsrechte auch Wronka, Ufita 69 (1973), S. 71 (77 ff.).

Mensch für sich selbst bedarf und in dem er von anderen in Ruhe gelassen werden muß. Bei der Frage, wie weit dieser Bereich ist und inwiefern er durch andere Interessen eingeschränkt werden kann, werden unterschiedliche Sphären entwickelt, die sich in Form von Schutzkreisen um einen unantastbaren Kernbereich der Persönlichkeit legen[97]. Hierbei wird zwischen einer Individual-, Privat- und Geheimsphäre (bzw. Vertrauenssphäre) unterschieden[98]. In diesem Zusammenhang wird zum Teil auch versucht, einen Kernbereichsschutz zu entwickeln, bei dem inhaltlich ein absolut geschützter durch Gegenrechte nicht einschränkbarer Kernbereich entwickelt werden soll[99].

Die Idee der Einteilung des Persönlichkeitsrechts in Sphären stellt jedoch lediglich eine Hilfsvorstellung dar, die keine Grundlage für ein eigenständiges System bilden kann[100]. Eine genaue Bestimmung und Abgrenzung der Sphären ist nicht möglich, und auch ein besonders geschützter Persönlichkeitskern läßt sich nicht präzise herausarbeiten[101]. Auch der BGH hat die Verletzung des allgemeinen Persönlichkeitsrechts nie allein mit der Verletzung einer der Sphären begründet, sondern bei der Bejahung zusätzliche Kriterien herangezogen, um die Unrechtmäßigkeit des Handelns festzustellen[102]. Die Vorstellung unterschiedlicher Stufen ist jedoch hilfreich bei der Bewertung des Erfolgs- oder Handlungsunrechts eines Eingriffs und kann daher im Rahmen einer anderen Systematik eine Rolle spielen. Im Zusammenhang mit besonderen Persönlichkeitsrechten oder der Bildung von Schutzbereichen bzw. Fallgruppen wird insofern auch vertreten, daß es „absolute" Rechte oder Bereiche insoweit gibt, als dort ein Eindringen die Rechtswidrigkeit indiziert[103]. Und auch für die Güterabwägung ist die Idee verschiedener Sphären mitentscheidend[104].

c) <u>Statischer und dynamischer Persönlichkeitsschutz</u>
Auf der verfassungsrechtlichen Grundlage der freien Entfaltung der Persönlichkeit gem. Art. 2 I GG wird in Bezug auf das hierauf basierende allgemeine Persönlichkeitsrecht gefordert, daß es die Persönlichkeit nicht nur in ihren statischen sondern auch in ihren dynamischen Elementen schützen müsse[105].

Dies berücksichtigt, daß die Persönlichkeit nicht nur statisch in Bezug auf den Betroffenen, sondern auch dynamisch im Verhältnis zu den anderen im jeweiligen Bezugssystem stehenden Personen bestimmt und begrifflich erfaßt werden kann[106]. Der dynamische Persönlich-

---

[96] Larenz/Canaris, S. 519 f.; Ehmann in Erman, Anh. § 12, Rn. 112 ff.; Schlechtriem, DRiZ 1975, S. 66 mwN. Für die Erfassung in Form von besonderen Rechten: Helle, S. 8 ff.; Ulrich, S. 32.
[97] BVerfGE 35, 35 (39); BVerfGE 80, 367 (373); Geis, JZ 1991, 112.
[98] BVerfGE 54, 148 (154); BVerfGE 66, 116 (139); BVerfG NJW 1999, S. 1324; BGHZ 36, 77 (80); BGH NJW 1987, S. 2667; BGH NJW 1991, S. 1553.
[99] Geis, JZ 91, S. 112 ff.; Steindorff, S. 19 ff.
[100] Brossette, S. 131.
[101] Ehmann in Erman, Anh. § 12, Rn. 26; Ulrich, S. 35.
[102] Zum Beispiel groben Vertrauensbruch oder eine existenzvernichtende Wirkung des Eingriffs (Ehmann in Erman, Anh. § 12, Rn. 26 mit Hinweis auf BGH NJW 87, S. 2668).
[103] Zum Beispiel Ulrich, S. 35; Larenz/Canaris, S. 498 ff.; vgl. Stürner, S. A 76 f.; Herrmann, S. K 37 f.
[104] Vgl. BVerfG NJW 1999, S. 1322 (1324); Wenzel, S. K 68.
[105] Schwerdtner, Persönlichkeitsrecht S. 93 f.; Ulrich, S. 42 ff., 51.
[106] Vgl. BVerfGE 65, 1 (43 f.); Jarass, NJW 1989, S. 857 (859); Steindorff, S. 23.

keitsschutz ist – da er berücksichtigt, daß der Mensch als soziales Wesen auf Kommunikation angewiesen ist – der „modernere" Teil des Persönlichkeitsschutzes; er ist nicht nur Geheimnisschutz sondern auch ein umfassender Kommunikationsschutz, der das aktive Verhalten des Inhabers des Persönlichkeitsrechts im Blick behält. Gleichzeitig macht diese Berücksichtigung den Persönlichkeitsschutz komplizierter, denn wie bei der Güter- und Interessenabwägung ausgeführt, besitzt das Persönlichkeitsrecht sowohl Abwehr- als auch Eingriffsfunktionen. Diese Eingriffsfunktionen zu erkennen heißt möglicherweise auch, daß mehr als die bereits bestehenden Fall- und Konfliktgruppen herausgearbeitet werden müssen.

d) Schutzbereiche

In einer großen Anzahl von Darstellungen wird versucht, das allgemeine Persönlichkeitsrecht über eine Aufteilung in Schutzbereiche systematisch darzustellen[107]. Diese Art der Darstellung soll u.a. dazu dienen, die weitere Rechtsfindung der Gesetzgebung normativ zu leiten[108], so daß in ihr die Grundlage für eine eventuelle gesetzliche Regelung gesehen werden kann.

(1) Aufgliederung

Ursprünglich wurde der Persönlichkeitsschutz in vier verschiedene Ausprägungen untergliedert[109]:

(a) Ansehen

In dieser Gruppe ist die Ehre einer Person, ihr Ansehen im Urteil ihrer Mitmenschen und die davon nie ganz unabhängige Selbstachtung erfaßt.

(b) Privatsphäre

Hier sollen alle Äußerungen, Regungen und Selbstdarstellungen, die nicht bewußt in der Öffentlichkeit geschehen oder für diese bestimmt sind, geschützt sein.

(c) Selbstbestimmung über Persönlichkeitsdetails

Die Auswertung von Persönlichkeitsdetails, die die Gesamtheit aller persönlichen Lebensumstände darstellen, soll grundsätzlich nur dem Inhaber zukommen. Das Namensrecht, das Recht am eigenen Bild und das Urheberpersönlichkeitsrecht sollen speziell geregelte Ausschnitte aus diesem Bereich darstellen.

(d) Selbstentfaltung

In einer weiteren Gruppe sind die Fälle anzuführen, die zur Freiheit der Selbstentfaltung (als allgemeine Handlungsfreiheit, Bewegungsfreiheit, Freiheit der gewerblichen, beruflichen und kulturellen Betätigung, der freien Meinungsäußerung u.a.) gehören.

---

[107] Zum Beispiel Larenz/Canaris, S. 498 ff.; Ehmann in Erman, Anh. § 12, Rn. 112 ff.; Schwerdtner in MüKo, § 12, Rn. 157; Schlechtriem, DRiZ 1975, S. 65 (66) mwN; Schwerdtner, JuS 1978, S. 289 (290); vgl. Helle, S. 19 f.
[108] Ehmann in Erman, Anh. § 12, Rn. 112 ff.
[109] Nach Schlechtriem, DRiZ 1975, S. 65 (66) mwN.

(e) Bewertung

Die Ausprägungen des Persönlichkeitsschutzes in der vorgenannten Unterteilung entspricht der spanischen Konzeption des Persönlichkeitsschutzes in Bezug auf Ehre und intimidad: Die Kategorie (a) enthält den objektiven und subjektiven Aspekt der spanischen Auffassung des Ehrenschutzes, während die Kategorien (b) und (c) die Konzeption der intimidad wiedergeben; der Schutz der Privatsphäre entspricht der klassischen Konzeption der intimidad als Schutzrecht eines privaten Bereichs, während die Idee der Selbstbestimmung der Persönlichkeitsdetails der gewandelten Auffassung der intimidad entspricht, die auch ein „Datenkontrollrecht" beinhaltet.

Bei der vierten Kategorie der Selbstentfaltung wird im Rahmen der Aufstellung eingeräumt, daß diese Gruppe als Angriffsziel „selten" in Frage komme, sondern primär im Bereich der Güterabwägung für die Rechtfertigung eines Eingriffs in die zuvor beschriebenen Bereiche von Interesse sei[110].

Es ist bezeichnend, daß diese Kategorien nicht für eine eigenständige Fallgruppenbildung herangezogen wurden. Die Rechtsprechung bevorzugte das „Güter- und Interessenabwägungsmodell", welches auf den Einzelfall zugeschnitten ist, so daß damit auf eine systematische und abstrakte Strukturierung verzichtet werden kann.

(2) Fallgruppen- bzw. Schutzbereichssystematik

Erst in den letzten Jahren hat die Idee der Fallgruppenbildung bzw. der Systematisierung von Schutzbereichen wieder an Aktualität gewonnen[111]. Bei diesen Darstellungen ergibt sich ein deutlich differenzierteres Bild hinsichtlich der ursprünglichen Aufgliederung, die in der vorgenannten Form zu oberflächlich strukturiert war, um für eine inhaltliche Systematisierung des allgemeinen Persönlichkeitsrechts tauglich zu sein. Die neueren Fallgruppenaufstellungen greifen zwar die Elemente der alten auf, haben sie jedoch verfeinert und dabei auch Prinzipien aufgegriffen, die im wesentlichen bereits vorhandenen gesetzlichen Vorschriften entnommen worden sind[112]. Die folgende Aufzählung von Fallgruppen entspricht einer Reihe gegenwärtiger Darstellungen, wobei diese zum Teil inhaltlich und terminologisch voneinander abweichen. Darüber hinaus werden von einzelnen Autoren noch weitere Gruppen vorgeschlagen.

(a) Schutz vor Verfälschung des Persönlichkeitsbildes

Der Schutz vor Verfälschung des Persönlichkeitsbildes[113] (auch „Schutz der persönlichen Identität"[114], „Schutz vor Entstellungen und unwahren Behauptungen"[115] oder „Schutz vor Un-

---

[110] Schlechtriem, DRiZ 1975, S. 65 (66).
[111] Siehe hierzu insbesondere die Darstellungen bei Larenz/Canaris, S. 498 ff. und Ehmann in Erman, Anh. § 12, Rn. 112 ff.
[112] Ehmann in Erman, Anh. § 12, Rn. 112.
[113] Siehe Ehmann in Erman, Anh. § 12, Rn. 196 ff.; vgl. Brossette, S. 132 mwN; Ulrich, S. 29.
[114] Stürner, S. A 68 ff.
[115] Larenz/Canaris, S. 499 f.

wahrheit"[116]) ist einer der Grundtypen der Beeinträchtigung des Persönlichkeitsrechts, die zu dessen Anerkennung in Deutschland geführt haben[117]. Bei diesem Anspruch geht es für die betroffene Person darum, in der Öffentlichkeit richtig dargestellt zu sein, wobei es keine Rolle spielt, ob gleichzeitig die Ehre berührt ist[118]. Die Fälle dieser Gruppe haben insofern auch nie Meinungsäußerungen sondern immer Tatsachenbehauptungen zum Gegenstand.

(b) Schutz vor Herabsetzungen

Der Schutz vor Herabsetzungen soll Beeinträchtigungen der Ehre vermeiden. Diese Fallgruppe ist durch lange Tradition vorgegeben. Um hier zu befriedigenden Ergebnissen zu gelangen, wird häufig auf die entsprechenden Vorgaben verwiesen, und empfohlen, auf die Tatbestandsmerkmale der §§ 185 ff. StGB zurückzugreifen, die über § 823 II BGB im Zivilrecht Anwendung finden[119].

(c) Schutz vor wirtschaftlicher Nutzung

Eine für das Wirtschaftsleben besonders wichtige Fallgruppe ist der Schutz vor wirtschaftlicher Nutzung durch andere, denn das ökonomische Interesse – meist sind es Werbezwecke – dürfte einer der Hauptantriebe für die Verletzung der Persönlichkeitsrechte sein[120]. Nur dem Inhaber des Persönlichkeitsrechts soll jedoch dessen wirtschaftliche Nutzung zustehen.

Problematisch ist in diesem Zusammenhang die Frage der Patrimonialisierung von Persönlichkeitsrechten. In Spanien ist dabei auf die Probleme hingewiesen worden, die sich insbesondere aus dem Umstand ergeben, daß die Persönlichkeitsrechte als klassische Nichtvermögenswerte erachtet werden, was dort dadurch Berechtigung erfährt, daß – wie bereits ausgeführt – drei Rechte anerkannt sind, von denen insbesondere Ehre und intimidad ihrer Konzeption nach nicht auf eine Bewertung im Sinne eines Marktwertes ausgelegt sind. Ferner ergibt sich in Spanien eine besondere Schwierigkeit daraus, daß der Gesetzgeber nur den Schadensersatz als mögliche finanzielle Grundlage für eine Verletzung vorgesehen hat.

Im Zusammenhang mit einem Schutz vor wirtschaftlicher Nutzung zeigt sich jedoch, daß der Schadensersatz – mitsamt den Kriterien zu seiner Berechnung als einzige mögliche Rechtsfolge – eine zu begrenzte Auffassung der Persönlichkeitsrechte widerspiegelt. Denn bei der Verletzung dieses Schutzbereiches ist eine Eingriffskondiktion gem. § 812 BGB gegeben[121]. diese ist besser als der Schadensersatz geeignet, den tatsächlichen Vorgang rechtlich zu erfassen, denn im Vordergrund steht die Inanspruchnahme eines fremden Rechts mit einem Zuweisungsgehalt, die zu einem Vermögenszuwachs beim Schädiger führt.

---

[116] Wenzel, S. K 65 ff.
[117] Vgl. BGHZ 13, 334 (Schacht-Brief); BGHZ 26, 394 (Herrenreiter); BGH NJW 1965, 685 (Soraya).
[118] Larenz/Canaris, S. 499.
[119] Larenz/Canaris, S. 500 f.; Wenzel, S. K 67; vgl. BGHZ 39, 124.
[120] Vgl. bspw. BGHZ 26, 349 (Herrenreiter); BGHZ 30, 7 (Caterina Valente); BGHZ 35, 363 (Ginseng).
[121] Larenz/Canaris, S. 502; vgl. Ehmann in Erman, Anh. § 12, Rn. 467 ff.

(d) Schutz der Geheimnisse der Privatsphäre

Der Schutz der Geheimnisse der Privatsphäre (auch „Diskretionsschutz"[122] oder „Schutz der Anonymität und Vertraulichkeit"[123] genannt) steht unmittelbar mit dem Gedanken der intimidad in Zusammenhang. Es geht um den Umgang mit den eine Person betreffenden Informationen. In Deutschland wird dieser Bereich dementsprechend auf das Recht auf informationelle Selbstbestimmung zurückgeführt[124].

Im einzelnen variieren in diesem Bereich die Darstellungen am meisten, was u.a. darauf zurückzuführen sein dürfte, daß hier vorgeprägte Schutzgüter fehlen[125]. Ferner ist das geschützte Rechtsgut dieser Gruppe – die Geheimnisse der Privatsphäre, soweit sie schützenswert sind[126] – ein relativer Begriff, der im Einzelfall durch eine Vielzahl von Kriterien bestimmt werden muß. Daher ist hier eine noch differenziertere Systematisierung notwendig. Es lassen sich dabei mindestens zwei weitere Schutzgruppen unterscheiden, von denen die eine die Informationserlangung und die andere die Informationsverbreitung betrifft:

(i) Schutz vor dem Eindringen in den persönlichen Bereich

Beim Schutz vor dem Eindringen in den persönlichen Bereich (auch „Schutz gegen Erhebung und Speicherung von Geheimnissen der Privatsphäre"[127]) wird insoweit zum Teil auf das Sphärenmodell zurückgegriffen, als die Intimsphäre absoluten Schutz genießen soll[128]. Im Vordergrund steht bei dieser Fallgruppe die Art der Informationserlangung. Auch wenn der demokratische Staat prinzipiell eine besonders hohes Maß an Informationsfreiheit fördert, bedeutet dies nicht, daß er auch jede Art, sich diese Informationen zu beschaffen, billigen kann. Folgerichtig soll hier weniger das Objekt der Informationserlangung im Vordergrund stehen (für das eine Vielzahl weiterer Aufgliederungsmöglichkeiten besteht (geschriebenes und gesprochenes Wort, Bild einer Person sowie einzelne Bereichen der persönlichen Sphäre)) sondern die Arten der Verletzungshandlungen. Diese bestehen in Täuschung, Heimlichkeit und Zwang[129]. Mehrere dieser Handlungen lassen sich durch die Transponierung der entsprechenden strafrechtlichen Delikte in das Zivilrecht, die über § 823 II BGB möglich ist, erfassen[130].

(ii) Schutz vor der Verbreitung von Persönlichkeitsäußerungen und wahren Tatsachen

Dieser Bereich (auch „Schutz gegen Verbreitung und Auswertung von Geheimnissen der Privatsphäre"[131]) hat die Verbreitung von Informationen zum Gegenstand. In Bezug auf eine solche Informationsverbreitung ist jedoch unter Beachtung von Art. 5 I GG im Privatrecht

---

[122] Wenzel, S. K 68 ff.
[123] Stürner, S. A 75 ff.
[124] Larenz/Canaris, S. 503.
[125] Wenzel, S. K 68 ff.
[126] Ehmann in Erman, Anh. § 12, Rn. 206 und 304.
[127] Ehmann in Erman, Anh. § 12, Rn. 304 ff.
[128] Stürner, S. A 76, mwN; Larenz/Canaris, S. 503.
[129] Larenz/Canaris, S. 504 ff. mwN.
[130] Vgl. Ehmann in Erman, Anh. § 12, Rn. 304 ff; Wenzel, S. K 69; Larenz/Canaris, S. 504 ff; Stürner, S. A 79 f.
[131] Ehmann in Erman, Anh. § 12, Rn. 206 ff.; vgl. Stürner, S. A 76.

prinzipiell von der Vermutung der Zulässigkeit der Verbreitung wahrer Informationen auszugehen[132]. Auf eine Rechtswidrigkeit kann nur im Ausnahmefall geschlossen werden. Das heißt, daß es in dieser Fallgruppe einer besonderen Begründung bedarf, um die Rechtswidrigkeit einer Informationsverbreitung anzunehmen.

Hierbei kann erneut auf die Erlangung abgestellt werden, in dem Sinne, daß eine rechtswidrige Erlangung auch die Rechtswidrigkeit der Verbreitung indizieren kann. Ferner kann auch die Art der verbreiteten Tatsache ausschlaggebend sein: So nimmt das Bundesverfassungsgericht eine Rechtswidrigkeit an, wenn die wahre Information einen Persönlichkeitsschaden anzurichten droht, der nicht im Verhältnis zum Interesse an der Verbreitung der Information steht[133]. Im einzelnen gibt es insbesondere in diesem Bereich die meisten Unklarheiten, weswegen hier die Güterabwägung als entscheidendes Element unverzichtbar sein soll[134]. Häufig wird dabei auf ein Geheimhaltungsrecht[135] bzw. ein berechtigtes Geheimhaltungsinteresse[136] des Persönlichkeitsrechtsinhabers verwiesen, das den Informationsinteressen der Allgemeinheit entgegenstehen soll.

(e) Weitere Fallgruppen

Als weitere Fallgruppen werden zum Teil Schutz der Entscheidungs- oder sogar Handlungsfreiheit und Schutz vor Belästigungen vorgeschlagen, die allerdings nur marginale Bedeutung haben, bzw. äußerst beschränkt gehandhabt werden müssen.

C. BEWERTUNG

I. Grundsätzlicher Systematisierungsbedarf

Ganz allgemein besteht in Rechtsprechung und Literatur Einigkeit darüber, daß der Schutz der Persönlichkeit nicht allumfassend und unbeschränkt sein kann. Der Mensch als soziales Wesen muß sich im gesellschaftlichen Kommunikationsprozeß Einschränkungen gefallen lassen, da in diesem Prozeß eine Vielzahl prinzipiell gleichberechtigter Rechte und Interessen zusammentreffen. Nicht alles, was durch den Einzelnen als Einschränkung empfunden wird, kann daher Abwehransprüche auslösen. Die Umsetzung dieses zentralen Gedankens begegnet jedoch der praktischen Schwierigkeit, die sozialen Interessen und ihre Kollisionen hinreichend juristisch zu abstrahieren und rechtlich zu erfassen.

Die vorgenannten Strukturierungsansätze haben letztlich zum Ziel, den Persönlichkeitsschutz genauer zu erfassen und ihn damit möglicher Beliebigkeit und Willkür zu entziehen. Denn die Entwicklung in der Rechtsprechung hat zu einer kaum noch überschaubaren Anzahl von Urteilen und Lösungsansätzen für den Einzelfall geführt, die prinzipiell der Systematisierung bedürfen.

---

[132] BVerfG NJW 1999, S. 1322 (1324); Larenz/Canaris, S. 509.
[133] BVerfGE 61, 1 (8); BVerfGE 90, 1 (15); BVerfGE 90, 241 (254).
[134] Larenz/Canaris, S. 509.
[135] Vgl. Ehmann in Erman, Anh. § 12, Rn. 206.
[136] Wenzel, S. K 69.

II. Vergleich mit dem spanischen System

In welche Richtung diese Systematisierung zu führen hat, d.h. welchem Ansatz der Vorzug zu geben ist, ist umstritten. Ein Vergleich mit dem spanischen Recht zeigt, daß sich die verschiedenen Ansätze auch dort wiederfinden lassen. Darüber hinaus weisen die spanischen Erfahrungen auf eine starke „Attraktivität" der Güter- und Interessenabwägung hin, deren Anwendung auch in Deutschland die herrschende Meinung favorisiert.

1. Vorgaben der spanischen Verfassung

Aufgrund der Vorgaben der Verfassung wäre in Spanien eigentlich eine Systematisierung in Form von besonderen Persönlichkeitsrechten am naheliegendsten gewesen. Ehre und intimidad stellen ihrer dortigen Konzeption nach Aspekte des allgemeinen Persönlichkeitsrechts – so wie es in Deutschland verstanden wird – dar. Aufgrund des Umstandes jedoch, daß sie ausdrücklich in der Verfassung gewährleistet sind, bestand und besteht in Spanien die relativ einheitliche Tendenz zur Anerkennung besonderer Persönlichkeitsrechte und zur Ablehnung eines allgemeinen Persönlichkeitsrechts. Ehre und intimidad sowie das Recht am eigenen Bild werden zwar als Rechte zum Schutz des Privatlebens verstanden und können auch verfassungsrechtlich auf die gleichen Grundgedanken zurückgeführt werden; trotzdem sind es nach nahezu einhelliger Auffassung voneinander unabhängige Rechte, die sich zwar in einigen Aspekten überschneiden, letztendlich jedoch unterschiedliche Facetten der Persönlichkeit schützen.

Diese Konzeption als besondere Persönlichkeitsrechte ist in der Umsetzung prinzipiell auch in der LO 1/1982 beibehalten worden. Die drei in ihr geregelten Persönlichkeitsrechte sind begrifflich voneinander unabhängige Rechte. Weitere besondere Persönlichkeitsrechte sind in Spanien nicht anerkannt. Wie in den Ausführungen im spanischen Teil erwähnt, ist zwar in der Literatur in den letzten Jahren vereinzelt ein Recht auf Identität ausgemacht worden, von dem man der Meinung ist, daß es sich zu einem neuen eigenständigen Recht entwickeln könnte; diese Erwartung ist aber zumindest bisher durch die Rechtsprechung nicht erfüllt worden. Elemente dieses Rechts finden sich immerhin in Art. 7.6 LO 1/1982, der dem Schutz des Rechts am eigenen Bild dient. Möglicherweise könnte hieraus ein entsprechender Ansatz konzipiert werden, der zu einem Schutz vor Verfälschungen des Persönlichkeitsbildes führt, wie er in Deutschland bekannt ist. Dabei dürften jedoch nicht unwesentliche Schwierigkeiten bestehen, die sich daraus ergeben, daß sich die in diesem Bereich entwickelte Systematik aus dem Grundgedanken eines Rechts am eigenen Bild herleitet.

2. Kodifizierung in Form von Verhaltensunrecht

Das soeben Erwähnte weist auf eine besondere Problematik hin: In der Beschränkung auf drei Rechte liegt deswegen eine Schwierigkeit, weil über diese drei besonderen Persönlichkeitsrechten ein allumfassender Schutz der gesamten Persönlichkeit erreicht werden soll. Dies beinhaltet jedoch die Gefahr, daß der Schutz von bestimmten als schutzwürdig erkannten Bereichen entweder nur über die Anerkennung eines neuen Rechts herbeigeführt werden kann, oder daß versucht wird, eines der drei Rechte auf diesen Bereich auszudehnen, was vielfach nicht ohne dogmatische Brüche möglich sein wird. Zumindest aber führt es dazu, daß das entsprechende Recht selber an Konturen verliert. Der Blick auf die deutschen Systematisierungen – insbesondere mit der Bildung von Fallgruppen – zeigt ein deutlich differenzierteres Bild der einzelnen Aspekte und Bereiche des Persönlichkeitsschutzes, das den Unterschiedlichkeiten der Erscheinung der Persönlichkeit und der Formen ihrer Verletzung klarer Rechnung trägt als das spanische System mit lediglich drei Rechten. Dabei hat gerade die Schwierigkeit, die geschützten Positionen auf ein oder mehrere inhaltlich bestimmbare Persönlichkeitsrechte zurückzuführen, zur Bildung der Fallgruppen geführt.

Der Problematik der inhaltlichen Bestimmbarkeit hat auch der spanische Gesetzgeber durch die Schaffung von Art. 2.1 sowie Art. 7 LO 1/1982 Rechnung getragen. Und indem er über Art. 2.1 den Gerichten ermöglicht hat, den Schutzbereich der Rechte der LO 1/1982 im Einzelfall zu bestimmen, wurde indirekt zugegeben, daß eine solche Bestimmung generell nicht möglich ist. Die Regelungen in Art. 7 sind das Ergebnis der Bemühungen, für jedermann erkennbare Schutzbereiche zu schaffen, indem bestimmte Handlungen für unrechtmäßig erklärt werden, was auch durch die Übereinstimmung von Art. 7.7 LO 1/1982 und Art. 208 CP betont wird. Auch der Umstand, daß die Tatbestände nicht im Sinne eines numerus clausus verstanden werden, führt dazu, daß eine Definition der Rechte nicht einmal ansatzweise aus dem Gesetz zu entnehmen ist.

Obwohl also prinzipiell eine gesetzliche Kodifizierung von Erfolgsunrecht nahegelegen hätte, ist diese unterblieben; hauptsächlich deshalb, weil bei den verfassungsrechtlichen Vorgaben eine Beschränkung der Tatbestände auf die drei Rechte Ehre, intimidad und am eigenen Bild hätte erfolgen müssen, was ein totales Verschwimmen der Inhalte der Rechte zur Folge gehabt hätte. Denn in dem Versuch, auf neue Entwicklungen und Bedrohungen zu reagieren, hätten die Tatbestände bis zur Unkenntlichkeit erweitert werden müssen (zumal sie bei der Beschränkung auf drei Rechte wohl von vornherein zu eng gewesen wären).

3. Probleme der Kodifizierung von Verhaltensunrecht - Rückgriff auf die Güterabwägung

Auch die Festlegung von Tatbeständen, die bestimmte Verletzungsformen aufführen, hat jedoch keine Klarheit bezüglich der Unrechtmäßigkeit wenigstens in Teilbereichen erbracht.

Dies hat mehrere Gründe: Zum einen hat die spanische Rechtsprechung und die überwiegende Meinung in der Literatur von Anfang an die Auffassung vertreten, daß es sich bei den Tatbeständen in Art. 7 LO 1/1982 nicht um eine beschränkte Aufzählung im Sinne eines numerus clausus handelt. Vielmehr wird in ihnen eine beispielhafte Aufzählung verstanden, die Platz läßt für einen weiten Ermessensspielraum, um so gesetzlich nicht erfaßte Verletzungsformen mit in den Anwendungsbereich des Gesetzes einbeziehen zu können. Für die Bestimmung des Umfangs der Rechte haben diese Tatbestände damit nur noch eine Indizfunktion, können jedoch keine hinreichenden Kriterien für eine genaue Abgrenzung geben. Zum anderen hat insbesondere die Regelung in Art. 2.1 LO 1/1982, die eine flexible Einzelfallbestimmung ermöglichen soll, die Gerichte dazu verleitet, Abstraktionen zu vermeiden und nur noch eine Entscheidung anhand der Umstände des Einzelfalles vorzunehmen. Wie die Analyse der einzelnen Tatbestände (es geht dabei im wesentlichen immer nur um Art. 7.3 und 7.7 LO 1/1982) ergeben hat, pflegt die Rechtsprechung unter Vermeidung der exakten Herausarbeitung einzelner Tatbestandsmerkmale eine Systematik der Gesamtbetrachtung, die auf eine umfassende Güter- und Interessenabwägung und eine Vermischung der Tatbestands- mit der Rechtfertigungsebene hinausläuft.

Folglich existieren keine fest umrissenen Tatbestände, deren Erfüllung die Rechtswidrigkeit einer Handlung indizieren könnten. Obwohl also der Ansatz im spanischen System auf besondere Persönlichkeitsrechte hinweist und die Umsetzung über die Kodifizierung von Verhaltensunrecht erfolgt ist, wird auch dort die Güter- und Interessenabwägung zum entscheidenden Kriterium erhoben, da sie bei der gegenwärtigen Gesetzeslage das größte Maß an Sicherheit zu geben scheint.

III. Lösungsmöglichkeiten

Auch im deutschen Recht ist nach überwiegender Auffassung die Begrenzung des Persönlichkeitsschutzes ohne eine Güter- und Interessenabwägung nicht möglich. Teilweise wird vertreten, sie auf der Tatbestandsebene vorzunehmen[137], im allgemeinen jedoch wird die Abwägung auf die Rechtswidrigkeitsebene verlagert[138].

Die Güter- und Interessenabwägung grundsätzlich zur Anwendung kommen zu lassen, birgt jedoch die Gefahr eines hohen Maßes an Verschwommenheit, was in der Tat dazu geführt hat, das Persönlichkeitsrecht zu einer nicht fest umrissenen Schutzposition und Basis für Erwägungen vielerlei Art zu machen. Diese mögen zwar eine höhere Einzelfallgerechtigkeit schaffen[139], sind rechtlich-abstrakt jedoch in ihrer Gesamtheit nicht mehr zu erfassen, und haben deswegen zur Folge, daß das Persönlichkeitsrecht als solches inhaltlich kaum noch zu erkennen ist[140]. Auch in Spanien hat sich dies jeweils in Bezug auf die einzelnen Persönlichkeitsrechte gezeigt, da die Güter- und Interessenabwägung auch dort dazu geführt hat, daß auf eine genaue Herausarbeitung von Tatbestandsmerkmalen vielfach verzichtet wird.

Eine Neuordnung des Systems des Persönlichkeitsschutzes scheint damit in Deutschland geboten. Bei dieser Neuordnung hat der Gesetzgeber die Möglichkeit, mit entsprechenden Vorgaben tätig zu werden, welche die Mahnung des Bundesverfassungsgerichts[141] beachten müßten, die Unbestimmtheiten offener Haftungstatbestände durch Grundsätze konkretisierend zu

---

[137] Schwerdtner in MüKo, § 12, Rn. 188 mit Hinweis auf BGHZ 50, 133, BGH NJW 1977, 626 und BGH NJW 1968, 1776.
[138] Ehmann in Erman, Anh. § 12, Rn. 58; Adomeit, JZ 1970, S. 495 (496); Schlechtriem, DRiZ 1975, S. 65 (67); Schäfer in Staudinger, § 823, Rn. 208; Ulrich, S. 48 f.; vgl. BVerfG NJW 1999, S. 1323 f.; Seyfarth, NJW 1999, S. 1287 (1289 f., 1294).
[139] Vgl. BVerfGE 66, 116 (138); BGHZ 24, 72 (80).
[140] Vgl. Geis, JZ 1991, S. 112; Stürner, S. A 62; Helle, S. 33; Larenz/Canaris, S. 519.
[141] BVerfG NJW 1984, S. 1741 (1743).

schließen, die die Entscheidung des Einzelfalles normativ zu leiten imstande sind[142]. Diese normative Leitung könnte entsprechend der oben beschriebenen Ansätze über die Entwicklung besonderer Persönlichkeitsrechte im Sinne der Kodifizierung von Erfolgsunrecht oder über die Normierung von Verhaltensunrecht erfolgen.

Gegen die Systematisierung in Form von besonderen Persönlichkeitsrechten ist in diesem Zusammenhang vorgebracht worden, daß die weite Generalklausel des § 823 BGB lediglich durch eine Reihe engerer Generalklauseln ersetzt würde, mit denen eine möglicherweise unendliche Anzahl von schützenswerten Einzelpositionen umfaßt werden müsse; dies beinhalte die Gefahr mangelnder praktischer Durchführbarkeit[143]. Diese Überlegung mag zwar richtig sein, sie kann jedoch nur für Frage, ob eine engere Normierung *überhaupt* notwendig ist, für Belang sein und ist kein generelles Argument gegen eine solche Normierung. Auch § 823 BGB stellt schließlich mit der Unterscheidung in Eigentum, Leben, Gesundheit und sonstigen Rechten engere Generalklauseln auf, die eine Spezifizierung gegenüber einem allgemeinen Deliktstatbestand darstellen, wie er bspw. in Art. 1902 CC normiert ist. Die Frage muß insofern lauten, wo bei einer engeren Normierung sinnvollerweise die Grenzen zu ziehen sind[144].

Das Hauptargument gegen eine Systematisierung in Form von besonderen Persönlichkeitsrechten dürfte jedoch sein, daß auch diese inhaltlich zu unbestimmt sind, um für eine Kodifikation zu dienen. Der Vergleich mit Spanien, wo es drei besondere Persönlichkeitsrechte gibt, zeigt, daß auch dort keine ausreichende inhaltliche Bestimmtheit herausgearbeitet werden konnte[145], so daß auf eine entsprechende Kodifizierung verzichtet und der Weg über die Normierung von Verhaltensunrecht gewählt wurde. In Deutschland wird dementsprechend eine Präzisierung des Persönlichkeitsschutzes durch die Entwicklung von besonderen Persönlichkeitsrechten für wenig erfolgversprechend gehalten[146].

Auch der Rückgriff auf die Sphärentheorie wird im allgemeinen abgelehnt, zumindest soweit sie die Grundlage für ein eigenständiges System bieten soll[147]. Diese Ablehnung kann zusätzlich durch einen Blick auf die spanische Konzeption der intimidad bekräftigt werden, denn dieses Recht, das ja ursprünglich der Prototyp für ein Recht auf Schutz der Privatsphäre war, hat sich mittlerweile von der Idee des reinen Sphärenschutzes gelöst und sich unter anderem in ein Recht auf Datenkontrolle verwandelt (was jedoch zumindest im Zivilrecht bisher noch

---

[142] Vgl. BVerfGE 66, 116 (138).
[143] Schlechtriem, DRiZ 1975, S. 65 (66).
[144] Vgl. Ulrich, S. 30.
[145] Zugegebenermaßen besteht dort die zusätzliche Komplikation der Beschränkung auf lediglich drei Rechte in einem Gesetz. Da dieses exklusiv einen umfassenden Schutz der Persönlichkeit beabsichtigt und das Gesetz keinen Rückgriff auf eine allgemeinere Regelung vorsieht (ein solcher müßte dann über Art. 1902 CC erfolgen, was jedoch nicht im Sinne der ursprünglichen Konzeption ist), mußte die Rechtsprechung den gesamten Schutz der Persönlichkeit über diese drei Rechte konzipieren. Um den gewünschten umfassenden Schutz zu erreichen, hat sie dabei die ohnehin weiten Tatbestände der drei Rechte kaum mehr konkretisiert. Insofern könnten eingewandt werden, daß durch eine genauere Unterteilung in besondere Persönlichkeitsrechte eine größere inhaltliche Bestimmtheit herausgearbeitet werden könnte. Dieser Einwand ist jedoch hypothetisch und kann zumindest im Rahmen dieses Vergleichs nicht verifiziert werden.
[146] Larenz/Canaris, S. 519; in Bezug auf Fallgruppe „Verfälschung des Persönlichkeitsbildes": Ehmann in Erman, Anh. § 12, Rn. 197.

keine befriedigende Umsetzung gefunden hat). Und selbst soweit der Gedanke des Sphärenschutzes in Spanien Anwendung findet, wurde darauf verzichtet, einen Kernbereich herauszuarbeiten. Die Grundsätze und Elemente der Sphärentheorie können somit nur ergänzend unter der Voraussetzung einer anderen Systematik Anwendung finden.

Mehr Sicherheit als diese aufgezeigten Ansätze kann eine Systematisierung in Form von Schutzbereichen bzw. Fallgruppen bieten. Nach der Einteilung in besondere Persönlichkeitsrechte handelt es sich dabei um die zweitkonkreteste Form der Aufgliederung des allgemeinen Persönlichkeitsrechts[148]. Dieses System bietet den Vorteil, daß das letztendlich betroffene Persönlichkeitselement als solches nicht benannt werden muß. Im Vordergrund steht dann die Art der Beeinträchtigung, die genauer erfaßt werden kann. Diese Beeinträchtigung ist tatsächlich auch das Element, welches beim Angriff auf Persönlichkeitswerte am leichtesten zu erfassen ist, so daß hierüber der Schutzbereich hinreichend begrenzt werden kann. Bezeichnenderweise sind auch bei den in § 12 BGB und § 22 KunstUrhG gesetzlich anerkannten besonderen Persönlichkeitsrechten die Eingriffsformen, gegen die die Rechte schützen, genau angegeben. Besser als bei einer Anknüpfung an das jeweils verletzte Recht lassen sich bei einer Anknüpfung an die Art der Beeinträchtigung generelle Regeln entwickeln[149]. Vereinzelt wird sogar vertreten, daß über eine solche Kodifizierung bei mehreren Fallgruppen von einer Rechtswidrigkeitsindikation ausgegangen werden kann, so daß es in den entsprechenden Fällen möglich ist, auf eine Güterabwägung zu verzichten[150]. Dies erscheint in der Tat möglich, wenn die Aufgliederung genau genug ist. Die in Spanien gemachten Erfahrungen haben gezeigt, daß die Tatbestände dort zu weit formuliert sind, um für eine Rechtswidrigkeitsindikation dienen zu können. Gleichfalls mit dem Blick auf Spanien zeigt sich, daß Möglichkeiten und Anreize vermieden werden müssen, die gesetzgeberischen Vorgaben außer Acht zu lassen. Eine Regelung, wie Art. 2.1 LO 1/1982 erscheint unter diesem Aspekt sogar geradezu schädlich. Sie schafft zwar ein besonders hohes Maß an Flexibilität, lädt jedoch gleichfalls dazu ein, Abstraktionen zu vermeiden und nur noch anhand der Umstände des Einzelfalls zu entscheiden. Die gesetzgeberischen Vorgaben müssen also genau genug sein, um den Gerichten eine sichere Einordnung zu ermöglichen, so daß ein Ausweichen auf die Güterabwägung vermieden werden kann[151]. Solche exakten Vorgaben sind bspw. in dem Referentenentwurf von 1959, sowie in dem Gutachten und dem zweiten Referat zum 58. DJT[152] zu finden. Insbesondere beim Referentenentwurf ist es jedoch in einem Übermaß zu langen, ausführlichen Regulierungen gekommen, die ihn sehr unübersichtlich machen. Damit wäre wohl das Ziel

---

[147] Ehmann in Erman, Anh. § 12, Rn 26 mwN; a.A. Geis, JZ 1991, S. 112 ff.; für einen sehr begrenzten Rückgriff: Larenz/Canaris, 503.
[148] Helle, S. 20.
[149] Larenz/Canaris, S. 520; a.A. Forkel, FS für Hubmann, S. 109 f.
[150] Larenz/Canaris, S. 498 ff.
[151] Vgl. Helle, S. 33, der kritisiert, daß sich die „euphorischen Deklamationen angeblich fester Schutzbereiche" durch die höchstrichterliche Rechtsprechung in späteren Entscheidungen „im gestaltlosen Brei der Einzelfallabwägung" aufgelöst haben.
[152] Wenzel, S. K 27 ff.

nicht erreicht worden, eine übersichtliche Strukturierung in Gesetzesform festzuhalten. In dieser Hinsicht erscheint der Vorschlag des Referats vorzugswürdig.

Bei möglichst engen gesetzgeberischen Vorgaben besteht jedoch in besonderem Maße die Gefahr, nicht auf neue oder bisher nicht erkannte Gefahren reagieren zu können. Eine Kodifizierung muß daher den Gerichten auch die Möglichkeit eröffnen, neue Fallgruppen bzw. Schutzbereiche zu entwickeln, da sonst die Gefahr besteht, daß sie die bereits vorhandenen Schutzbereiche zu weit ausdehnen. Daher erscheint es angebracht, auch einen Rückgriffstatbestand zu normieren, auf den im Bedarfsfall zurückgegriffen werden kann. In Spanien wird ein solcher Rückgriffstatbestand teilweise in Art. 1902 CC gesehen, der als allgemeinere Regelung hinter der LO 1/1982 stehend aufgefaßt wird. Die Tatsache, daß ein Rückgriff in der Praxis bisher nicht erfolgt ist, spricht jedoch für sich. Der Grund dafür dürfte darin zu finden sein, daß Art. 1902 CC – anders als § 823 I BGB – eine allgemeine Haftungsnorm für schädliches Verhalten darstellt, die den Schaden und nicht das geschützte Element in den Mittelpunkt stellt. Deshalb können über einen Rückgriff auf diesen Artikel zwar Haftungslücken vermieden, jedoch keine neuen Rechte entwickelt werden, da diese dort gar nicht zwangsläufig zum Gegenstand der Betrachtungen werden. Eine Entwicklung ist zwar trotzdem nicht ausgeschlossen, und es kann eingewandt werden, daß schließlich auch der Schutz der Ehre über Art. 1902 CC hergeleitet worden ist. Aber sobald bereits geschützte Rechte bestehen, ist ein solcher Rückgriff nicht naheliegend, sondern es wird eher versucht werden, den Schutzbereich der bereits existierenden Regelungen auszudehnen. Dies zeigt sich in Spanien am Beispiel des Rechts auf Identität, das, wie in Deutschland, vor Verfälschungen des Persönlichkeitsbildes schützen soll. Dieses Recht wird in der Rechtsprechung als Teil des Rechts am eigenen Bild dargestellt, obwohl in der Klassifikation der Persönlichkeitsrechte ein Recht auf persönliche Identifizierung schon lange vorher aufgenommen worden war[153]. Ein Rückgriffstatbestand muß also deutlicher als Art. 1902 CC auf einen umfassenden Schutz der Persönlichkeit als zentrales geschütztes Element verweisen. In Deutschland könnte dies durch die Aufnahme der Formulierung „die Persönlichkeit" in § 823 I BGB erfolgen[154], oder durch einen Passus, der dem „Schutz sonstiger berechtigter Interessen" dient[155].

Weiterhin muß eine spezifizierte Regelung auch der Kollision zwischen den Persönlichkeitsrechten und dem Recht auf Meinungs- und Informationsfreiheit Rechnung tragen[156]. Im spanischen Teil ist dargelegt worden, wie sich die unterlassene Normierung (in Verbindung mit der Ermächtigung zu einer großen richterlichen Gestaltungsfreiheit) ausgewirkt hat. Da eine Umsetzung des in der Verfassung garantierten Rechts auf Meinungs- und Informationsfreiheit auf einfachgesetzliche Ebene unterlassen wurde, sind die Gerichte dazu übergegangen, eine Abwägung auf der Verfassungsebene vorzunehmen. Dies hätte durch die Einfügung einer Regelung, welche die Verfassungsvorgaben beachtet, vermieden werden können. In Deutschland

---

[153] Vgl. oben Teil 2:C.II.5.c).
[154] Vgl. Herrmann, S. K 40 f., der es hierbei im Sinne einer Generalnorm bewenden lassen will.
[155] Vgl. Wenzel, S. K 70 f.
[156] Vgl. Ehmann in Erman, Anh. § 12, Rn. 31, der eine Ordnung der typischen Gegeninteressen für erforderlich hält.

wird diesbezüglich teilweise vorgeschlagen, den Rechtfertigungsgrund der Güterabwägung nach § 34 StGB heranzuziehen oder die für eine Abwägung relevanten Gesichtspunkte nach Art eines „beweglichen Systems" zu konkretisieren und zu begrenzen[157]. Der Referentenentwurf von 1959 enthielt die „Wahrnehmung berechtigter Interessen" und das zweite Referat zum 58. DJT „überwiegende Informationsinteressen" als Rechtfertigungsgründe.

Insgesamt betrachtet könnte sich der Umstand, daß in Deutschland bisher noch keine Kodifizierung stattgefunden hat, als Vorteil erweisen. Es war der Rechtsprechung insofern möglich, relativ ungebunden Kriterien und Vorgaben zu entwickeln, die jetzt bei einer Kodifizierung Beachtung finden können. Die Ungebundenheit hat sich dabei u.a. in einer großen Flexibilität bei der Strukturierung der Schutzbereiche niedergeschlagen, die frei von dogmatischen Zwängen entwickelt werden konnten. In Spanien bestand dahingegen diese Möglichkeit nur bedingt. Dort war der Schutz der gesamten Persönlichkeit über die drei in Art. 18.1 CE und der LO 1/1982 geregelten Rechte zu entwickeln. Im Bereich der Rechtfertigung durch Wahrnehmung der Rechte des Art. 20.1 CE wiederum hat die mangelnde Normierung und die daraus resultierende Ungebundenheit der Rechtsprechung dazu geführt, daß die Gerichte ein System entwickelt haben, das als gefestigt gelten darf und als Grundlage für die Umsetzung einer Rechtfertigungsnorm in der LO 1/1982 dienen könnte.

D. RECHTSFOLGE DES SCHADENSERSATZANSPRUCHS

Die Verletzung der Persönlichkeit eines anderen kann sowohl in Deutschland wie auch in Spanien mehrere verschiedene Rechtsfolgen auslösen. Hierbei kommen Unterlassungs- und Beseitigungs-, Widerrufs-, Gegendarstellungs- und Schadensersatzansprüche in Betracht. Besondere Wichtigkeit besitzt hierbei der Schadensersatzanspruch. Schon bei der Anerkennung und Entwicklung des Persönlichkeitsrechtsschutzes durch die Rechtsprechung in Deutschland bestand die Erwägung, daß dieser Anspruch häufig den wirksamsten und oft sogar den einzigen Rechtsbehelf zum Schutz der Persönlichkeit des Einzelnen darstellt[158].

Im spanischen Recht ist der Schadensersatzanspruch nicht die einzige Rechtsfolge, jedoch diejenige, die eine herausgehobene Bedeutung hat. In der LO 1/1982 stellt insbesondere die Schadensvermutung bei einem nachgewiesenen unerlaubten Eindringen eine Besonderheit dar, die – vom Gesetzgeber entwickelt – ein absolutes Novum in der spanischen Rechtsgeschichte ist. Im folgenden soll geprüft werden, inwieweit die spanische Konzeption des Schadensersatzes für das deutsche Recht beispielhaft sein kann. In der spanischen Darstellung hat sich gezeigt, daß die vom Gesetzgeber angestrebte Vermutung für materielle Schäden von den Gerichten abgelehnt wird; Schadensersatz für materielle Schäden wurde bisher nur zuerkannt, wenn diese nachgewiesen worden waren. Insofern reduziert sich der Vergleich auf den Ersatz immaterieller Schäden.

---

[157] Larenz/Canaris, S. 519.
[158] Vgl. BGHZ 26, 349 (356) (Herrenreiter); BGHZ 35, 363 (368) (Ginseng).

I. Einschränkung des Schadensersatzanspruchs für immaterielle Schäden

1. Notwendigkeit der Einschränkung

Sowohl in Deutschland als auch in Spanien wurden die bezüglich immaterieller Schäden bestehenden Rechtslücken der Zivilrechtskodifikationen durch die Rechtsprechung geschlossen. Heute ist die Möglichkeit des Ausgleichs dieser Schäden unbestritten anerkannt. Anders als in Spanien jedoch, wo die Schadensvermutung gem. Art. 9.3 LO 1/1982 als Rechtsfolge eines nachgewiesenen unerlaubten Eindringens einen Schadensersatz für immaterielle Schäden garantiert, besteht in Deutschland eine gewisse Zurückhaltung bei der Zuerkennung von Schmerzensgeld für Persönlichkeitsrechtsverletzungen. Diese soll subsidiär sein und nur vorgenommen werden, wenn zum einen die Verletzung schwer ist, was sich im wesentlichen nach dem Ausmaß der Wirkungen für den Verletzten und dem Grad des Verschuldens des Verletzers richtet[159], und wenn zum anderen die erlittene Beeinträchtigung nicht auf andere Weise – z.B. durch Widerruf – hinreichend ausgeglichen werden kann[160].

Diese grundsätzliche Reserviertheit gegenüber dem Schmerzensgeld ist Ausdruck der im deutschen Recht bestehenden prinzipiellen Abneigung, ideelle Werte (und deren Verletzung) in „klingende Münze" umsetzen zu können, da dann nicht mehr der Schutz ideeller Güter, sondern die Erlangung finanzieller Vorteile im Vordergrund stünde und einer solchen Regelung die Korrumpierung der präsumptiven Kläger innewohnte[161].

Darüber hinaus spielt aber auch der Gedanke der Meinungs- und Pressefreiheit in diesem Zusammenhang eine Rolle: Im Bereich der Informationsvermittlung und Tatsachenmitteilungen ist für die Presseorgane in vielen Fällen, auch bei einer sorgfältigen Recherche, nicht eindeutig erkennbar, ob eine Information tatsächlich wahr ist oder nicht. Sollte sich die Presse in diesen Fällen prinzipiell mit Schadensersatzansprüchen bedroht sehen, würde dies im Zweifelsfall dazu führen, daß die entsprechenden Informationen unterdrückt werden. Dies aber könnte den Informationsfluß und daraus resultierend die Möglichkeit der Gesellschaft, sich eine unabhängige und objektive Meinung zu bilden, nicht unwesentlich beeinträchtigen. Eine zu weitgehende Möglichkeit der Geltendmachung von Schadensersatz ist also geeignet, das Grundrecht auf Meinungs- und Informationsfreiheit in unzulässigem Maße einzuschränken[162]. Unter diesem Aspekt ist die Limitierung des Schadensersatzes also durchaus gerechtfertigt.

Auch in Spanien wird eine entsprechende Einschränkung, entgegen dem ersten Anschein, vorgenommen, wobei auch dort die im vorangegangenen Absatz beschriebene Überlegung ausschlaggebend gewesen sein dürfte. Da die Schadensvermutung in Art. 9.3. LO 1/1982 die

---

[159] BGHZ 35, 363 (368 f.); BGH NJW 1970, 1077; 1971, 698 (699); a.A. Schwerdtner in MüKo, § 12 Rn. 296 ff.
[160] BGH NJW 1970, 1077 f.; 1971, 698 (699); 1979, 1041; vgl. Canaris, der eine positiv-rechtliche Grundlage im Subsidiaritätsgedanken in § 97 II UrhG sieht, wonach bei Verletzungen eine Entschädigung in Geld für den Nichtvermögensschaden nur verlangt werden kann, „wenn und soweit es der Billigkeit entspricht"; Schwerdtner in MüKo, § 12 Rn. 294, sieht dahingegen kaum Fälle, „bei denen eine Widerrufs- oder Gegendarstellungsanspruch Schmerzensgeldansprüche auszuschließen vermag".
[161] Vgl. Ehmann in Erman, Anh. § 12, Rn. 488; Schmidt-Dahlenburg, S. 20 mit Hinweis auf Prot, Bd. I, S. 622; Motive Bd. II, S. 22, 799 ff.
[162] Vgl. BGHZ NJW 1995, 861 (865); Palandt-Thomas, Rn. 200; Steffen, NJW 1997, S. 10 (12).

Zuerkennung von Schadensersatz jedoch festlegt, war es nicht möglich, die Voraussetzungen so wie in Deutschland zu fassen: Die Vermutung, wonach bei einem unerlaubten Eindringen immer ein Schaden entsteht, verbietet es, Einschränkungen vorzunehmen, die eine Geltendmachung dieses Anspruchs prinzipiell ausschließen, wenn die Tatbestandsvoraussetzungen bejaht wurden. Die Einschränkung wurde daher bei der grundsätzlichen Prüfung der Haftungsvoraussetzungen vorgenommen.

So schloß der Tribunal Supremo in einem Fall eine Haftung schon aus, weil bestimmte Äußerungen in einem Artikel sich „nicht einmal von weitem als schwere Angriffe auf die intimidad" erfassen ließen[163], was im entsprechenden Urteil allerdings einer näheren Erläuterung entbehrte und nicht als feste Doktrin gelten kann. Wenn man sich jedoch die Dogmatik zum Tatbestandsmerkmal der subjektiven Wahrheit vergegenwärtigt, so wird offensichtlich, daß insbesondere hier der Gedanke Niederschlag gefunden hat, daß eine Haftung nur bejaht werden kann, wenn ein entsprechend hohes Maß an Verschulden seitens des Handelnden vorliegt: Nach der Rechtsprechung der spanischen Gerichte erfüllt eine Information, die objektiv unrichtig ist, trotzdem das Kriterium der Wahrheit, wenn der Informierende sie unter Einhaltung einer Sorgfaltspflicht für wahr halten durfte.

Problematisch daran ist der Umstand, daß über den Begriff der „subjektiven Wahrheit" das Verschulden als haftungsbegründendes Element herangezogen wird. Oben wurde bereits auf die Kritik an dieser Praktik hingewiesen, denn die Folge der Dogmatik ist, daß der Betroffene einer Information, die „lediglich" objektiv falsch ist, jedoch subjektiv wahr, überhaupt keinen Rechtsanspruch (d.h. auch keinen Widerrufs- oder Berichtigungsanspruch) gegenüber dem Informierenden geltend machen kann. Zur Lösung wird in der spanischen Literatur gefordert, einer objektiven unwahren Information den Schutz des Art. 20.1 CE zu versagen, jedoch gleichzeitig die Anforderungen an die Rechtsfolge des Schadensersatzes zu erhöhen[164]. Dieser Forderung genügt die Konzeption im deutschen Recht. An der Einschränkung, die die deutsche Doktrin auf der Rechtsfolgenseite vornimmt, ist danach festzuhalten.

2. Symbolische Schadensersatzzahlungen

Eine andere Möglichkeit, die Gefahr der Einschränkung des Rechts auf Meinungs- und Informationsfreiheit zu vermeiden, die durch die Bedrohung mit hohen Schadensersatzforderungen besteht, könnte auch die von manchen Autoren vorgeschlagene Vorgehensweise der Klage auf Zahlung eines symbolischen Geldbetrages (bspw. iHv 1,- DM) darstellen[165]. Mit Hilfe dieses Mittels würde ein Unwerturteil über die begangene Persönlichkeitsverletzung ausgesprochen[166], so daß hierdurch sowohl einem Genugtuungs- wie auch Rehabilitationsinteresse des Klägers genügt würde, während die Zahlung höherer Schmerzensgelder für schwerere Fälle vorbehalten bleiben kann.

---

[163] STS de 31 de Septiembre 1996 (FJ 1).
[164] Pantaleón Prieto, La Ley 1996-2, D-162, S. 1689 (1690); vgl. Salvador Coderch, Libertad, S. 75 ff.
[165] Pärn, S. 174; Remé, S. 62; Wiese, S. 51.
[166] Wiese, S. 51.

Ein Anspruch auf Zahlung eines symbolischen Geldbetrages wird jedoch nach überwiegender Ansicht abgelehnt[167]. Die Argumente sind hierfür zum einen, daß es sich um ein „maskiertes Feststellungsurteil" handele[168], eine inzidenter getroffene Feststellung einer rechtswidrigen Persönlichkeitsverletzung, die jedoch nach Auffassung des BGH[169] unzulässig sei[170]. Zum anderen begegnet der Anspruch auf einen symbolischen Geldbetrag bei seiner Geltendmachung einem praktischen Problem: Der Beklagte kann durch Zahlung des beantragten symbolischen Schmerzensgeldes während des Verfahrens eine Erledigung in der Hauptsache herbeiführen[171].

In Spanien kann es dagegen durchaus vorkommen, daß ein Beklagter zur Zahlung eines symbolischen Schadensersatzbetrages verurteilt wird[172]. Das Argument, daß in der Verurteilung zur Zahlung ein verkapptes Feststellungsurteil liegt, verfängt dort nicht, denn in den Urteilen wird darüber hinaus sogar noch einmal ausdrücklich festgestellt, daß eine Persönlichkeitsrechtsverletzung vorliegt. Der Schadensersatz soll daneben dazu dienen, den immateriellen, moralischen Schaden (daño moral), den der Verletzte erlitten hat, zu beseitigen. Die Funktion eines symbolischen Schadensersatzes liegt dementsprechend nach Ansicht des Tribunal Supremo in der moralischen Wiedergutmachung (reparación moral), d.h. in dem Umstand, überhaupt Schadensersatz zu gewähren.

Im Zusammenhang mit dieser Funktion des Schadensersatzes offenbart sich jedoch eine weitere Problematik der symbolischen Zahlungen. Nicht bei jeder Rechtsgutverletzung kann mit dem symbolischen Schadensersatz das Ziel der moralischen Wiedergutmachung – zumindest nicht nur hierdurch allein – erreicht werden. Auch im angeführten Fall STS de 4 de Febrero 1993 erkannte der Tribunal Supremo, neben der Zahlung, als weitere Rechtsfolgen auf die Veröffentlichung des Urteils (eine Berichtigung der verletzenden Behauptungen war in der neuesten Auflage des Buches, in dem sie aufgestellt worden waren, bereits vorgenommen worden, was der Tribunal Supremo ausdrücklich in seine Erwägungen miteinbezog). Hierbei ist aber auch zumindest fraglich, ob es insofern wirklich auf die symbolische Zahlung ankommt, um dem Interesse des Klägers zu genügen, oder ob dies nicht schon aufgrund der Tatsache der Verurteilung allein der Fall ist. Und im Zusammenhang mit der Veröffentlichung dieser Tatsache, die häufig das ist, was der Kläger möchte (um bspw. im Falle eines geschädigten Rufs diesen in der Öffentlichkeit wiederherzustellen), besteht sogar die Gefahr, daß die Verurteilung, einen symbolischen Betrag zu zahlen, in der Öffentlichkeit – angesichts der fehlenden Rechtstradition nomineller Entschädigungen in Deutschland – mißverstanden

---

[167] Klaas, S. 122; Schwerdtner in MüKo, § 12, Rn. 305; Steffen, ZRP 1994, S. 196 (198); Wenzel, Recht, Rn. 14.126.
[168] Vgl. Pärn, NJW 1979, 2544 (2549); Klaas, S. 123.
[169] BGH NJW 1977, 1288.
[170] Wenzel, Recht, Rn. 14.126; vgl. Ehmann in Erman, Anh. § 12, Rn. 483; Stadler, JZ 1989, S. 1084 (1091).
[171] Wenzel, Recht, Rn. 14.126 vgl. Steffen ZRP 1994, S. 196 (198).
[172] Estrada Alonso, S. 84; vgl. STS de 23 de Febrero 1989 (FJ 6): die Beklagten wurden – ohne daß dies so beantragt gewesen war –vom Gericht der 1. Instanz zur Zahlung eines symbolischen Schadensersatzes iHv 1 Pta. verurteilt, was vom Tribunal Supremo als rechtmäßig bestätigt wurde; STS de 4 de Febrero 1993 (FJ 7): Der Beklagte wurde unter Berücksichtigung des Umstandes, daß er die falschen Aussagen in der neuesten Auflage seines Buches korrigiert hatte, zu einer Zahlung von 100.000,- Ptas verurteilt, die in ihrer Höhe auch „als symbolisch angesehen werden" konnte.

wird[173]. Die Verurteilung des Schädigers (etwa eines großen Pressekonzerns) zur Zahlung eines sehr geringen Betrages – z.B. in Höhe von 1,- DM – könnte den Betroffenen erst recht kränken und ihn der Lächerlichkeit preisgeben[174].

II. Bemessung der Höhe des Schadensersatzes

In genau die entgegengesetzte Richtung zielt die Diskussion über eine Erhöhung der Schadensersatzbeträge. Was dies betrifft, so ist in Deutschland in den letzten Jahren die Präventivfunktion des Schadensersatzes verstärkt in den Mittelpunkt der Betrachtungen gerückt. Ausgehend von neueren Urteilen scheint sich gerade die Rechtsprechung in letzter Zeit verstärkt darauf zu besinnen[175].

Im deutschen Recht gilt, wie im spanischen, der Grundsatz der Naturalrestitution auch für immaterielle Schäden[176]. Dies schlägt sich in der Zuerkennung eines Schmerzensgeldes nieder, das eine Ausgleichs- bzw. Genugtuungsfunktion haben soll; ein Faktor, der ursprünglich bei der Bemessung des Schadensersatzes für Persönlichkeitsrechtsverletzungen im Vordergrund stand[177]. Zumindest bei den Entscheidungen im Pressebereich wird beim Schadensersatz jedoch gerade in den letzten Jahren aufgrund der immer rücksichtsloseren Berichterstattung[178] die immer stärker in den Vordergrund rückende Präventivfunktion betont. Die neueren Urteile, bei denen es zu deutlich höheren Schadensersatzsummen als in früheren Jahren kam, dürften ihre tiefere Motivation in dieser Veränderung der Medienlandschaft haben. Unter dem Eindruck einer Zunahme von Persönlichkeitsverletzungen in immer intensiveren Ausmaß entsprechen die klassischen Bewertungskriterien und Summen des Schadensersatzes offensichtlich nicht mehr dem gegenwärtigen Rechtsgefühl[179]. Um höhere Schadensersatzzahlungen zu begründen, ist der BGH neuerdings der Ansicht, daß der Ausgleichsgedanke in bestimmten Fällen hinter den Präventionsgedanken zurücktreten müsse[180]. Nachdem schon in einer der ersten Entscheidungen zum Persönlichkeitsrecht ausgeführt wurde, daß einem „unlauteren Gewinnstreben" der Medien durch die Belastung mit dem Risiko eines fühlbaren materiellen Verlustes entgegengetreten werden müsse[181], bekennt der BGH sich heute dazu, daß von der Höhe der Geldentschädigung ein „echter Hemmeffekt" ausgehen soll[182]. Insofern wird auch eine Gewinnerzielungsabsicht in die Bemessung der Schadensersatzhöhe miteinbezogen.

---

[173] Klaas, S. 123 f.
[174] Klaas, S. 122 mit Verweis auf Kreuzer, FS für Geiger, S. 61, 97; Hubmann, NJW 1975, S. 917 (918).
[175] Vgl. BGH NJW 1995, 861 ff. (mit dem im Anschluß darauf ergangenen Urteil OLG Hamburg NJW 1996, S. 2870 ff.); BGH NJW 1996, 984 ff.
[176] BVerfG 34, 269 (269 f.).
[177] BGHZ 35, 363 (369); vgl. Ehmann in Erman, Anh. § 12, Rn. 483; Steffen, NJW 1997, S. 10 (11 f.); kritisch zur Genugtuungsfunktion Schwerdtner in MüKo, § 12 Rn. 290.
[178] Vgl. Prinz, NJW 1995, S. 817 mwN.
[179] Vgl. Steffen, NJW 1997, S. 10 (12).
[180] BGH NJW 1996, S. 984 (985).
[181] BGHZ 35, 363 (369).
[182] BGH NJW 1995, 861 (865); BGH NJW 1996, 984 (985).

Dies ist insofern problematisch, als es dem Grundgedanken des Schadensersatzrechtes nur entspricht, wenn auf einen Ausgleich abgezielt wird, durch den der Geschädigte so zu stellen ist, wie er ohne das schädigende Ereignis gestanden hätte, und damit primär (wenn auch nicht ausschließlich) dieser Geschädigte und nicht der Schädiger im Mittelpunkt steht. Indem auf den Schädiger und seine eventuelle Absicht abgestellt wird, bekommt der Schadensersatz einen Strafcharakter im Sinne einer Privatstrafe, den er in seiner originären Konzeption nicht hat[183]. Dem wird entgegengehalten, daß dies bereits im widersprüchlichen Begriff des immateriellen Schadens begründet liege[184]. Auch wenn dieser Einwand zum Teil begründet ist, darf er dennoch nicht als Argument für eine Erhöhung der Schadensersatzsummen dienen. Im Gegenteil: die Schwierigkeiten bei der Bestimmung des immateriellen Schadens fordern zu einer besonderen Zurückhaltung auf, wie schon bei der Frage deutlich geworden ist, ob überhaupt Schadensersatz zugesprochen werden soll. Diese Zurückhaltung darf auch bei der Bemessung der Höhe nicht aufgegeben werden, was auch in der Tatsache zum Ausdruck kommt, daß die Berücksichtigung der Gewinnerzielungsabsicht vom BGH bisher nur für Vorsatztaten bejaht worden ist[185]. Weiterhin wird betont, daß die Präventivfunktion nur neben der Wiedergutmachungsfunktion stehen und keine selbständige Funktion besitzen soll[186].

Auch in Spanien spielt die Präventiv- und Sanktionsfunktion des Schadensersatzes eine Rolle. Dort ist das Merkmal des Schädigernutzens sogar ausdrücklich als Kriterium zur Berechnung des Schadensersatzes im Gesetz festgelegt. Der Tribunal Supremo spricht aber dem Schadensersatz in diesem Zusammenhang einen Sanktionscharakter ab. Er begnügt sich unter ausdrücklicher Ignorierung der eventuell präventiven Folgen damit, auf einen Gewinnabschöpfungszweck zu verweisen, der den Schadensersatz in die Nähe des Bereicherungsrechts bringt. Ganz auf das Bereicherungsrecht abzustellen, ist in Spanien jedoch aufgrund der Konzeption der geschützten Rechte problematisch: Deren Betrachtung als unübertragbare, dem Menschen inhärente Nichtvermögenswerte führt dazu, daß ihnen ein kommerzieller Wert abgesprochen wird. Insofern scheint es dort nicht möglich, auf eine andere Rechtsfolge als den Schadensersatz zu erkennen.

Auch in Deutschland wird unter dem Aspekt der Gewinnabschöpfung auf das Bereicherungsrecht verwiesen[187]. Tatsächlich ist bei der Verletzung spezieller Persönlichkeitsrechte die Schadensberechnung nach Art einer Lizenzgebühr oder eines Verletzergewinns möglich[188]. Sie wird jedoch in den Fällen abgelehnt, in denen die Rechtsverletzung üblicherweise auch gegen ein Entgelt nicht hingenommen worden wäre[189]. Und die Übertragung dieses Gedankens auf Verletzungen bisher nicht geregelter Persönlichkeitsschutzformen wird verneint, da

---

[183] Seitz, NJW 1996, S. 2848 (2849); vgl. Schwerdtner in MüKo, Anh. § 12, Rn. 305; Gounalakis / Rösler, S. 97.
[184] Ehmann in Erman, Anh. § 12, Rn. 481.
[185] Steffen, NJW 1997, S. 10 (13).
[186] Ebenda.
[187] Seitz, NJW 1996, S. 2848 (2850).
[188] Schwerdtner in MüKo, § 12, Rn. 277; Palandt-Heinrichs, § 12, Rn. 36.
[189] BGHZ 26, 349 (352); BGHZ 35, 363 (366); ablehnend Schwerdtner in MüKo, § 12, Rn. 277 und Ehmann in Erman, Anh. § 12, Rn. 467 mit Hinweis auf BGHZ 20, 355.

die Rechtsprechung mit der Anerkennung des Persönlichkeitsrechts keine Persönlichkeitsnutzungsrechte habe schaffen wollen[190].

Hier zeigen sich die negativen Folgen des ausbleibenden Eingreifens des deutschen Gesetzgebers: Er könnte mit einer systematisierenden Regelung zu erkennen geben, in welche Richtung der Persönlichkeitsschutz auch bezüglich der Folgen gehen soll; die Abschöpfung der Gewinne im Falle kommerzieller Ausnutzung ist in diesem Zusammenhang denkbar. Wie bei der Fallgruppe des Schutzes vor wirtschaftlicher Nutzung angeführt, ist es durchaus möglich, Teilbereiche des Persönlichkeitsrechts so zu gestalten, daß Verletzungen Ansprüche aus ungerechtfertigter Bereicherung auslösen[191]. Auch in dieser Hinsicht bietet die oben vorgeschlagene Systematisierung in Form von Schutzbereichen Vorteile, denn bei einer solchen Einteilung kann dieser Aspekt berücksichtigt werden.

Was jedoch die Präventivfunktion des Schadensersatzes betrifft, so darf die verständliche Empörung in Spanien und Deutschland über das zunehmend rücksichtslose Verhalten der Medien nicht dazu führen, den Zivilprozeß an die Stelle des Strafprozesses treten zu lassen. In Spanien ist diese Funktion zwar aufgrund der Parallelisierung des straf- und zivilrechtlichen Persönlichkeitsschutzes vorgegeben, doch es sollte auch dort im Blick behalten werden, daß der zivilrechtliche Schutz nur geschaffen wurde, um Lücken zu schließen, die sich aus dem strafrechtlichen Prinzip der geringsten Einmischung ergeben. Ersetzte man das Strafrecht hiermit völlig, ginge man weit über das Ziel hinaus. Auch was die Funktion des zivilrechtlichen Schadensersatzrechts betrifft, ist das Präventionsprinzip in Spanien ein Fremdkörper, der lediglich helfen soll, ungerecht erscheinende Ergebnisse zu vermeiden und das Rechtsgefühl zu befriedigen. Bei der Anwendung ist daher wie in Deutschland Zurückhaltung geboten.

In Deutschland wie auch in Spanien gilt, daß der zivilrechtliche Parteienprozeß, der durch die Individualbeziehungen der Parteien geprägt ist, nicht dazu dienen soll, allgemeine gesellschaftliche Fehlentwicklungen zu reparieren[192]. Im Zivilprozeß geht es nur um das Verhältnis zwischen den Parteien und die Beilegung ihrer Streitigkeiten; dieses Ziel sollte nicht durch außerhalb des Parteiverhältnisses liegende Zwecke überlagert werden. Daß über die Einbeziehung hinaus möglicherweise sogar neue gesellschaftliche Ungerechtigkeiten geschaffen werden, zeigt sich an der in beiden Ländern zu vernehmenden Kritik, die einerseits zu beobachtende Differenzen in der Schadensersatzhöhe bei berühmten und weniger berühmten

---

[190] Schwerdtner in MüKo, § 12, Rn. 281.
[191] Vgl. Larenz/Canaris, S. 502; Ehmann in Erman, Anh. § 12, Rn. 467 ff.; Schwerdtner in MüKo, § 12, Rn. 281, ist der Ansicht, daß mit der Anerkennung derartiger Ansprüche der Schmerzensgeldanspruch rechtspolitisch entlastet werden könnte. Siehe zum gesamten Komplex der Frage des Vermögensaspekts der Persönlichkeitsrechte: Götting, Persönlichkeitsrecht als Vermögensrechte.
[192] Vgl. Steffen, NJW 1997, S. 10 (13).

Persönlichkeiten bemängelt[193], sowie die Tatsache, daß die Zahlungen für psychische Beeinträchtigungen die für physische in der Regel übersteigen[194].

Auch die Tatsache, daß der Beeinträchtigte bei einer Zuerkennung von Schmerzensgeld aufgrund des Umstandes, daß von dem Urteil ein Präventionseffekt ausgehen soll, mehr Geld bekommt, als wenn nur die Ausgleichs- und Genugtuungsfunktion ausschlaggebend gewesen wäre, so daß er in diesem Sinne sogar bereichert ist, spricht nicht für die Präventionsfunktion[195]. Wenn wirklich eine gesamtgesellschaftliche Regelung nötig ist, dann muß der Gesetzgeber in diesem Bereich eingreifen. Eine Abschöpfung der Gewinne sollte nicht zugunsten eines „zufällig" Beteiligten erfolgen, sondern nur zugunsten des Staates, bspw. durch die Festsetzung von Ordnungsgeldern[196].

E. THESEN

1. Im Bereich des Persönlichkeitsschutzes besteht die Notwendigkeit eines regelnden Tätigwerdens durch den Gesetzgeber. Hierdurch kann der Persönlichkeitsschutz in berechenbare Bahnen gelenkt werden, und es besteht die Möglichkeit, deutlich zu machen, in welchem Umfang er bestehen soll.

2. Die vorteilhafteste Art der Kodifizierung des Persönlichkeitsschutzes ist die Regelung in Form von Handlungsunrecht. Hierbei bietet sich die Systematisierung in Fallgruppen bzw. in Schutzbereichen an, da diesbezüglich auch die Möglichkeit besteht, eine Aufteilung vorzunehmen, die einzelnen Schutzbereichen unterschiedliche Rechtsfolgen zuordnet.

3. Die Schutzbereiche müssen genau genug aufgegliedert sein, um eine hinreichende Erfassung von Sachverhalten zu ermöglichen, da andernfalls die Gefahr besteht, daß in der Praxis auf eine genaue Einordnung zugunsten einer Güter- und Interessenabwägung verzichtet wird, die zwar mehr Flexibilität im Einzelfall gewährleistet, prinzipiell jedoch eine genaue Systematisierung verhindert. Auf eine Güter- und Interessenabwägung darf aber insoweit nicht verzichtet werden, als nicht alle Tatbestände so genau formuliert werden können, daß die Rechtswidrigkeit indiziert ist.

4. Eine Kodifizierung muß eine ausreichende Flexibilität der Rechtsprechung bezüglich neuer Bedrohungen und bisher nicht entdeckter Verletzungsformen sicherstellen. Dies läßt sich am zweckmäßigsten über den Rückgriff auf eine Generalklausel gewährleisten, anhand derer neue Schutzbereiche herausgearbeitet werden können. Hierdurch soll die Gefahr vermieden werden, daß die bereits erfaßten Schutzbereiche im Zuge ihrer Ausweitung auf neue Bedrohungsformen inhaltlich zu sehr erweitert werden.

---

[193] Seitz, NJW 1996, S. 2848 (2849); FAZ vom 19.11.1997, S. 10, „Eine Rechtsprechung speziell für Reiche und Schöne?".
[194] Seitz, NJW 1996, S. 2848 (2849); Klaas, S. 115; Estrada Alonso, S. 190 f.
[195] Vgl. Igartua Arregui, PJ n° 5, März 1987, S. 89 (93).
[196] Vgl. Seitz, NJW 1996, S. 2848 (2849); Klaas, S. 118 mit Hinweis auf Heinz, AfP 1992, S. 234 (242).

5. In einer Kodifizierung muß das Recht auf Meinungs- und Informationsfreiheit durch Umsetzung auf einfachgesetzliche Ebene - am besten in Form der Wahrnehmung berechtigter Interessen - berücksichtigt werden. Ob es als Rechtfertigungsgrund aufgenommen werden, oder ob es im Rahmen einer Güterabwägung einfließen kann, die für die Rechtswidrigkeitsbeurteilung ausschlaggebend ist, ist davon abhängig, ob man die einzelnen Schutzbereiche so faßt, daß sie die Rechtswidrigkeit indizieren.

6. Um zu verhindern, daß durch zu umfangreiche Möglichkeiten der Geltendmachung von Schadensersatz die Meinungs- und Informationsfreiheit beeinträchtigt wird, ist ein Schadensersatzanspruch nur bei einer besonderen Schwere des Eingriffs zu bejahen. Das Kriterium der Schwere des Eingriffs ist – anders als in Spanien – als Voraussetzung auf der Rechtsfolgenseite zu prüfen. Dadurch wird nur die Geltendmachung des Schadensersatzes, nicht aber die Realisierung anderer Ansprüche erschwert, bei denen nicht die Gefahr der Beeinträchtigung der Meinungs- und Informationsfreiheit besteht.

7. Bei der Bemessung des Schadensersatzes hat die Ausgleichs- und Genugtuungsfunktion im Vordergrund zu stehen. Das Zivilrecht sollte keine gesamtgesellschaftliche Steuerungsfunktion übernehmen. Soweit eine Gewinnabschöpfung bei presserechtlichen Verletzungen für erforderlich gehalten wird, sollte diese zumindest nicht ausschließlich zugunsten eines Geschädigten erfolgen.

Anhang

Ley Orgánica 1/1982, de 5 de Mayo, sobre protección civil del derecho al Honor, a la Intimidad personal y familiar y a la propia imagen

Conforme al artículo 18.1 de la Constitución, los derechos al honor, a la intimidad personal y familiar y a la propia imagen tienen el rango de fundamentales, y hasta tal punto aparecen realzados en el texto constitucional que el Art. 20.4, dispone que el respeto de tales derechos constituya un limite al ejercicio de las libertades de expresión que el propio precepto reconoce y protege con el mismo carácter de fundamentales.

El desarrollo mediante el correspondiente Ley Orgánica, e tenor del artículo 81.1 de la Constitución, del principio general de garantía de tales derechos contenidos en el citado artículo 18.1, de la misma constituye la finalidad de la presente ley.

Establece el artículo 1 de la misma la protección civil de los derechos fundamentales al honor, a la intimidad personal y familiar y a la propia imagen frente a todo género de injerencia o intromisiones ilegítimas. Pero no puede ignorar que algunos de esos derechos gozan o previsiblemente gozarán de una protección penal. Así ocurre con el derecho al honor, amparado por las prescripciones contenidos en el libro II, titulo X, del vigente Código Penal, y con determinados aspectos del derecho a la intimidad personal y familiar que son objeto de una protección de esa naturaleza en el proyecto de nuevo Código Penal recientemente aprobado por el Consejo de Ministros.

Por ello, en los casos que exista la protección penal tendrá ésta preferente aplicación, por ser sin duda la de más fuerte efectividad, si bien la responsabilidad civil derivada del delito se deberá fijar de acuerdo con los criterios que esta ley establece.

Los derechos garantizados por la ley han sido encuadrados por la doctrina jurídica más autorizada entre los derechos de la personalidad, calificación de la que obviamente se desprende el carácter de irrenunciable, irrenunciabilidad referida con carácter genérico a la protección civil que la ley establece.

En el artículo 2 se regula el ámbito de protección de los derechos a que se refiere. Además de la delimitación que pueda resultar de las leyes, se estima razonable admitir que en lo no previsto por ellas la esfera del honor, de la intimidad personal y familiar y del uso de la imagen esté determinada de manera decisiva por las ideas que prevalezcan en cada momento en la Sociedad y por el propio concepto que cada persona según sus actos propios mantenga al respecto y determine sus pautas de comportamiento. De esta forma, la cuestión se resuelve en la ley en términos que permiten al juzgador le prudente determinación de la esfera de protección en función de datos variables según los tiempos y las personas.

Los derechos protegidos en la ley no pueden considerarse absolutamente ilimitados. En primer lugar, los imperativos del interés público pueden hacer que por ley se autoricen expresamente determinadas entradas en el ámbito de la intimidad, que no podrán ser reputadas ilegítimas. De otro lado, tampoco tendrán este carácter las consentidas por el propio interesado, posibilidad ésta que no se opone a la irrenunciabilidad abstracta de dichos derechos, pues ese consentimiento no implica la absoluta abdicación de los mismos, sino tan sólo el parcial desprendimiento de alguna de las facultades que los integran. Ahora bien, la ley exige que el consentimiento sea expreso, y dad la índole particular de estos derechos, permite que pueda ser revocado en cualquier momento, aunque con indemnización de los perjuicios que la revocación se siguieren al destinatario del mismo. El otorgamiento del consentimiento cuando se trate de menores o incapacitados es objeto de las prescripciones contenidas en el artículo 3.

En los artículos 4 al 6 de la ley se contempla el supuesto de fallecimiento del titular del derecho lesionado. Las consecuencias del mismo en orden a la protección de estos derechos se determinan según el momento en que la lesión se produjo. Aunque la muerte del sujeto de derecho extingue los derechos de la personalidad, la memoria de aquél constituye una prolongación de esta última que debe también ser tutelada por el Derecho, por ello, se atribuye la protección en el caso de que la lesión se hubiera producido después del fallecimiento de una persona a quien ésta hubiera designado en su testamento; en defecto de ella a los parientes supervivientes, y, en ultimo termino, al Ministerio Fiscal con una limitación temporal que se ha estimado prudente. En el caso de que la lesión tenga lugar antes del fallecimiento sin que el titular del derecho lesionado ejerciera las acciones reconocidas en la ley, solo subsistirán éstas si no hubieran podido ser ejercitadas por aquél o por su representante legal, pues si se pudo ejercitarlas y no se hizo existe una fundada presunción de que los actos que objetivamente pudieran constituir lesiones no merecieron esa consideración a los ojos del perjudicado o su representante legal. En cambio, la acción ya entablada si será transmisible porque en este caso existe una expectativa de derecho a la indemnización.

La definición de las intromisiones o injerencias ilegítimas en el ámbito protegido se lleva a cabo en los artículos 7 y 8 de la ley. El primero de ellos recoge en términos de razonable amplitud diversos supuestos de intromisión o injerencia que pueden darse en la vida real y coinciden con los previstos en las legislaciones protectoras existentes en otros países de desarrollo social y tecnológico igual o superior al nuestro. No obstante, existen casos en que tales injerencias o intromisiones no pueden considerarse ilegítimas en virtud de razones de interés público que imponen una limitación de los derechos individuales, como son los indicados en el artículo 8 de la ley.

Por último, la ley fija, en su artículo 9de acuerdo con lo previsto en el artículo 53.2 de la Constitución, el cauce legal para la defensa frente a las injerencias o intromisiones ilegítimas, así como las pretensiones que podrá deducir el perjudicado. En lo que respecta a la indemnización de perjuicios, se presume que éstos existen en todo caso de injerencias o intromisiones acreditadas, y comprenderán no sólo la de los perjuicios materiales, sino también la de los morales, de especial relevancia en este tipo de actos ilícitos. En tanto no sea regulado el amparo judicial, se considera de aplicación al efecto la Ley de Protección Jurisdiccional de los derechos de la persona de 6 de Diciembre de 1978, a cuyo ámbito de protección han quedado incorporados los derechos al honor, a la intimidad personal y familiar y a la propia imagen por la disposición transitoria 2.ª.2, de la Ley Orgánica 2/1979, de 3 de Octubre, del Tribunal Constitucional.

CAPITULO PRIMERO

DISPOSICIONES GENERALES

Artículo 1. 1. El derecho fundamental al honor, a la intimidad personal y familiar y a la propia imagen, garantizado en el artículo 18 de la Constitución, será protegido civilmente frente a todo género de intromisiones ilegítimas, de acuerdo con lo establecido en la presente Ley Orgánica.

2. El carácter delictivo de la intromisión no impedirá el recurso al procedimiento de tutela judicial previsto en el artículo 9.° de esta Ley. En cualquier caso, serán aplicables los criterios de esta Ley para la determinación de la responsabilidad civil derivada de delito.

3. El derecho al honor, a la intimidad personal y familiar y a la propia es irrenunciable, inalienable e imprescriptible. La renuncia a la protección prevista en esta ley será nula, sin perjuicio de los supuestos de autorización o consentimiento a que se refiere el artículo 2 de esta ley.

Art. 2 1. La protección civil del honor, de la intimidad y de la propia imagen quedará delimitada por las leyes y por los usos sociales atendiendo al ámbito que, por sus propios actos, mantenga cada persona reservado para si misma o su familia.

2. No se apreciará la existencia de intromisión ilegítima el ámbito protegido cuando estuviere expresamente autorizada por la Ley o cuando el titular del derecho hubiere otorgado al efecto su consentimiento expreso, *o, por imperativo del artículo 71 de la Constitución, cuando se trate de opiniones manifestadas por Diputados o Senadores en el ejercicio de sus funciones. Iniciado un proceso civil en aplicación de la presente Ley, no podrá seguirse contra un Diputado o Senador sin la previa autorización del Congreso de los Diputados o del Senado. La previa autorización será tramitada por el procedimiento previsto para los suplicatorios*[1].

3. El consentimiento a que se refiere el párrafo anterior será revocable en cualquier momento, pero habrán de indemnizarse, en su caso, los daños y perjuicios causados, incluyendo en ellos las expectativas justificadas.

Art. 3. 1. El consentimiento de los menores e incapaces deberá presentarse por ellos mismos si sus condiciones de madurez lo permiten, de acuerdo con la legislación civil.

2. En los restantes casos, el consentimiento habrá de otorgarse mediante escrito por su representante legal, quien estará obligado a poner en conocimiento previo del Ministerio Fiscal el consentimiento proyectado. Si en el plazo de ocho días el Ministerio Fiscal se opusiere, resolverá el Juez.

Art. 4 1. El ejercicio de las acciones de protección civil del honor, la intimidad o la imagen de una persona fallecida corresponde a quien ésta haya designado a tal efecto en su testamento. La designación puede recaer en una persona jurídica.

2. No existiendo designación o habiendo fallecido la persona designada, estarán legitimados para recabar la protección el cónyuge, los descendientes, ascendientes y hermanos de la persona afectada que viviesen al tiempo de su fallecimiento.

3. A falta de todos ellos, el ejercicio de las acciones de protección corresponderá la Ministerio Fiscal, que podrá actuar de oficio o a instancia de persona interesada, siempre que no hubieren transcurrido más de ochenta años desde el fallecimiento del afectado. El mismo plazo se observará cuando el ejercicio de las acciones mencionadas corresponda a una persona jurídica designada en testamento.

---

[1] La parte en cursiva fue declarado inconstitucional en virtud de la STC 9/1990, de 18 de Enero.

Art. 5 1. Cuando sobrevivan varios parientes de los señalados en el artículo anterior, cualquiera de ellos podrá ejercer las acciones previstas para la protección de los derechos del fallecido.
2. La misma regla se aplicará, salvo disposición en contrario del fallecido, cuando hayan sido varias las personas designadas en su testamento.

Art. 6 1. Cuando el titular del derecho lesionado fallezca sin haber podido ejercitar por sí o por su representante legal las acciones previstas en esta ley, por las circunstancias en que la lesión se produjo, las referidas acciones podrán ejercitarse por las personas señaladas en el artículo 4.°
2. Las mismas personas podrán continuar la acción ya entablada por el titular del derecho lesionado cuando falleciere.

CAPITULO II
DE LA PROTECCIÒN CIVIL DEL HONOR, DE LA INTIMIDAD Y DE LA PROPIA IMAGEN

Art. 7 1. Tendrán la consideración de intromisiones ilegítimas en el ámbito de protección delimitado por el artículo 2 de esta ley:
1. El emplazamiento en cualquier lugar de aparatos de escucha, de filmación, de dispositivos ópticos o de cualquier otro medio apto para grabar o reproducir la vida íntima de las personas.
2. La utilización de aparatos de escucha, dispositivos ópticos, o de cualquier otro medio para el conocimiento de la vida íntima de las personas o de manifestaciones o cartas privadas no destinadas a quien haga uso de tales medios, así como su grabación, registro o reproducción.
3. La divulgación de hechos relativos a la vida privada de una persona o familia que afecten a su reputación y buen nombre, así como la revelación o publicación del contenido de cartas, memorias u otros escritos personales de carácter íntimo.
4. La revelación de datos privados de una persona o familia conocidos a través de la actividad profesional u oficial de quien los revela.
5. La captación, reproducción o publicación por fotografía, filme o cualquier otro procedimiento, de la imagen de una persona en lugares o momentos de su vida privada o fuera de ellos, salvo los casos previstos en el artículo 8.2.
6. La utilización del nombre, de la voz o de la imagen de una persona para fines publicitarios, comerciales o de naturaleza análoga.
7. La imputación de hechos o la manifestación de juicios de valor a través de acciones o expresiones que de cualquier modo lesionen la dignidad de otra persona, menoscabando su fama o atentando contra su propia estimación.

Art. 8 1. No se reputarán, con carácter general, intromisiones ilegítimas las actuaciones autorizadas o acordadas por la Autoridad competente de acuerdo con la ley, ni cuando predomine un interés histórico, científico o cultural relevante.
2. En particular, el derecho a la propia imagen no impedirá:
a) su captación, reproducción o publicación por cualquier medio, cuando se trate de personas que ejerzan un cargo público o una profesión de notoriedad o proyección pública y la imagen se capte durante un acto público o en lugares abiertos al público.
b) La utilización de la caricatura de dichas personas, de acuerdo con el uso social.

c) la información gráfica sobre un suceso o acaecimiento público cuando la imagen de una persona determinada aparezca como meramente accesoria.

Las excepciones contempladas en los párrafos a) y b) no serán de aplicación respecto de las autoridades o personas que desempeñen funciones que por su naturaleza necesiten el anonimato de la persona que las ejerza.

Art. 9 1. La tutela judicial frente a las intromisiones ilegítimas en los derechos a que se refiere la presente ley podrá recabarse por las vías procesales ordinarias o por el procedimiento previsto en el artículo 53.2 de la Constitución. También podrá acudirse, cuando proceda, al recurso de amparo ante el Tribunal Constitucional.

2. La tutela judicial comprenderá la adopción de todas las medidas necesarias para poner fin a la intromisión ilegítima de que se trate y restablecer al perjudicado en el pleno disfrute de sus derechos, así como para prevenir o impedir intromisiones ulteriores. Entre dichas medidas podrán incluirse las cautelares encaminadas al cese inmediato de la intromisión ilegítima, así como el reconocimiento del derecho a replicar, la difusión de la sentencia y la condena a indemnizar los perjuicios causados.

3. La existencia de perjuicio se presumirá siempre que se acredite la intromisión ilegítima. La indemnización se extenderá al daño moral que se valorará atendiendo a las circunstancias del caso y a la gravedad de la lesión efectivamente producida, para lo que se tendrá en cuenta, en su caso, la difusión o audiencia del medio a través del que se haya producido. También se valorará el beneficio que haya obtenido el causante de la lesión como consecuencia de la misma.

4. El importe de la indemnización por el daño moral, en el caso del artículo 4.°, corresponderá a las personas a que se refiere su apartado 2 y, en su defecto, a sus causahabientes, en la proporción en que la sentencia estime que han sido afectados. En los casos del artículo 6.°, la indemnización se entenderá comprendida en la herencia del perjudicado.

5. Las acciones de protección frente a las intromisiones ilegítimas caducarán transcurridos cuatro años desde que el legitimado pudo ejercitarlas.

DISPOSOCIÓN DEROGATORIA

Quedan derogadas cuantas disposiciones de igual o inferior rango se opongan a lo previsto en la presente Ley Orgánica.

DISPOSICIONES TRANSITORIAS

Primera. Disp. transit. 1.ª derogada por la LO 5/1992, de 29 de Octubre

Segunda. En tanto no sean desarrolladas las previsiones del artículo 53.2 de la Constitución sobre establecimiento de un procedimiento basado en los principios de preferencia y sumariedad, la tutela judicial de los derechos al honor, la intimidad personal y familiar y a la propia imagen se podrá recabar, con las peculiaridades que establece esta Ley sobre Legitimación de las partes, por cualquiera de los procedimientos establecidos en las Secciones II y III de la Ley 62/1978, de 26 de Diciembre, de Protección Jurisdiccional de los derechos fundamentales de la persona. Agotado el procedimiento seguido, quedará expedito el recurso de amparo constitucional en los supuestos a que se refiere el capítulo I, del título II de la Ley Orgánica 2/1979, de 3 de Octubre, del Tribunal Constitucional.

ORGANGESETZ 1/1982, VOM 5. MAI, ÜBER DEN ZIVILRECHTLICHEN SCHUTZ DES RECHTS AUF EHRE, PERSÖNLICHE UND FAMILIÄRE INTIMITÄT UND AM EIGENEN BILD[1]

Gemäß Artikel 18.1 der Verfassung haben die Rechte auf Ehre, persönliche und familiäre Intimität und am eigenen Bild den Rang von Grundrechten, und sie sind im Verfassungstext insoweit hervorgehoben, als Artikel 20.4 verfügt, daß die Respektierung dieser Rechte eine Beschränkung des Rechts auf freie Meinungsäußerung darstellt, das diese Vorschrift als Grundrecht mit gleichem Charakter anerkennt und schützt.

Ziel des vorliegenden Gesetzes ist die Ausgestaltung des Generalprinzips der Garantie dieser in Artikel 18.1 der Verfassung enthaltenen Rechte mittels entsprechendem Organgesetz, nach Maßgabe des Artikels 81.1 der Verfassung.

Artikel 1 dieses Gesetzes begründet den zivilrechtlichen Schutz der Grundrechte auf Ehre, persönliche und familiäre Intimität und am eigenen Bild gegenüber jeder Art der Einmischung oder des unerlaubten Eindringens. Aber es darf nicht außer Acht gelassen werden, daß einzelne dieser Rechte strafrechtlichen Schutz genießen oder voraussichtlich genießen werden, wie das Recht auf Ehre, das durch die Vorschriften in Buch II, Kapitel 10 des gegenwärtig gültigen Código Penal geschützt ist, und bestimmte Aspekte des Rechtes auf persönliche und familiäre Intimität, die Gegenstand eines solchen Schutzes im Entwurf des neuen Código Penal sind, der vor kurzem durch den Ministerrat verabschiedet worden ist.

In den Fällen, in denen strafrechtlicher Schutz existiert, ist dieser somit vorrangig anzuwenden, da er ohne Zweifel von größerer Effektivität ist, auch wenn sich die aus der Straftat resultierende zivilrechtliche Haftung nach den Kriterien, die das vorliegende Gesetz aufstellt, bestimmen soll.

Die vom Gesetz garantierten Rechte sind durch die Doktrin als Persönlichkeitsrechte einstuft worden, eine Qualifizierung, aus der sich ihr Charakter als unverzichtbares Recht ergibt, eine Unverzichtbarkeit, die sich allgemeingültig auf den zivilrechtlichen Schutz bezieht, den dieses Gesetz begründet.

In Artikel 2 ist der Schutzbereich der Rechte geregelt. Außer den Beschränkungen, die sich aus den Gesetzen ergeben können, wird es als vernünftig erachtet, zuzulassen, daß in den in ihnen nicht geregelten Fällen die Sphäre der Ehre, der persönlichen und familiären Intimität und des Gebrauchs des Bildes entscheidend durch die zum jeweiligen Zeitpunkt in der Gesellschaft vorherrschenden Ansichten und durch die persönliche Auffassung, die jeder Mensch entsprechend seinem eigenen Verhalten diesbezüglich hat und die durch seine Verhaltensregeln bestimmt wird, geprägt wird. Auf diese Weise wird die Frage im Gesetz mit Formulierungen gelöst, die dem Richter die vernünftige Bestimmung der Schutzsphäre mittels der nach Zeiten und Personen unterschiedlichen Kriterien ermöglicht.

Die im Gesetz geschützten Rechte verstehen sich nicht als vollkommen unbeschränkt. Zum einen gebietet es das öffentliche Interesse, daß gesetzlich genau be-

---

[1] Übersetzung durch den Verfasser mit Hinweisen auf Änderungen oder Besonderheiten.

stimmte Formen des Eintretens in den Bereich der Intimität zugelassen werden, die nicht als unerlaubt erachtet werden können. Andererseits hat diesen Charakter auch das Eintreten, zu dem der Betroffene sein Einverständnis gegeben hat; eine Möglichkeit, die nicht im Widerspruch zur prinzipiellen Unverzichtbarkeit der besagten Rechte steht, da das Einverständnis nicht den absoluten Verzicht auf dieselben bedeutet, sondern lediglich die Nichtwahrnehmung einiger der Befugnisse, die sie ausmachen. Das Gesetz erfordert, daß das Einverständnis ausdrücklich erteilt wird, und erlaubt es angesichts der besonderen Beschaffenheit dieser Rechte, daß es jederzeit widerrufen werden kann, wenngleich mit Schadensersatz für die Schäden, die der Widerruf für dessen Empfänger zur Folge hat. Die Erteilung des Einverständnisses, wenn es sich um Minderjährige und Geschäftsunfähige handelt, ist Gegenstand der in Artikel 3 enthaltenen Vorschriften.

In den Artikeln 4 bis 6 des Gesetzes wird der Fall des Todes des Inhabers des verletzten Rechts behandelt. Die Konsequenzen hinsichtlich des Schutzes der Rechte sind von dem Zeitpunkt abhängig, zu dem die Verletzung stattfindet. Auch wenn der Tod des Rechtssubjekts die Persönlichkeitsrechte auslöscht, begründet doch die Erinnerung an dieses Subjekt eine Verlängerung, die gleichfalls durch das Recht geschützt sein muß. Deswegen wird im Falle einer Verletzung nach dem Tod einer Person die Wahrnehmung des Schutzes demjenigen zuerkannt, der vom Verstorbenen im Testament hierzu bestimmt ist; falls ein solcher nicht vorhanden ist, seinen überlebenden Verwandten und zuletzt der Staatsanwaltschaft mit einer zeitlichen Begrenzung, die als angemessen erachtet wurde. Für den Fall, daß die Verletzung vor dem Tod stattgefunden hat, ohne daß der Rechtsinhaber des verletzten Rechts die in dem Gesetz vorgesehenen Klagemöglichkeiten ausgeübt hätte, bestehen letztere nur weiter fort, wenn sie nicht durch den Rechtsinhaber oder seinen gesetzlichen Vertreter ausgeübt werden konnten. Wenn sie sie hätten ausüben können, es aber nicht getan haben, besteht eine begründete Annahme, daß die Handlungen, die nach objektiver Betrachtungsweise Verletzungen darstellen konnten, es nach Ansicht des Geschädigten oder seines gesetzlichen Vertreters nicht waren. Andererseits ist ein bereits begonnener Prozeß sehr wohl fortführbar, da in diesem Fall ein Anwartschaftsrecht auf die Wiedergutmachung besteht.

Die Definition von unerlaubtem Eindringen oder Einmischen in den geschützten Bereich wird in den Artikeln 7 und 8 des Gesetzes dargestellt. Ersterer faßt in vernünftigem Ausmaß eine Aufzählung von verschiedenen Fällen des Eindringens oder der Einmischung zusammen, die im realen Leben vorkommen können, und die mit den Vorschriften in den Schutzgesetzen anderer Länder gleicher oder höherer sozialer und technologischer Entwicklung übereinstimmen. Es gibt jedoch Fälle, in denen solches Eindringen oder Einmischen aus Gründen des öffentlichen Interesses, die eine Beschränkung der Rechte des Einzelnen gebieten, wie bei den in Art. 8 angedeuteten Fällen, nicht als unerlaubt erachtet werden kann.

Zuletzt bestimmt das Gesetz in seinem Artikel 9 im Einklang mit Artikel 53.2 der Verfassung sowohl den gesetzlichen Weg zur Verteidigung gegenüber unerlaubtem Einmischen und Eindringen als auch die Ansprüche, die der Geschädigte daraus ableiten kann. Hinsichtlich der Wiedergutmachung von Schäden wird vermutet, daß solche bei jedem nachgewiesenem Einmischen oder Eindringen vorliegen. Eingeschlossen sind nicht nur die materiellen sondern auch die immateriellen Schäden, die bei dieser Art von unerlaubten Handlungen von besonderer Relevanz sind. Für den Fall, daß der gerichtliche Schutz nicht geregelt sein sollte, ist das Gesetz über den gerichtlichen Rechtsschutz der Grundrechte der Person vom 26. Dezember 1978 anzuwenden, in dessen Schutzbereich die Rechte auf Ehre, die persönliche und familiäre Intimität und am eigenen Bild durch die Übergangsbestimmung Zweitens.2. der Ley Orgánica 2/1979 vom 3. Oktober, über den Tribunal Constitucional eingefügt worden sind.

ERSTES KAPITEL
ALLGEMEINE BESTIMMUNGEN

Artikel 1. 1. Das in Artikel 18 der Verfassung gewährleistete Grundrecht auf Ehre, persönliche und familiäre Intimität und am eigenen Bild, ist gemäß den Bestimmungen dieses Organgesetzes zivilrechtlich gegenüber jeder Art von unerlaubtem Eindringen geschützt.

2. Ist das Eindringen gleichzeitig eine Straftat, schließt dies nicht die Inanspruchnahme des in Art. 9 dieses Gesetzes vorgesehenen Rechtsschutzverfahrens aus. In jedem Fall sind die Kriterien dieses Gesetzes für die Bestimmung der aus der Straftat resultierenden zivilrechtlichen Haftung anwendbar[2].

3. Das Recht auf Ehre, persönliche und familiäre Intimität und am eigenen Bild ist unverzichtbar, unübertragbar und unverjährbar. Der Verzicht auf den in diesem Gesetz vorgesehenen Schutz ist nichtig, unbeschadet der Fälle der Ermächtigung oder des Einverständnisses, auf die sich Art. 2 dieses Gesetzes bezieht.

Art. 2. 1. Der Schutz der Ehre, der Intimität und des eigenen Bildes wird durch die Gesetze und die sozialen Gebräuche bestimmt, unter Berücksichtigung des Bereiches, den sich jede Person für sich oder ihre Familie durch ihr eigenes Verhalten vorbehält.

2. Eine Handlung wird nicht als unerlaubtes Eindringen in den geschützten Bereich erachtet, wenn sie ausdrücklich durch Gesetz erlaubt ist oder wenn der Rechtsinhaber sein ausdrückliches Einverständnis hierzu erteilt hat, *oder aufgrund der Bestimmung des Artikels 71 der Verfassung, wenn es sich um Meinungen handelt, die von Abgeordneten oder Senatoren in Ausübung ihrer Funktionen geäußert werden. Ein zivilrechtlicher Prozeß gegen einen Abgeordneten oder einen Senator in Anwendung des vorliegenden Gesetzes kann nicht ohne vorhergehende Zustimmung des Kongresses der Abgeordneten oder des Senats geführt werden. Ein Zivilprozeß, der in Anwendung des vorliegenden Gesetzes gegen einen Abgeordneten oder Senator begonnen wurde, kann nicht ohne die vorherige Zustimmung des Abgeordnetenkongresses oder des Senates geführt werden. Für eine vorherige Ermächtigung finden die Vorschriften über die Aufhebung der Immunität Anwendung*[3].

3. Das Einverständnis, auf das sich der vorhergehende Absatz bezieht, kann jederzeit widerrufen werden. In diesem Fall muß jedoch Schadensersatz geleistet werden, der auch die gesicherten Erwartungen mit einschließt.

Art. 3. 1. Das Einverständnis Minderjähriger und Geschäftsunfähiger muß gemäß den zivilrechtlichen Bestimmungen durch sie selbst erteilt werden, wenn ihre Reife dies erlaubt.

2. In den übrigen Fällen muß das Einverständnis schriftlich durch den gesetzlichen Vertreter erteilt werden, der verpflichtet ist, das geplante Einverständnis vorab der

---

[2] Die Bestimmung wurde geändert gem. Ley Orgánica 10/1995, de 23 de Noviembre, del Código Penal, Disposición final cuarta, Art. 1. Die ursprüngliche Fassung lautete: „Wenn das Eindringen gleichzeitig eine Straftat darstellt, finden die entsprechenden Vorschriften des Código Penal Anwendung. Dessenungeachtet sind die Kriterien dieses Gesetzes für die aus der Straftat resultierende Haftung anwendbar."

[3] Diese Bestimmung wurde durch LO 3/1985, de 29 de Mayo eingefügt, jedoch durch Urteil des Tribunal Constitucional STC 9/1990 de 18 de Enero für verfassungswidrig erklärt

Staatsanwaltschaft zur Kenntnis zu bringen. Falls diese innerhalb einer Frist von acht Tagen widerspricht, entscheidet der Richter[4].

Art. 4 1. Zur Erhebung der Klagen auf zivilrechtlichen Schutz der Ehre, der Intimität oder des Bildes eines Verstorbenen sind die hierzu testamentarisch bestimmten Personen ermächtigt. Die Bestimmung kann sich auch auf eine juristische Person beziehen.

2. Besteht keine testamentarische Bestimmung oder ist die im Testament bestimmte Person verstorben, sind der Ehegatte, die Abkömmlinge, Verwandte in aufsteigender Linie und Geschwister der beeinträchtigten Person, die zum Zeitpunkt des Todes gelebt haben, ermächtigt, um Schutz zu ersuchen.

3. Bei Fehlen all dieser Personen ist innerhalb einer Frist von achtzig Jahren ab dem Todeszeitpunkt des Beeinträchtigten die Staatsanwaltschaft zur Ausübung der Schutzklagen ermächtigt, die von Amts wegen oder auf Betreiben eines Beteiligten handeln kann. Dieselbe Frist gilt, wenn die Erhebung der Klagen einer testamentarisch bestimmten juristischen Person zukommt.

Art. 5 1. Sind mehrere der im vorhergehenden Artikel bezeichneten Verwandten vorhanden, steht jedem einzelnen von ihnen die Ausübung der vorgesehenen Klagen zum Schutz der Rechte des Verstorbenen zu.

2. Sind mehrere Personen im Testament bestimmt worden, gilt das gleiche, soweit nicht eine Verfügung des Verstorbenen dagegen spricht.

Art. 6 1. Verstirbt der Inhaber des verletzten Rechts, ohne aufgrund der Umstände, unter denen sich die Verletzung ereignet hat, selbst oder durch einen gesetzlichen Vertreter die in diesem Gesetz vorgesehenen Klagen erhoben zu haben, können diese durch die in Artikel 4 bezeichneten Personen erhoben werden.

2. Dieselben Personen können die durch den verstorbenen Rechtsinhaber bereits eingeleitete Klage fortführen.

[...[5]]

ZWEITES KAPITEL

ÜBER DEN ZIVILRECHTLICHEN SCHUTZ DER EHRE, DER INTIMITÄT UND DES EIGENEN BILDES

Art. 7 Als unerlaubtes Eindringen in den gemäß Artikel 2 bestimmten Schutzbereich werden erachtet:

1. Das Aufstellen an jedwedem Ort von Ton- oder Filmaufzeichnungsgeräten, von optischen Vorrichtungen oder jedwedem anderen Mittel, das geeignet ist, das Intimleben anderer aufzunehmen oder wiederzugeben.

---

[4] Die Vorschriften 3.1 und 3.2 dürften aufgrund von Art. 4.3 LO 1/1996, de 15 de Enero de Protección Jurídica del Menor („Als unerlaubtes Eindringen in das Recht der Ehre, der persönlichen und familiären intimidad und am eigenen Bild des Minderjährigen wird jedweder Gebrauch seines Bildes oder Namens in den Kommunikationsmedien erachtet, der eine Schmälerung oder einen Verlust seiner Ehre oder seines Ansehens beinhaltet oder der im Widerspruch zu seinen Interessen steht, selbst dann, wenn eine Einwilligung des Minderjährigen oder seiner gesetzlichen Vertreter vorliegt") zumindest teilweise als aufgehoben erachtet werden.

[5] Als weitere Legitimationsbestimmung ist Art. 4.4 LO 1/1996, de 15 de Enero de Protección Jurídica del Menor geschaffen worden („Unbeschadet dessen, daß die gesetzlichen Vertreter des Minderjährigen für die Klagen legitimiert sind, steht der Staatsanwaltschaft auf jeden Fall die Ausübung zu. Sie kann von Amts wegen oder auf Betreiben des Minderjährigen oder jedwedes Beteiligten handeln, sei es eine natürliche oder juristische Person oder eine öffentliche Anstalt oder Einrichtung".

2. Der Gebrauch von Tonaufzeichnungsgeräten, optischen Vorrichtungen oder jedwedem anderen Mittel zur Erlangung von Kenntnissen über das Intimleben anderer, von Äußerungen oder privaten Briefen, die nicht für diejenigen bestimmt sind, die Gebrauch von diesen Mitteln in Form von Aufnahmen, Aufzeichnung oder Wiedergabe machen.

3. Die Verbreitung von Tatsachen des Privatlebens eines anderen oder seiner Familie, die seinen Ruf und den guten Namen beeinträchtigen, so wie auch die Enthüllung oder Veröffentlichung des Inhalts von Briefen, Memoiren oder anderen persönlichen Schriftstücken intimen Inhalts.

4. Die Enthüllung von privaten Daten einer Person oder Familie, von denen der Enthüllende aufgrund seiner beruflichen oder offiziellen Tätigkeit Kenntnis erlangt hat.

5. Die Erschleichung, Wiedergabe oder Veröffentlichung durch Photographie, Film oder jedwede andere Methode des Bildes einer Person an Orten oder Momenten ihres Privatlebens oder außerhalb, außer in den in Artikel 8.2 vorgesehenen Fällen.

6. Die Benutzung des Namens, der Stimme oder des Bildes einer Person zu Werbe- oder Geschäftszwecken oder zu Zwecken entsprechender Art.

7. Die Behauptung von Tatsachen oder die Kundgabe von Werturteilen durch Handlungen oder Äußerungen, die in irgendeiner Weise die Würde eines anderen verletzen, indem sie seinen Ruf beeinträchtigen oder einen Angriff auf seine eigene Wertauffassung darstellen[6].

[...[7]]

Art. 8 1. Als unerlaubtes Eindringen werden im allgemeinen diejenigen Handlungen nicht erachtet, zu denen eine zuständige Behörde in Übereinstimmung mit dem Gesetz ermächtigt oder angewiesen hat, oder wenn ein überwiegendes historisches, wissenschaftliches oder kulturelles Interesse besteht.

2. Im einzelnen hindert das Recht am eigenen Bild nicht
a) seine Aufnahme, Wiedergabe oder Veröffentlichung durch jedwedes Medium, wenn es sich um Personen handelt, die ein öffentliches Amt innehaben oder in ihrem Beruf berühmt oder auch ansonsten allgemein bekannt sind und das Bild während eines öffentlichen Auftritts oder an einem öffentlich zugänglichem Ort aufgenommen wird,
b) die Benutzung einer Karikatur besagter Personen, wenn dies dem sozialen Gebrauch entspricht,
c) die bildliche Darstellung eines öffentlichen Vorfalls oder Ereignisses, wenn die Abbildung einer bestimmten Person als bloß zufällig erscheint.

Die in den Absätzen a) und b) behandelten Ausnahmen sind in den Fällen nicht anwendbar, bei denen es sich um Amtsträger oder Personen handelt, die eine Funktion innehaben, zu deren Ausübung es aufgrund ihrer Natur der Anonymität bedarf.

Art. 9 1. Der gerichtliche Schutz gegen ein unerlaubtes Eindringen in die Rechte, auf die sich das vorliegende Gesetz bezieht, kann über den ordentlichen Gerichtsweg oder das in Art. 53.2 der Verfassung vorgesehene Verfahren erreicht werden. Gegebenenfalls kann auch Schutz in der Verfassungsklage vor dem Tribunal Constitucional gesucht werden.

---

[6] Wortlaut gem. Änderung durch LO 10/1995, de 23 de Noviembre, del Código Penal. Der ursprüngliche Text lautete: „Die Verbreitung von Ansichten oder Tatsachen über eine Person, wenn sie diese diffamieren oder in der Achtung anderer herabsetzen".
[7] Ein besonderer Tatbestand des unerlaubten Eindringens findet sich in Art. 4.3 LO 1/1996, de 15 de Enero de Protección Jurídica del Menor, vgl. Fn. 4.

2. Der gerichtliche Schutz umfaßt das Ergreifen aller Mittel, die erforderlich sind, um das unerlaubte Eindringen zu beenden und dem Geschädigten den vollen Genuß seiner Rechte wiedereinzuräumen, sowie weiterem Eindringen vorzubeugen oder es zu verhindern. Zu diesen Mitteln können die bereits eingeleiteten Schutzmaßnahmen zur sofortigen Beendigung des unerlaubten Eindringens gehören, wie auch das Erwiderungsrecht, die Veröffentlichung des Urteils und die Verurteilung zur Wiedergutmachung der verursachten Schäden.

3. Es wird immer das Vorliegen eines Schadens vermutet, wenn ein unerlaubtes Eindringen glaubhaft gemacht wird. Die Wiedergutmachung erstreckt sich auf den immateriellen Schaden, dessen Höhe unter Berücksichtigung der Umstände des Falles und der Schwere der tatsächlich verursachten Verletzung zu bewerten ist, wobei gegebenenfalls die Art und Weise der Verbreitung und der Verbreitungsgrad des Mediums, mittels dessen sich die Verletzung verwirklicht hat, zu beachten ist. Auch der Nutzen, den der Verletzer aus der Verletzung gezogen hat, ist zu bewerten.

4. Im Falle des Artikels 4 steht der Betrag der Wiedergutmachung für den immateriellen Schaden denjenigen Personen zu, auf die sich Absatz 2 bezieht, und sofern diese nicht vorhanden sind ihren Rechtsnachfolgern. Die Wiedergutmachung erfolgt im Verhältnis, in dem das Urteil die Beeinträchtigung bei den jeweiligen Personen einschätzt. In den Fällen des Artikels 6 versteht sie sich in die Erbschaft des Geschädigten mit eingeschlossen.

5. Die Schutzklagen gegenüber einem unerlaubten Eindringen verjähren mit Ablauf von vier Jahren, nachdem der Berechtigte erstmals die Möglichkeit zur Ausübung hatte.

AUFHEBUNGSBESTIMMUNG

Alle die den in diesem Gesetz vorgesehenen entgegenstehenden Bestimmungen gleichen oder niedrigeren Ranges werden aufgehoben.

ÜBERGANGSBESTIMMUNGEN

Erstens. Aufgehoben durch LO. 5/1992, 29. Oktober.

Zweitens. Solange nicht die Bestimmungen des Artikels 53.2 der Verfassung über die Schaffung eines Verfahrens, das auf den Prinzipien der Priorität und Schnelligkeit beruht, entwickelt worden sind, kann der gerichtliche Schutz der Rechte auf Ehre, persönliche und familiäre Intimität und am eigenen Bild unter Berücksichtigung der Besonderheiten, die dieses Gesetz über die Legitimation der Parteien enthält, über jedes der in den Abschnitten II und III der Ley 62/1978, de 26 de Diciembre über den gerichtlichen Rechtsschutz der Grundrechte der Person vorgesehenen Verfahren erreicht werden. Ist der eingeschlagene Rechtsweg erschöpft, kann entsprechend den Voraussetzungen, auf die sich Kapitel I des Titels III der Ley Orgánica 2/1979 vom 3. Oktober, über den Tribunal Constitucional, bezieht, die Verfassungsklage erhoben werden.

Fundstellen der zitierten Urteile[1]
Sentencias del Tribunal Constitucional

1981

STC 2/1981 de 30 de Enero	BJC I, 1981, S. 62 ff.; *BOE 24.2.1981, núm 47*
STC 5/1981 de 13 de Febrero	BJC I, 1981, S. 62 ff.; *BOE 24.2.1981, núm 47; La Ley 1981-2, S. 1103 ff.*
STC 6/1981 de 16 de Marzo	BJC I, 1981, S. 112 ff.; *BOE 14.4.1981, núm 89; La Ley 1981-2, S. 1058 ff.*
STC 11/1981 de 8 de Abril	BJC I, 1981, S. 174 ff.; *BOE 25.4.1981, núm 99; La Ley 1981-2, S. 1084 ff.*
STC 16/1981 de 18 de Mayo	BJC II, 1981, S. 1. ff.; *BOE 16.6 1981, núm 143*
STC 22/1981 de 2 de Julio	BJC II, 1981, S. 76 ff.; *BOE 20.7.1981, núm 172*
STC 25/1981 de 14 Julio	*La Ley 1981-4, S. 1061* ff.; BJC II, 1981, S. 122 ff.; *BOE, de 13.8.1981, núm 193.*
STC 26/1981 de 17 de Julio	BJC II, 1981, S. 141 ff.; *BOE 13.8.1981, núm 193.*

1982

STC 60/1982 de 11 de Octubre	BJC IV, 1982, S. 248; *BOE 17.11.1982, núm 276*

1983

STC 7/1983 de 14 de Febrero	BJC V, 1983, S. 85; *BOE 9.3.1983, núm 58; La Ley 1983-3, S. 9 ff. (127-TC)*
STC 19/1983 de 14 de Marzo	BJC V, 1983, 209 ff.; *BOE 12.4.1983, núm 87*
STC 34/1983 de 6 de Mayo	BJC VI, 1983, 10 ff.; *BOE 20.5.1983, núm 120*
STC 35/1983 de 11 de Mayo	BJC VI, 1983, S. 16 ff.; *BOE 20.5.1983, núm 120; La Ley 1983-4, S. 25 ff. (157-TC)*
STC 39/1983, de 17 de Mayo	BJC VI, 1983, S. 63 ff.; *BOE 17.6.1983, núm 144; La Ley 1983-4, S. 46 ff. (161-TC)*
STC 50/1983 de 14 de Junio	BJC VI, 1983, S. 197 ff.; *BOE 15.7.1983, núm 168*
STC 53/1983 de 20 de Junio	BJC VI, 1983, S. 222 ff.; *BOE 15.7.1983, núm 168*
STC 65/1983 de 21 de Julio	BJC VI, 1983, S. 353 ff.; *BOE 9.8.1983, núm 189*
STC 76/1983, de 5 de Agosto	BJC VI, 1983, S. 469 ff.; *BOE 18.8.1983, núm 197*
STC 105/1983 de 23 de Noviembre	BJC VII, 1983, S. 308 ff.; *BOE 14.12.83, núm 298*
STC 120/1983 de 15 de Diciembre	BJC VII, 1983, S: 484 ff.; *BOE 11.1.1984, núm 9*

1984

STC 18/1984 de 7 de Febrero	BJC VIII, 1984, S. 193 ff.; *BOE 9.3.1984, núm. 59; La Ley 1984-2, S. 55 ff. (262-TC).*
STC 22/1984 de 17 de Marzo	BJC VIII, 1984, S. 243 ff.; *BOE 9.3.1984, núm 59*
STC 110/1984 de 26 de Noviembre	BJC X, 1984, S. 242 ff.; *BOE 21.12.1984, núm. 305; La Ley 1985-1, S. 65 ff. (353-TC)*
STC 114/1984 de 29 Noviembre	BJC X, 1984, S. 292 ff.; *BOE, de 21.12.1984, núm 305; La Ley 1985-2, S. 1 ff. (367-TC).*

1985

STC 88/1985 de 19 de Julio	BJC XII 1985, S. 364 ff.; *BOE 14.8.1985, núm 194*
STC 90/1985 de 22 de Julio	BJC XII 1985, S. 384 ff.; *BOE 14.8.1985, núm 194*
STC 137/1985 de 17 de Octubre	BJC XIII 1985, S. 155 ff.; *BOE 8.11.1985, núm 268*

---

[1] Kursiv gedruckte Fundstellen sind ergänzend angegebene.

1986

STC 104/1986 de 17 de Julio	BJC XV, 1986, S. 559 ff.; *BOE 8.11.1985, núm 268.*
STC 135/1986 de 31 de Octubre	BJC XVI, 1986, S. 23 ff.
STC 159/1986 de 12 de Diciembre	BJC XVI, 1986, S. 471 ff; *BOE 31.12.1986, núm 313*
STC 168/1986 de 22 de Diciembre	BJC XVI, 1986, S. 588 ff.; *BOE20.1.1987, núm 17*

1987

STC 35/1987 de 18 de Marzo	BJC XVII, 1987, S. 89 ff.; *BOE 14.4.1987.*
STC 89/1987 de 3 de Junio	BJC XVIII, 1987, S. 313 ff.; *BOE 25.6.1987, núm 151*
STC 120/1987 de 10 Julio de 1987	BJC XVIII, 1987, S. 648 ff.; *BOE 29.7.1987, núm 180; La Ley 1987-4, S. 26 ff (841-TC)*
STC 165/1987 de 27 de Octubre	BJC XIX, 1987, S. 224 ff.; *BOE 21.11.1987, núm 279.*
STC 170/1987 de 30 de Octubre	BJC XIX, 1987, S. 272 ff.; *BOE 21.11.1987, núm 279.*

1988

STC 6/1988 de 21 de Enero	BJC XX, 1988, S. 57 ff.; *BOE 5.2.1988, núm 31*
STC 64/1988 de 12 de Abril	BJC XX, 1988, S. 761 ff.; *BOE 4.5.1988, núm 107*
STC 107/1988 de 8 de Junio	BJC XXI, 1988, S. 223 ff; *BOE 25.6.1988, núm 152*
STC 143/1988 de 12 de Julio	BJC XXI, 1988, S. 559 ff.; *BOE 8.8.1988, núm 189*
STC 197/1988 de 24 de Octubre	BJC XXII, 1988, S. 383 ff.; *BOE 26.11.1988, núm 284*
STC 231/1988 de 2 de Diciembre.	BJC XXII, 1988, S. 820 ff.; *BOE, 2.12.1988, núm 307; La Ley 1989-1, S. 145 ff.*
STC 243/1988 de 19 de Diciembre	BJC XXII, 1988, S. 928 ff.; *BOE 13.1.1989, núm 11*
STC 253/1988 de 20 de Diciembre	BJC XXII, 1988, S. 1030 ff.

1989

STC 23/1989 de 2 de Febrero	BJC XXIII, 1989, S. 228 ff.; *BOE 28.2.1989, núm 50;*
STC 37/1989 de 15 de Febrero	BJC XXIII, 1989, S. 375 ff.; *BOE 2.3.1989, núm 53; La Ley 1989-3, S. 117 ff.*
STC 45/1989 de 20 de Febrero 1989	BJC XXIII, 1989, S. 463 ff., *BOE 20.2.89, núm 52*
STC 51/1989 de 22 de Febrero	BJC XXIII, 1989, S. 554 ff.; *BOE 14.3.1989, núm 62.*
STC 121/1989 de 3 de Julio	BJC XXIV, 1989, S. 315 ff.; *BOE 24.7.1989, núm 175.*
STC 185/1989 de 13 de Noviembre	BJC XXV, 1989, S. 442 ff.; *BOE 4.12.1989, núm 290.*

1990

STC 5/1990 de 6 de Junio	BJC XXVI 1990, S. 41 ff.; *BOE 15.2.1990, núm 40*
STC 9/1990 de 18 de Enero	BJC XXVI 1990, S. 76 ff.; *BOE 15.2.1990, núm 40*
STC 105/1990 de 6 de Junio	BJC XXVII, 1990, S. 241 ff.; *BOE 5.7.90, núm 160*
STC 171/1990 de 12 de Noviembre	BJC XXVIII, 1990, S. 362 ff. *La Ley 1991-1, S. 42 ff. (1568-TC); RAC 15/91*
STC 172/1990 de 12 de Noviembre	BJC XXVIII, 1990, S. 386 ff.; *La Ley 1991-1, S. 49 ff. (1569-TC); RAC 16/91*
STC 181/1990 de 15 Noviembre	BJC XXVIII, 1990, S. 474 ff.

1991

STC 143/1991 de 1 de Julio	BJC XXX, 1991, S. 421 ff; *BOE, 22.7.1991, núm 174*
STC 197/1991 de 17 de Octubre	BJC XXXI, 1991, S. 249 ff.; *BOE, 15.11.1991, núm. 274*
STC 214/1991 de 11 de Noviembre	BJC XXXI, 1991, S. 444 ff.; *La Ley 1992-1, S. 114 ff. (1830-TC); BOE 17.12.11991, núm 301*
STC 241/1991 de 16 Diciembre.	BJC XXXI, 1991, S. 735 ff.; *BOE 15.1.1992; La Ley 1992-2, S. 27 ff. (1842-TC).*

1992

STC 20/1992 de 14 de Febrero	BJC XXXII, 1992, S. 223 ff.; *BOE 17.3.1992, núm 66.*
STC 40/1992 de 30 de Marzo	BJC XXXII, 1992, S. 523 ff.; *BOE 6.5.1992, núm 109); La Ley 1992-3, S. 3 ff. (1883-TC)*
STC 223/1992 de 14 de Diciembre	BJC XXXIV, 1992, S. 1165 ff.; *BOE 19.1.1993, núm 16; La Ley 1993-2, S. 84 ff. (2065-TC), RAC 90/93*
STC 241/1992 de 21 de Diciembre	BJC XXXIV, 1992, S. 1359 ff.; *BOE 20.1.1993*
1993	
STC 15/1993 de 18 de Enero	RTC 1993-1, S. 161 ff.
STC 123/1993 de 19 de Abril	RTC 1993-1, S. 1369 ff.
STC 142/1993 de 22 Abril	La Ley 1993-4, S. 146 ff. (2207-TC)
STC 178/1993 de 31 de Mayo	La Ley 1994-1, S. 3 ff. (2235-TC)
STC 232/1993 de 12 de Julio	RTC 1993-2, S. 1030 ff.; *BOE 12.8.93*
1994	
STC 41/1994 de 15 de Febrero	La Ley 1994-3, S.180 ff. (2483-TC)
STC 57/1994 de 28 de Febrero	La Ley 1994-3, S. 115 ff. (2445-TC)
STC 117/1994 de 25 de Abril	RTC 1994-1, S. 1319 ff.; *BOE 31.5.94*
1995	
STC 139/1995 de 26 Septiembre	La Ley 1995-4, S. 14 ff. (2596-TC)
STC 183/1995 de 11 Diciembre	La Ley 1996-1, Rf. 777
STC 195/1995 de 19 Diciembre	La Ley 1996-1, Rf. 792
1996	
STC 19/1996 de 12 de Febrero	RTC 1996-1, S. 244 ff.
STC 118/1996 de 27 de Junio	La Ley 1995-5, Rf. 8076; *BOE 29.7.1996, núm 182*
STC 207/1996 de 16 de Diciembre	La Ley 1997-1, Rf. 1527
1997	
STC 204/1997 de 25 de Noviembre	La Ley 1997-6, Rf. 11571
STC 221/1997 de 4 de Diciembre	La Ley 1998-1, Rf. 214; *BOE 13.1.1998, núm 11*
1998	
STC 46/1998 de 2 de Marzo	La Ley 1998-2, Rf. 2875; *BOE 31.3.1998, núm 77*
STC 109/1998 de 21 de Mayo	RTC 1998-2, S. 155 ff.; *BOE 19.6.1998, núm 146*
2000	
STC 115/2000 de 5 de Mayo	BOE 07.06.2000, núm 136
2001	
STC 49/2001 de 26 de Febrero	BOE 30.03.2001, núm 77
STC 186/2001 de 17 de Septiembre	BOE 19.10.2001, núm 251
STC 204/2001 de 15 de Octubre	BOE 21.11.2001, núm 279

Sentencias del Tribunal Supremo

STS de 6 de Diciembre 1912	Jurisprudencia Civil, Band 125, S. 582 ff.
STS de 29 de Mayo 1972	Aranzadi 1972, 2590
STS de 11 de Febrero 1975	Aranzadi 1972, 482
STS de 29 de Julio 1983	La Ley 1983-4, S. 662 ff.
1986	
STS de 28 de Octubre 1986	Aranzadi 1981, 6015
STS de 4 de Noviembre 1986	La Ley 1987-1, S. 247 ff.

1987

STS de 23 de Marzo 1987	La Ley 1987-2, S. 631 ff.; *Aranzadi, 1987, 1716*
STS de 26 de Junio 1987	RAC 1987-2, 810/87.
STS de 22 de Octubre 1987	Aranzadi 1987, 7309; *La Ley 1987-4, 772 (9717-R)*
STS de 17 de Diciembre 1987	Aranzadi 1987, 9100

1988

STS de 7 de Marzo 1988	RAC 1988-1, 519/88; *Aranzadi 1988, 1602*
STS de 29 de Marzo 1988	Aranzadi 1988, 2480
STS de 30 de Marzo 1988	Aranzadi 1988, 2573
STS de 5 de Mayo 1988	Aranzadi 1988, 3880
STS de 18 de Julio 1988	Aranzadi 1988, 5726; *RAC 1989-1, 33/89*
STS de 19 de Julio 1988	Aranzadi 1988, 5729; *La Ley 1988-4, 189*
STS de 11 de Octubre 1988	Aranzadi 1988, 7408
STS de 14 de Octubre 1988	Aranzadi 1988, 7488
STS de 24 de Octubre 1988	La Ley 1989-1, S. 499; *Aranzadi 1988, 7635*
STS de 11 de Noviembre 1988	Aranzadi 1988, 8437
STS de 16 de Diciembre 1988	Aranzadi 1988, 9473

1989

STS de 27 de Enero 1989	Aranzadi 1989, 130
STS de 7 de Febrero 1989	Aranzadi 1989, 755
STS de 20 de Febrero 1989	Aranzadi 1989, 1213; *RAC 1989-2, 546/89*
STS de 23 de Febrero 1989	Aranzadi 1989, 1250
STS de 2 de Marzo 1989	La Ley 1989-2, S. 854 (11728-R); *Aranzadi 1989, 1748*
STS de 3 de Marzo 1989	RAC 1989-2, 597/89; *La Ley 1989-2, S. 448*
STS de 13 de Marzo 1989	La Ley 1989-2, S. 858 (11738-R); *Aranzadi 1989, 2040*
STS de 25 de Abril 1989	Aranzadi 1989, 3260
STS de 28 de Abril 1989	Aranzadi 1989, 3274
STS de 19 de Junio 1989	Aranzadi 1989, 4699
STS de 6 de Julio 1989	Aranzadi 1989, 5402
STS de 5 de Octubre 1989	Aranzadi 1989, 6889; *La Ley 1990-1, S. 402 ff.*
STS de 27 de Octubre 1989	Aranzadi 1989, 6966
STS de 13 de Noviembre 1989	Aranzadi 1989, 7873; *RAC 220/90*
STS de 5 de Diciembre 1989	Aranzadi 1989, 8800 *("Holocaustverleugnung")*
STS de 5 de Diciembre 1989	Aranzadi 1989, 8799 *("Handelsgesellschaft")*
STS de 30 de Diciembre 1989	Aranzadi 1989, 8880

1990

STS de 9 de Febrero 1990	Aranzadi 1990, 672
STS de 30 de Abril 1990	Aranzadi 1990, 2808
STS de 24 de Mayo 1990	Aranzadi 1990, 4079
STS de 28 de Mayo 1990	Aranzadi 1990, 4090
STS de 4 de Junio 1990	Aranzadi 1990, 4725
STS de 19 de Junio 1990	Aranzadi 1990, 4857
STS de 23 de Julio 1990	Aranzadi 1990, 4857

1991

STS de 8 de Febrero 1991	Aranzadi 1991, 1157
STS de 11 de Octubre 1991	Aranzadi 1991, 6911

STS de 30 de Diciembre 1991	La Ley 1992, 1759 (14414-R); *Aranzadi 1991, 9485*
1992	
STS de 20 de Enero 1992	Aranzadi 1992, 190
STS de 22 de Enero 1992	Aranzadi 1992, 199
STS de 11 de Febrero 1992	Aranzadi 1992, 977
STS de 18 de Marzo 1992	RAC 1992-3, 730/92; Aranzadi 1992, 2204
STS de 4 de Abril 1992	Aranzadi 1992, 5033
STS de 15 de Abril 1992	Aranzadi 1992, 4419; *La Ley 1992-3, S. 666 ff. (14661-R)*
STS de 6 de Junio 1992	Aranzadi 1992, 5007
STS de 9 de Julio 1992	Aranzadi 1992, 6273
STS de 31 de Julio 1992	Aranzadi 1992, 6508
STS de 17 de Noviembre 1992	Aranzadi 1992, 9233
STS de 18 de Noviembre 1992	Aranzadi 1992, 9235
1993	
STS de 4 de Febrero 1993	Aranzadi 1993, 824
STS de 26 de Marzo 1993	Aranzadi 1993, 2240
STS de 20 de Mayo 1993	La Ley 1993-3, S. 414 ff, *Aranzadi 1993, 3810*
STS de 21 de Julio 1993	Aranzadi 1993, 6272; *La Ley 1993-4, S. 820 ff. (15685-R)*
STS de 7 de Diciembre 1993	Aranzadi 1993, 9836; *La Ley 1994-1,S. 826 (15881-R)*
STS de 9 de Diciembre 1993	Aranzadi 1993, 9838;
STS de 20 de Diciembre 1993	Aranzadi 1993, 10087; *La Ley 1994-1, 756, RAC 449/94*
1994	
STS de 18 de Mayo 1994	Aranzadi 1994, 4095
STS de 24 de Mayo 1994	Aranzadi 1994, 3737
STS de 28 de Octubre 1994	Aranzadi 1994, 7873
STS de 14 de Diciembre 1994	Aranzadi 1994, 10110
1995	
STS de 19 de Enero 1995	La Ley 1995-1, S. 617 ff.
STS de 12 de Mayo 1995	Aranzadi 1995, 4231; *La Ley 1995-2, S. 501*
STS de 14 de Junio 1995	Aranzadi 1995, 4854
STS de 15 de Julio 1995	Aranzadi 1995, 6011
STS de 26 de Julio 1995	Aranzadi 1995, 6596
STS de 28 de Julio 1995	Aranzadi 1995, 5737
STS de 24 de Octubre 1995	Aranzadi 1995, 7849
STS de 11 de Noviembre 1995	Aranzadi 1995, 8120
STS de 5 de Diciembre 1995	Aranzadi 1995, 9259
STS de 7 de Diciembre 1995	Aranzadi 1995, 9268
STS de 11 de Diciembre 1995	Aranzadi 1995, 9477
1996	
STS de 6 de Febrero 1996	Aranzadi 1996, 1342
STS de 11 de Mayo 1996	La Ley 1996-4, Rf. 6753[2]; *Aranzadi 1996, 4079*
STS de 25 de Junio 1996	Aranzadi 1996, 4851
STS de 26 de Junio 1996	Aranzadi 1996, 4789

---

[2] Seit 1996 ist La Ley auf ein Referenznummersytem umgestellt.

STS de 5 de Julio 1996	Aranzadi 1996, 5562
STS de 11 de Julio 1996	La Ley 1996-5, 8274; *Aranzadi 1996, 5956*
STS de 15 de Julio 1996	Aranzadi 1996, 5796
STS de 31 de Septiembre 1996	RDP 1998, Abril 1998, S. 328 ff.
STS de 7 de Octubre 1996	Aranzadi 1996, 7058
STS de 22 de Octubre 1996	Aranzadi 1996, 7237
STS de 28 de Diciembre 1996	Aranzadi 1996, 9510
STS de 31 de Diciembre 1996	Aranzadi 1996, 9226
1997	
STS de 21 de Mayo 1997	Aranzadi 1997, 4122; *RAC 861/1997, S. 2076 ff.*
STS de 20 de Junio 1997	Aranzadi 1997, 4884
STS de 9 de Octubre 1997	RAC 38/1998-1, S. 106 ff.; *Aranzadi 1997, 7064*
1998	
STS de 27 de Enero 1998	La Ley 1998-1, Rf. 1117
STS de 30 de Enero 1998	Aranzadi 1998, 358
STS de 5 de Febrero 1998	Aranzadi 1998, 405
STS de 23 de Febrero 1998	La Ley 1998-2, Rf. 2922
STS de 27 de Marzo 1998	La Ley 1998-2, Rf. 3667
STS de 12 de Junio 1998	RAC 1998-3, 908/98
STS de 24 de Septiembre 1998	Aranzadi 1998, 7066
STS de 13 de Octubre 1998	Aranzadi 1998, 8069
STS de 14 de Noviembre 1998	Aranzadi 1998, 8825
STS de 15 de Noviembre 1998	Aranzadi 1998, 8744
1999	
STS de 5 de Febrero 1999	Aranzadi 1999, 11
STS de 16 de Febrero 1999	Aranzadi 1999, 1243
STS de 8 de Mayo 1999	Aranzadi 1999, 4252
STS de 24 de Septiembre 1999	Aranzadi 1999, 6606
STS de 18 de Octubre 1999	Aranzadi 1999, 7333
STS de 25 de Octubre 1999	Aranzadi 1999, 7622
2000	
STS de 15 de Febrero de 2000	Aranzadi 2000, 1157
STS de 24 de Febrero 2000	Aranzadi 2000, 1243
ATS de 15 de Marzo 2000	Aranzadi 2000, 2968
STS de 17 de Abril 2000	Aranzadi 2000, 2567
STS de 18 de Abril 2000	Aranzadi 2000, 3184
STS de 27 de abril 2000	Aranzadi 2000, 3232
STS de 22 de Junio 2000	Aranzadi 2000, 4432
STS de 6 de Julio 2000	Aranzadi 2000, 4667
STS de 19 de Julio 2000	Aranzadi 2000, 6753
STS de 20 Julio 2000	Aranzadi 2000, 6184
STS de 31 Julio 2000	Aranzadi 2000, 6206
STS de 13 de Octubre 2000	Aranzadi 2000, 8042
STS de 31 de Octubre 2000	Aranzadi 2000, 9589
STS de 11 de Noviembre 2000	Aranzadi 2000, 9910
STS de 15 de Diciembre 2000	Aranzadi 2000, 9174

2001

| STS de 14 de Mayo 2001 | Aranzadi 2001, 6202 |

Index

Abgeordnete 102
Abhörmittel 49
Achtung 37
Aktengeheimnis 140, 141, 166
Aktivlegitimation 26, 174
   Juristische Personen 94
Allgemeines Persönlichkeitsrecht 58, 184
   Abgrenzung 199
   Verfassungsrechtliche Grundlage 193
Analogie 185
animus criticandi 117
animus diffamandi 117
animus injurandi 117
   Schadensersatzhöhe 161
Anonyme Quellen 144
Ansehen 37, 44, 74, 202
   Juristische Personen 89
Anwalt 165
Architekt 107
Außervertragliche Haftung 66
   Abgrenzung zur LO 1/1982 68
   Anspruchsvoraussetzungen 66
Aval 180
Bankgeheimnis 102, 122
Beleidigung 73
   Recht auf 139
Beschlagnahme 180
Beweis 132
Beweislast 142
Beweislastumkehr 68, 153
Bürgerrechte 21
Bürgschaft 180
calumnia 73
daño moral 6, 162, 216
   Bestimmung der Schwere 155
   Juristische Personen 89
Datenlöschung 19
Datenschutzgesetz 18
Derecho a la identidad *Siehe* Recht auf Identität
Derecho de rectificación 15
derecho de réplica 16
Derechos personalísimos 44
difamación 113
Disponibilität 78
Drittwirkung 28, 134
   formelle Wirkung 31
   materielle Wirkung 29
Dynamischer Persönlichkeitsschutz 201
Ehre
   Abgrenzung 61
   Dynamischer Aspekt 41
   geschichtliche Entwicklung 5
   Gleichheitsprinzip 42
   Rechtscharakter 53
   Strafrechtlicher Schutz 71, 73
   Verfassungsrechtliche Grundlagen 24
Eigenes Verhalten 77
   Begriff 80
Einzelfallabwägungsgebot 134
Entdeckung und Enthüllung von Geheimnissen 73, 111
exceptio veritatis 75, 116
Falsche Information 141
Falsche Verdächtigung 73
Fernsehbeitrag 115
Formalbeleidigung 116, 138
Foto 80, 123
Fuero de los Españoles 7
Gattungsbegriff 200
Gegendarstellung *Siehe* derecho de rectificación
Genugtuungsfunktion 99, 162, 178, 217
Gericht
   Ehrverletzung durch 100
   Ordentliche Gerichte 32
   Zuständigkeit 173
Gerücht 140, 167
Gewinn 163
Gewinnabschöpfung 163, 218
Gewinnerzielungsabsicht 217
Gewinnrückgang 95, 159
Gewinnstreben 217
Glaubhaftmachung 161, 180
Gleichheitsgrundsatz 79
Grundrechte 20
   Drittwirkung von Grundrechten *Siehe* Drittwirkung
Güterabwägung 109, 120, 145, 198, 209
Hausfriedensbruch 73
Herabsetzung 25, 40, 113, 145, 204
honor *Siehe* Ehre
Identificación personal 60

ilícito civil 152
Immaterieller Schaden 5, 89, 156, 184, 214
Immunität 102
Indisponibilität 54
Information, korrekt erlangte 140
Informationsfreiheit 130
   Innere Grenze 136
   Rechtliche Abgrenzung 131
   Schadensersatz 214
   Verfassungsrechtliche Voraussetzungen 130
Informationsgesellschaft 129
injuria 74
Innominatrechte 199
Instrumentalisierung der Person 49
integridad moral 64
Interesse
   Historisches, wissenschaftliches, kulturelles 122
Interessenabwägung 120, 145, 198, 209
Interessenkollision 120
intimidad
   Abgrenzung 61
   Diskretionsschutz 205
   historische Entwicklung 7
   intimidad familiar 26
   negativer Aspekt 49
   postiver Aspekt 49
   Rechtscharakter 53
   Strafrechtlicher Schutz 71, 72
   Verfassungsrechtliche Grundlagen 25
   Veröffentlichung von Daten 107, 109, 110
intimidad corporal 49
intromisión ilegítima *Siehe* Unerlaubtes Eindringen
Juristische Personen 87
   Immaterieller Schaden 89, 95
   intimidad 27
Kollision 120, 151, 198, 212
   verfassungsrechtlicher Werte 129
Kompetenzprinzip 10
Körperliche Unversehrtheit 60
Kritik 114
   berufliche 45
   Öffentliche Personen 85
Lehrer 108
Ley Orgánica 8, 104

Eigenschaften 11
formeller Aspekt 9
Konkurrenz 10
materieller Aspekt 9
Ley Orgánica 1/1982
   Abgrenzung 66
   Aufbau 12
   Entstehung 12
   Konkurrenz 16, 68, 76, 86
   Prestigio profesional 43
   Verhältnis zu Grundrechten 35, 61, 149
Lizenzgebühr 218
Medida reparadora 178
Medidas cautelares 180
Meinungsfreiheit 35, 130
   Innere Grenze 136
   Persönliche Kritik 148
   Rechtliche Abgrenzung 131
   Schadensersatz 214
   Verfassungsrechtliche Voraussetzungen 130
Minderjährige 86
Ministerio Fiscal 175
Moralische Integrität 60
neminem laedere 6, 67, 153
Öffentliche Bedeutung 136
Öffentliche Personen 84, 147
Öffentliches Interesse 120, 137, 186
   Grundrechte 24
   Negativabgrenzung 137
Oficina de Justificación de la Difusión 168
Ordnungsgeld 220
Organgesetz *Siehe* Ley Orgánica
Parlamentarier 102
Patrimonialisierung von Persönlichkeitsrechten 204
Patrimonio de la persona 44
Personenmehrheit 103
Persönliche Herabsetzung 148
Persönlichkeitsbild 203
Persönlichkeitsgüter 57
Persönlichkeitsnutzungsrechte 219
Persönlichkeitsrechte 55
Postmortaler Persönlichkeitsschutz 96
Präambel 12
Prestige 37
   Juristische Personen 89
   Prestigio profesional 43, 70

principio de competencia *Siehe* Kompetenzprinzip
principio de intervención mínima 71
privacidad 65
   Begriff 18
   Verhältnis zur intimidad 18, 48
Privacy 48
Privatpersonen 148
Privilegierung 103, 157
Professionelle Maßstäbe 140
Radiobeitrag 115
Recht auf Diskretion 200
Recht auf Freiheit 60, 200
Recht auf Identität 52, 200
Recht auf informationelle Selbstbestimmung 50, 106, 205
Recht auf Kommerzialisierung 200
Recht auf körperliche Integrität 60, 200
Recht auf moralische Integrität 60
Recht zum Anderssein 42
Rechtswidrigkeitsindikation 120, 151, 187
Reportaje neutral 144
Revision
   Schadensersatz 165, 177
Richter
   Kritik an 148
   Schadensersatzbestimmung 159
   Wahrheitskontrolle 15
Richterlicher Bewertungsspielraum 78
Richtigstellung *Siehe* derecho de rectificación
Rückgriffstatbestand 212
Ruf 37, 60, 89, 106, 113
Rufbeeinträchtigung 113
Sänger 85
Schaden 17, 155
   Begriff 67, 68, 155
   Juristische Personen 89, 95
   Kausalität 157
   postmortaler Persönlichkeitsschutz 97
   Rechtswidrigkeitsindikation 120
   Schadensvermutung 155
   Verschulden 67
Schadensersatz 142, 213
   Höhe 159, 165, 177, 214, 217
   Meinungs- und Informationsfreiheit 214
   Postmortaler Persönlichkeitsschutz 97
   Präventivfunktion 217

Sanktionsfunktion 162, 163
Ungerechtfertigte Bereicherung 163, 218
Verwaltungsrecht 171
Wiedergutmachungsfunktion 216
Schadensvermutung 155
   Beweislast 158
   Gegenbeweis 156
   immaterielle Schäden 156
   materielle Schäden 156
Schädigergewinn 161
Schädigernutzen 160, 162
Schauspieler 85
Schmerzensgeld 185, 214
Schutzbereich 76
Schutzrechte 199
Senatoren 102
Soledad física 51
Sorgfaltspflicht 140, 144
Soziale Gebräuche 13, 77, 135
   Begriff 79
Sphärentheorie 200
Staatsanwaltschaft 175
Statischer Persönlichkeitsschutz 201
Steuer
   Steueraufklärung 102
   Steuerbehörde 101
Subjektive Privatrechte 54
Subjektive Rechte 21, 56, 88, 197, 199
Tatsachenbehauptung 63, 112
Technische Geräte 105
Torero 81, 160
Übertragbarkeit 57
Unentbehrlichkeit 123
Unerlaubte Handlung *Siehe* Außervertragliche Haftung
Unerlaubtes Eindringen 13
   Begriff 103
   Handlungsarten 105
   Handlungssubjekt 99
   Rechtfertigungsgründe 121
   Schadensvermutung 156
   Subjektive Voraussetzungen 117
Ungerechtfertigte Bereicherung 163, 218
Usos sociales *Siehe* Soziale Gebräuche
veracidad *Siehe* Wahrheit
Verfälschung des Persönlichkeitsbildes 203

Verlag 173
Verletzungsabsicht 117
Verleumdung *Siehe* calumnia
Vermögensrechte 58
Veröffentlichung der Erwiderung 17
Veröffentlichung des Urteils 178, 216
Veröffentlichung von Daten 76
  intimidad 49, 110
Versachlichung 57
Verschulden 153
Vertriebsfirma 173
Verwaltungsrecht 76
Verzichtbarkeit 57
Volksbegehren 11
Wahrheit 15, 75, 116, 139, 186, 189

Äußerungen Dritter 144
  objektive 140
  Schadensersatz 143
  subjektive 75, 140, 154, 215
Wertauffassung, eigene 41, 114
  Juristische Personen 96
  Strafrecht 74
Werturteil 15, 130, 188
Würde 37, 41, 64, 104, 113
  Juristische Personen 89, 96
Zeitung 132, 138, 142, 176
Zeitungsartikel 115, 173
Zuständigkeit 173
Zuweisungsgehalt 163
Zuweisungsrechte 199